板凳坐冷 文字煮热

——编辑出版履尘留迹

方鸿辉 著

上海教育出版社
SHANGHAI EDUCATIONAL
PUBLISHING HOUSE

图书在版编目（CIP）数据

板凳坐冷 文字煮热：编辑出版履尘留迹 / 方鸿辉著. — 上海：上海教育出版社，2021.6
ISBN 978-7-5720-0856-6

Ⅰ. ①板… Ⅱ. ①方… Ⅲ. ①编辑工作 – 中国 – 文集 ②出版工作 – 中国 – 文集 Ⅳ. ①G239.2-53

中国版本图书馆CIP数据核字(2021)第087587号

策　　划　徐建飞工作室
责任编辑　徐建飞
封面设计　金一哲

板凳坐冷 文字煮热
——编辑出版履尘留迹
方鸿辉　著

出版发行　上海教育出版社有限公司
官　　网　www.seph.com.cn
地　　址　上海市永福路123号
邮　　编　200031
印　　刷　上海盛通时代印刷有限公司
开　　本　890×1240　1/32　印张 15.75　插页 4
字　　数　432 千字
版　　次　2021年7月第1版
印　　次　2021年7月第1次印刷
书　　号　ISBN 978-7-5720-0856-6/G·0672
定　　价　58.00 元

如发现质量问题，读者可向本社调换　电话：021-64377165

板凳坐冷　文字煮热

(代序)

投身出版与编辑工作三十多年了,做了一些书也留下一点想法。这本散记就是对自己曾经做过的一些书所留下的点滴痕迹,都是一些琐琐碎碎的想法与做法。

出版既是传承并表述人类文明演化的一种记录,也是文化产品制作的一种过程。由编辑参与制作的出版物当然也就属于人类文明积累与播扬的载体之一。因此,人们会说,在出版岗位上当编辑就应该“铁肩担道义”,并能“妙手著文章”。

对一个长期患免疫性疾患(强直性脊柱炎)的残疾人来说,哪有物性的“铁肩”?就连心性的铁肩也不敢奢望,但道义必须承担。至于“妙手”,至多是曾经读过一点物理学,稍懂一点 $E=mc^2$,学会了做一点基础物理实验,虽然还能应付发稿工作所需的文字表达,但绝没有生花之妙笔,毕竟没有文学造诣,岂敢侈谈“妙手著文章”?因此,若以上述两个要求来衡量自己,真有点高不可攀。

不过,除了有点自知之明,也总期望勤能补拙。坚信只要不断学习勤于思考善于提问,坚持脚踏实地埋头苦干,坚守寂寞的编辑岗位,捧着一颗热心,倾自己所能为读者、为作者服务好,笨干数十年,总能稍稍接近合格编辑的要求吧。

光阴似箭,而今我已年逾七旬。自 1982 年被分配到上海教育出版社当编辑做出版已整整 39 个年头了,这段年华也幸与国家的经济建设与改革开放的大好时机相吻合,便有一股推力,催促自己努力去编一些记录改革时代有温度的故事,去温暖读者的心;也紧逼自己去策划一些"前人没有编过的,而当今及后来的读者又爱看的"读本,以兼顾创新与市场,尽可能为提升读者的整体学养尽自己的绵薄。因此,若要真实记录这些年出版与编辑的履程,留下的恐怕只能是"板凳坐冷,文字煮热"的点滴体会。

俗话说:"板凳要坐十年冷,文章不写一句空。"对于后半句,还是该让事实来说话才更妥帖与可信;至于前半句,掐指数来,确实坐了近四十年的冷板凳,但心甘情愿毫无怨言。我只是下意识地觉得:这一辈子的衣食住行等物质需求以及精神文化生活的享用,均受惠于各行各业人们(乃至古今中外的先人)的付出与奉献,一个人不能光接受恩惠,至少也该对曾经为我作过奉献的人与这个社会有点回报。人的能力有大小、社会地位有高低,既然已被安排在从事文化积累与传播的出版行业,而且是为"读书育人"的教育出版社服务,那就该耐得住寂寞,实实在在地为提高人的整体素养尽一点力吧。至于出什么书,说怎样的话,全在于自己的修行。不爱高谈阔论,也不会说那些假大空的套话,那就真真切切地让读者(主要是师生群体)领悟怎样志存高远,正直做人,有朴实的"利他"情怀,能文雅处事,更应该善待他人……这确实是人生一门大学问,能为此尽己绵薄,也就心里踏实了。

在2020年初的那段抗疫日子,足不能出户(每天至多下楼一次去扔垃圾),倒有了较多闲暇,无意中整理了一下书橱和抽屉,却理出了不少曾发表的文稿和获得的奖状。面对眼前的这堆意外发现,往事似乎还在眼前,将它们分门别类,倒理出一点头绪,也就成了本书稿的两个附件。睹物思履,将这段已被风干了30多年的零星记忆渐渐化开,把这些编履留迹整理成几条线,就成了这本散记的五个部分:板凳坐冷文字热(一些有关编辑生涯、选题策划等的思考与实践);学思善问抒己见(取几篇出席不同学术会议的发言稿或曾在报刊发表过的论述);科海荡舟兴致高(普及科学知识、传播科学家精神的一些想法与活动);酒香也怕巷子深(曾经撰写并发表的对图书的零星评述或介绍);前言更要搭后语(对所编图书自己撰写的前言或后记)。

其实,稍稍有点文化积累之抱负的出版人,在长期的编辑思考与知识整理中,总会主动去作些理性的价值判断,尤其在匡正谬误的同时,也实实在在地提高了自身的素养,或者说在一定程度上也记录了自己的心灵。埋首文稿,板凳坐冷,不求垂名青史,也总能体悟一点出版的魅力——积累文化、播扬文明。有时确实会有小小的收获感,尤其是当经历一阵辛劳,所策划的选题在编成图书后被市场认为“站得住”“留得下”后,这种收获感确实是很实在的。当然,也常常会留下不少遗憾。这些过程的冷与热,兴许能在“板凳坐冷文字热”中有所体现,既与读者分享喜悦,也期盼协力思考解疑,更旨在求教。

这三十多年,我一直很仰慕出版界一些“学者型编辑”。他们都有一种共性——酷爱读书,擅长思考,既为他人编好书,也能身体力行著述丰。总觉得他们是跨界的,有不时能到“邻人的花园”去采撷的快乐,而且受编辑劳作的历练,他们的学术功底与文字能力,让写出来的东西特别有见地又特别耐读,且经得起推敲,甚至能引领学术潮流。钟叔河先生曾说:“好编辑是编书编出来的,也是写文章写出来的。”是呀,鲁迅、茅盾、韬奋、叶圣陶、巴金等都堪称“学人”与“编辑”之楷模。

记得刚进出版社不多久,自己也曾幼稚地暗下决心,要当一名“好编辑”,便手痒痒地与沈美新先生合作,在1985年编译出版了我国第一本介绍计算机智能化语言的《LOGO语言入门》,尽管首印六万多册,社会效益也算不错,但由于不懂规矩地在自己出版社里出版了,这下闯了“大祸”。当时,分管《中学科技》编辑部的副总编郑重其事地找我谈话,大意是:不要“初生牛犊不怕虎”,要耐得住寂寞,编辑是“为他人做嫁衣”的……言下之意,我是在不合适的时机,不合适的地点,做了不合身份的不恰当的事。从此,夹紧了尾巴,一门心思地认真编书,时间一长,果然真真切切地体会了“板凳要坐十年冷”的内涵。

在“学思善问抒己见”部分,选择了几篇在各类学术会议上的报告稿。虽然不少会议已成了“很久很久以前的事”了,但在那个年份,我所关注的就是这些议题,眼界也就这么一条狭缝,今天读来有点可笑,却是本真的,也确实属于自己编辑之心路历程,体现了一名出版工作者逐步成长的轨迹。譬如,在30年前的1991年8月15日,受领导指派参加在河南郑州召开的中国版协教育出版研究会第一届全国教育出版研讨会,有幸让我作了一次发言,报告的主题是《做好书稿编辑的后期工作》。在那个年头,我曾大胆地提出了对成书的质检别老停留在抓文字错漏的显性质检层面;我还曾倡导编辑要沉下心来,勤写书评,下内功写出文笔优雅、点评到位、见地深刻的评论,既推动读书,也繁荣创作,还能优化选题,并提高编辑的编书技艺。现在来看,这两点还是有点意思的。

其实,作品评论至今还是很薄弱的。买书难卖书难的一个重要缘由,评论缺位恐怕有不可推却的责任。而今的图书评论又往往穿靴戴帽,廉价溢美,必然会失缺读者的信任。书评应该实事求是,即使“王婆卖瓜”也该把握分寸,书稿的缺陷必须毫不吝啬地指出来,这样的直言相告,既建立了读者对图书和出版社的信任,也让他们选书有了方向,对出版社的选题优化,无疑也是有益的。

我是教育出版社的编辑,以前总有一种误解,教育图书不愁嫁,一批又一批的学生群体总需要课外读本。也正是这种假象,让非教育类出版社蜂拥而至地挤进教育类图书出版行列,这就让教辅类读本的出版呈现鱼目混珠的乱象。倘若始终抱着“酒香不怕巷子深”的观念,恐怕对今后的发展很不利。对此,自己还算清醒,并能长期坚持每出一本书就主动参与推介和评论。由于经历了书稿编辑的全过程,往往能独到地写出其特色和一些书稿的幕后花絮。实践表明,评论工作对图书不至于被市场湮没确实有点效果。自己的这些想法与做法在“酒香也怕巷子深”中能见一斑。

我在大学学的是物理学,对教育出版社来说,物理学的教材教辅编辑工作确实很重要,但社里物理编辑人员较多,大家都紧盯有限的选题,常会有“吃不饱”的感觉。跨出一步,涉猎科普倒也别有洞天且气象万千。自从20世纪90年代初,曾策划了《中国科学院院士自述》,初战告捷后,我也就花了不少精力去策划科普选题,且屡屡获奖,这倒是始料不及的。多年的科普编辑经历让我觉得:一是要紧紧守住本土原创这块阵地,二是要抓住科学技术该“以人为本”,或者说,科学与人文这“两种文化”要协和互渗。本土原创虽然难度较大,但对保护人类的“科学文化生态”是极其重要的。再说,科学虽没有国界,但科学家是有祖国的。科普作品无非是写事(状物)与写人,后者往往被忽视。其实,事在人为,若能写出科学家的人格魅力,以科学精神和方法贯穿科学知识的介绍,往往会有出其不意的阅读效果,并由此带来选题的两个效益。再说,这些年作为上海市科普作家协会团体会员单位的代表,曾被推荐担任了几届副理事长,也因此时时逼着自己作点表率,努力学着创作一些科普作品,尽管不指望写出扛鼎之作,但力求能让笔端的科学家有点神韵,有点温度,可敬可爱,从而拨动起全社会尊重事实、尊重科学、尊重人才之弦,这也成了我编辑与出版履程中很有意思的一部分,并获得不少教益。有关上述想头与做法的一些文字则呈现在“科海荡舟兴致高”里面。

这部散记的最后一部分“前言更要搭后语”则收录了为自己所责编(或参与创作)的图书“代庖”了部分前言与后记的文字。当然,前提是必须由作者或编委会提出要求。譬如,曾为《中国科学院院士自述》《科学的道路》《博学笃志 切问求思》《清澈的理性》《通透的思考》《院士怎样做人与做事》《创新物理实验》等书撰写过前言。又譬如,为《科学人生——院士的故事》《院士怎样读书与做学问》《转基因动物与医药产业》等书写过后记。

为什么要这样做?因为对一部书稿来说,前言或后记确实比较重要,犹如一家铺子的门面抑或参观景区时扑入眼帘的导览图,通过对书稿基本内容、编著(译)意图、成书过程、学术价值及著译者的介绍,以阐明该书稿的主旨(撰文目的)。倘能在开卷时的前言中就读到对全书内容有到位的概述,读者找到了逻辑主线或者对全书有一点整体把握的感觉,就不至于被动地接受文字和内容,会带着主动选择和自己的思考,跟着内容去梳理并解疑释惑,其阅读效果会更理想,或者说收效会更丰厚。再说,传统的大部头图书的前言或后记,除作者自己撰写外,一般都会请一些名家挂帅,有的时候因为前言一直没有交稿,书稿明明已可以开印却迟迟不能。而请名人作序又往往需要原作者提供一份初稿,毕竟名人都很忙并没有时间甚至也没有耐心去审读全书稿,这就流露了作者有点"拉大旗作虎皮,包着自己去吓唬别人"之嫌疑,也显然不符合实事求是的著述之基本操守。

我以为,凡作者或编委会委托责任编辑撰写前言或后记,首先是信任,其次是鞭策。为了不致"前言不搭后语",编辑非得认认真真地反复审读整部文稿,不仅理解字面,还能穿透纸背,只有真正读出了书稿的意蕴,才有底气介绍书稿的背景和价值,从而或作内容的评述,或作来龙去脉的分析,或对作者学术思想作到位的介绍,以引领读者曲径通幽般快乐地阅读。

写前言或后记确实很花工夫,也很磨炼人,还常有"吃力不讨好"之后果。在"前言也要搭后语"部分,挑选了几篇较有代表性的涉及各门类的文稿收入本集子,也作为自己编履所留之一痕吧。

书稿是2020年5月整理好的,送给分管我编辑室(徐建飞工作室)的何勇副总编,希望他能从内行的视角提出意见或作些指正,以备日后有机会在微信群里有选择地交流或印几本散记以留念。不料,他审读后直接向缪宏才社长推荐了。缪社长认为:一位在教育出版社工作了近40年的老编辑,整理了这段出版履程所留下的痕迹,能有助年轻的同仁更实在地弄明白编辑的责任与道路的坎坷,同时也能与读者共同分享"出书育人、传播文化"的喜悦。总之,要有"板凳一坐十年冷"的定力。为了努力做一名既对读者也对作者负责任的学者型编辑,即使做不到"妙手著文章",也该为积累文化而"煮热文字"。由此,决定列选正式出版。

这确实是自己始料未及的。理解与尊重、兴奋与感激交织在一起,尤其感谢我编辑室的徐建飞主任和两位社领导的厚爱,也感谢金一哲编辑的封面设计与插图修整,黄修远编辑的视频资料整理与上传,吴大洲及俞薇薇老师的认真排版。我理当继续努力,成为名副其实"板凳坐冷　文字煮热"的教育出版人。

2021 年 1 月 1 日

contents

目录

·第三编 酒香也怕巷子深·

·第四编 科海荡舟兴致高·

· 第五编　前言也要搭后语 ·

第一编　板凳坐冷文字热

前人没出的,后人要看的
——《中国科学院院士自述》出版的回忆

《中国科学院院士自述》从选题策划至今已30年了。上海新闻出版博物馆的上官消波先生要我讲述那段史实。静下心,回忆的潮水将这段已被风干的情景渐渐化开,感到还蛮有意思。作为这套名人自述丛书的策划编辑和责任编辑,也确实有点故事可以讲一讲。下述这些回忆片段兴许会对年轻的同仁们有所启发。

《中国科学院院士自述》书封

思考与调研有助选题创新

1990年《瞭望》杂志等媒体都透露有关1991年中国科学院将要增补学部委员的信息。伴随而来的是我们编辑部确实收到了一些师生和读者的来函,被问及:中国科学院的学部委员究竟是怎么一回事，他们都由哪些科学家组成，他们是怎么当上学部委员的，他们为科学事业的发展到底作了哪些贡献……说实在的，我们自己都没弄明白。好在那个年代正处于认知“科学技术是第一生产力”的大好时期，又处于倡导“尊重知识、尊重人才”积极向上的环境氛围，潜意识中也一直存有一种愿望：作为出版人，能否适时地推出一些介绍当代一流科学家的读本，给成长中的青少年以借鉴。说得具象一点：以学部委员们榜样的力量给成长的道路上的青少年竖起一根标杆，导引他们奋发向上健康成长。这也就是我们常说的“铁肩担道义”的正确社会导向。出于这种朴素的愿望，带着解答读者疑问的使命，开始对图书市场及图书馆馆藏图书等进行了一系列艰难但很有意义的信息梳理和选题调研的工作，而这种调研也逼着我思考了不少问题。

经过近半年查询各家书店在售的新书以及在各类图书馆的实地检索（当年上海教育出版社资料室的藏书也很丰富），给我印象较深的有这样两条：一是，市场上关于科学家成长的故事、科学家传记等确实不是很多，即使仅存的那些图书基本上都是描述已故科学家的，而且往往都是国外著名的科学家（诸如牛顿、爱因斯坦、居里夫人、巴普洛夫、门捷列夫、富兰克林、爱迪生等），中国本土科学家鲜见（当然也见到了华罗庚、茅以升等学部委员的故事），但作者往往都是文学家或史学家；二是，有幸读到了下面两段很有启示的话，引起了我的警觉。其中一段也是在《瞭望》杂志上读到的记者采访钱学森学部委员的话语：“我们欢迎文学家写科学家，但文学家一定要了解科学家，才能写像、写活。现在有些人一不懂科学，二不了解科学家，提笔就写，这怎么行呢？有些写科学家的文学作品不真实，瞎编一气，应当引起注意……”另一段是受人敬重的胡耀邦同志 1982 年 4 月给华罗庚学部委员的信中亲切且耐人寻味的话语：“几十年来，你给人们认识自然界的东西，毕竟超过了自然界赋予你的东西。如果自然界能宽限你更多的日子，我希望你能把你一生为科学而奋斗的动人经历，以回忆录的形式写下来，留给年轻人。你那些被劫走失散的手稿中的一些最重要的观点和创见，能不能夹在其中叙述呢？完成了它，我认为就是你在科学上的超额贡献了。”

是呀，我们出版人不也就是要寻找并挖掘出那些“共和国脊梁”的科学大家们在“科学上的超额贡献”吗？

去李国豪院士复兴西路寓所走访后的合影（1991年，李师母摄）

选题调研时，我还翻阅了鲜有的几篇有关中国科学家的报告文学作品（诸如徐迟的《哥德巴赫猜想》《地质之光》，陈祖芬的《祖国高于一切》等），也拜访了中国科学院的几位学部委员（如李国豪、谢希德等）……

综合起来，印象最深刻的一点是：出自文学家和记者笔下的科学家，虽神采奕奕，栩栩如生，但缺乏对他们怎样成才以及他们执着科学事业原动力的描述，即使涉及了，读来也总感到有些雾天观景的朦胧感。那时，凡报纸或杂志上描述科学家从国外学成归来时的话语，几乎都是格律一致的措辞：“为了报效祖国，他们情愿放弃国外优裕的生活条件和理想的工作环境，毅然回到祖国母亲的怀抱……”可见，写作者们对科学家的心路历程确实把握不准，故语焉不详。

选题调研中，我还了解到中国科学院学部委员的队伍状况：自然科学部分的学部委员1955年共选聘了172名，1957年增补选聘了18名。截至1979年（经过了“无产阶级文化大革命”运动），原有的190名学部委员只剩下117名了（因各种境遇使73名学部委员相继谢世）。1980年增选283名后，截至1990年6月，原有的473名学部委员（即1955年、1957年选聘的加上1980年第一次增选的）只剩下318名了（谢世了近33%），且健在的学部委员的平均年龄已超过74岁。

中国科学院学部委员是我们国家在自然科学研究方面设立的最高学术称号，具有学术上的权威性，他们承担着为国家科学发展决策咨询的重任和育人的重任，也是中华民族科学事业复兴不可或缺的中坚力量。我们这么大人口基数的国家只有数百位自然科学的学部委员，他们肩头所承担的责任是相当重的，为开创学科与事业所走过的道路也是艰辛与坎坷的，其中必然会有不少鲜为人知的故事和感悟，讲好他们的故事肯定能开启全民的智慧，激发全民“科教兴国”的热忱。

我以为：介绍中国科学院学部委员的读本应时不我待地进行“抢救性”编纂，毕竟大多数学部委员已进入耄耋之年；科学需要的是创新精神，体现具有创新精神风貌的学部委员的出版物，也理应从选题思路、写作立意、编辑手法和出版风格诸方面都能有所创新，这样方能达到内容与形式的和谐统一。

综合上述种种，我大着胆子提出了一种设想：

（1）能否打破传统的不为活着的人立传的“禁区”，克服狭隘的“个人主义”和“名利”之偏见，让中国科学院每一位学部委员自己来细说他们坎坷的学术与成才经历？更进一步假设，倘若能由学部委员们自己来讲述（撰稿），确信肯定能够达到叙述准确、入情入理、选材精当、形神逼真的效果。当然，这种天马行空式的“异想天开”，操作起来肯定会有很大的阻力与难度，毕竟在那个年头“思想的牢笼”还没有完全破除，学部委员们是否依然会噤若寒蝉地怕说自己，怕再落得一个“图出风头”“有丑恶的资产阶级名利思想”之嫌疑？他们又是否敢于直抒胸臆，不怕再被套上“右派分子”“反动学术权威”帽子？

倘若真能实现我这份稚气的“创意”，必然具有科学传播史上打破传统而开先河之意义，亦即开创了名人“自述”的风气之先。

（2）从出版的文化积累之视角，假如能集起数百名中科院学部委员的文稿，无疑也就构成了一部不可多得的中国现代一流科学精英的“集体记忆”，相当于铸造了一具气魄雄伟的中国现代科学大师的群雕像，既能留下非同凡响的文化脚印，也张扬了整个社会“尊重科学、尊重人才”的精气神。从出版技术角度看，这种集群的手法比请每一位学部委员各自写一部自传，“工程量”要小得多，可操作性也会强得多，那些老先生的思想顾虑也会小得多吧？毕竟是群体行为，按传统做法至少会“法不责众”么！

我也试想：为了能让数百位学部委员所讲述的故事能集中编入一部书稿之中，是否可以借用辞书的形式来编撰？也就相当于勾画一部独具中国特色的科学名家的自述辞典？这似乎有点类似于国外的名人词典（*Who's Who*）。当然，在技术操作上必然会有很大的难度，至少要敢于冲破一些陈规陋习，来一番编辑工作与技术处理上的创新。

我初步构想的选题名称是“中国自然科学家自叙辞典”。

毕竟在当时整个书市上尚无一本以自然科学家自述形式呈现的大型辞书，而以中国自然科学家“自述”形式的书稿连踪影也没有（为健在的科学家等名人立传是不被当时社会所接受的，传统思维是“盖棺方能定论”）。这部臆想中的辞书既大容量地涵盖了科学知识，还真实记录了各位学部委员在各自学科中所走过的坎坷历程，又融合了他们的科学思考、所选择的科研方法之成败得失，并能展现他们真实的思想风貌、精神境界和人格魅力……总之，讲好我国鲜有的中国科学院学部委员们的故事，肯定会有温度、有看头，还能为中国乃至世界的科学文化史留下鲜明的脚印。

现在回过头来思考，在20世纪90年代初，这些独创的选题设想与理念，应该说是蛮有点“异想天开”的创新意味，这个选题构想确实有点“胆大包天”，但它毫无疑问地能为“尊重知识、尊重人才”起推波助澜的作用，至少能为人才培育提供一些方法论的探讨与推动。倘能实现，也为学部委员提供了一个思维创新的平台。

其实，当时我的身体状况是不允许再从事这么一项“大工程”

的。我所患的全身性免疫疾病——强直性脊柱炎，还处于活动期，几乎每天整夜（尤其是凌晨）全身关节疼痛而不能安卧。再说前不久，有幸受曹余章总编青睐，刚参与完成了出版社内的重大项目——《教育大辞典》四个分册的编辑工作，由于过度劳累使全身免疫功能更低下，两个膝盖关节肿得好似大馒头，不能行走，连张嘴进食都困难。为此，不得不住入华山医院骨科病房。当时华山医院的院长李鸿儒教授等组织多名专家会诊后认为，需要对我进行双膝与双髋四处滑膜的切除。听到要行这项系统外科手术，可我的编辑任务还没有完成呢。倘若术后只能坐轮椅，我怎么再有效地工作？于是，我固执地予以拒绝。经过一段时间保守治疗，待病情稍稍稳定，体温正常后，就自说自话地出院了，因为始终觉得有一种使命在召唤着自己。

我心中有一种急迫感，坚信上述“异想天开”是一项很有意义的“抢救性”出版工程，是一件实实在在地传播科学知识、科学思想、科学方法、科学人文精神的大事。若能真正实现上述的选题勾画，无论对科学史和思想史的研究，还是对文化积累和现实的社会效益，都是无可估量的，并且实实在在也是一项科学文化的“抢救工程”。

通过不断研读、思考、质疑、提问与勾画，我的“科学家自叙辞典”选题的设想也一步步趋于成熟。

为此，1991 年 10 月 8 日我斗胆上交了一份选题报告。选题最初定名“科学家自叙辞典”。选题的关键词是“中国”“科学家”“自述”“辞典”，其中最核心的“想头”便是从尚健在的科学名家口中抢出鲜为人知的且不可多得的真实史料。说得透彻一点，其核心是要为科学大家们“树碑立传”。为此，必须让中科院的每一位学部委员能冲破思想束缚，放下包袱，大着胆子亲自撰稿，真实地讲述他们各自走过的坎坷科学旅程的故事，坦陈自己的心路历程，奉献自己的智慧，为中国科学史留下点东西。

我想，凭借当时大力宣传的“尊重知识、尊重人才”的社会氛围，应该还是有可能实现这个目标的。毕竟天时地利人和么！

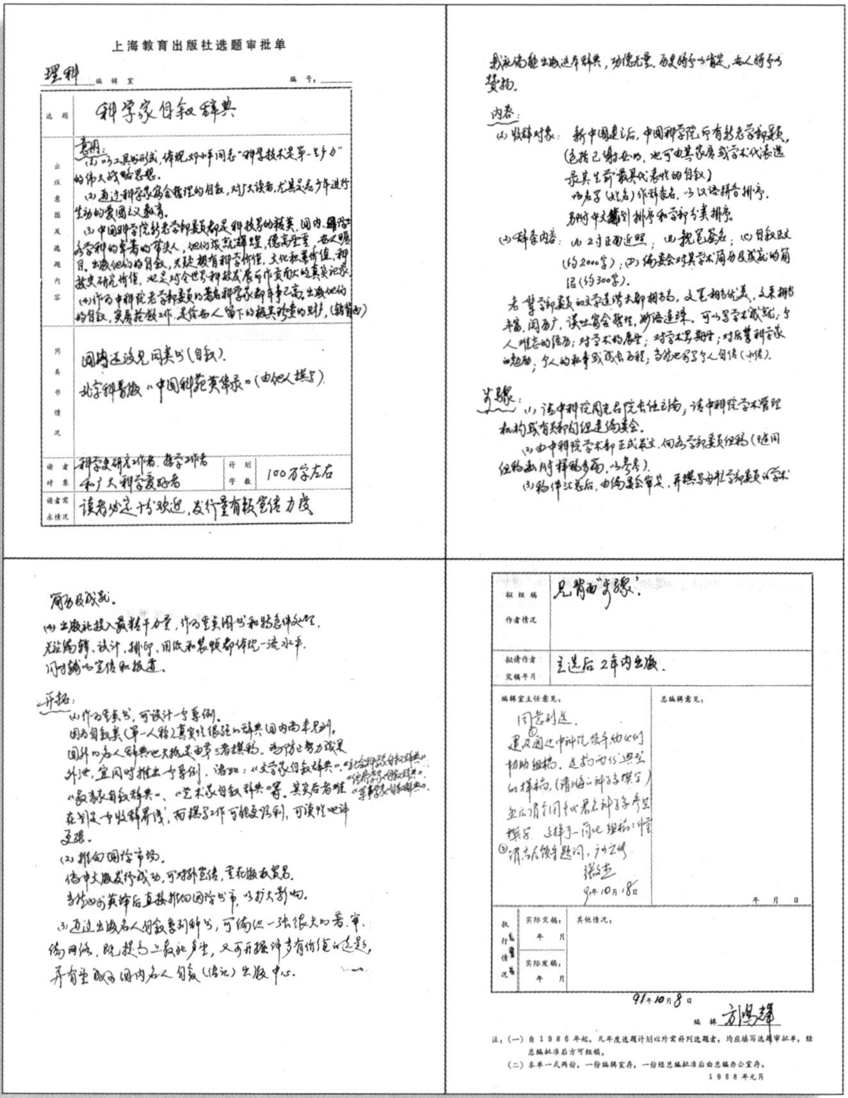

上海教育出版社选题审批单

理科 编辑室 编号：

选题	科学家自叙辞典
出版意图及选题内容	
同类书情况	国内还没见同类书（自叙）。北京科普版《中国科苑英华录》（由他人撰写）
读者对象	科学史研究工作者、教学工作者和广大科学爱好者 / 计划字数：100万字左右
读者需求情况	读者必定十分欢迎，发行量有较宽偿力度

拟组稿作者情况	见背面"步骤"
拟请作者交稿年月	立选后2年内出版
编辑室主任意见：	同意列选。 …… 9#10月18日
总编辑意见：	年 月 日
执行情况	实际交稿：年 月 / 实际发稿：年 月 / 其他情况：

91年10月8日

编辑 方鸿辉

注：（一）自1986年起，凡年度选题计划以外需补列选题者，均应填写选题审批单，经总编批准后方可组稿。
（二）本单一式两份，一份编辑室存，一份经总编批准后由总编办公室存。
1988年元月

1991年10月填报的“科学家自叙辞典”的选题审批单（十六开四面）

我更明白：要把一件事情做成功，你自己首先对要做的这件事有一幅清晰准确的心理图像。当然，这幅图像随着思考的深入，不断质疑和否定自己的幼稚，其细节会变得越来越清晰，也越来越有可操作性。现在看来，选题策划确实有一个“十月怀胎一朝分娩”的过程，且确实需要不断质疑、提问与完善。

进一步开拓思维，我甚至得陇望蜀地联想翩翩：是否还可以平行地延伸至其他领域的顶尖专家，共同来参与各自领域的自述？于是，在选题报告中还提出了一个比较庞大的出版系列辞书的设想，包括《社会科学家自叙辞典》《文学家自叙辞典》；若这三本书能被市场接受，那么还可考虑续编《教育家自叙辞典》《艺术家自叙辞典》《军事学家自叙辞典》《经济学家自叙辞典》……

话要跳跃性地转到1997年。因为《中国科学院院士自述》一书（后来将《科学家自叙辞典》改成此名）出版后，相继荣获多项大奖；1997年甚至荣获了中宣部第六届精神文明“五个一工程奖”；尤其是1996年6月4日在北京首发后，数十家中央和地方媒体几乎同时发消息，有的日后还连载院士的自述文稿……作为策划人和责任编辑，我也曾接受了《光明日报》驻沪记者余传诗的采访（后来刊发了整版的深度报道），并曾多次走进上海人民广播电台作为对话嘉宾介绍这本书，接连受邀去兄弟出版社作选题创新的策略与操作的汇报，还受邀赴各所大中学校作科学家精神的科普讲座……有意思的是，日后我的这份选题报告被一些出版社作为编辑在岗培训的材料之一，这倒是始料不及的。

据说，当年复旦大学出版社，就曾用了这份六年前的选题报告作为编辑在岗培训的素材。这件事让我社当时的年轻编辑王为松老师获悉并告诉了我。其实，当年我把选题报告呈上去后自己也没留底（20世纪90年代初复印技术尚未普及）。出于好奇心，希望热心的王为松请复旦大学出版社的朋友复印一份给我留存。很快，就有了上述这份选题报告的复印件。

收到复印的选题报告后才真的发现，当初分管理科编辑室的副总编确实没有首肯这份报告，不予批示。他以为我太“异想天开”了。记得当年他确实跟我讲过大实话，“你也不想想自己的健康状况，能承担得了吗？那些学部委员地位这么高，能为你撰稿吗？我怀疑你能组到这么多大家的自述稿件……”其实，这位副总编也是学物理的，我们尽管是上下级，但平时的交流几乎没有隔阂。我心里明白，他确实出于关心我爱护我，万一砸锅岂不是要把已经做的不少好书之“前功”尽弃了呢？说实在的，这个选题的操作难度确实很大，失败的可能性也很大。毕竟心中无底——中国科学院的学部委员们能否响应？再说，我的健康状况是否允许我啃下这根“硬骨头”，连我自己都持怀疑态度。因此，报告呈上去后，因为没有获得社领导的批复，也就偃旗息鼓了。我只能将“天马行空”般的胡思乱想强压了下来，还是安心地搞自己的物理学老本行。不过，我心里依然牵挂着这个没有实现的选题愿想。再说，出版工作的经验很明白地告诉我：挑难做的选题“硬骨头”反而容易成功，毕竟其“难”和“硬”就鲜有竞争对手！

其实，对一个有价值选题的调研与思考，绝不会因它被搁浅（哪怕是被实施了）就戛然而止的。相反地，持续性下意识的调研与思考倒像幽灵般始终萦绕着我，乃至不由自主地会去寻找相关的材料继续阅读与思考，这也是一种编辑的执着素养使然。1991年底，当我读到诺贝尔物理学奖得主杨振宁先生以确凿的事实来评价赵忠尧、王淦昌两位中科院学部委员的材料，分别介绍他们在20世纪三四十年代各自作出的开创性物理学贡献以恢复历史的本来面目时，我会异常亢奋。从而进一步去寻找杨振宁先生的相关论述：“整理和评价当代中国学者的科学贡献，应当是中国科技史研究的重点之一。特别是一些重要的历史性贡献，应当恢复历史的本来面貌，千万不可马虎……”是呀，对我国前辈科学家在如此艰苦环境下所取得的成果，确实应当予以充分重视。

这是诱惑？还是上苍的启示？

由此，我更坚定了该去做一点中国科技史研究的信念，尤其是作为出版人，努力介绍和评述我国当代科学家的贡献，讲好科学大家们有温度的故事，应该是一项义不容辞的责任！

可见，对“科学家自叙辞典”的选题，我是耿耿于怀的。

编好书需要有拼搏精神

一年后(1992 年)的一次偶然机会,当时的社长陈和先生与我闲聊,谈及社里这几年经济指标完成得不错,唯独没有获大奖的书,看来非得抓些大选题了。于是,我接过话题,把曾经搁浅的《科学家自叙辞典》及系列图书的想法小心翼翼地道出,想试探他会不会有“和声”。不料,他倒有点兴趣,认为“不妨一试”。于是,这个已泯灭的选题火苗似乎有了复燃的可能。

也许我是 O 型血吧,对自己认准的事有股偏执的“牛劲”,既然可以“不妨一试”,说干就脚踏实地地真的干了起来。似乎有种“时不我待,机不可失”的冲动。

一回到编辑室,我立即电话联络了钱伟长教授的秘书刘晓明先生。期望能尽快组织到“三钱”(钱三强、钱学森、钱伟长)的三篇样稿。事情进展得还算顺利,不久果然组到了钱三强(是他的原秘书葛能全先生帮的忙)和钱伟长(刘晓明先生组的稿)两位学部委员的自述样稿,既有思想又有文采,但仅此两篇总嫌自述角度还不够丰赡,又很费功夫地组织了严济慈学部委员(是他的原秘书何仁甫先生组的稿)的样稿。本想再组几篇,实在是难度较大,只能暂时作罢。

到底是大家,三篇样稿都很有个性,也很有见地,且视角各异。他们三位都是数一数二的科学大家,但文采并不输舞文弄墨的。旗开得胜后,我撰写了一份更详细的《科学家自叙辞典》策划书,包括出版意图与特色、书稿内容与容量、操作方法与步骤、选题深化与延拓等,连同三篇样稿,烦请刘晓明先生直接面交中国科学院学部联合办公室(当年还没有建立院士工作局)。事后知道,科学院的领导很重视我所递交的这份选题策划书,并送中科院相关的研究部门进行论证。等中国科学院学部联合办公室明确表示愿意合作后,就由当时的副总编包南麟老师率领我们于 1993 年初赴北京中国科学院学部联合办公室，签署了合作意向。记得当时同去的还有我社的徐欢欢、孙爱葆等编辑，因为社领导打算首期先组三部稿子——《中国自然科学家自叙辞典》《中国当代文学家自叙辞典》和《中国社会科学家自叙辞典》。

与中国科学院学部联合办公室签署合作意向是1993年初春，北京还处于春寒料峭之时，但我们的心很热，劲也很足。我们拿着三位中国科学院学部委员写的样稿，还先后走访了中国作家协会、中国社会科学院、中国文联、教育部及学位办公室等单位，拜访了陈荒煤、江流、周明等专家。回上海后，又走访了上海作协，拜访了夏衍等老先生。

严东生、刘东生院士在《中国科学院院士自述》首发式上（1996年6月4日，方鸿辉摄）

同年5月5日至8日，我又赴北京三里河路52号与中国科学院学部联合办公室的领导们共商具体操作程序及细节。6月30日签署了一份科学院与出版社分工的原则协议，明确各自承担的工作。当年9月编委会成立，9月20日，中科院正式发红头文件向所有健在的学部委员及已谢世学部委员的家属征稿。

1994年1月12日，赴京参加编委会会议，具体讨论各项编纂工作。同时，中科院学部联合办将第一批收获的稿件让我带回上海初审。作为编纂的“热身”，我确实很认真很细致地审读每一篇文稿，并进行初步的编辑加工，后将这批文稿迅速返回中科院学部联合办公室，由五大学部（数学物理学部、化学部、生物学部、地学部、技术科学部）分头组建的专门小组对出版社初审的文稿进行释疑解惑，并协助我将部分文稿录入电脑（第一批交来的文稿大多是学部委员亲笔书写的），以生成电子文档。

同年5月，上海教育出版社与中国科学院学部联合办公室正式签订了本书稿的出版合同。由于国务院已批准将“中国科学院学部委员”统一更名为“中国科学院院士”，因此经反复斟酌，将原先的《中国自然科学家自叙辞典》的稿名，相应更名为《中国科学院院士自述》，其他领域的两部自叙辞典也相应更名为《中国社会科学家自述》《中国作家自述》。

严格地说，从1993年初我已经全身心地投入这项“工程”之中。首先向中科院学部联合办公室提供了组稿的设想，包括在编委会会议上提出的书面报告：选题主旨、创新理念、写作视角（并向每一位学部委员提出仅供参考的十五六个撰稿视角）、每位学部委员该写的文稿包括哪几个组成部分、书稿处理的时间节点、希望院士提供近期尽可能清晰的正面头像照、校对后的文稿必须签名确认等要求（因为打算将院士的签名印在版面上的）……尤其是自1994年10月起，开始对相继收获的近400篇自述稿进行深度审读与加工，并针对文稿中具体问题直接与相关院士通信商讨。那时，有的院士没有电子邮箱（或不便告知外人），采用的沟通方式往往是手书信函，这个流程的工作量实在太大，好在学部联合办公室给了我一本院士通信录，不必一位一位地要向他们索要院士的通信地址。

时间不够用，是那几年最突出的问题，星期天也只能端坐于写字台前，甚至晚上读稿晚了，就用躺椅睡在办公室而不回家了。

1994年12月初，再度要求召开编委会会议，赴京向学部联合办公室各位领导汇报，各方沟通各自的工作进度，商讨下一步的工作计划，检视文稿的缺漏以及再一次发函催稿等事宜。返沪后，我相继拜访了居住上海的多位著名院士，诸如李国豪、朱物华、殷之文、吴孟超、冯德培（住华东医院）、张香桐……除了问候或听取意见外，主要是向他们索稿，有的是没有撰稿，有的是退修后没有及时退回出版社。

1995年5月初，书稿进入排版与校样流程。由于稿本借用辞典格式，以人名为词条名，故拟采用16开本双栏版式，简朴经济，又不失典雅。由于每一位院士的自述均以栏为单位，不少文稿尚

方鸿辉将编辑加工后的文稿送张香桐院士审定并确认签字(1995 年,吴月明摄)

需要作适当的文字缩减,尽可能让版面少开“天窗”。截至 1993 年当选的院士总计为 742 名,整部书稿在发排时已谢世院士 208 位,健在院士为 534 位。最终收入《中国科学院院士自述》文稿的是 509 位。可以说,健在的院士绝大多数以及部分著名的已故院士的文稿都收入了。

必须指出的是,中国科学院学部联合办公室对于与我社联合编撰《中国科学院院士自述》予以高度重视,并竭尽所能。尤其是中国工程院成立后,从中科院学部联合办公室抽调了不少得力的干部,使原本人手紧张的中科院学部联合办公室更捉襟见肘,但他们还是全力以赴。尤其在 1994 年,即没有院士增选任务的那一年,各学部都将编纂《中国科学院院士自述》作为一件大事来抓,投入大量人员与精力,工作取得了很大的进展。若没有学部联合办公室的鼎力相助,根本无望做成这件事。譬如,把我们所撰写的组稿文件的主要内容以中国科学院学部联合办公室的名义,向每一位院士发了一个红头文件。由于该红头文件突出了“科学技术是第一生产力”的战略思想,鼓励每一位院士都努力作“科学上的超额贡献”;反复强调“自述”并不是“自我标榜”,也不是追求“个人名利”,而是旨在求真务实,完成为科学文明留下脚印的使命,以解除院士们的心理障碍;所写的内容并不仅限于个人的学术小传,并提出了撰稿的十多个视角,供他们自述时参考……没有想到的是,这份红头文件引起各位院士的高度重视,尤其是一些德高望重的老院士,一收到文件就不顾年老体弱,铆足了劲要作“科学上的超额贡献”,坚持亲自动手;有的院士卧病在床,还坚持以口授的方式,由学生、家人或秘书记录,最后由他们自己亲笔审改;有的院士在国外访问，则通过传真或电子邮件传送到学部联合办公室或出版社……毕竟都是科学大家，“科学求真”“实事求是”已融入他们的基因。应该说，他们都很在意到位的自述，很在意能作“科学上的超额贡献”，更在意为人类科学文化的积累尽自己所能。其实，这一切都是在为中华民族伟大复兴而尽力。

这就是中国科学院院士的科学精神与人格魅力。

编纂的书稿必须有特色

在全部文稿的校对流程将要收尾时，还缺了一篇前言迟迟没有写出来。本想请中科院院长周光召院士写的，后来学部联合办公室又决定由本书的主编张玉台（或葛能全，或郭传杰）撰稿，但等了好几个月也一直没有交稿。时不待人，书稿要付型，确实有点没辙。直到1995年底，终于接到了执行主编何仁甫先生打来的长途电话，嘱我为主编代笔，并说：“整个创意与操作过程你最清楚。”无奈之下只能硬着头皮写出初稿，立即传北京。没过几天，何仁甫先生又来电：初稿通过，一字不改；周光召院长说，就以责任编辑名义作“编者的话”放在书的开卷处。尽管我再三推却，何仁甫认为“恭敬不如从命”，策划编辑也该抛开“名利束缚”，坚持实事求是！于是，就有了眼下卷首那篇“编者的话”。不过，我坚持采用“中国科学院院士自述编辑委员会”落款。

诚如“编者的话”所云：本书刻意追求的是“真”“新”“深”“广”，而这四个方面所体现的正是“解放思想，实事求是，一切从实际出发”的思想。

这部书稿确实是朝这个目标努力的，最关键的一点是所有文稿都由院士亲撰，其内容之“真”也就毫无疑义了。

选题的宗旨就是要实现科学文化的传承与积累，为院士述说学科创建和学科发展脉络提供创新的平台，让他们的创新激情得以抒发，就是我们的初衷。现在回过头来看，这个目标也较完美地实现了。至于编纂形式上的创新尝试主要体现在:每篇文稿都由两部分组成,即300字左右的院士学术成就简介和3 000字左右的院士自述,而带有强烈文学色彩的传记、散文、随笔、评论、报告等五花八门体例的自述则与经典的辞典体行文风格完全不同,这只能看作是“类词典”,抑或是一种不守规矩的“创新”。譬如,有的院士(如李国平、谷超豪、朱夏等)的自述甚至用古体诗或词来写自己走过的科学道路,也有院士(如邓稼先)的自述是用对话形式来表达的……这些“原汁原味”的自述能酣畅淋漓地追溯历史、畅谈学科、感悟人生,其景其情生动地跃然纸上。

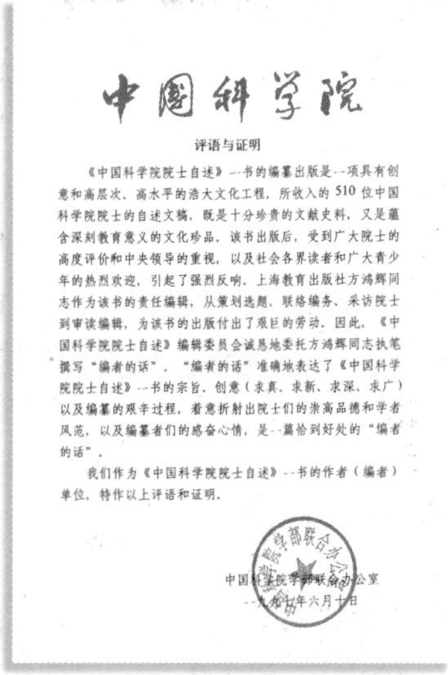
中国科学院

评语与证明

《中国科学院院士自述》一书的编纂出版是一项具有创意和高层次、高水平的浩大文化工程,所收入的510位中国科学院院士的自述文稿,既是十分珍贵的文献史料,又是蕴含深刻教育意义的文化珍品。该书出版后,受到广大院士的高度评价和中央领导的重视,以及社会各界读者和广大青少年的热烈欢迎,引起了强烈反响。上海教育出版社方鸿辉同志作为该书的责任编辑,从策划选题、联络编务、采访院士到审读编辑,为该书的出版付出了艰巨的劳动。因此,《中国科学院院士自述》编辑委员会诚恳地委托方鸿辉同志执笔撰写“编者的话”。“编者的话”准确地表达了《中国科学院院士自述》一书的宗旨、创意(求真、求新、求深、求广)以及编纂的艰辛过程,着意折射出院士们的崇高品德和学者风范,以及编纂者们的感奋心情,是一篇恰到好处的“编者的话”。

我们作为《中国科学院院士自述》一书的作者(编者)单位,特作以上评语和证明。

中国科学院学部联合办公室
一[illegible]年六月十日

中国科学院学部联合办公室对《中国科学院院士自述》的评语与证明

院士的自述文字能体现较深刻的思想意境,既是我们出版本书的愿望,也是编纂中求“深”的初衷。展现在读者面前的一篇篇充满哲理和情感的自述,流露出学者们成才的坎坷,做学问的勤奋,为人的正直,对事业的执着。他们都能滔滔不绝地谈自己的学术,对父母妻儿往往深抱愧意。院士们的个人命运始终与时代的脉搏息息相通,爱国奉献是他们一生的主旋律。院士们用质朴的语言、生动的事实和切身的经历,极有说服力地诠释了什么是家国情怀,什么是科学精神,什么是正直的为人与处世之道。

面对500多位新老院士(截稿至1993年底当选的院士)所从事的学术和科研领域这么广(包括数学、物理、化学、生物、地学、信息与工程技术等),年龄跨度又如此大(当时尚健在的金善宝院士已100岁,最年轻的支志明院士才38岁),并且有不少德高望重的学界泰斗已谢世,怎么可能让所有院士都写出整齐划一的自述文稿呢?倘若按传统名人辞书的编纂手法,必然重现年谱式或小传式的“量子化”文字,读来会兴味索然。这样的文稿肯定缺乏生气,也会被“编死”了。怎么办呢?只有按“实事求是”“一切从实际出发”的精神去创新。只有直面现状,打破传统的编书手法,方能最大视角地呈现院士的风采,体现院士的个性。其实,写作题材的多样化,必然使表达的方式与方法也多样化。在中科院红头文件中提请院士可多角度撰文,力免写成“小传”的建议,果然使书稿的可读性增强了,哲理性也更强了。这种体例开放的撰稿手法也让院士乐于撰稿,使选题策划者的案头编辑工作成功地转化为实实在在的书稿,使“工程”得以顺利竣工。

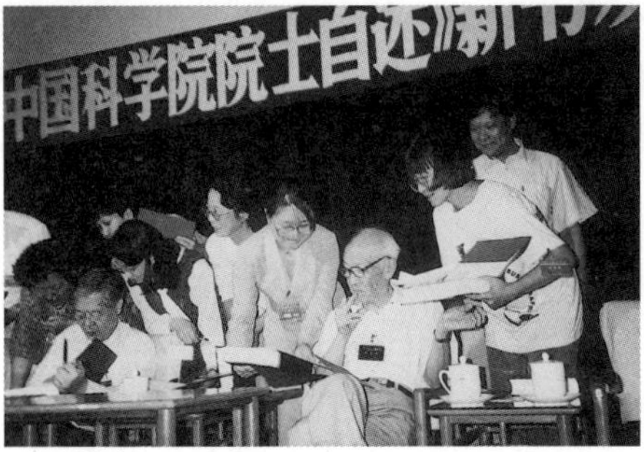

周光召、朱光亚院士为参加首发式的媒体记者题词(1996 年 6 月 4 日,方鸿辉摄)

展现在读者面前的《中国科学院院士自述》中,很有价值的是:有的院士述及了本人对某一学科领域所作的贡献,尤其是钩沉了中国科学史鲜为人知的不少史实,还原了历史的本来面目;有的院士对学科作了充满激情的展望,对后辈学者寄予谆谆嘱托;有的院士和泪敬怀父母和恩师,读来催人泪下;有的院士结合个人成才的经历,语重心长地告诫人们事业成功的必备条件;有的院士饶有趣味地回忆了科学探索程途中难忘的事件,侃侃而谈科学研究中的方法和艺术;还有的院士论述了人生格言、业余爱好以及对成才起作用的书籍和报告……读着这一篇篇各具风采的自述,宛如在跟院士们面对面地交谈:论人生,谈理想,话事业,展望未来,那么真切,那么朴实,又那么动人。可以说,《中国科学院院士自述》是一部真、善、美的中国现代科学史和思想史,也是一部珍贵的名人成才启示录。

《中国科学院院士自述》书稿信息量较大(170 多万字),学科门类较多、地域分布较广,并且各位院士来自五湖四海又有着不同的求学背景,思维与写作方式大相径庭,遣词用语的习惯也各不相同,真的呈现了多样化的琳琅满目,为了保留和体现他们的个性,相应的文稿加工量也就很大,落笔审改都得小心翼翼,斟酌再三。也就是说,面对 500 多位科学大家的文稿,500 多种不同的风格,既要尊重原文的风貌,又要尽可能符合规范化表达,还要核对不少资料与数据。经过编辑精细加工后,文稿须分送院士本人确认并签字……编辑工作量确实极大,且难度也很高。眼下《中国科学院院士自述》的文稿能够多样化地体现科学大家们各自的思维特色与语言风格。

对已故院士的文稿处理更要慎之又慎。

当时,中科院给我的指令是,上海方面的院士主要由我组稿和催稿,并希望对一些很有影响力的院士,尽可能一个不漏。如已故著名有机化学家黄鸣龙院士的文稿迟迟没能落实,中科院希望我去找他的学生——周维善院士,看有什么办法能解决。当时周维善院士大病初愈,我找到周院士位于有机所附近的一幢极简陋新公房底楼的家,他颤巍巍地将整理好的黄老师在“文化大革命”时所写的大量科研经历回顾与思想检查的材料,从书橱中取出——用已经发黄的旧报纸严严实实包裹着的一大包(约有半尺多厚),希望由我根据这些材料整理一篇黄鸣龙老师的自述稿。我细致地阅读这一大包材料后,认真寻找黄院士的思想轨迹,几乎全部用他的原话摘录,“组装”成一篇自述稿,送周维善院士审定。周院士改动后又将这篇改写的文稿送黄院士的亲属确认,最后呈中科院学部的化学学部办公室审核。原以为这篇“过五关斩六将”的文稿可作为黄鸣龙院士的自述稿,但在此期间一个偶然机会,从中科学院档案中发现了一篇黄院士生前(1956 年)的演讲稿,毫无疑问,即使费了很大周折且自认为很有文采的整理稿也坚决舍弃,采用原汁原味的黄院士的演讲稿。

有时为求一篇文稿或一个签名，都要费好大的周折，但我心里明白：这是对不可多得的“濒危记忆”的抢救，不能有丝毫懈怠。譬如，为了获得李四光院士的签名手迹，转弯抹角地通过了他的女儿（李林院士）与地质部联系，才从档案材料中找到了李四光院士当年使用的一本《工作手册》封面上的亲自签名的手迹。

著名神经生理学家冯德培院士自1994年8月起因肺部感染而住院治疗，因此无法获得他的自述文稿。经多次与他夫人联系，终于在1995年4月6日，电话通知我可以去华东医院病房探望冯老。走进病房，只见往日精神矍铄的冯先生满头银发，声音低沉地说，希望媒体少打扰科学家，他们的时间很有限；“假如我能恢复健康，我还有很多新的科研工作……”得知冯先生前天还在抢救，我不便久留，但我相信病成这样的科学大家依然对事业充满责任与期望，奇迹一定会降临他身上——冯先生会康复的。第二天，他夫人就打电话给我：“冯先生让我告诉你，他同意用纪念中国生理学会60周年时写的那篇文稿作为《中国科学院院士自述》的稿件，同时请转告中科院学部联合办公室。”尽管冯先生希望媒体少打扰科学家，但他对编撰《中国科学院院士自述》这件事还是很重视的。我既兴奋又很感动。可是，仅隔四天（4月10日），传来噩耗，冯先生驾鹤西去了……以后在拜读冯先生的文稿时，我会情不自禁地因联想起这段难忘的会面而落泪。谁能说编撰《中国科学院院士自述》不是一项“抢救”工程？

人们习惯于承袭式思维，总爱向前人看齐，科普读物出版也往往固守这种思维。《中国科学院院士自述》就在于能跳出这种承袭思维，对科学大家的传记不再遵循 *Who's Who*（国外的名人辞典）那种程式化的、以第三人称、量子化语言所作的年谱式记录，而是将院士的自述作为思维艺术的记录和审美的体现，从客观上塑造了一系列精细雕刻的群英像，不仅在乎其形，更在乎其神，有思想，有观点，有史料，有说服力。

从形式上来说，《中国科学院院士自述》以中国科学院当时的

朱光亚院士在《中国科学院院士自述》首发式上（1996年6月4日，方鸿辉摄）

五大学部（数学物理学部、化学部、生物学部、地学部、技术科学部）来归类与编排；每一学部内，按院士姓名的汉字笔画排序，并以院士姓名为篇名（词条），收入了509位院士的文稿。每一位院士的文稿由下述五部分组成：院士亲笔签名、姓名的汉语拼音、正面头像照片、学术简历、院士自述。书稿的末尾编了一个附录——从1955年至1995年历届当选的中国科学院院士（自然科学部分）名录，以及两个索引——院士姓名的汉字笔画索引以及汉语拼音索引。

本土原创的科普典籍

从科学技术传播视角来看，《中国科学院院士自述》是一部原创的科普典籍。

《中国科学院院士自述》收入的509位德高望重的中科院院士难能可贵的自述文稿，几乎囊括了我国自然科学与现代技术所有领域（数学、物理学、化学、生物学、医学、地学、天文学、勘探、考古、航天、信息科学、火箭卫星、管理……）的一流科学家，尽管每一位院士都述说各自领域的科研成果和科学思想，但从整体来说，完整地展现了我国近代科学发展的概貌，即以"大家"的集体智慧来表述我国（乃至世界）近代科学和技术的知识与方法。材料的翔实可靠、语言的朴实无华与生动流畅、科学精神与人文精神的有机融合，无疑都为科普读物的写作创新与编纂创新，提供了有价值的范例。难怪本书出版15年后（2011年）的由中央几个部委组织的"老科学家学术成长资料采集工程"还是十分推崇各采集小组研读《中国科学院院士自述》《中国工程院院士自述》(后者也由我社于1998年出版)。

在《中国科学院院士自述》首发式后,张玉台主编为责任编辑方鸿辉题词

科普重在本土原创 科学的宗旨是“求真”,科学家的使命是探索未知,科学的任务在于理所当然地按事物的本来面目去“求是”(认识客观世界)。院士们执着求索的科学精神通过自然哲学影响着人文理念,旨在推动人类走出愚昧。院士们以文字形式在《中国科学院院士自述》一书中展现的愿望和举动都是极其真实和珍贵的,它们实实在在地铺就了一条本土(我国)科学家孜孜奋斗的科学道路。

从选题和编纂角度看,《中国科学院院士自述》还开创了一条科学家(人物)传记的“自述”之路,以后又被演绎成“口述历史”。

本书让院士们表现各自的个性与学科特色,从各自坎坷艰辛的科学程途回忆中充分展现他们的人文情怀(如汪德昭院士的《反法西斯斗争的科学战壕》①、陆启铿院士的《我有最好的老师——华罗庚》、唐敖庆院士的《我的事业在自己的祖国》等)。因此,这个有创意的选题能得到绝大多数院士的理解与重视。

本书摄入角度尽可能广,以避免千人一面。院士们既可记学术成就,也可叙生活态度;既可忆成才的坎坷程途,也可怀师友之深情厚谊,以明示人生之哲理(如王志均院士的《祖国,亲爱的母亲》、曾庆存院士的《和泪而书的敬怀篇》等)。记一事可,叙数事亦可;谈人生可,述学科亦可。为此,有的院士述及了本人对某一

① 为便于表述,这里的自述标题是采用2004年编的《科学的道路》中相应院士在《中国科学院院士自述》中相关文稿。

学科领域所作的贡献（如王大珩院士的《我是时代的幸运儿》、李国豪院士的《情系祖国的大桥》等），特别是对一些重要的科学史实作了有价值的钩沉（如赵忠尧院士的《为祖国兢兢业业地工作》钩沉了自己1930年在美国实验室对反常吸收和特殊辐射方面的发现以揭示长期来“被人所遗忘的角落”——中国科学家对正电子发现的贡献，还原了科学史的本来面目；其他还有贝时璋院士的《细胞重建的研究》、裴文中院士的《“北京人”采掘记》、黄汲清院士的《为祖国找油气田》、赵九章院士的《1964年致周恩来的一封信》等），通过难能可贵的自述，恢复了科学史的本来面目，为中国（乃至世界）科学史研究留下了极其宝贵又可靠的真实记录。因此，《中国科学院院士自述》也是院士们对科学历程极具价值又不可再生的“集体记忆”，这些对人类文明史及社会发展的回望，均具有不可替代性，并对技术创新及管理创新也有很大的启示作用。

科普该高扬科学的人文精神 科学普及不光是普及科学知识（包括技术科学知识），更重要的应该跃入普及科学思想、传播科学方法、倡导科学精神的层面。中国科学院院士们大都走过了一条从荆棘丛生的“科学救国”到改革开放的“科教兴国”之路，铸就了非凡的意志力。他们执着地追求科学的毅力，积淀了深厚的人文底蕴，不为名利，理性地肩负起为中华民族自立于世界民族之林、为人类科学技术的发展而无私奉献的历史重任。他们充满激情，挚爱科学，关爱人类。由他们亲撰的自己（或学科）所走过的科学道路的真实记录，展现的是科学家的人文关怀精神和人格魅力，是他们心路历程的真实记录。

《中国科学院院士自述》中509篇各具特色的自述，从不同的侧面客观地记录了中国科学大家们的精神风貌与心路历程，真实地展现中国科学界的优秀风范。院士们重彩着墨处正体现了日后国家所颁布的《科普法》的精神，彰显了中国科学家的科学人文思考——科学伦理、科学道德、科学哲学诸方面的通透思想（如邹承鲁院士的《愿科学兴旺发达、人才辈出》、竺可桢院士的《一要爱国，二要不断努力》、王大中院士的《知难而进，走自主创新之路》、俞汝勤院士的《科学工作者要有人文底蕴》等），均以自身或所从事的学科视角来回顾所走过的坎坷历程，感悟科学精神、科学思想和科学方法对科学发展的支撑作用，反思科学伦理和科学道德对构建和谐社会不可或缺的价值力量，展望科学文化对人类文明进程不可替代的推动作用。这种鲜活的、灿烂的思想碎片的拾取与集成，既是一种创新，也高扬了爱我中华的科学情怀，体现的是我华夏复兴的民族精神，足以激励后辈科学工作者，并借此为中国（乃至世界）思想史和科技思想发展史的文化研究留下弥足珍贵的史料。这种以科学大家的集体智慧和庞大阵容来普及科学的传播视角也是非常独特的，确实是有创意的。

院士们所写的这些自述文稿就是他们在科学上的"超额贡献"，能让读者体悟到求学成才的境界；体悟到人类应该确立"与自然和谐相处""与社会和谐相处"的信仰，应该注重科学技术与人文理念的"综合"。这"和""合"两"仙"能保佑人类走出技术的阴影和人性的暗区，自觉地将人类的生存与发展纳入大自然的普遍和谐之中，在大自然协调统一的庄严秩序中发挥人类的非凡的智慧与创造的才能（如刘东生院士的《科研是一项没有现场观众为之欢呼的运动》、陈能宽院士的《中国为什么要搞原子能》、唐稚松院士的《志汇中西归大海　学兼文理求天籁》等）。

书中处处洋溢的智慧与才能，是中国人的聪明学；处处体现的院士们为贯通科学与人文所做的不懈努力，是中国人的勤劳学。将509篇凝练的、有创见的思想力作集成于一书，无疑也构建起一座中国科学思想的宝库，怎么说也是院士们在"科学上的超额贡献"吧。

科普该有中国科学文化的自信心　许多院士评价：《中国科学院院士自述》有个性，有品位，是从中国文化的根里长出来的东西，是中华民族尊严的表现。

当然，这部书稿也从一个侧面展示了中国（乃至世界）科学发展的轨迹。

书中也展现了院士们的文化底蕴(如秉志院士的《人民的智力与德行紧系国运》、肖纪美院士的《老得太快 知得太晚 做得太少》等),吸收了中国传统文化的养料。有的院士对学科作了充满激情的展望,对学术界寄予殷切的期望,尤其是对我国后辈学者的谆谆嘱托和深情告诫:科学是追求真理的事业,科学的发展要符合国情,要有所为有所不为;科学的道路上缺少的是鲜花和掌声,充满的是荆棘和险情,要有坚忍不拔的毅力和献身精神;在科学程途上取得的哪怕是点滴成果,都毫无疑问地构成了人类进步的阶梯,即使是失败的惨痛,也是对科学发展的启迪与宝贵的财富(如王选院士的《人生的抉择》、周秀骥院士的《科学与艺术的享受》、钟万勰院士的《科学研究要独立自主 要走自己的路》等)。

有的院士结合个人成长的经历,语重心长地告诫读者事业成功的必备条件,饶有兴趣地回忆了科学探索中难忘的事件,侃侃而谈科学研究中的方法与艺术;有的院士精到地悟出了求学之道的三境界;有的院士论述了人生格言、业余爱好及对成才起决定作用的祖国传统文化典籍和导师的报告……

应该说,这部书稿也实实在在是一本院士们坎坷成才路的报告集,朴实无华的心路历程的记述,带有鲜明的中国文化的烙印,授读者(尤其是莘莘学子)以渔,可终身受用,启迪无限。

展现在广大读者面前的这本《中国科学院院士自述》不是励志的"心灵鸡汤",既没有假、大、空的言论,也没有权威自居的唬人说教,有的全是与读者坦诚的对话。因此,这是一部内涵丰厚的、富含哲理的院士思想的大集成。大音希声,大道无形,大智之人,不耽于形,不逐于力,不持于技。本书除具有求真、求新、求深、求广之特色外,着意在院士思维之光,成功之道,为人之理。

可见,《中国科学院院士自述》确是名副其实的本土原创的科普范例。

通盘考虑　及时首发

出版社直到 1995 年底才收到院士们改定的、已签名确认的大部分文稿，但还有不少院士的文稿、签名及正面头像照片没有收到，审读经院士审改文稿的工作量也是很大的。按传统的出版流程和时间安排，这么大容量的书稿还要做各类专项检查与校核，工作量很大也很费时，因此至少也得在 1996 年底才能出版。但是，1996 年 6 月初要召开两院（中国科学院及中国工程院）院士大会，这是一个宣传、推广的好时机。再说，当时新华书店汇总的全国订数才 400 册，倘能在院士大会前运到北京，中国科学院至少要订购 1 000 册。

时不我待，社领导统筹安排，各部门大力协助，经过夜以继日奋战，终于赶在 1996 年 5 月中旬将一版一次印刷的 3 000 册精装本下线，并将 1 000 多册顺利运往北京。

1996 年 6 月 4 日上午，在北京京西宾馆召开的首发式盛况空前。周光召、朱光亚、严东生、刘东生、李国豪、谢希德、曾融生、吴旻、唐九华等九位院士及中宣部、中科院、工程院、国家科委、中国科协等多位领导也出席首发仪式。

读了这部书，院士和领导一致认为：这是一部空前的真人、真思想的传世之作，是一部宣传“科学技术是第一生产力”的不朽精品，也是一部不可多得的爱国主义和精神文明的理想教材。

首发式后，中国科学院领导和一些院士将这本书作为珍品馈赠国内外友人和国外科研机构。杨振宁、李政道、丁肇中教授等翻阅后，也分别给予很高的评价。专家们纷纷评论：流泻于院士笔端的真情、真事，不仅是一部生动的爱国主义教材，而且它的史料和文献价值将成为世界科学发展史的重要典籍之一。因为这部鸿篇巨制以院士亲身经历，谈治学之道，论科学思维，议成功之路，不仅对广大青少年具有启迪意义，也令科学家群体受益匪浅。

首发式上我们向50多家前来采访的传媒界编辑与记者赠送了《中国科学院院士自述》。

6月4日当晚，中央电视台“新闻联播”就花了好几分钟宝贵时间重点报道了首发式盛况，镜头中还呈现了谢希德等院士的发言实况。第二天，人民日报、新华社、新华每日电讯、光明日报、解放军报等主要中央媒体以及北京、上海等地的各大报，还有中央人民广播电台等数十家广电传媒均在显著地位报道(播报)了《中国科学院院士自述》出版的消息。舆论普遍认为：上海教育出版社为实施“科教兴国”战略做了一件大好事。

能引起如此大的轰动效应是我们始料未及的。中国科学院院长周光召院士认为：出版《中国科学院院士自述》这件事功德无量。

这里不得不说一个情节：定于6月4日上午11时举行首发式。10点半刚到，偌大的京西宾馆第九会议厅已坐满了出席首发式的院士、领导和50多家传媒的记者，连加座位的空间都没有了，不少与会人士因没有座位只能靠墙站着。

签到本上第一位签到的是谢希德院士。她由秘书搀扶着进入会议厅，一落座，就打开《中国科学院院士自述》细细阅读起来。11点会议准时召开。在严东生、刘东生、李国豪、吴旻等院士发言后，谢老接过话筒有感而发。作为责编，首发式那天领导给我的主要任务是引领各位与会院士入座，会议开始后则负责摄影与录音。遗憾的是那天从上海带去的录音机偏偏出了故障，只录下了谢老发言的首、尾两段，中间很精彩的话语都没能录下：“读这部书，就像在同熟悉的和不相识的院士交谈。当我读到张文裕、王承书两位院士的自述时，心里很激动，他们是我从小就很崇敬的科学家，他们走过的路给了我很大的激励……遗憾的是，我的丈夫——曹天钦还没来得及写他的自述，就去世了。我想，他一定有很多的话要对大家说……”

谢老情真意切的话语，在座的每一位都被深深感动。第二天在新华社发的通讯稿上还特别转引了这段话。谢老的话也引起我和其他编委的深深自责。尽管首发式很成功,但我们的心里像灌了铅似的沉重。那天中午,周光召院长邀请我们在京西宾馆餐厅与院士们共进午餐。他同当时中国科学院学部秘书长郭传杰、执行主编何仁甫等与我们同桌。席间,周院长关切地询问:“怎么会把曹天钦院士给漏了?”

其实,征稿信是发至每一位院士的,考虑到那时曹天钦院士已呈“植物人”状态了,没有来稿,也就不敢再去催了,我们实在不忍心去加重患病院士的负担。谢老的遗憾,实实在在折射出我们工作中的失误。因为编委会曾决定,凡上海地区的院士组稿和催稿由我直接负责。因此,这项失误主要由我承担。譬如,冯德培院士当初住在华东医院,我也是去医院组的稿,为什么就没有去拜访曹天钦院士呢? 自首发式后,我就一直在盘算如何设法弥补谢老的遗憾。

1996 年 8 月,上海举办首届书展。为弘扬科学精神,传播科学思想,社领导要我在书展主会场的上海友谊会堂组织一次大型的院士读书报告会。大热天请院士来作报告,任务挺艰巨。院士都是大忙人,不少院士年事已高,谁敢惊动? 我较熟识的吴孟超、杨雄里等院士又都不在上海。无奈之际,我抱着内疚的心情试着去邀请谢老,谁知谢老一口答应。海报一出,读者知道是谢希德和苗永瑞两位院士的读书报告会,8 月 15 日那天的会场挤得水泄不通,连通道上也全是席地而坐的听众。

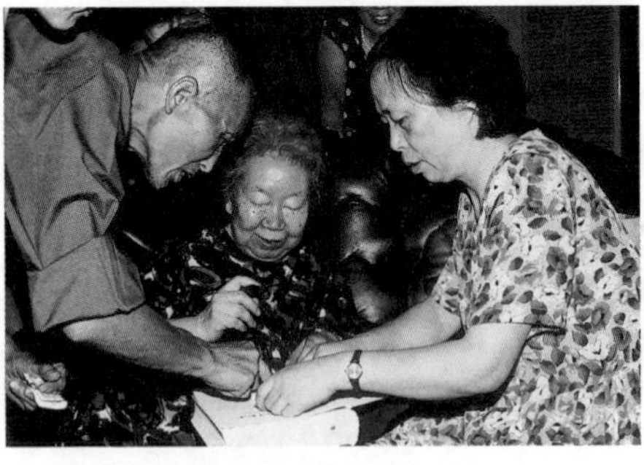

谢希德院士为外地特意赶来听报告的老年读者题词(1996 年 8 月,方鸿辉摄)

谢老用纯正的普通话(绝不输给职业播音员),向听众讲述了自己求学的坎坷经历,希望当代青少年能读一些有品位的读本，她很直率地推崇名人传记类作品，尤其是科学家的传记，因为一般来说，科学家不会矫揉造作，质朴无华，真心真话，能从中学到不少好的思维方法和处世哲理。她还特别指出："上海要成为一流城市，必须要有一流人才，而人才培育最关键的是要从小学中学、从最基础的环节抓起。前几天，我在报纸上看到一位老教育家的文章，他觉得对现在的小学生特别要抓礼貌教育、纪律教育、卫生教育和友爱教育，而不是简单的知识，我也有同感。我觉得，前些时候我们比较重视教材的建设，可是对中小学生的教育，不光要有好的教材，还应包括家庭、社会和我们的传媒，应该在这几个环节上组织研究和讨论，因为这些才是构成对学生教育的整个环境……传媒应努力多出真正让学生喜欢的有营养的健康读本，因为光靠教材，学生会知识营养不良的……"

那天的读书报告会，上海新闻出版局的孙颙局长也坐在第一排当听众。报告结束后，孙颙向我们布置了任务，一定要在一个月内出版《中国科学院院士自述》的青少年版，把这份有营养的精神食粮奉献给广大青少年，同时参加 9 月底在北京开幕的全国青少年图书展。

尽管任务很紧迫，又遇大暑天，但我觉得这倒是提供了一个补偿"遗憾"的机遇——将曹天钦院士的自述文稿收入青少年版中。我的这个想法很快得到了中科院学部领导的首肯，他们全权委托我选编这部青少年版。当我把这个决定告诉谢老后，她十分高兴。没过几天，一份由谢老亲自打印的以"生物技术应用前景无限宽广"为题的曹天钦院士的自述文稿，并附上一封亲笔信寄给了我，还希望我在编辑时加上"本文为曹天钦院士亲撰，发表于《迎接新的技术革命》上册，240 页，湖南科学技术出版社，1984 年"的说明文字。

科学的心曲

——《中国科学院院士自述》首发式侧记

一部凝聚着科学家们的哲学思考、真理追求、人生意境和爱国主义情怀的蓝皮书，在这次两院院士大会期间被竞相传阅，掀起一阵阵高潮。

它就是由五百多位中国科学院院士饱蘸激情甚至和泪而书的《中国科学院院士自述》。作为国家最高层次的科技智囊团的中科院院士，他们走过了怎样的成才之路？他们执著追求科学事业的动因是什么？他们是以怎样的姿态投入到科学伟业中去的？这部书讲述了一切。它娓娓道来，朴实亲切；它声情并茂，奏响了爱国奉献的主旋律。

此刻，在《中国科学院院士自述》首发式上，中国科学院院长周光召、中国工程院院长朱光亚、谢希德院士、严东生院士以及许多院士和工作人员，手捧这本九百多页、洋洋一百七十万言的院士自述，心绪难平。谢希德院士激动地说：「读这部书，就像在同熟悉的和不相识的院士们交谈。当我读到张文裕、王承书两位院士的自述时，心情很激动。他们是我从小就很崇敬的科学家，他们走过的路给了我很大的激励。遗憾的是，我的丈夫曹天钦还没来得及写他的自述，就去世了。我想，他一定有很多话要对大家说……」

的确，这本院士自述，有述及他们对某一学科领域所作的贡献；有述及对未来学科的展望；有回忆成长的坎坷程途；有对后辈学者的谆谆嘱托；有作为科学家的常人趣事。自述的字里行间涌动着一颗颗赤子的拳拳报国心、一股股爱我中华的浓浓肺腑情。

中国科学院学部联合办公室主任、本书的主编之一郭传杰说，这本宣传科学和科学家不朽事业的精品，是爱国主义和精神文明的极好教材。

钱三强院士生前写道：「科学不是为了个人荣誉，不是为了私利，而是为了人类谋幸福。」

是的，弘扬科学也只有一个目的——为人类谋幸福。

在首发式上，人们捧着《中国科学院院士自述》，纷纷请周光召、朱光亚等院士们签名，久久不愿离去。（据新华社）

《中国科学院院士自述》面世

篇篇独具风采、读来亲切生动

本报北京6月4日专电（驻京记者陈可雄）由上海教育出版社出版的《中国科学院院士自述》，今天在两院院士大会上面世，引起热烈反响。周光召、朱光亚称赞编纂此书是一件“功德无量的举措”。

这本16开本特精装的图书皇皇170万言，共收入536位中科院新老院士的文稿，均由院士本人亲自撰述。真人、真事、真思想，读来亲切生动，为国内鲜见。他们各具风采的自述，为我国乃至世界科技史留下了极其珍贵的资料。上海教育出版社社长陈和表示，将尽快从该书中精选出数十篇具代表性的文稿，配以插图编成一本小册子，奉献给广大青少年。

《文汇报》所转发的新华社《科学的心曲》

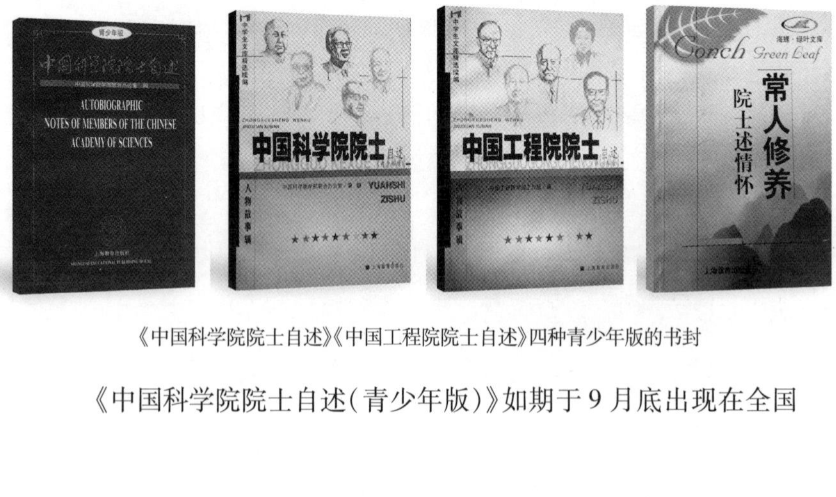

《中国科学院院士自述》《中国工程院院士自述》四种青少年版的书封

《中国科学院院士自述（青少年版）》如期于9月底出现在全国

青少年图书展上。10 月 9 日下午，我一拿到带着油墨香的作者样书，就送到谢老家去。谢老接过书，没来得及坐下就翻到“展望篇”中带有曹天钦院士照片的“生物技术应用前景无限宽广”一文，细细阅读起来，带着欣慰的笑容，连声说：“太好了！”“多谢！”

这个细节至少反映院士很看重这部《中国科学院院士自述》。

其实，那天除了送书之外，我还肩负重任：上海人民广播电台主持人凤鸣委托我邀请谢老在“双休乐园”节目的“书迷沙龙”板块中作特邀嘉宾，就《中国科学院院士自述》一书谈谈科学思想与科学精神。节目播出时间为 10 月 12 日晚上 7 点至 8 点。我知道谢老是大忙人，未必能参加直播，能接受电话采访兴许已很理想了。岂料，谢老竟愉快地接受邀请，但一听是 10 月 12 日进直播室，她感到有困难，因为那天她在北京出席全国政协主席团会议，“不过，晚上 7 点，我可能在宾馆。到北京后，我将电话号码告诉你吧！”

上海人民广播电台
《双休乐园 · 书迷沙龙》

1996 年 10 月 12 日下午 7 点，在上海人民广播电台“双休乐园”节目的“书迷沙龙”栏目中，介绍了上海教育出版社出版的《中国科学院院士自述》。

赵忠尧在美国留学时的风采

二维码扫一扫
听广播

吴孟超、杨雄里院士科普报告后为中学生题词（1997 年 4 月，方鸿辉摄）

谢老很守约，到了北京，果然打电话告诉我下榻宾馆的电话号码。但 10 月 12 日直播那天，同主持人凤鸣商量再三，考虑到谢老在北京开会期间肯定很疲劳，就没敢去惊动她老人家。一名大科学家，一名老教育家，一名著名的社会活动家，谢老没有一点名人的架子，没有一点老年的暮气，诚如她在“自述”文稿中所表白的：“当别人对我的称呼由‘同志’变成‘老谢’，转而又成为‘谢老’时，我认识到一个难以否认的事实：我已步入古稀之年。值得庆幸的是，我还能保持人老心不老。虽然已不再担任第一线工作，但还有不少职务，有的是荣誉的，还有不少是要干实事的，后者仍占用不少时间，加上看书看报，没有多少时间可以‘闭目养神’或看电视了。我的书桌上仍堆满东西，虽然也怪我不善整理，但的确是清了一批又来一批。好在常能以一句名言来自慰，‘A clean desk is a sign of a sick mind’（一个理干净的书桌是病态头脑的标记）。桌子零乱，说明脑子还是健康的。虽然有时也提醒自己，为了身体健康，应该把节奏放慢一点。但另一方面，忙也有忙的好处，可以带来乐趣，排除烦恼。”

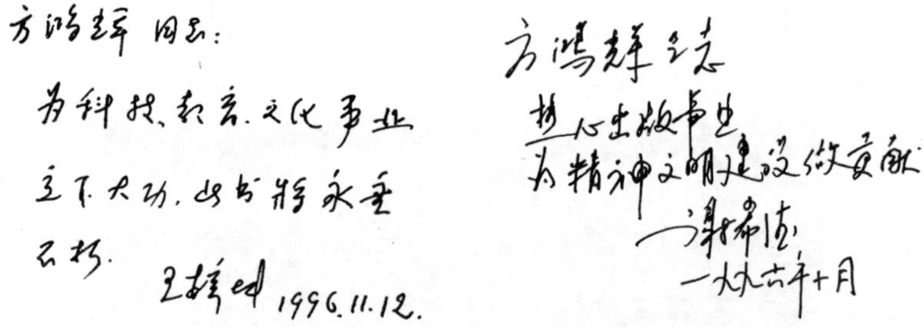

王梓坤院士和谢希德院士分别在《中国科学院院士自述》扉页上给方鸿辉题词

多媒体全方位宣传

在《中国科学院院士自述》出版前，我们已精心筹划宣传、推广工作了。自1995年下半年起，我们对先期收到的部分稿件，有选择地在《文汇报》《读者导报》上连载，为日后发行做了些铺垫。

首发式成功后，我们又联系了多家传媒对文稿进行连载，以扩大宣传面。诸如，《中国科学报》《科学生活》《新民晚报》《青年报》《北京晚报》《读者文摘》《今日上海》《上海青少年科技报》等相继刊（连）载院士的自述文稿。除了报刊外，我们还采用多种媒体作全方位宣传。譬如，上海电视台“阅读长廊”、上海人民广播电台“读书沙龙”“今日科技”等节目都对《中国科学院院士自述》做了专题报道和访谈节目；尤其令人关注的是中央人民广播电台还在每周日“走近科学家”栏目为这本书制作了由播音员声情并茂朗读院士自述的专题节目，并持续了好长时间，影响力很大。

中央人民广播电台
《科技大世界·走近科学家》

1996年6月初，中央人民广播电台每周日播出的“科技大世界”节目，设立的“走近科学家”专栏，播发了由上海教育出版社近日出版的《中国科学院院士自述》一书的消息，并播出院士自述的朗读，请听钱伟长院士的自述。

钱伟长院士

二维码扫一扫
听广播

此外，我们还策划了一系列读书活动，增强宣传力度。诸如，1996年11月在深圳书市上，我们举行了《中国科学院院士自述（青少年版）》的首发式，特邀王梓坤院士从汕头大学赴深圳作了《名人成才启示录》的读书报告。1997年5月，我们与上海市教委德育处、《青年报》、《青少年科技报》等联合组织了“科学技术：飞向21世纪的金翅膀”系列活动，让全市

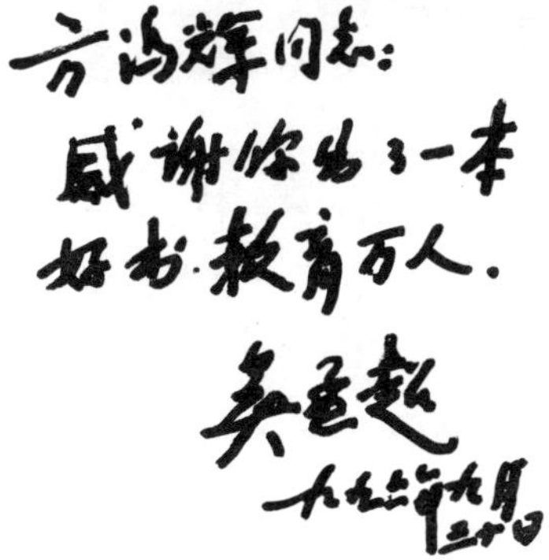

吴孟超院士给方鸿辉的题词

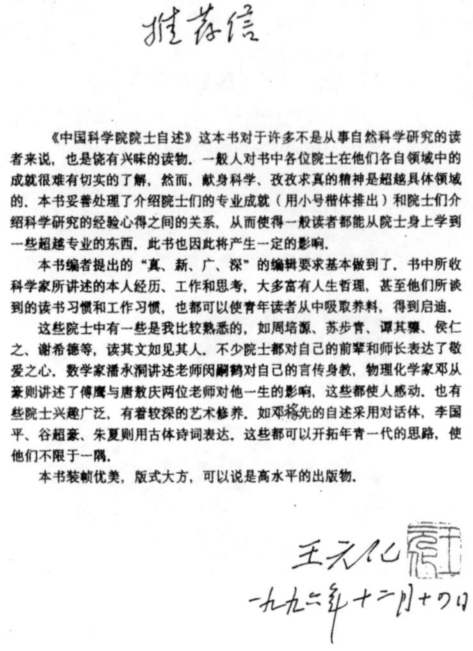
推荐信

《中国科学院院士自述》这本书对于许多不是从事自然科学研究的读者来说，也是饶有兴味的读物．一般人对书中各位院士在他们各自领域中的成就很难有切实的了解，然而，献身科学、孜孜求真的精神是超越具体领域的．本书妥善处理了介绍院士们的专业成就（用小号楷体排出）和院士们介绍科学研究的经验心得之间的关系，从而使得一般读者都能从院士身上学到一些超越专业的东西．此书也因此将产生一定的影响．

本书编者提出的“真、新、广、深”的编辑要求基本做到了．书中所收科学家所讲述的本人经历、工作和思考，大多富有人生哲理，甚至他们所谈到的读书习惯和工作习惯，也都可以使青年读者从中吸取养料，得到启迪．

这些院士中有一些是我比较熟悉的，如周培源、苏步青、谭其骧、侯仁之、谢希德等，读其文如见其人．不少院士都对自己的前辈和师长表达了敬爱之心．数学家潘承洞讲述老师闵嗣鹤对自己的言传身教，物理化学家邓从豪则讲述了傅鹰与唐敖庆两位老师对他一生的影响．这些都使人感动．也有些院士兴趣广泛，有着较深的艺术修养．如邓稼先的自述采用对话体，李国平、谷超豪、朱夏则用古体诗词表达．这些都可以开拓年青一代的思路，使他们不限于一隅．

本书装帧优美，版式大方，可以说是高水平的出版物．

王元化
一九九六年十二月十四日

王元化教授的推荐信

中学生通过征文、演讲、知识竞赛等活动投入“学院士精神，走院士道路”的读书活动中，为素质教育提供了理想的教材。活动开幕式上吴孟超院士、杨雄里院士作了富含哲理的报告，闭幕式上又请谢希德院士和刘新垣院士与获奖学生代表见面并做了谆谆教导和勉励。作为责编我还到各所中学作读书辅导报告，并在多种媒体上发表书评和院士采访录，以扩大《中国科学院院士自述》（包括青少年版）的社会影响。

出了一本精品，要真正走向社会，求得社会承认，也必

王梓坤院士（左三）在深圳书市作读书报告（1996年11月，方鸿辉摄）

须像当初选题策划一样，进行艰苦的宣传策划与行动。在信息大爆炸时代，“酒香不怕巷子深”的理念常常会碰得头破血流，哪怕

再好的图书也会湮灭于书山文海中。这也是选题创新的重要环节，应该引起出版人足够的重视。

我也深刻地体会到：在普及新技术，宣传今日科技成果的同时，更应花大力气宣传科学精神、科学思想和科学方法，尤其是创新思维；科学方法是一种“聪明学”，能使广大读者特别是青少年读者感悟到院士们成功的方法，这是终身受用的，将指导他们在学业和各项工作中以事半功倍的高效率走向成功。

1994 年，中国工程院成立。在《中国科学院院士自述》成功首发后的当天，我们就向中国工程院的领导提出编撰《中国工程院院士自述》的愿望。

1997 年，《中国科学院院士自述》荣获中宣部第六届精神文明建设“五个一工程”一本好书奖。

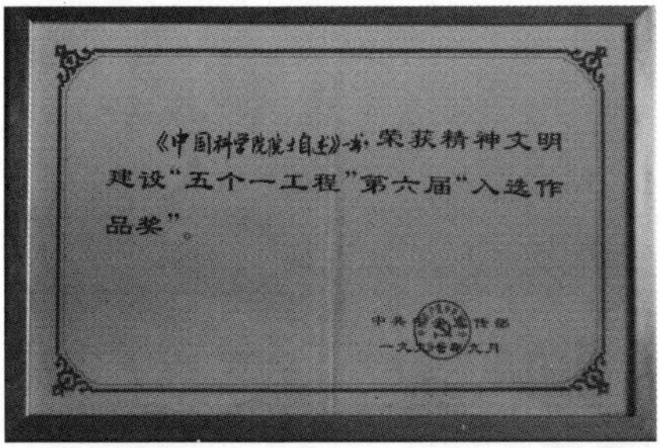

1997 年《中国科学院院士自述》获中宣部第六届精神文明建设“五个一工程”奖

1998 年作为《中国科学院院士自述》姊妹篇——《中国工程院院士自述》也顺利面世，并得到社会各界的好评。1999 年，这两部书作为一个项目，荣获上海市科技进步奖三等奖。

《中国科学院院士自述》初版 3 000 册，当年 12 月第二次加印 5 000 册。不久又售罄，1997 年后又一次次被重印，前后印了 2 万多册。《中国科学院院士自述》《中国工程院院士自述》的青少年版共演化成三种版本（普通版、中学生文库版、支援老少边地区图书馆的《院士述情怀》版），先后印发了近 20 万册，并先后被评为

上海市科学技术进步奖

证 书

Certificate for Science & Technology Progress Awards of Shanghai

证书号：993002

奖励日期：一九九九年十一月二日

获奖项目：《中国科学院院士自述》《中国工程院院士自述》

第一完成者：方鸿辉

奖励等级：三等奖

上海市人民政府科学技术进步奖评审委员会

Science & Technology Progress Awards Jury, Shanghai Municipality

《中国科学院院士自述》与《中国工程院院士自述》获上海市科技进步奖三等奖

全国首届青年读物二等奖、上海市优秀学生读物一等奖、上海市优秀科普读物一等奖等奖项。

1999 年，中华人民共和国成立 50 周年时，在上海评出的“50 年 500 本精品”中，《中国科学院院士自述》《中国工程院院士自述》《中国社会科学家自述》《中国作家自述》都被选入了。

近几年，几乎每年暑期的上海书展“世纪出版馆”，观众都能看到 100 多幅大幅的院士头像照，其实也都取自这两本自述中的资料，以展现我出版集团的作者资源。

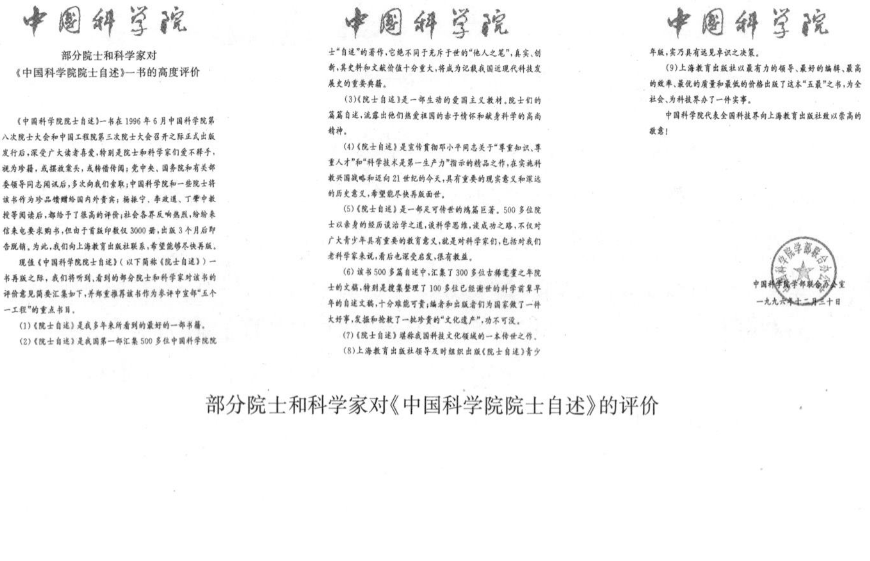
中国科学院

部分院士和科学家对《中国科学院院士自述》一书的高度评价

《中国科学院院士自述》一书在 1996 年 6 月中国科学院第八次院士大会和中国工程院第三次院士大会召开之际正式出版发行后，深受广大读者喜爱，特别是院士和科学家们爱不释手，视为珍籍，或摆放案头，或转借传阅；党中央、国务院和有关部委领导同志阅讯后，多次向我们索取；中国科学院和一些院士将该书作为珍品馈赠给国内外贵宾；杨振宁、李政道、丁肇中教授等阅读后，都给予了很高的评价；社会各界反响热烈，纷纷来信来电要求购书，但由于首版印数仅 3000 册，出版 3 个月后即告脱销。为此，我们向上海教育出版社联系，希望能够尽快再版。

现值《中国科学院院士自述》（以下简称《院士自述》）一书再版之际，我们将听到、看到的部分院士和科学家对该书的评价意见简要汇集如下，并郑重推荐该书作为参评中宣部“五个一工程”的重点书目。

(1)《院士自述》是我多年来所看到的最好的一部书籍。

(2)《院士自述》是我国第一部汇集 500 多位中国科学院院士“自述”的著作，它绝不同于充斥于世的“他人之笔”，真实、创新，其史料和文献价值十分重大，将成为记载我国近现代科技发展史的重要典籍。

(3)《院士自述》是一部生动的爱国主义教材。院士们的篇篇自述，流露出他们热爱祖国的赤子情怀和献身科学的高尚精神。

(4)《院士自述》是宣传贯彻邓小平同志关于“尊重知识、尊重人才”和“科学技术是第一生产力”指示的精品之作，在实施科教兴国战略和迈向 21 世纪的今天，具有重要的现实意义和深远的历史意义，希望能尽快再版面世。

(5)《院士自述》是一部足可传世的鸿篇巨著。500 多位院士以亲身的经历谈治学之道，谈科学思维，谈成功之路，不仅对广大青少年具有重要的教育意义，就是对科学家们，包括对我们老科学家来说，看后也深受启发，很有教益。

(6) 该书 500 多篇自述中，汇集了 300 多位古稀耄耋之年院士的文稿，特别是搜集整理了 100 多位已经谢世的科学前辈早年的自述文稿，十分难能可贵；编者和出版者们为国家做了一件大好事，发掘和抢救了一批珍贵的“文化遗产”，功不可没。

(7)《院士自述》堪称我国科技文化领域的一本传世之作。

(8) 上海教育出版社领导及时组织出版《院士自述》青少年版，实乃具有远见卓识之决策。

(9) 上海教育出版社以最有力的领导、最好的编辑、最高的效率、最优的质量和最低的价格出版了这本“五最”之书，为全社会、为科技界办了一件实事。

中国科学院代表全国科技界向上海教育出版社致以崇高的敬意！

中国科学院学部联合办公室

一九九六年十二月三十日

部分院士和科学家对《中国科学院院士自述》的评价

链式反应　持续推进

《中国科学院院士自述》出版后,不仅社会上引起很好的反响,院士群体对本书也给予了很高的评价。1996 年 12 月 30 日,中国科学院学部联合办公室汇总了社会各界人士对本书的评价,给我社寄来了“部分院士和科学家对《中国科学院院士自述》一书的高度评价”,从中可以获得一点信息。学部联合办公室还告诉我们,当初有的院士因各种原因没能在规定时间内完稿,事后因在该书中没能见到自己的自述文稿表示了极大的遗憾,并向学部联合办公室(也曾有院士直接电话联系出版社)咨询是否有添补的可能。

说实在的,当初我们很希望能将截至 1993 年底前当选的每一位院士的自述都无遗漏地收入,但是书稿已经正式面世,一时要满足部分院士想补入文稿的要求,在操作上确实有很大的困难。好在每隔两年都会增选一批院士,这支队伍总体上在不断壮大,经过若干年后《中国科学院院士自述》也一定会增补并修订重版。

果然在 2003 年末,中国科学院院士工作局又与我们订立了协议,对《中国科学院院士自述》作一次大修订,当然也是因为 2005 年是中科院学部成立 50 周年,作为学部历程的回顾,将书稿更名为《科学的道路》,以特别精装的形式出版。由于有了 10 年前的文稿积累以及一系列组稿、编辑、出版等实际操作经验,这一套书做起来就得心应手了。其中 100 多位院士干脆撤回原稿予以重写,又新添了 100 多位院士的文稿(其中大半是 1995 年以后当选的院士)。《科学的道路》上下卷共收录了 627 位中科院院士的自述文稿,320 多万字。

《科学的道路》于 2005 年 5 月顺利出版,并于 6 月初在北京人民大会堂庆祝中科院学部成立 50 周年的大会上首发,获得院士、领导和各界的一致好评。各类媒体也对《科学的道路》的出版予

《科学的道路》书封

以报道或对院士们自述文稿的转载(连载)。

《科学的道路》书稿保持了《中国科学院院士自述》的“自述”特色,做了一些体例上的改变和内容上的增补。诸如,自述文稿收尾后若有留空10行以上的,恳请院士提供墨宝,书写内容由院士决定,既可用硬笔书写,也可用毛笔书写,这一下倒征集到不少各显风采的书法作品,使书稿平添了人文色彩;随着年份的增长,除保留原附录“历届当选的中国科学院院士”(从1955年至2003年的1 026人),另增设附录二,即截至2003年历届当选的“中国科学院外籍院士”名录(45人),还增设附录三,即截至2005年“已故中国科学院院士”名录(357人)。

中文简体 | 中文繁体 | 邮箱 | 搜索

中华人民共和国中央人民政府

The Central People's Government of the People's Republic of China

www.GOV.cn

当前位置：服务信息>> 文娱

《科学的道路》出版

中央政府门户网站 www.gov.cn 2006年01月12日 来源：新华网

【字体：大 中 小】

３４０万言、上下两卷的《科学的道路》日前由上海教育出版社出版。

《科学的道路》汇集了６３０多位中国科学院院士撰写的文章，逼真地展现了科学家的精神风貌与走过的艰辛历程。６３０多篇各具特色的自述，从不同的侧面客观地、真实地展现中国科学界的风范，为中国思想史和科技发展史研究留下了珍贵的史料。

相关链接

- 《中国天津电影史话》出版
- 《钦定古今图书集成》影印出版

Copyright©2008 www.gov.cn
All Rights Reserved
版权所有：中国政府网

中央人民政府网站报道《科学的道路》出版

2007年上海书展期间,曾邀请杨雄里院士配合《科学的道路》做了专题报告。《科学的道路》共印了10 500册。作为它的青少年版——《科学梦与成才路》被指定为中小学“讲科学家故事”比赛专用材料,听众覆盖面达十几万人次。

行文至此,我从书橱中取出1996年1版1次的《中国科学院院士自述》,做了一次统计,截至2019年12月29日,当年编入本书稿的509位院士中的75%已谢世了,这些文稿确实成了世纪“绝唱”,其文献价值是相当高的。

但是,当年的选题策划中的目标并没有完全实现,除了两院院士自述及社会科学家与作家自述外,其他学科的名家自述出版的夙愿并没有实现；而且即使已出版的中科院院士及工程院院士的图像和视频资料也没有采集，并裹入书稿予以积累并保存，这是很大的遗憾。其实，眼下的技术条件完全有可能实现用手机“扫一扫”的方式，实现这些可贵视频或音频资料的（保存）展现。这不得不说是此项工程留下的最大遗憾。当然，当时的物质条件（尤其是人力资源有限）和对选题价值的认知是造成该遗憾的主因。

上海市科学技术奖

证 书

为表彰上海市科技进步奖获得者，特颁发此证书。

项目名称：科学的道路

获奖者：方鸿辉

奖励等级：二等奖

《科学的道路》获上海市科技进步奖二等奖

笔者与尹文英、沈允钢院士合影于尹先生办公室（李公尧摄）

自我社出版的两院院士自述读本在阅读界赢得好评后，各种媒体纷纷要求我们授权转载，尤其是家门口的上海媒体，我们确实给予了多方关注与支持。从 1998 年起，为配合上海改革开放的需要——向世界各国介绍上海这座改革开放的前沿城市的自然景观与人文情怀，受《上海画报》出版社社长之邀，我曾在《上海画报》开设了“名人自述”专栏，基本上每月介绍一位在上海工作的两院院士，既展现了 100 多位院士的神采与风貌，也让世界各国的读者了解了上海的人才与科技实力。此举受到中宣部和广大读者的肯定，我也与不少被采访的院士加深了友谊，成了好朋友。这项业余工作坚持了整整 15 年，2013 年因患病住院才告暂停。

应该说，从 1991 年起投入对院士自述选题开掘至今已整整 30 年，其间还出版了不少与院士有关的系列图书，犹如“阿里巴巴快开门”似的打开了一座“宝藏”，也真正体会：两院院士群体确实是我中华民族科技强国的脊梁，是一群“可爱的人”，把他们的故事讲好，无论对温暖社会还是对青少年成长都是很有益的，对各条战线的技术创新与管理创新，也都是不可或缺的。由此，便一发不可收地相继出版了《中国科学院院士画册》《百年科技回顾与展望》《中国科学技术前沿》《严济慈文选》《新世纪的嘱托》《转基因动物与医药产业》《院士书屋》《院士怎样读书》《风干的记忆》《非凡的智慧人生》《博学笃志》《莺啼梦晓》《探索脑科学的英才》《人类大脑高级功能临床实验性研究》《博学笃志 切问近思》《瀛海探径》《科学发现纵横谈》等数十部与院士有关的也蛮有影响力的科学与人文相结合的科普图书。除了完成编辑工作外，还亲力亲为地投入“院士书系”的写作，先后撰写了《科学人生》《科学梦与成才路》《院士怎样做人与做事》《院士怎样读书与做学问》《肝胆相照——吴孟超传》《吴孟超》等。

上述编辑与创作的作品曾先后获得包括中宣部“五个一工程奖”、科技部优秀科普作品奖、上海优秀图书奖、上海优秀科普读物一等奖、对外宣传银鸽奖以及上海科技进步奖（作为第一完成人曾获二等奖 1 项，三等奖 3 项）等在内的国家及省部级大奖五十余项（不包括华东地区教育奖或科技奖）。这些奖项，也从一个侧面反映了传播的质量和效益，也是源于“板凳坐冷，文字煮热”的坚守。

我常常被业内一些友人直截了当地问及：“你究竟犯过什么错误，怎么取得这么多成绩，还是一个老百姓编辑？”也难怪，眼光和观念普遍地世俗了，除了笑笑，无言以答。我也很奇怪：为什么稍有成绩就得“不坐冷板凳”了呢？

应该说，自 20 世纪 90 年代做出一些成绩后，社会还是很厚爱我的。从 1997 年起相继被评为优秀科普编辑、优秀科普作家、上海新闻出版系统先进工作者、首届上海优秀中青年编辑（八位之一）、大众科学奖、上海科普教育创新奖科普贡献一等奖，2014 年还被评为“中国好编辑”……而最令我烦恼的倒是好心的友人以及“猎头”们纷纷找上门，要我去当“头”。诸如，20 世纪 90 年代末，钱伟长院士让秘书刘晓明来说动我出任上海大学出版社社长兼总编，以后又有上海交通大学出版社、文汇出版社、上海科普出版社、复旦大学出版社、上海科学技术出版社等相继来找我，有让我担任总编或部主任角色的意愿（甚至找我面谈后要我当面确认或表态），但都被我一一婉拒。还有一家美国科技媒体集团通过“猎头”让我去做一次译稿和综述的检测，并通知我已从数十名被测中脱颖而出，欲让我作为上海地区编译组“头”，并近期安排去香港培训，那年正好我要赴桂林参加物理教学国际会议（我有“物理学中的美育”的发言），就推托有时间安排上的冲突也予以婉拒。甚至还有新加坡世界科技出版社社长潘国驹先生通过中科院院士工作局何仁甫主任来说动我“跳槽”……

其实，我从小就学会说“我的家庭出身很不好”，也因此很清楚“自己是谁”，骨头到底有几斤几两，并铭记着家母的教诲：“本本分分做人，踏踏实实做事”“吃亏就是便宜”“一动不如一静”等做人的道理。假如我那时忘乎所以地去当了“头”，也许根本不能胜任，而且自《中国科学院院士自述》后的一系列图书与项目就无望完成。一个人一辈子能做好一件事已经相当不容易了。眼下，组织部门的用人“逻辑”似乎就是：一旦这个人做出一点成绩就迅疾“提干”，以致连不少科技专家（甚至院士）相继当上了大学的校长，其实他们并不都是教育家，有当校长的能耐吗？校长当不好，科研又受损，以致造成连北大这样有名望的高校也会像走马灯似的更换校长。让那些非教育家的院士、专家去当校长，在逻辑上就大有问题，再加上他们中确有人不自量力（甚至心术不正）或组织部门并不恰当的调令，大学校长频繁更替也就成了必然，既坑了自身，也损了社会。我总觉得：一个人要有自知之明，不是管理人才绝不要“硬挤入”，做人要懂得“避让”，更要学会“婉拒”。

由此，我可以很负责任地回复友人：我既没有犯过任何刑事或民事的罪错，也没有干过任何不诚信的事情，只是一手牵着作者，另一手牵着读者，在积累文化、播扬文明的道路上尽自己所能，心情舒坦地为大众效力便是。效果怎样，自有公论。还是那句“板凳坐冷　文字煮热”的老话。

因“对院士科学精神、思想与方法的传播实践”获2014年上海科普教育创新奖一等奖

就在我办理退休手续后的第二年（2010年）居然又被通知获“二级编审”（正高二级）的任职资格，据说整个上海地区宣传口离退休人员中也就这么四五位获此“殊荣”（在这份通知书后盖了市委宣传部、市人事局、市新闻出版局、世纪出版集团等好几个红印）。

弹指一挥间，甘之如饴的冷板凳坐了近40年。如今虽已年过七旬，但依然返聘在岗，还想再编一些留得下来的好书，期盼继续为积累和播扬文化而尽自己的绵薄。

［本文写于2020年1月，节选了部分文字与图片刊于《新闻出版博物馆》2020年第2期（总第37期，第19至41页）］

从获奖想到"教育+"理念

以自然笔记的形式，借科学散文与随笔的平台，书写自然生态、生物气象、科学史、科学美和科学伦理的思考与感悟的《自然书》，是我社 2015 年出版的科普读本之一，其倡行的"形神和谐、启智启美"散文美学观与新意境、新语境和新知境，收获了读书界众多的好评。该书的装帧曾获得业界的首肯，而在作者自行申报的文学类评奖项目后，居然也有所斩获，倒是出乎笔者（责任编辑）预料的。

《自然书》与《自然笔记》的书封

2016 年 4 月，首届浩然文学奖评奖结果公布，结果《自然书》荣获散文类唯一的一等奖；在同年 9 月首届"丝路散文奖"评选中又获得最佳作品奖（该奖是呼应"一带一路"倡议，不分等级，最高荣誉就是"最佳作品奖"）。两份奖状的复印件已递给总编办存档。

说偶然也偶然，说必然也必然。该书作者杨文丰教授早年在

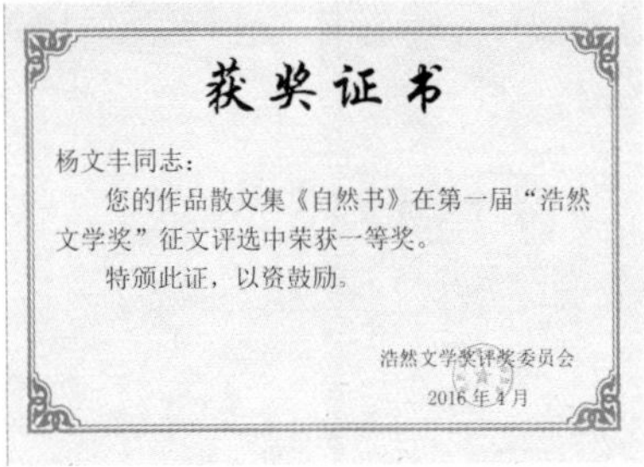
获奖证书

杨文丰同志：

您的作品散文集《自然书》在第一届“浩然文学奖”征文评选中荣获一等奖。

特颁此证，以资鼓励。

浩然文学奖评奖委员会

2016年4月

《自然书》获“浩然文学奖”的奖状

我社出版的《自然笔记——科学伦理与文化沉思》也曾荣获过2008年度上海市优秀科普作品奖（相当于一等奖）以及2010年的第四届冰心散文奖。

细想起来，主要是书稿有一定的创新性，比较贴合时代所强调的绿色生态与自然环保，也该是获奖的一种缘由吧。

当初之所以会相继组这两部书稿，是因为笔者曾浏览了当今不少散文集子，了解作者杨文丰先生有理科专业背景，兼备一定的文学功底，“文理两栖”这一点很吸引人。因此，相继出版的上述两部书稿都具有较显著的特点：以引人入胜的审美视角，以科学知识为平台，从自身的科学特长切入，注重理性思维在场，艺术感悟与感觉珠联，启美抒写与启智思辨相谐，文学性与科学性璧合，努力将自然现象同人类的生命智慧、生存哲理、社会实践相互融合，能抓住人与自然间的互存互依这一核心视角，展开较敏锐的观察与较深入的思考，既展现文学美，也揭示自然美、科学美和哲理美。说穿了，就是强调人类渴求的“真善美”。

荣誉证书

杨文丰作品《自然书》在首届丝路散文奖评选中，获得“最佳作品奖”。

中国散文网 陕西省散文学会 西北大学现代学院

2016年9月

《自然书》获“丝路散文奖”的奖状与奖牌

因此，书稿也就自然地流露出作者的张扬道义，呼唤伦理；表现了对自然的挚爱,对生态失衡的忧患。其实,这一切就是我们时代所迫切希冀的有科学底蕴散文家的良知与使命,以及着力绿色追寻,对生态伦理的文学性探索。也就是眼下被普遍接受的“绿水青山就是金山银山”的理念,它们已成为社会热点,却是文学家虽有心而无力为之,科学家又少能成文并“行远”的稀缺产品。

难怪在《自然笔记》出版后,不时有其他作品也同名“克隆”或仿制,但真正原创的作品,市场还是给予应有的尊重,连该书的不少单篇也相继获得“林语堂散文奖”“老舍散文奖”、《散文选刊》年度华文最佳散文奖、《散文·海外版》华文散文大赛优秀奖、首届中国徐霞客游记文学奖、美国《世界华人周刊》华文成就奖,以及中宣部、中国作协、中国科普作协等七部委联办的第五届全国优秀科普作品奖(《自然笔记》单篇),等等。其中不少单篇还被收入上海市高中《语文》、全国中职《语文》以及《大学语文》等 10 余种大中学教材之中,还被选入《散文选刊·杨文丰散文特辑》《中国最美的哲理散文》《新世纪散文随笔精品文库(思想卷)》《21 世纪中国最佳散文》《21 世纪中国最佳随笔》,以及中国作协创研部选编的国内多种权威散文年选本,甚至被选作上海市中考语文试卷、高中学业水平考试语文试卷,还被香港教育统筹局选入香港中学校中国语文网络课堂的作品。

从这两本书的先后获奖,从“做书人”或“编书匠”视角,我有这样两点想法:

一是找对作者很关键。作者一定要有广博的学识,通透的思考。他们不仅要会学,更要会思。思考了才会有疑问,质疑了才有创新的可能。你说对吗?文化积累是出版社的初心。光罗列知识、一味瞄准高考中考取得“灿烂在六月”的成绩,不是我们的追求。学问,学问,确实需要学会“问”,学以致问么!而“问题”正是“思考”的成果。因此,做学问就要努力从会“学”转向会“问”,这是一个过程,或者说是一种跨越,其间有深沟或瀚海,跨越的桥梁或渡船就是“思”。由此看来“思”也就成了“学”与“问”之间的必然通道。倘若我们的作者虽有满腹经纶,却不善于思考,没有一点质疑精神,那他们挺多就是一架会走路的"书橱",他们写出来的文稿就像在编辞书,光罗列知识却不启迪思考,这就难以吸引当今思想活泼的年轻读者,甚至会令他们望书生畏。而这种"学而思"的能耐也是编辑不能或缺的,在整个职业生涯中该始终追寻的。

二是教育类出版社也该建立"教育+"理念。具体该加什么,则可进一步探讨,如"教育+技术""教育+艺术""教育+科普""教育+管理"……在"学科的夹缝"里必然有大文章可做,有大选题会涌出。为此,作为一名教育编辑至少不该畏畏缩缩,总是面对"青山绿水"的好选题,却哀叹"选题难,好的选题更难"。

努力提高自身的各方面素养,文学奖我们也该问鼎呀!

(本文刊于2016年《上教通讯》)

2014 年“中国好编辑”八问

1. 做编辑的最大乐趣是什么?

积累文化,播扬文明,流通信息,助人成功。

2. 好编辑心目中的好编辑是什么样的?

有思想、有创意,愿您过得比我好。

能编前人没编过的书,而后人要看的书。前者是指创新与继承,后者则表明要有双效益的意识。

3. 如果新编辑问你,好编辑是如何炼成的?

不断学习,勤于思考,精于调研,发奋努力。

4. 说一段至今还让你兴奋的编辑故事或体验?

1995 年初,由我策划的《中国科学院院士自述》文稿已收到近 500 篇,可是有几位泰斗级大家却迟迟没有回音,如神经生理学家冯德培院士(因病住在上海华东医院病房)。经多方联络,4 月初冯夫人来电,让我直接去病房探访。当我把慰问和来意直陈后,冯院士疲惫地说:“你们媒体应把视角多关照百姓,我前几天刚被抢救回来,对科学家来说,时间太宝贵了,我病愈后还有大量工作要做,实在应付不了我的自述文稿……”

其实,早在 1982 年 4 月胡耀邦同志给华罗庚院士的信中就曾说道:“几十年来,你给人们认识自然界的东西,毕竟超过了自然界赋予你的东西。如果自然界能宽限你更多的日子,我希望你能把你一生为科学而奋斗的动人经历,以回忆录的形式写下来,留给年轻人。你那些被劫走失散的手稿中的一些最重要的观点和创见，能不能夹在其中叙述呢？完成了它，我认为就是你在科学上的超额贡献了。”

我们当然期盼冯院士能在体力允许的情况下作一些“超额贡献”，毕竟冯德培院士是我国神经生理学泰斗，也是国际知名的大学者。一切似乎不必多言，我只能匆匆告辞。第二天，冯夫人来电，说冯先生已决定用最近将要出版的一部著作中的一大段话作为他的自述。我立即兴奋地把这个信息报告中科院学部联合办公室。谁知道，仅过了四天(4 月 10 日)，人民日报(4 月 11 日)就刊出了冯德培院士逝世的讣告，太令我震惊和悲痛了。

现在编入《中国科学院院士自述》一书中冯先生的自述，就是这篇被抢救出来的文章。

中国神经生理学泰斗——冯德培院士(资料图片)

这事已过去 20 年了，这一幕至今历历在目。编入《中国科学院院士自述》一书中的自述文稿的院士，凡 1955 年选聘的、1957 年增补的、1980 年增选的，绝大部分都已谢世，当年策划并编辑的这部皇皇巨著确实成了一部“绝唱”，在科学文化的传播和积累上留下了深深的脚印。

我的这个故事想要告诉各位年轻同仁的是：我们既要处理好创新与继承的关系，还要花大力气做好“文化抢救”工作，这是功德无量的大事。

很可惜，当初选题策划时，一是要陆续出版除科学家以外其他各行业名家的自述，诸如教育家自述、军事家自述、经济学家自述等(只是后续出版了《社会科学家自述》《当代作家自述》)；二是想用录音、录像等手法保留这些泰斗级大家珍贵且有史料价值的声像资料与他们的风采，可限于当年的人力物力，都未能实现。这不能不说是极大的遗憾。

5. 设想一下，五年后，如果你不再做编辑，可能的原因是什么？

五年后，我已71岁了，也该退出编辑队伍了吧。若能为后来者出出主意（当然他们愿意参考或采纳的话），也就是大幸了，但愿那时我的思维不至于太老化。

6. 五年后，你依然在做编辑，编辑理念和方法或编辑手艺的主要改变会是什么？

五年后，数字出版肯定会取得令今人难以想象的进化。毕竟科技的进步谁也没法预测呀。

7. 特别推荐五本你策划编辑的书

《中国科学院院士自述》

《科学是美丽的——科学艺术与人文思维》

《莺啼梦晓——科研方法与成才之路》

《空钓寒江》

《院士怎样做人与做事》《院士怎样读书与做学问》

8. 推荐十本你读过且喜欢的书

《瓦尔登湖》（[美]亨利·戴维·梭罗著，徐迟译，上海译文出版社）

《物理学的进化》（爱因斯坦、英费尔德著，上海科技出版社）

《爱因斯坦文录》（爱因斯坦著，浙江文艺出版社）

《宇宙密码：作为自然界语言的量子物理》（[美]海因茨·R. 帕格尔斯著，郭竹第译，上海教育出版社）

《科学的道路》（中国科学院院士工作局编，上海教育出版社）

《物理科学的第一夫人　吴健雄》（江才健著，复旦大学出版社）

《众病之王:癌症传》([美]悉达多·穆克吉著,李虎译,中信出版社)

《红楼梦》([清]曹雪芹、高鹗著,人民文学出版社)

《复活》([俄]列夫·托尔斯泰著,草婴译,上海译文出版社)

《围城》(钱锺书著,人民文学出版社)

(由于手头工作实在太忙,无法于2015年1月9日下午去北京参加“2014中国好编辑颁奖盛典暨中国好编辑论坛”活动。会后,百道网令嘉总编来函,希望我解答上述8道问题)

科普编辑实务

今天,我们来探讨科普编辑工作。

一、导　　言

科普,就是公众理解科学,在传播学上也称“科学传播”。

科普编辑工作是科普传播学中的重要一环。

科普(科学传播)对现代人的生活已必不可少了。道理很简单:由于科学和技术日新月异的进展,使现代人的生活方式与思维方式发生了极大的变化(如疫苗、避孕药、电视、手机、互联网、人工智能乃至器官移植、对肿瘤的免疫治疗等,都使人类的生活质量获得极大提高)。人们在感受先进技术恩惠的同时,也不得不了解一点科学及其进展,进一步也会思考一下科学的伦理与价值观,甚至还不得不思考科学哲理层面一系列更本质的问题。诸如,“我们是谁,来自哪里,意欲何方”;人类该怎样面对技术这柄“双刃剑”;科学技术怎样才能更自觉地与自然和谐相处、与社会和谐相处;如何才能对物质本源、生命奥秘和自我意识等玄妙的未知世界的探索脚步跨得更坚实……总之,迄今人类对宇宙的神秘感并没有消失,创世的秘密也并没有完全被破译。

说到底,对科学技术与人文情怀的认识及其发展,都是建立在人类对世界神秘感的探索之中。人类固有的好奇心会不时地迸发出大量疑问,也会产生大量创新的灵感,无论你是从事什么职业的。

当前,无论是科学界还是人文学界,也都在孜孜矻矻地寻找着和谐——人与自然的和谐、人与社会的和谐、人与人的和谐，这其实也是人类文明演化的必然趋势。而欲将前沿科学技术的研究与公众的求知欲融洽地联系起来，既共享又理解，并予以相互推动，其唯一的途径，恐怕也就是科普（科学传播）了。

国家颁布的《科普法》已将科学发现、技术创新与科学普及（科学传播）看作是推动社会发展有着同等重要的两个方面，如同鸟之两翼与车之两轮，两者都不可偏废。

科普除了能让人们理解科学知识，还能知道科学的求实精神，获得科学思考与处世的聪明方法，甚至还能有助于了解人的个性、健康、能力是如何与基因、环境相关联的。再说，人类固有的好奇心与探索未知世界的科普读物之间也有着内在的联系，阅读科普读物有助于理解大自然的奇妙，这也满足了人们探秘的本性与乐趣的满足。毕竟一部成功的科普读本中会含有许多值得细细品味的内涵和富有想象力的思考空间。

再说，科普既旨在让公众理解科研与技术前沿的进展，也能培育并提高国民的科学素养，起到将生活与科学技术联系起来的纽带作用。

上述种种都表明，科普对人类文明社会而言，确实承担着重要的使命。

科普（科学传播）包含科普创作（主要指科学写作）与科普编辑两个重要环节，是前后两道有机联系的工序。哪怕你是专事科学写作的也应该到科普编辑的“邻人花园”去逛一下，也许能开些眼界。毕竟知己知彼，方能百战不殆么。

眼下，几乎所有媒体（各家专业出版社、报刊社、电视台、广播台、网站等）都有独立建制的专门从事科普的编辑部门，哪怕是人民出版社、译文出版社也往往有兼任的科普读物编辑。

由此，我们今天来探讨科普的编辑工作，还是有点意义的，也是有一定受众需求的。

二、科普编辑实务

有关科普编辑理论探索的著述已出版了不少。我们的话题则是"科普编辑实务",试图从科普图书编辑的实际操作层面来探讨"怎样当一名科普编辑"。更通俗地说,也就是着眼于科普读物编辑的一些观念与实务。分下述几个方面展开:

科普编辑

科普编辑活动的性质与社会功能

科普编辑的劳动

科普读物的编辑过程

为便于理解,不妨先从"科普编辑"聊起。

1. 科普编辑

① 新闻、出版、广播、影视、网络等部门为科学传播准备稿件的社会文化活动。

② 泛指从事科学文化编辑工作的人员。科普编辑是科学文化传播过程中的"把关人",在科普作品生产过程中,选题立意,摘文取材,鉴审加工,排序组合,宣传评论,调研反馈,为传播特定科学信息而起到缔构模式等作用的人。

③ 新闻、出版等传媒部门专业技术职务中的中级职称(务)系列之一。

几本有关科普编辑与出版理论专著的封面

有人调侃大学毕业后求职:"你什么也不会干,就去当编辑吧!”其实,当一名科普编辑貌似容易,实在并不容易,要当一名成功的科普编辑那就更难。

传播科学文化,提高公民科学素养是科普编辑肩头的重任,也成了当今各国政府共同关注的议题。毕竟科学传播始终伴随着科学与技术的发生与发展,两者交相辉映,相得益彰,诚如上述的“鸟之两翼”“车之两轮”,是社会的一项系统工程。目前,公众理解科学的任务依然相当艰巨。其中最大的隐患是,以“高考”“升学”为指挥棒的教育现状,使早已被课程和题海压得透不过气来的广大中学生几乎无暇顾及科普读物,而市场上能吸引广大青少年争相阅读的优秀科普读物确实也鲜见。但是,今天青少年科普读者的缺位,必然导致明天的成人对科普读物的冷漠。

2015 年 9 月中国科协公布的第九次中国公民科学素养调查(主要包括公民对科学知识达到基本的了解程度;对科学研究过程和方法之术语达到的基本了解程度;对科学技术对于社会和个人所产生的影响达到的基本了解程度)结果并不乐观。调查表明:我国具备基本科学素养的公民比例为 6.2%,相当于日本、加拿大等主要发达国家在 20 世纪 90 年代初的水平。我国农民的科学素养水平仅为 1.70%;城镇妇女的科学素养水平(5%)与同期男性公民相比差距进一步拉大。

调查还表明,我国公众获得科学技术信息的渠道从高到低依次为:电视(93.4%)、互联网(53.4%)、报纸(38.5%),其他传统渠道如广播(24.6%)、一般杂志(12.2%)、图书(11.9%)和科学期刊(10.5%),就明显偏低。

这些统计数据对科普写作者而言,会有助于他们今后选择和优化科普创作发表的渠道。

在 2014 年一年中,城市居民参观过各类科普场馆的比例依次为:

科技馆等科技类场馆(22.7%),自然博物馆(22.1%)。

(2012 年美国公民参观科技馆等科技类场馆的比例为 25%,

参观自然博物馆的为28%)。

在2014年一年中,城市居民到过的科普场所的比例依次为:

图书阅览室(34.3%)、科普画廊或宣传栏(20.7%)。

当然,我们也要看到:实施了《全民科学素养行动计划纲要》,到2014年,上海、北京和天津的公民科学素养水平已分别达到18.71%、17.56%和12.00%,位居全国前三位。与美国和欧洲世纪之交的情况接近。

上海,确实已成为我国科普文化资源中心之一。不过,还得继续努力,媒体与创作者肩负的责任还是巨大的。

冷静分析上述数据可见,科普编辑的担子确实挺沉重的。这些差距在图书市场上也毫不留情地反映了出来。诸如,在美国十分畅销的名家科普读物,我国引进后有时连3 000册都销不动。除了文化差异,原因当然是多方面的,但这种情况至少表明,科普编辑的活动难度也是可想而知的。

2. 科普编辑活动的性质与社会功能

叶至善先生在为《科普编辑概论》写的序言中说:"要繁荣科普创作,提高科普图书报刊的质量,不仅要依靠作者,同时要依靠编辑。因为编辑是具体执行科普宣传方针的人:选题要靠编辑拟定,作者要靠编辑组织,稿件要靠编辑审定,编排要靠编辑设计……编辑的思想、作风、能力等,都会在出版物上反映出来,直接影响图书报刊的质量,影响科普创作的提高和繁荣。"

科普编辑的活动是社会活动的一部分,是科学文化创造、传播、积累过程中不可或缺的环节。编辑人员根据社会需要,做好科学文化产品的规划设计和组织工作,以科普文献资料和作品为对象,进行选择、加工。因此,科普编辑的活动具有中介性、创造性和思想性,也具有设计功能、组织功能、优化功能和调控功能。(即"三性""四功能")

为了弄明白编辑活动的性质与社会功能,不妨来探讨一下科

普图书出版的一般(传统)过程:

传统的模式

作者→(出版社)编辑→(工厂)排印、装订→(批销中心或书店)发行→读者

从流通角度看,更简洁的模式

作者→出版社→书店→读者

作者→出版社→批发商→读者

作者→出版社→社办服务部→读者

作者→出版社→社办网络→读者

无论哪种传统模式,“出版社”(编辑)这一“关”似乎都得过。

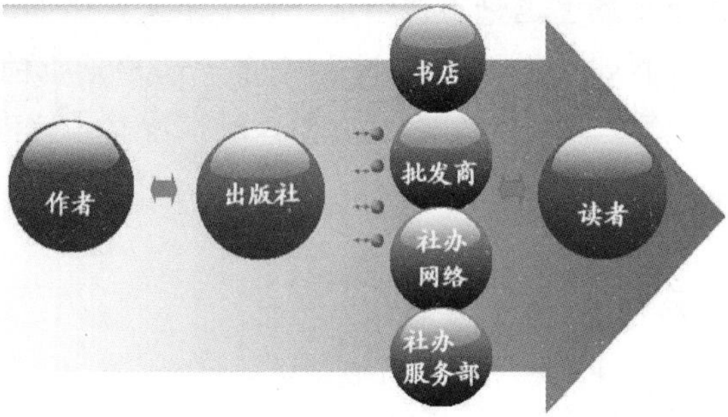

眼下图书的流通模式

然而,现在的网上出版:作者(通过网络)→读者(即“W2R”模式),直接由作者编辑好电子文本挂上网,读者付费或免费下载。在网络出版中,作者兼具了创作与编辑的双重职能,过上“因特网版税生活”。从形式上看似乎省却了编辑功能,实际上是“合二为一”,编辑劳动由作者代劳(完成)了。

形象地说,编辑活动在文化生产和传播过程中始终处于“中介”地位,起到“把关人”的枢纽作用。

一般来说,科普作品要强调三性:科学性、艺术性和思想性。相应地,科普编辑的活动也应体现这三方面的特色。

所谓“科学性”,科普编辑的一切活动都要充分体现科学的宗

旨:探索未知,追求真理;要努力弘扬科学精神——大公无私、始终不渝、诚实无欺、孜孜不倦、终生不忽(即公、忠、信、勤、久),实证求本,探索求源,质疑求真,批判求实,勇于创新;要重视科学方法的传播——观察、实验、比较、分类、演绎和证实。真正的科学家始终对未知世界充满好奇,其兴趣在寻求真理,其目的在造福人类(其实,许多科学家的孜孜求索完全出于好奇或兴趣,无暇顾及眼前的"造福")。

科普编辑的社会活动也要体现科学精神。无论在稿件处理还是其他活动中,心中始终要有"科学性"这根准绳,方能自觉抵制伪科学作品,才不会违背科学常识,才不会歪曲自然科学史和自然辩证法。因此,科普读物所介绍的内容必须是用辩证唯物主义来解释的,是严谨的和真实可靠的。而对编辑来说,"科学性"另一层面还表现在作品表达上是否符合准确的语法修辞与逻辑,表述是否准确鲜明与生动。

例如,七十多年来,大家都知道冥王星是太阳系九大行星之一。但是,2006 年 8 月 24 日在布拉格国际天文学联合大会上,天文学家用投票方式,取消了冥王星的行星资格,将其降为"矮行星"。这下,科普出版物马上要能体现:教科书要改、科普读物和规划也立即要作相应调整。这就是科学性的重大问题。"冥王星事件"也告诉科普编辑:期望编一本一劳永逸的教科书恐怕是不可能的,科学技术毕竟在发展,人和认知水准不断在提高。

冥王星的小档案

公转轨道:离太阳平均距离 5 913 520 000 千米

行星直径:2 274 千米

质量:0.002 4 地球质量

公转:247.7 地球年

自转:6.39 地球天

可怜的冥王星

所谓“艺术性”，科普编辑的活动应力图揭示科学之美，科普读物的内容与形式都应赢得读者的喜爱，拨动他们的审美心曲。在常人的心目中，科学是深奥的、严格的、艰难的、枯燥的；一提到科学家，眼前不由自主地会浮现出爱因斯坦的形象——白发怒张、满面皱纹。科学怎能与美学挂起钩来？深奥的科学怎么会是美丽的呢？就在常人感到不可思议的时候，需要科普编辑去努力揭示：科学不仅是美丽的，而且是旷世奇美，美不胜收。

不是吗？试问有什么能比宇宙诞生更具震撼美？有什么能比原子中“云深不知处”的电子云更具朦胧美？有什么能比生命之源的叶绿素中的“绿色秘密”更具神秘美？又有什么能比“生命之梯”DNA 回旋曲折的双螺旋更具活力美？还有什么能比纳米世界中用原子砌成的纤巧结构更具精致美？……科学之美，令人赞叹！科学之美，美不胜收！

科学家的人格美，更有待科普读物去努力彰显（如爱因斯坦的博爱精神、居里夫人的爱国情操等）。

爱因斯坦宏阔的博爱精神

居里夫人执着科学的人格魅力

科普作品还需要力求用鲜明生动的形象，引人入胜的描述，栩栩如生的语言，将艰深的科学内容予以深入浅出、通俗易懂的表达，要做到这一点很不容易。再说，我们常常需要在书稿中恰到好处地配以有助读者理解科学意象的插图、照片或视频。当然，对于科普影视作品,努力追求画面与音响之美,也是值得讲究的。只有在形式与内容俱美中,才能使受众乐于在对美的赏析中接受科学的甘霖。

所谓"思想性",科普编辑的活动除了要努力体现国家的科学发展观、基本国策(如可持续发展、循环经济、终身学习、强调自主知识产权与技术创新等),还应努力传播科学技术的价值观,人与人之间相互关系的基本道德和准则——科学伦理。诚如康德所说:"有两类不同的法则,一为自然法则,另一为道德法则。相应地也有两种不同的判断,即事实判断与价值判断。"

康德还说,有两种东西能激起我们心灵的震撼,那就是我们头顶的美丽星空和心中的崇高的道德观。前者是我们科学技术传播一贯努力为之的事实判断,旨在解决"是不是"事实判断的"求真"问题;后者倒是科学技术传播中往往容易忽略的价值判断问题,属于"应当不应当"的"求善"问题。20世纪科学技术的进步,带动了经济的飞速发展,创造了空前的物质文明,然而也引出了不少必须正视的严重问题,如资源浪费、环境污染、人与自然的不甚和谐……究其原因,皆为对人文的忽视。因此,作为科普编辑也应不失时机地传播"技术是一柄双刃剑"的思想,重视科学与技术的伦理问题,呼唤让科学与技术的发展回归到"以人为本"的正道上来。诚如杨叔子院士指出的:"科学精神就是求真的人文精神,而人文精神也是求善的科学精神。"

科学求真,真中涵美;艺术崇美,美不离真;人文尚善,真善美一。

这不由得使我想起一位哲人的比喻:科学、艺术、文学犹如三位从同一座山的山脚下不同的地方向上攀登的登山者,最终他们会在山的顶峰相会,这个顶峰正是人类知识的最高境界——绝顶之美。学科相通的脉络乃是隐藏在他们背后的美学原理——简单、对称、和谐。科普的高级境界旨在让广大受众领略科学的旷世奇美,并得以悠游其中,愉悦心灵。

几本科学人文读本的封面

从另一视角来观照，科普编辑活动还可以说是应用符号来构建文体与选择贴切的媒体模式以传播文化的活动。对科普读物来说，除注重作品的思想性、科学性和艺术性，还应注重对字形、字体、字号、标点、公式、图表、算符、计量单位等法定规范的应用与表达（俗称编辑业务）；同时还要注重合理选择媒体形式，而对传统纸媒来说，还应视文稿内容确定色彩、开本、版式、装帧等形式（俗称传播到位），力图体现和谐、统一、简单、对称的美学原理。当然，还要求科普编辑始终记挂传播速度、传播广度和传播深度的效果。

科普编辑活动毕竟是一项实践性很强的传播活动，由于题材的琳琅满目与视角的千奇百怪，编辑工作很难有一成不变的模式，它绝不是流水线上的单一重复的机械劳作。但是，科普编辑的工作流程与环节大同小异，而且其选择与鉴别的本质功能是一致的，至少是相似的。

3. 科普编辑的劳动

以普及科学知识、技能以及科学思想、精神和方法的“科普”，是通过各种各样的大众传播媒介来实现的，既包括书籍、报纸、刊物等传统文字表述，也包括电影、电视、录像、录音、广播和网络等视听表述，还包括画廊、展览、表演等展教演示表述，而这些科普媒体的生存都离不开编辑的劳动。

科普编辑从事的主要是智力劳动。这种智力劳动的重要特征:劳动内容的广博性(涉及多个学科知识,或者说跨学科的知识融合,在数字化知识经济时代,科学知识更新速度尤其快;还得熟练掌握出版专业的知识与技能)和劳动对象的复杂性(出版物品种五花八门,不同作者风格各异,作品题材又各不相同等)。科普编辑劳动更具有创造性,也应该刻意去追求作品的创造性,而编辑劳动的创造性则主要体现在以下三个方面:

选题开拓上 科普编辑应凭借自身的学科底蕴以及对市场的预见,适时开发双效益选题,所谓"编前人没编过的,后人要看的",这就要有独特的选题视角,切合时代对先进科学技术发展前沿以及科学文化多样化传播的需求,这是科普编辑劳动创造性的集中体现。

原稿鉴别上 科普编辑凭借职业敏感和学识功底,既不埋没任何一部有价值的原稿,又不让一部无价值的甚至对读者有害的原稿得以出版,既当伯乐又当"把关人"。尤为可贵的是科普编辑还应具备能从扑朔迷离的表象中分解和挖掘出闪光的科学文化精品的能力,慧眼识明珠;还应该努力提携并扶植中青年科普创作新秀,这也是功德无量的科学文化传播之创造性劳动。

原稿处理上 科普编辑应该能熟练地对科普作品的内容结构、知识体系、表达形式诸方面予以加工、润色和合理开凿,使原稿的真、善、美体现更到位,这是每一位科普编辑劳动所绽放的智慧之花,也往往是作者创造性劳动未及之处甚至难及之处,编辑对稿件处理的创造性劳动与作者的创作是互补的。

4. 科普读物的编辑过程

传统的科普读物编辑工作基本内容和流程如下图,大致可分下述三个阶段。

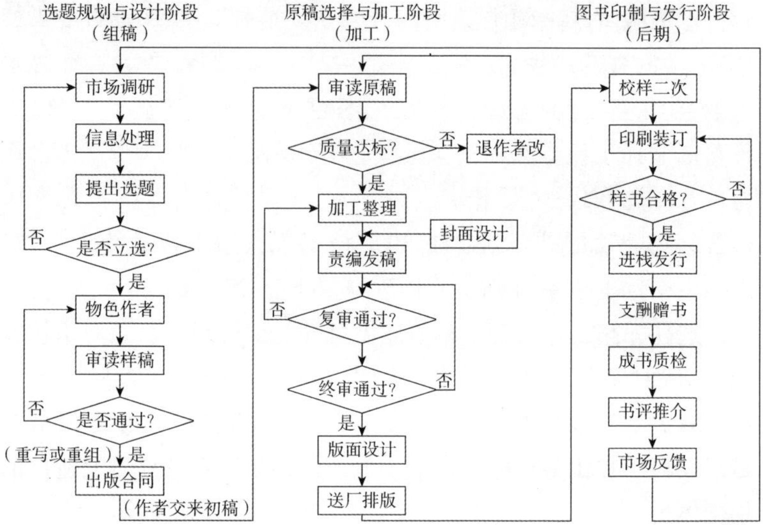

传统观念认为科普读物编辑的工作有四个环节:(1)拟定选题;(2)选择作者;(3)审读文稿;(4)加工文稿。因此,也把这四项称为科普编辑的四项基本功。有关选题策划与创新,留待后述,眼下我们先来择要谈谈编辑审稿与加工。

科普作品的审稿尤其要重视信息核对。对稿件中的引文、人名、地名、公式、数据、术语、图片资料及相关史料都应尽可能逐一核对。尤其是自己不熟悉、没把握、有疑问的,一定要细细查核,千万别存侥幸心理,敷衍含混。这倒不是怕被复审、终审检出而影响名誉,而应想到科普作品的读者主要是未成年人,先入为主的错误信息要误人子弟;对有可能传世的名家作品,若审稿时轻信名家,留下瑕疵而未校核更正,也会愧对作者,愧对社会。

如果说审稿是玉雕作品制作环节中的选料,那么,编辑加工(逐字修改和润色)就成了精雕细刻环节。玉不雕不成器。把璞玉精雕成光彩夺目的玉器,就仰仗编辑的斧与凿了。科普作品加工至关重要,因为科学家在学术上往往很有成就,但遭受教育过早施行文理分科的失误或"两种文化"观念上的偏差,在科普创作的表述上常欠准确、生动,还往往身不由己地滑入准论文的思维定式和行文风格,有科学内涵而欠耐读的文风和语言,“言之无文,行而不远”,这当然也就难以激起读者的阅读兴趣。但是,编辑加工并不等于编辑有权在文稿上“自由创作”(任性改动)。稿件中的思想观点、理论知识以及写作技法,甚至作者的叙述风格,应尽可能保持其原貌,编辑切忌用自己的东西去代换、顶替。通常所谓“去粗取精,去伪存真”之“精”和“真”皆指原作品中固有的,编辑的加工只能是拭去尘土,抛光宝藏,让作品的精华得以完满展露,并让作者表达上的特长得以充分体现。在大多数情况下,编辑加工重在能改善原作品的表现形式、表现能力。为此,编辑应学会处理不同体裁、不同结构、不同风格的作品,熟练掌握科普作品的各种创作技法与表现形式。对“文责自负”的理解,应该是:不是任其表现,让谬误、败笔呈现出来,而是尽可能保持原作品的个性与特色,以免经编辑大刀阔斧加工后的稿件呈千篇一律、千人一面,泯灭个性的程式化作品。好编辑应不用大刀,更不该甩阔斧,刀下留人,笔下留文。

另外,作者对标点与符号用法往往随意性很大:不该停顿的地方停顿了;该用逗号的却用了分号;最常见的是把握不准问号的用法(问句形式的句子,凡要求对方回答的该用问号,而不要求回答的,不必用问号)。两个书名号或双引号间,不必插入顿号……诸如此类的问题均须留意审改。总之,标点与符号尽可能少用为妙。还有,对数字、译名(人名、地名)及学科专有名词的表述应严格遵照国家相关文件及标准,且全书统一。

对于翻译的科普作品的编辑工作,除了严守“信达雅”之规矩外,最理想的效果是让中国读者感到没有从句套叠的拗口与生涩,甚至有“洋腔洋调”之感。当然,还得守住文化自信的底线。

稿件加工时对结构的调整及标题的提炼也是很见编辑功力的。科普编辑应尽可能将繁复的结构调整得简洁,让读者容易理解。标题既要达意,又要有新意,切忌哗众取宠。

诸如,一般科普图书的框架结构:

第一级标题 篇(或编) 如:第一编 创新思维与科技创新

第二级标题 章 如:第一章 创新思维

第三级标题 节 如:第一节 人的思维方法

这三级标题往往列入“目录”中。

文稿接下来可设1—2级小标题,如:

1. ……

(1) ……

(2) ……

…………

2. ……

(1) ……

(2) ……

但结构以简练为好,切忌层次过多,否则会把读者搞糊涂。

框架结构也必须全书统一。倘若每一章(或编)起始有几百字的导言(或摘要),那么,全书各章(或编)都应配有相应容量的导言(或摘要)。

统一行文体例也是编辑工作的要点。一本科普图书的结构体例(包括选材、章节的标准,行文插图的要求、分类编排的原则,名词术语、符号数字、计量单位的用法,标题层次序号和用字大小、字体、占行、地位,引文、注释的排式等)均需要按规范化标准予以统一。对于多作者撰写的图书,统一行文体例和规格更显得重要。因此,从这个意义上说,责任编辑尽早参与前期工作,参与制订体例,求得统一,也很重要。这样既能保证稿件的质量,也可减轻日后的编辑加工量,使保质保量并及时出版得以实现。

另外,科普读物要严格遵守《中华人民共和国著作权法》。2001年10月27日以国家主席第58号令形式公布了九届全国人民代表大会常务委员会第二十四次会议修改后的《中华人民共和国著作权法》,并于通过之日——2001年10月27日起施行。

修改后的著作权法共六章六十条。受著作权法保护的作品包括:(一)文字作品;(二)口述作品;(三)音乐、戏剧、曲艺、舞蹈、杂技艺术作品;(四)美术、建筑作品;(五)摄影作品;(六)电影作品和以类似摄制电影的方法创作的作品;(七)工程设计图、产品设计图、地图、示意图等图形作品和模型作品;(八)计算机软件;(九)法律、行政法规规定的其他作品。

从科普读物编写角度看,由于学科门类多,涉及媒体品种多样性,因此,凡读物中引用的图、文、计算机软件等都与著作权法所涉及的保护作品有关,都须严格遵守著作权法。

在开放、自由、协作与分享的互联网精神深入人心之际,传统的版权制度之尊严,确实也受到了极大的挑战。

知名作家与百度文库的版权之争就引出"互联网时代是否需要版权制度创新? 该如何创新?"的问题。

网民普遍认为:互联网时代的权利人(作者与出版商等)和读者应建立一种良性的利益分享新机制。不少专家认为:好的版权制度应当追求利益平衡,应该像一架天平,利用规则砝码,既能促进知识创造,又能促进知识分享,以此推动社会进步。

总之,科普编辑的职能在于必须考虑从作者设想(或者编辑自己的创意通过作者去实现)到读者需求的整个出版环链,并且要把整个出版过程的每个阶段都管理好,使整个出版处于良好有序状态。一名好编辑不一定是每道工序的行家,但他必须知道每道工序的目标(任务)以及各个职能部门之间如何合作(对整个流程熟稔于心),才能成功地出版好书。

在整个编辑工作程序中,上游的"选题策划"与下游的"图书流通",在出版市场化运作的今天,尤为重要。科普编辑不仅应重视书稿的科学性、艺术性和思想性,以及使用准确、通俗和优美的语言文字,注重规范的修辞表达和逻辑推理诸方面的质量,更应具备敏锐的市场眼光,非常熟悉自己所服务的读者对象喜欢读什么书,讨厌看什么书,他们的教育程度、知识水准、经济承受力和阅读兴奋点……为此,学术眼光和市场眼光一个也不能少。一个好的科普选题在策划过程中,除了找准作者,还必须具体地了解:有哪些读者会买这本书;他们愿意花多少钱买这本书;这本书的印刷装帧特定要求(出版表观水准)会给出版部门带来哪些问题;因使用他人拥有版权的材料或因有可能损害他人权益的地方会带来哪些法律问题;图书面世前后该如何向自己的读者群报道和推广……这里既涉及学术问题,还涉及法律问题、市场问题和营销策略。

后期工作中很重要的一项是图书推介。要破一下传统的"酒香不怕巷子深"的观念,一名优秀的科普编辑要善于凭借自己对书稿来龙去脉的把握及科普图书市场卖点的切入,对自己(和周围同事)所编图书作全方位的"吆喝"。由于眼下图书评论环节的薄弱,甚至缺位,优秀的科普读物出版后往往缺乏适时、适量、适度的评论,常令读者找不到北。要书的读者找不到书,而出版社仓库却堆积如山。作为科普出版人,我们不妨也来学学流行歌曲的电视引导等策略与手段,以此激发读者的阅读热情,培养更多的科普书迷。当然,推介的手法要创新,不要老停留在研讨会、首发式或签名售书等传统形式,要尽可能少花钱能产生大效应,这也是对科普文化工作者提出了在商品大海中学会游泳的新课题。

由此看来,要做好科普读物的编辑工作,编辑素养也就至关重要了。

三、科普编辑的素养

编辑工作几乎每个环节都需要"判断",而判断需要思考与智慧,其结果的正确与否,则有赖于学习,学习乃是每一位科普编辑不能离开的生存方式。

为此,作为一名清醒的科普编辑,除了要有敬业精神,有个性,有经验之外,还要时刻理智地进行 SWOT 分析,即进行自我诊断。SWOT 是 Strength(优势)、Weakness(弱势)、Opportunities(机会)与

Threats(征兆)的英文首字母缩略词。

对 Strength 及 Weakness 要经常作角色转换,清醒地、与时俱进地支分析本社、本部门、本人的优势与弱势,包括学识(学术与编辑素养)、选题结构、作者网络、图书覆盖、市场受欢迎程度或知名度、经济实力、组织协调能力、心理承受力等。对 Opportunities 则必须注重自己的学习能力、知识储备、知识更新速度、抓机遇的敏锐性。Threats 则主要来自残酷的阅读市场,当然也包括自身进取能力是否退化。

科普编辑工作的特殊性,决定了科普编辑素养的特殊性。

一般说来,好编辑所具备的共同素养是:有相当水准的学术理论和政治修养,有乐为他人做嫁衣的敬业精神,有善于学习、巧于思考的机智,有强烈的市场意识,有勤于调研的韧劲,有干练的组织才华,有运筹帷幄的谋略,有不断进取的学习态度,有耐得住寂寞的健康心理,更要有"愿您过得比我好"的襟怀,等等。

每一位优秀的科普编辑都是把科学文化传播作为自己的"文化宗教"事业的。他们虔诚地对待科普编辑工作,能为此而废寝忘食,淡泊名利更是必须具有的人格修炼。常人往往觉得他们"清高",而他们自己却从自然与人文的和谐中,从辛勤耕耘的积累中,寻找到文化人的乐趣。他们尊重作者,以有幸能拜读作者的心声为荣;他们关心读者,千方百计了解读者的呼声,努力为市场找选题。他们是真正的爱书一族,也往往在不经意间,连连获得硕果。

科普编辑毕竟也是一名文化人,学养与修身极其重要。要有一颗爱作者、爱读者之心;要敬畏科普出版事业;要有文雅的作风与举止。诚如德拉·卡萨所说:"人不要满足于做好事,还要研究如何把这件事做得更文雅。文雅是智慧和理智的表现。当一个人的思想活跃,情绪稳定,品德无瑕,体态端庄,语言谦逊,举止温良,以及懂得科学和明察事理的时候,文雅就放射出闪耀的光芒。"

这话说得多好!

当然,一名优秀科普编辑还应有诚恳待人,机智幽默,努力抓住一切进修机会，善于总结编辑经验等方面的素养。

四、科普读物出版的新问题(略)

有关新技术给传统纸媒所造成的冲击，科普编辑要更加关注当前图书出版面临的新问题。这部分讲述请参见《数字出版大趋势》一文，此处从略。

（本文是根据2007年6月应上海新闻出版培训中心之邀对出版人员职后培训系列讲座之同名录像所作的录音整理稿。本次发表做了数据及部分文字改动）

下功夫抓学科读本的基本建设

我曾有幸代表上海教育出版社参与并统筹了上海市"二期课改"各学科课程标准(以下简称"课标")的编辑与出版工作,便对"二期课改"高中各门学科有了相对全面的概貌性认识。尤其是有机会到学校听取师生对学科读本需求的反映,并细细剖析现行相关的高中教材(尤其是语文、数学、英语和物理学、化学、生物学)后,有了一种感觉:新教材编写者一般都旨在保证全体高中学生课程达标的实现,在各门学科教学时数和难易度等方面做了"封顶"处理,教学与测评均不敢越"课标"界定线半步。后续实践也确实证明,高考命题要守着"课标",凡高考不考的课堂上就不教,"课标"成了事实上的最高(封顶)标准。这确实有"利"的一面,但也有"弊"的一端。课程顾及了全体学生,教材看似薄了,表观上看负担减轻了。不过,很明显的是训练量远远不足(这在客观上让图书市场上的习题集泛滥有了可乘之机),有时甚至呈现难以与高考题目的质与量之要求和适时的变化相结合(接口不对位)的现象。许多家长怕学校教得太少,拼命给孩子在社会上找各类补习班,甚至为绕开高考而选择出国读书,这就催生出中国特有的一个无比兴旺的校外教育的"侧支循环"及"留学潮"的怪象。

我们的教育还暴露出的最大问题是功利化和"一刀切"。一进入高三年级,不少学校基本全年不学新课,全力为高考冲刺——复习应试。"课标+高考"使高三年级的学习生活蜕化变质,学业进步变异成"功利操演"。

这样的后果必然造成高考成绩扁平化,学生的"学识"与"能力"区分度大大降低,"选优"也就变得很困难或根本实现不了。

难怪大学教师普遍抱怨“现在的高中教学怎么啦”？是不是学生不爱学习，水平普遍降低？其实，学生被学校封闭管理或被家长半封闭管理，已普遍呈现疲惫苦闷甚至厌学的糟糕状况。

从“因材施教”以体现课堂教学个性化和差异化的视角来看，也被无情地舍弃了，这就不是一个“欠缺”能解释得了的。再回过头来审视千篇一律的教材编写，由于受课时与其他诸因素制约，现行教材中对各门学科传统知识体系的“删”“简”处理，导致知识脉络显得支离破碎，原本知识点间的“光滑连接”有了明显的断裂感觉，呈现量子化的跳跃，令师生都觉得难觅学科演进之痕，形成学生自习难，教师授课也难的尴尬局面。最显性的表现就是校内的“减负”似乎呈现了，校外的补习市场却繁荣了，尤其是本该由学校承担的部分学科教学任务，却无情地推向了校外市场，最终导致学生普遍被“增负”了，还花了家长不少辛劳所得的薪酬……市场的表现是严酷的，家长的怨声载道也是普遍存在的。

再将视角转向高校招生，高考改革力度不断加大，凡有条件的高校都对自主招生甚感兴趣，自主选拔也就各显神通。211（或985）高校一般都对高中毕业生的知识深广度、文理兼备性有了自己的视角与要求，也都呈现出较敏感的抵御过早文理分科之倾向，以及有很明显的重才不重分的择优选才之期盼，但都深感失望。

还有一个细节是，原先人民教育出版社针对尖子生需求的高中各学科的“甲种本”销声匿迹了。其实，尖子生是客观存在的，他们会对统编教材普遍感到“吃不饱”。那么，在学科读本市场的这一敏感点上，教育出版人是否应该有所反应呢？

为此，在2001年初，我们就有意识地着手以一般教辅读本的选题形式，组织了由华东师范大学第二附属中学理科班各位授课名师团队，撰写一套以资优生为对象的学科辅导读本。我们的目标很明确：这套学科辅导读本是以课程标准为“基底”（而不是“顶点”），知识内容向上生长，各门学科的难度系数必然都会有所提高，知识的系统性要完备，也就是对传统教材中因其“难”而被删去的知识点,尽可能都补齐。这对资优生来说,能基本吃饱,不致挨饿,且能打下较扎实的基础,这对学有余力的相当大一批学生来说,无疑是极有益的,而且他们也是有能力学得下来并能用得上的。

于2002年起我们相继推出了高中《物理学》《数学》《化学》各上下册,六本一套的学科辅导(或自学)读本,主要服务于各所学校理科班或实验班的学生。由于其内容较厚实,知识衔接较完备,并适当做了一点基础拓宽,就受到各示范性高中学有余力学生的欢迎,市场反应确实不错。整套读本的例题较丰富,点拨较清晰,既有助思考,也节省学生的练习时间;还注重体现理与文的相互贯通,以拓宽眼界;并强调思维方法与知识沿革,更有助于知识的整合与把握。

其实,在初版付印前,责编的“编辑感觉”与我社市场部相关经理人在“发行数估算”方面曾产生过明显的相悖,市场部主管曾皱着眉头质疑:“校本读物能有市场?”言下之意,看在你是老编审的面上,照顾性地印个2 000册吧!是首印2 000册抑或5 000册?凭着本人在把握教学读本市场需求上的自信,固执地坚持乐观的已见。而严酷的市场迅即有了回声,初版5 000册不到三个月即告售罄。至今仅过去短短四年多,整套书已累计印了7万多套(32开本的老版本,码洋85元/套),且有日趋旺销之势,2007年一年内已重印了三次(15 000套)。

现在回顾这段经历,至少说明:(1)编辑的选题调研、思考与判断确实很重要,尤其要有一种能敏感把握阅读市场变化的能力,找出其中的特定需求点,并能敏锐地策划有市场需求的相关的优质选题;(2)准确的“编辑感觉”千万不能轻易放弃,毕竟教育社的编辑是紧贴学校这个大市场的,常年在第一线劳作,有类似“温度计”的效能,会很灵敏地发现并抓住师生的需求;(3)教育出版社应花大力气抓好各类教学与学科读本,尤其是教材(哪怕是准教材)的编纂与出版,这是常年不变的一项基本建设,属立社之本,且多多益善，这也是教育出版社立足市场的强项（有看家本领与看家书），既是抓主业，也是守正道。

眼下，鉴于上海市上海中学在数学教学中的优质教师团队、学生群体以及他们历年所取得的不俗成绩，我们已同该校签约出版特色的《高中数学》学科读本的合作协议。值得指出的是：这类学科辅导读本是以学生读物的选题方式处理的，并不牵涉编教材所需要的“启动费”，只是按合同支付额定的版税，这也就在经济上有了合理性与可操作性……

华东师范大学第二附属中学实验班用教学读本部分（2008 年后各学科）封面一览

补记：

以上是 2007 年一次发行推介会上的发言稿节选。

当时的华东师范大学第二附属中学“理科班用”读本是采用 32 开本排版印刷的。有鉴于高考要求的变动，也吸收了读者反馈的不少信息，于 2007 年我们对这套学科读本做了一次大修订。2008 年新出版的修订版改为 16 开本，以“实验班用”的读本面世，三门学科总体上调整并增添了不少内容，让全套书的内容与体例更趋合理与规范，也更有利于学生扎实基础。

2010 年根据不少采用本套读本学校师生的建议，我们为这三门学科各上下册的六本辅导读本配备了相应的习题详解，还应读者要求增补了两门文科读本——《语文深度阅读》上、中、下三册以及《高中英语拓展读本（附听力练习）》一册。日后也为《语文深度阅读》配备了相应的习题集一册。

现在,本套华东师范大学第二附属中学实验班用读本包括:《数学》《物理》《化学》(各上下两册,加上各学科一本习题详解)共9册,以及文科类《语文深度阅读》(上、中、下册,加上一本练习册)共4册,《高中英语拓展读本(附听力练习)》1册。整套教材共计14册,全套读本码洋774元。根据高考要求的改进,2014年我们又对这套14本的教学读本做了一次大修订,达到每年至少10 000套的市场需求(有些学科可达15 000套)。近年来,发行量每年都在不断增长。当然,我们也得跟上教学需求,几乎每年都作修订,这样方能不愧对市场的厚爱。经过全国各所名校十多年的使用,高中资优生普遍反映:这套读本结构合理、内容丰富,能拓展思路、提高效率,对加强学科基础和综合素养,取得高考好成绩,对高校自主招生选拔考试,效果都是很明显的。

2020年1月15日,教育部发布《关于在部分高校开展基础学科招生改革试点工作的意见》,决定自2020年秋起,在部分高校开展基础学科招生改革试点,也称“强基计划”。为配合该项国家战略,我们闻风而动,统一认识——强基的源头在中学。于是,立即组织以华东师范大学第二附属中学等名校名师为龙头的各位作者,对这套课外辅导读本予以重写。着力点放在“强基”——将资优生的语文、数学、英语、物理学、化学、生物学诸门基础学科的基础夯得更坚实,犹如金字塔的地基,拓宽再拓宽,加固再加固,“强基实验班”辅导读本有望在2021年面世。

编之道，实为本，新为上

——在庆祝上海教育出版社成立60周年大会上的发言

各位社员、各位同事：

今天是我们上海教育出版社建社60周年的喜庆日子。就好比为母亲过生日，子女哪有不兴高采烈的？

40年前，享受改革开放的恩惠，我有幸成为第一批考入高校的学子，1982年毕业后又有幸被分配进入上教社当上了编辑，如今已度过难忘的36年出版生涯。虽已七旬，依然能在教育出版土地上耕耘，继续能“为他人做嫁衣”，且乐此不疲。所以，我的心情与在座各位一样，特别舒坦与高兴。

我以为，一个虽已60甲子的老社，但并不意味着衰老的开始，倒是成熟的标志，而且正在书写放飞理想与开创美好未来的序言——要成为全国最好的教育出版社。

不信，请看在座各位，意气风发、有闯劲、有理想、想做事、能做事，也一定能做成事！

孔老夫子说：“吾十有五而志于学，三十而立，四十而不惑，五十而知天命，六十而耳顺，七十而从心所欲，不逾矩。”（《论语·为政》）既然六十耳顺了，能听得进各种不同的意见，作为一名老社员，倒要向在座各位年轻社员掏几句心里话。

编之道，实为本，新为上。新时代对新人才的要求是“创新”。这话说起来容易，做起来挺难。但是，既然选择了从事文化积累与传播的出版工作，就得无怨无悔地有意识地朝这个方向去努力，毕竟出版是一门“创新的事业”，从事这个行当，就得不断“创新”。要在实践中培养“创新”的高素养，就得不断提升能力，学会独立审视与选择，敢于承担风险，以质疑精神去引领“创新”。

汪品先院士曾对我说：“所有科技创新都要有一种怀疑精神和颠覆精神，不能被传统思维所框死。否定，是为了更好地前行！”

不妨随意找一个视角来解释一下我之上述陋见，如要编出两个效益俱佳的好书，首先重在选题创新，这一步无疑最关键。假如出了一本书连重印的可能都没有，怎能传播得广呢？又怎能留得下来呢？为此，从选择当编辑那一刻起，就要有“板凳要坐十年冷，文章不著一字空”的定力与真诚。为此，要具备“无中生有”的选题智慧，要力争编成“前人没出的而后人要看的”书，要始终抱有“只要你过得比我好”的气度，要有“铁肩担道义，妙手著文章”的担当……因为我们的出版物是为培育和造就高素养“创新人才”服务的。那么，我们自身就要有不断学习与思考并善于质疑的气质，更要有创新的追求……

当然，一名好编辑的素养还远不止这一项。

倒不是危言耸听，当前如潮流般涌来的“人工智能”(AI)技术，对出版会有一种大冲击与大改组，我们所擅长的文稿编辑的案头工作，AI是可以大有作为的，毕竟AI对“语法修辞逻辑”是很有能耐的……我们必须未雨绸缪，有点前瞻性的危机思考，趁早将自己的主要精力花在对选题创新这个编辑环节的前道工序上，对作者网的编织上，对学问作通透思考的“学以致问”上……只有这样，我们才不至于被新技术冲垮，能依然坚守“传承文明、积累文化、服务教育”的初衷。

同时，我也想对已经离退休的老社员，讲一点我的想法。上教社60年来出版过不少好书，为人才培育出了大力气。譬如，当年我们的老社员曾煞费苦心地编辑出版过陈望道先生的《修辞学发凡》、王力先生的《汉语诗律学》，也曾出版过中国第一部《教育大辞典》《心理学大辞典》《古文字诂林》《中国科学院院士自述》《中国工程院院士自述》,等等,我社大部分标志性出版物的老编辑都还体健思清,也许记忆力稍逊,但理解力与判断力其实是更加旺盛了,这是一座不可多得的人才宝库。

那么,老选题能否发新芽?

作为上教社的老社员,在新时代怎样为服务了几十年的上教社继续奉献自己的聪明才智?

途径与方法其实很多,思路也可大大创新。

上教社更兴旺了,作为老社员,我们也会引以为豪。

当年,我们青丝黄灯呕心沥血;如今,老骥伏枥是否依然志在千里?

我深信,只要新老社员齐心协力,上教社的明天一定会更加灿烂辉煌!

2018 年 6 月 17 日

(本文是在上海教育出版社 60 周年社庆庆典活动两天前,受社领导叮嘱,让我作为老职工代表,在庆祝大会上发言的文字记录)

阅读改变命运

——与中学生聊读书

一、走向阅读社会

莎士比亚曾经说过："生活里没有书籍，就好像没有阳光；智慧里没有书籍，就好像鸟儿没有翅膀。"

1972年，联合国教科文组织向全世界发出"走向阅读社会"的召唤，要求社会成员人人读书，使读书成为每一个人日常生活中不可或缺的一部分。在1995年国际出版商协会举办的第25届全球大会上，西班牙提出了"世界读书日"的设想，并由西班牙政府将方案提交联合国教科文组织。以后，俄罗斯认为还应增加"版权"概念。

西班牙政府提案的灵感源自该国加泰罗尼亚地区的"圣·乔治节"。据《图书馆杂志》介绍，西班牙加泰罗尼亚地区有一个传说：美丽的公主被恶龙困于深山，勇士乔治只身战胜恶龙，解救了公主；公主回赠给乔治的礼物是一本书。从此，"书"成为胆识与力量的象征。4月23日是"圣·乔治节"。在节日期间，加泰罗尼亚地区的居民有赠送玫瑰和图书给亲友的习俗。

当年，联合国就决定将每年的4月23日定为"世界读书日"（全称"世界读书与版权日"），以提醒人们多读书、快进步，还希望人们能够"保护知识产权"。

至于为什么要将"世界读书日"定于每年的4月23日，还有一个很充分的理由：因为那天正是西班牙大作家塞万提斯（1616年4

月23日在马德里逝世，其代表作是《堂吉诃德》）的辞世纪念日，同时也是欧洲文艺复兴时期人文主义文学的集大成者——莎士比亚（生于1564年4月23日，卒于1616年4月23日，英国文艺复兴时期伟大的剧作家与诗人）的诞生和辞世日。

西班牙大作家塞万提斯

英国大剧作家与诗人莎士比亚

“世界图书日”的主旨宣言：

希望散居在全球各地的人们，无论是年老还是年轻，无论是贫穷还是富有，无论是患病还是健康，都能享受阅读的乐趣，都能尊重和感谢为人类文明作出巨大贡献的文学、文化、科学思想大师们，都能保护知识产权。

上海这座不断创新的东方大都市自1983年举办“振兴中华读书活动”已来，至今走过了三十多年的历程，作为学习型城市的标志性项目，群众性文化的经典品牌——上海读书节，被上海市民称为“我们的文化节日”。每一届读书节都有明确的主题——

2007年“人生，因读书而精彩”

2010年“读书，让生活更美好”

2011年“快乐阅读，美好生活”

2012年“弘扬价值取向，共建书香上海”

2014年“书香上海，成就梦想”

2017年“悦读修身，书香上海”

二、书籍是人生成长的阳光

2016 年 4 月，我国公布的第 13 次国民阅读调查结果显示：

我国成年国民图书阅读率为 58.4%，数字化阅读方式的接触率为 64.0%，成年国民手机阅读率高达 60.0%。成年国民人均每天在传统纸媒上花时 19.69 分钟，读报 17.01 分钟，读期刊 8.83 分钟。在新媒体上，人均每天阅读时间大幅增长：成年国民人均每天手机阅读 62.21 分钟，其中微信阅读 22.63 分钟，电子阅读器阅读 6.82 分钟，iPad 为 12.71 分钟。

调查还显示：18—70 周岁的成年国民人均每年阅读纸质图书 4.58 本。我们不妨以我国成年人阅读数量与世界上其他国家作横向比较。

2014 年各国公布的成年国民人均年阅读量：亚洲的韩国成年人年均阅读纸质图书为 15 本，日本为 44 本；欧洲的法国为 24 本，中东的以色列为 68 本……

比较发现，我国成年人年均阅读图书仅为日本的 1/10 略多，只是以色列的约 1/15。

还发现，我国成年人每天平均花在传统纸媒上为 19.69 分钟，而手机阅读却高达 62.21 分钟，两者之比大于 3。分析手机阅读人群又发现，学历越低，手机阅读率越高。

总之，人们的阅读习惯已由持续、深入的阅读逐渐向即兴的、浅层的阅读发展，并普遍呈现出对文化与知识的“快餐式消费”之碎片化阅读现象。

眼下，数字化阅读确实已成为一大潮流。诚如美国计算机科学家、未来学家尼古拉斯 · 尼葛洛庞帝（Nicholas Negroponte）在《数字化生存》一书中阐述的：“数字不再只是跟计算有关，它决定我们的生存。”

透过上述分析，弄明白公众的阅读走向和渠道的转换，与其担心公众进入数字化文化中会停止阅读，不如担心他们将来“怎么读、如何读”；与其担心“阅读危机”，不如正视“传统出版危机”的来临；与其感叹传统图书市场的韶华易逝，不如顺应需求，为公众打造数字出版时代的花样年华。

作为出版人，阅读是我们出版业赖以生存的前提，没有阅读也就没有出版的原动力；也就是说，阅读才是我们出版的目的。若不考虑阅读效果，生产没有读者的出版物，就会使出版业失去市场和方向。因此，我们始终关注阅读的人群与走向。

我今天讲的主题是“阅读改变命运”，在切入正题前，我先来讲一个故事：

生于1929年的数学家王梓坤院士在担任北京师范大学校长期间首次提出“尊师重教”，并创意建议设立了教师节。这样一位数学大师，却最喜欢庄子飞扬的文采和活跃的思维，也十分重视科学方法与治学方法的研究。他有一句格言：“读书能丰富我文采，澡雪我精神。”

他老人家还有这么一段自述，我们不妨来听一听：

我与书籍结缘，开始于一次非常偶然的机会。大概是八九岁吧，家里穷得揭不开锅，我每天从早到晚，都要去田园里帮工。一天，偶然从旧木柜阴湿的角落里，找到一本蜡光纸的小书，自然很破了。屋内光线暗淡，又是黄昏时分，只好拿到大门外去看。封面已经脱落，扉页上写的是《薛仁贵征东》。管它呢，且往下看。第一回的标题已忘记，只是那首开卷诗不知为什么至今仍记忆犹新：

日出遥遥一点红，飘飘四海影无踪。

三岁孩童千两价，保主跨海去征东。

第一句指山东，第二、三两句分别点出薛仁贵(雪、人贵)。那时识字很少，半看半猜，这本书居然引起了我极大的兴趣，同时也教我认识了许多生字。这是我有生以来独立看的第一本书。尝到甜头以后，我便千方百计去找书，向小朋友借，到亲友家找，居然断断续续看了《薛丁山西征》《彭公案》《二度梅》等，樊梨花便成了我心中的英雄。我真入迷了。从此,放牛也罢,车水也罢,我总要带一本书,还练出了边走田间小路边读书的本领,读得津津有味,不知人间别有他事。

王梓坤院士向笔者展现他所珍藏的“清明上河图”

当我们安静下来回想往事时,往往会发现一些偶然的小事却影响了自己的一生。如果不是找到那本《薛仁贵征东》,我的好学心也许激发不起来。我这一生,也许会走另一条路。人的潜能,好比一座汽油库,星星之火,可以使它雷声隆隆,光照天地;但若少了这粒火星,它便会成为一潭死水,永归沉寂……

看来,正是年少时的阅读,改变了王梓坤今后的人生道路与命运。

三、阅读与民族的精神境界

阅读是人类社会特有的文化活动与传播活动。

英国大学者弗兰西斯·培根

提出“知识就是力量”的英国大学者——弗兰西斯·培根(Francis Bacon,1561—1626)曾说:“阅读使人充实,会谈使人敏捷,写作使人精确……史鉴使人明智,诗歌使人巧慧,数学使人精细,博物使人深沉,伦理使人庄重,逻辑使人善辩……”

其实,人的各项能力的形成与培育也都与阅读有关。

中国明代诗人于谦则认为,读书能使人获得美好的精神享受:

书卷多情似故人,晨昏忧乐每相亲。

眼前直下三千字,胸次全无一点尘。

(多情的书卷老朋友,从早到晚与己形影相随。专心致志,读书会入迷。)

短短28字,痴迷阅读的情态跃然纸上。

相对于政治的强制力、法律的约束力、经济的驱动力,文化就是“引导力”。对于一个民族的发展,阅读确实是具有根本性的、深层次的意义。当然,也具有长远的意义。甚至可以说,一个民族的精神境界就取决于该民族的阅读水平。

怎么来理解这句话呢?我们不妨来看一下以色列成功的秘诀:

以色列从1948年建国至今约70年了,创造了一系列令世人瞩目的发展奇迹,使一个贫穷落后的小国崛起而成为全球最发达国家之一。以色列位于西南亚的巴勒斯坦地区,面积约2.57万平方千米,人口835万,75%以上是犹太民族。以国内生产总值而论,从1948年的2亿美元增长到2014年的3 056亿美元,增长了1 500多倍,俗称比“翻了10番”还多,2014年的人均GDP值已达37 000美元。

(我们上海6 340平方千米,2013年的人均GDP为14 442美元;而整个中国那年的人均GDP为6 747美元)

要知道以色列60%的土地为沙漠,90%为干旱地,却成了农业强国、科技强国。以色列成为强国的最大法宝乃是培育人才。以色列提高人才素养最关键的举措乃是发展教育,倡导全民阅读。那么,坚持不懈地阅读对改变一个国家的命运究竟有没有作用呢?

1949年以色列政府颁布《义务教育法》,规定所有青少年必须接受免费义务教育,没过几年国民识字者比例已高达95.2%,数十年持之以恒重视育人,使目前以色列拥有了7所世界一流大学,迄今(2016年)已有11位诺贝尔奖得主。以色列每百人中教授拥有量世界第一。另据统计,以色列劳动力中将近25%是科技人员和专业人员,远高于美国的16%和日本的11%。这些成就的取得,完全得益于全社会尊重人才、尊重知识的进取风尚。

以色列国父——本·古里安曾说过一段很精辟的话:“如果要让我用最简单的语言描述犹太历史的基本内容,我就用这么几个字——质量(主要指人的素养)胜过数量。”其意是指:决定一个民族、一个国家兴衰强弱的不仅是人口的多少、国土的大小、自然资源的多寡,更重要的是人的素养。

《本·古里安传》书封

据联合国教科文卫组织1998年的调查,以色列已经每4 000人就拥有一所公共图书馆,14岁以上的国民每月平均至少要读5本书。以色列人拥有的图书馆以及人均阅读量均居世界第一。

比对德国每6 600人有一座公共图书馆,芬兰每5 000人,奥地利每4 000人,瑞士每3 000人,而我国2016年统计有3 076座公共图书馆(不到美国的一半),约43万人才拥有一座公共图书馆(当然,并没有统计近年来新建的不少农家书屋)。这个看似无足轻重的统计数字,实质反映了一个民族的文化素养。

亡国失地一千多年后的犹太民族终于复国,并建成如此强盛的以色列,除了尊重知识、崇尚阅读外,当然还与犹太文化的质疑与创新精神分不开(其实,思辨方法也能从阅读中获得)。尤其是犹太民族尊重个体、推崇独立思考与质疑(学生放学回到家,中国家长常问孩子:“今天老师表扬了你几次?”而犹太人家长则问孩子:“今天你向老师提了几个问题?”)曾为人类造就了这么多杰出的科学大师、音乐家、思想家、文学巨匠(犹太教创始人摩西、物理学大师爱因斯坦、心理学家弗洛伊德、思想家和革命理论家马克思、罗斯柴尔德金融家族、黑格尔、毕加索、冯·卡门、冯·诺依曼、卡尔·萨根、门德尔松、基辛格、巴菲特、索罗斯、海涅、卡夫卡……)。

犹太民族的智慧与勤奋确实令世人瞩目:全球犹太人约1 600万人(占全球总人口数的0.25%),却有180多人曾先后获诺贝尔奖。截至2011年底统计,犹太人拿走了20%的化学奖、25%的物理学奖、27%的生理学或医学奖、41%的经济学奖。在其他国际顶级科学奖中,犹太人还拿了38%美国国家科学奖、25%京都奖、27%菲尔兹奖、38%沃尔夫奖、37%香农奖、42%诺依曼奖。此外,还获得了12%诺贝尔文学奖、33%普利策奖及35%的奥斯卡奖……犹太民族的群星闪耀,不得不说求知、阅读、思考、质疑已熔铸进他们的基因。

可见,阅读确能改变一个民族的命运,这一点不得不引起我们足够的重视。

未来学家约翰·奈斯比特

未来学家约翰·奈斯比特(John Naisbitt)断言:“21世纪最震撼人心的成就,不再来自科技层面,而是来自对于人及其概念的拓展。”他指的就是人的精神风貌的振奋、人的素养的提高、人的气质的高贵、人的创新才能的开凿……总之,人的和谐发展,人文意识的追求与提高,都有待于人的总体学养的提高,而学养提高的最佳途径也还是阅读。

阅读不是为了“黄金屋”“颜如玉”,阅读本身就是一种目的、一种享受。吸收了古今中外的知识与信息,会使人的精神不再贫乏,生命不再孤独。毕竟一个人的精神发育史就是他的阅读史。

国家最高科学技术奖获得者——叶笃正院士(气象学家,生于1916年2月21日,1980年当选中科院院士)说:“读书是一切脑力劳动者的基本生活状态,什么时候都离不开书。”

看来,读书并不在于批发知识,更在于提高人的气质与魅力。

气象学家叶笃正院士（侯艺兵摄）

为此，真正的人才首先应该是一名终身的阅读者。毕竟人类精神文明的成果在很大程度上是以书籍形式保存下来的，而读书是成才最简捷的路径，它能享用前人智慧的成果，并将它们占为己有，同时陶冶自己的情操和品格，成为成功的文明人。调查发现，无论是政治家、企业家、学者乃至院士，大凡真正成功的人士，无不是一名终身阅读者，一辈子爱阅读的人。正是终身阅读改变了他们人生的轨迹，也改变了他们的命运。

真正的终身阅读者，还往往有这样几个特征：

阅读成了终身嗜好。阅读成了他们人生须臾不可离开的部分，几天不读书就会手足无措、寝食不安。读书使他们觉得快乐，激发了他们天性中的好奇心与求知欲，这其实就是阅读最大的收获。可眼下，我们功利的教育体制却在无情地扼杀学生身上具有的这种宝贵的特质。

会有选择地在书海中选择自己钟爱的书来读。他们不会被媒体牵着鼻子，花大量时间去读那些畅销书或时尚书。因为他们明白：时尚与人类文明毕竟是两码事，只有扎根于人类文明之精神土壤中的人，才是真正的文明人。

具有基本的判断力与鉴赏力。每一位终身阅读者都会选择高品位的书来读。这既源于个人知行的品质，也受制于所读的书，并不断被人类文明所陶冶，使人的品质不断得以升华。

倘若一个人在青少年时代没有养成良好的读书习惯，以后再要刻意去培养，就比较困难了。反之，则会终身受益无穷。

在座各位同学至少都读了十几年书，都有各自的体会与感悟，为什么要读书恐怕无须我多啰唆;但怎么提高读书的效率,从方法论层面细察,我想还是有点话题可以探讨的。

四、把握好精读与泛读

经典名著能流传千年而不衰是有其存在的必然性与合理性的。学生时代多读一些经典名著会终身受益。趁年轻时精力旺盛,在完成功课之余,在自己有兴趣的门类中,找几本经典名著来细细精读。

1. 学会精读很关键

精读读什么?

读那些人类文化宝库中的不朽之作,也就是常说的经典名著。无论是哪位专家开出的书单,几乎都不会遗漏《论语》《史记》《红楼梦》这样的名著。当然也不会遗漏柏拉图、莎士比亚、托尔斯泰、巴尔扎克这样的国外名家所写的一系列不朽作品。经典名著不必按学科归类,不论是文学作品抑或是理论著述,都必定表现了人类精神的某些永恒的内涵,具有不朽的价值。因此,完全有必要将经典名著列入精读之列,而且需要对整本书作完完全全的深入阅读。

所谓名著"精读",初读时必须慢、细、深,切忌抢进度,或因赶时间而囫囵吞枣。要一步一个脚印,融入作者描述的意境之中,去细细领略其思想或思路的发展、观点铺陈的手法乃至写作技巧、遣词用语的精致。

精读的最好方式是边读边做笔记,养成"不做笔记不读书"的习惯。所谓笔记,随个人阅读风格而异,既可记情节发展的关键点,也可记书中各位人物间的关系脉络,当然摘录一些作家的哲理独到的话语、精彩语段或记下自我的阅读感悟、灵感启动……都是很必然的。第一遍细读后所遗留的问题,经过思考,第二遍细读时往往能够解决,实在不行,再读第三遍。

经典名著还必须反复阅读,尤其是一些经典的专业理论著作

中国“氢弹之父”于敏院士(侯艺兵摄)

(包括精读语文和英语课本中的名篇,甚至达到能背诵的地步)。也许开头觉得阅读速度慢,读到后来会发现阅读速度会大大加快,会觉得怎么书越读越薄了。譬如,主张“好学深思、由博返约”的中国“氢弹之父”于敏院士(生于1926年,2015年国家最高科技奖获得者),他曾见解独到地说:“读书如同做学问,要厚积薄发,初读的时候越读越厚,但养成习惯,透过表面看实质,书就会越读越薄。一般读书由薄到厚知道骨头熟悉肉,了解知识的广泛是必要的;把书由厚读到薄,透过字面提炼出精华,这需要下一点功夫。书越读越薄更有利于知识的应用。所以,读书不在多,而要抓住精髓,不被书所累!”

当然,我们所强调的名著“精读”的形式既可以顺读,也可以反读(即不是从条件读到结论,而是反过来,先读结论再读条件和推导过程)。当然,还可以就自己提出的问题去专题阅读。有专家指出:顺读以致远,反读以溯源,专题读以攻坚。这是十分有见地的。

胡思德院士(侯艺兵摄)

信息时代,知识大爆炸,谁有这等功夫去“磨书”?也许有人会心里嘀咕。

我们不妨听听胡思德院士的见解,这位主张“精读几本好书,一生受益”的核武器工程专家至今还在反复诵读他60年前亲手刻印的那本讲

《品格的力量》书封

义——《超生流和冲击波》，这是从事核武器理论设计的科技人员必读的经典："我常劝刚参加工作的年轻同志，一定要读几本专业经典著作，要有不畏困难的精神，真正读懂了，后面的工作就顺利了。"

其实，我们在这里提倡精读，并不是说每本书都要精读，只是为打好学养基础而精挑细选的几部有价值的、适合于阅读者个体需求的、又被学界公认的名著或经典。对于科研工作者，他们选作精读的往往都是专业书。例如，当年侯德封院士将《矿藏学》作为自己常年精读的典籍，哪怕去东北野外普查矿时都随身携带，足足读了几十年。物理学家经福谦院士则将英国哲学家塞缪尔·斯迈尔斯写于 1871 年的《品格的力量》作为其反复研读的"人格修炼的圣经"，常读常新。

当下的中学生也有不少图书可选作精读本。但是，我并不认为给中学生开"必读书单"是个好主意。不过，我倒可以为大家举几个例子，若能理解的话，自然可以选择适合自己"胃口"的好书了。

譬如，对数学有兴趣的同学不妨将希腊数学家欧几里得的《几何原本》选作精读书，这就不失为一种理想选择。道理很简单，欧几里得几何毕竟是千年经典，不仅是一本数学经典，更是一本逻辑推理的精品。由于目前中学课程缺乏系统的平面几何、立体几何及解析几何的系例逻辑训练，对同学的逻辑推理能力培育会产生缺憾，精读《几何原本》足以弥补这种缺憾，这无疑是明智的。逻辑思维能力对一个人的事业成功以及为人处世必不可少。爱因斯坦曾将"逻辑思维"与"实验"并列为科学的两大支柱。中国传统文化中，缺乏的也正是逻辑传统和实证系统，这恐怕也是对"李约瑟难题"的一种解答。因此，在中学求学期间，有意识地注重逻辑训练尤为重要。毕竟逻辑是思考的基地，而思想的公理也就是逻辑。从无知到有知，从无序到有序，从简单到复杂,这一步步演进的思考也就是逻辑。因此,严格地说,逻辑是思想的核心。不讲逻辑又何谈正确思想?

12 年前,由美国国家科学院所属的科学委员会、工程学委员会、医学委员会向国会提交了一份报告:“超越风暴——使美国有一个更光明的经济前景”。这是一份美国科技界、教育界、工业界和政府部门有识之士对头号强国如何保持全球科技、经济领先地位的“危机思考”,提出了行动计划与方向的政策建议。这份报告的发布立即引起全球轰动。置于报告首位的是中小学校的科技教育。建议政府相关部门每年要培养 1 万名能胜任的优秀教师,以造就 1 000 万个有创新头脑的学生。值得注意的是:报告十分重视教材改革,教材要既不失传统,又要具有时代精神,为此而聘请名家甚至诺贝尔奖获得者来写基础科学教材。报告还特别推崇并强调:要出版培养学生逻辑推理能力的好教材。

又如,对文学有兴趣的同学可以将《红楼梦》选作课外精读。连红学名家周汝昌、冯其庸等都觉得,每读一遍《红楼梦》都有全新的体会,可见其价值。《红楼梦》一书凝聚了中华民族几千年文、史、哲大智大慧之精髓,是中国人精神境界真、善、美三位一体很到位的表述,也是瑰丽文采与艺术造诣和谐相融的顶峰,迄今没有任何文学作品可以望其项背。因此,《红楼梦》能传千秋而光辉永现。

2. 拓宽视野要泛读

知识经济时代,知识折旧率很高,原先 100 年更新的学科知识会缩短至 50 年、20 年、10 年甚至 5 年,尤其是材料科学、计算机科学、生命科学诸领域,其知识更新速度已达到 3 年左右。因此,生活在当今世界的人们必须具有不断学习以更新知识的能力。对每一位在座的同学来说,也必须具备能快速学习、快速阅读的能力,这也称之谓泛读。这与刚才讲的精读相辅佐。

目前,但凡写进教科书的内容都是科学上已有定论的知识,至少已是多年前的发现,要了解最新学科成果,只有多读杂志、报纸,在那里才能找到新动态、新思想、新成果,来拓宽我们的视野,提高并拓展我们的认知。从近两年国内名校自主选拔考试的导向来看，对学生知识的广博性和对认知事物的通透性的要求不可谓不高。下面，我们具体来展开一下。

五、要博览群书开阔眼界

晋朝大诗人陶渊明说："好读书，不求甚解，每有会意，便欣然忘食。"这便是鼓动大家去博览群书。

凡学术上有建树的大家，都是思想活跃、眼界开阔、通今博古的杂家，其学识的来源除实践外，主要得益于博览群书。譬如，我国古代数学家祖冲之，在数学之外的天文、历法、文学、哲学和音乐诸方面都有很深的造诣。本草之祖李时珍，除在医药上作出杰出贡献外，还精通博物学、天文学和史学。至于文艺复兴时期的达·芬奇，更是人类通才的典范。假如这些大家也一味只读自己本行的专著，那么势必会三句不离本行，思想被禁锢，创新也就荡然无存了。再说，学科间是互通的，要有意识地自主打开眼见，方能寻求"通感"。

数学家祖冲之

本草之祖李时珍

通才达·芬奇

说实在的，对于有相当阅读经历的广大学子，最重要的不仅在于怎么读，还在于读什么。别老是为升学或就业，迫使自己花大量精力去读那些味同嚼蜡的教辅，过于功利，必然心气浮躁，且不说效率低下，连阅读的"胃口"也会没有。当然，也不要跟着媒体头头转，把宝贵的光阴浪费在读那些乱七八糟的流行读物上。因为媒体的着眼点往往是文化消费，往往受出版商之商业利益驱动的，畅销书中不乏畅销的“垃圾”。因此，我们必须学会鉴别与选择。

总结古今中外成功人士的成长足迹，无不发现，他们都花大量时间在读书上。读什么？读“正书”，也读“闲书”。因为阅读“闲书”能使疲劳的大脑得到积极的休息，常能在不经意间收获“柳暗花明又一村”的喜悦。毕竟自己的专业是精的，就从这“精”开始，经过博的陶冶，从而达到“一览众山小”的境界。

而要做到能博览群书，对有限的生命来说，只能采用大量泛读的方式，尤其是那些学科交叉的读本。眼下，高等学校的办学理念普遍推崇“博雅教育”，其着眼点恐怕也在于怎样在有限的生命旅途中获得尽可能丰厚的学识与做人的素养。

当然，我们这里所谓的“闲书”也是经过挑选的人类文化精品，只不过不是自己专业领域的著述而已，寓意“跨界”以获“通感”。

博览什么？当然也要有的放矢。

爱因斯坦说：“在所阅读的书本中，找出可以把自己引到深处的东西，把其他一切统统抛掉，就是抛掉使头脑负担过重和会把自己诱离要点的一切。”这就称为读书的取舍或“优选”。

物理学家爱因斯坦

物理学家冯端院士

物理学家马大猷院士

生于1923年的固体物理学家冯端院士（其兄冯康是一位应用数

学家，也是中科院院士）特别钟爱文、史、哲各类书籍，还喜欢翻译诗歌。大学毕业后，他曾译过德国诗人里尔克的诗选。老人家曾说了一句很令人回味的话：“勤于窥测，力求贯通；偶有所悟，乐在其中。”

当前，图书出版量是海量，网上电子读本也是海量。然而，人的一生用于读书的时间很有限，只能取一瓢而饮。该取哪一瓢？当然因人而异，但有一个选择的原则——兴趣是最好的老师，要对自己发展有益，对自己成才有益。当然“发展”与“成才”均是适合自己志趣并切合形势要求的，这不叫“功利”，应称为“识时务者为俊杰”。

物理学家马大猷院士（1915—2012）说：“我喜欢买书，但很多书不是从头到尾都看，也没那个必要。了解书的基本内容，碰到问题知道去哪本书中找答案。书架上那么多书，我能做到一找一个准。书为我用而存在，知识需要储备，不要被书本束缚了手脚。有的书不必看得那么细，结果读进去出不来，变成书的奴隶。我的态度是把书中有用的知识变成自己的，能把知识应用在解决工程实际上，就算真正读懂了。”可见，博览也要有选择。

目前，中学已文理分科，我们普通百姓无力扭转这种急功近利的做法。但是，我劝选择考文科的同学适当读一些自然科学方面的书，而选择考理科的同学适当读一些人文学科方面的书，这就好比是到邻居家的花园去看一看，肯定会拓宽你的眼界，有助于你取得更好的成绩。

《邻人的花园》书封

伟大的思想家鲁迅先生

机械工程专家杨叔子院士

鲁迅先生在《读书杂谈》中说:“应做的功课已完而有余暇,大可以看看各样的书,即使与本专业毫不相干的,也要泛览。譬如,学理科的,偏看看文学书,学文学的,偏看看科学书,看看别个在那里研究的,究竟是怎么一回事。这样子,对于别人、别事,可以有更深的了解。”

说到文理通融,我不得不介绍两位中科院院士——数学家王梓坤以及机械工程专家杨叔子。王梓坤在“文革”的艰难岁月,依然冒着被批斗的风险,通过大量阅读,刻苦研究了科研方法与人才成长的规律,居然跨界写出了一部脍炙人口的《科学发现纵横谈》,洛阳纸贵,轰动全国。而杨叔子在肩挑科研、教学与校长三副重担的63岁开始背《老子》,还“蛮横”地要求自己的硕士、博士必须背出《道德经》《论语》,否则不授予工学硕士或博士学位。“寻找人文精神要追溯原点,到中华民族经典著作中去找。我赞成青年人读《老子》《论语》。”杨叔子很坚定地指出:“传统经典里面有许多至理名言,不修身无法调动人的主观能动性;不讲德育,科学技术不会自动转化为精神文明。”可见“博”与“雅”已成了判断人才的金标准。

值得一提的是:今天的网络阅读也是一种博览的好途径。随着技术的进步与网民素养的提高,网络上的文章(尤其是网络文学)中确有不少精品,值得一读。再说网络阅读的“参与感”会令读者感到“零距离”。也就是说,网络阅读方式能实现“阅读、表达与分享的一体化”。

六、会读人生两种书

人的一生其实都在捧读两种书:一种是常见的以各种媒介出版的读物;另一种是用人生脚步踩出来的“人生之书”。读前者容易,读后者更难。难就难在没有自觉认识到向社会学习、向周围学习、向自然界学习的重要性。

生化学家伊萨克·阿西莫夫

已故生化学家、科普作家伊萨克·阿西莫夫曾与一名理论物理学家发生过争论：

那位物理学家否认狗知道牛顿运动定律。阿西莫夫愤怒地问道："如果见到狗用嘴捕接飞碟，你还会那么说吗？"

显然，那位物理学家与阿西莫夫对"知道"一词各有所指：那位物理学家认为的"知道"是指人类在科学活动的文化背景中学习的结果；阿西莫夫则以为，"知道"是指储存在基因中的信息外加个体经验所获得的知识的总和。

狗的"知道"，当然是从生活实践中取得的。能表演准确无误地接飞碟、钻火圈等杂技节目的狗，是要经过特别训练的，而不是让它们坐到教室里去读牛顿运动定律。狗是读了"观察与实践"的生活物理学之书，才具备了这种能力的。

其实，不管用哪种方式去"知道"，也不管"知道"到哪种广度与深度，博览群书与广泛实践之所得，都是一笔笔不知道何时何地会派上大用处的宝贵财富。难怪小时候比较自由，有较多时间在街上或山野"闲逛"的小孩，长大了倒比一直伏案苦读的同伴更易出成果，那是由于他们在东游西逛中看了不少"野眼"，积累了大量的生活阅历。

汪曾祺大器晚成后回乡，一位邻居惊异于汪先生还记得几十年前邻居家布店"用蓝漆写的一副对子"，便问他的弟弟："你大哥是不是从小拿一个本子，到处记来记去的？"

汪曾祺的老师——沈从文先生，弟子很多，为什么只有汪最像老师呢？这恐怕跟他俩从小都喜欢东游西逛有关吧。

其实，对生活的观察、了解、思考与实践，就是在读一部"人生之书”。

总之，好读书是一种乐趣，一种情操；一种向全世界古往今来的伟人和名人求教的方法，一种与他们展开讨论的方式；一封出席各种社会交际活动、体验各种生活、结识各种人物的邀请信；一张迈进科学宫殿和未知世界的入场券；一股改造自己、丰富自己的强大力量。

毕竟书籍是全人类有史以来共同创造的财富，是永不枯竭的智慧的泉源。

失意时读书，可以使人重整旗鼓；得意时读书，可以使人头脑清醒；疑难时读书，可以得到解答或启示；年轻人读书，可明奋进之道；年老人读书，能知健神之理。

清朝的书画大家郑板桥(1693—1765)对学习方法很有见地：“‘学问’二字，须拆开看，学是学，问是问。今人有学而无问，虽读万卷书，只是一条钝汉尔……读书好问，一问不得，不妨再三问，问一人不得，不妨问数十人，要使疑窦释然，精理并露。故其落笔晶明洞彻，如观火观水也。”

清朝的书画大家郑板桥

可见，学问之道还在于“有学有问”。“会学”不一定“会问”，只有“会问”方能发现问题、解决问题，也才能有所创新、有所突破。“会问”是学以致用的最好体现，也就是我们常说的“学以致问”，真学问也。

向谁问？向上，向下，向里，向外，向专家，向老师，向同学，向书本，也向网络……广泛地问，深刻地问，于广大处、细微处、关键处，刨根究底地问。问且又思，必长学问。

用建筑学大师吴良镛院士的话来说:“读万卷书,行万里路,拜万人师,谋万人居。”

总之,要趁年轻力壮时,抓紧时间多读几本好书。但是,又不要迷信权威,迷信作者,迷信书评。

请记住:书,只有自己去读,才能品出好坏。

(本文是2017年暑天,受宋庆龄基金会邀请,为该会组织的全国老少边地区优秀青少年夏令营活动作一次“阅读改变命运”的命题讲座之录音整理。其实类似的“图书与阅读”讲座,自2006年起,基本上每年4月的“世界读书日”前后,都会受邀去本市各所中学及青少年活动中心开讲,一般是讲两个相互关联的主题:图书与阅读。本文只讲了“阅读”,至于“图书”部分主要可参见《数字出版大趋势》一文。本次发表略作文字调整)

推荐《中国桥梁史纲》

由项海帆、潘洪萱、张圣城和范立础编著、同济大学出版社出版的《中国桥梁史纲》,是在我国由桥梁大国迈向桥梁强国的当下的一项研究成果。该书对上下五千年中国桥梁建设做了系统梳理,以图文并茂的手法向读者展示了中国古代桥梁的辉煌、近代造桥的落后和现代桥梁在改革开放后重铸辉煌的思想与历程。

捧起《中国桥梁史纲》,第一感觉就是有很强的视觉冲击力,书是沉甸甸的,其文化价值更是沉甸甸的。打开这部呕心沥血的皇皇巨著,其精美的装帧和清晰的图片就强烈地提示这是一部为中国建桥文化留下深深脚印的专著。细细阅读后,果然觉得这部巨著有不少特色,值得推荐。

(1) 资料翔实,内容丰富

本书用整整三篇 18 章的笔墨,纵横捭阖地梳理了我国近五千年的桥梁设计与建造史,时间跨度大,涉及中华大地数百座在人类文明史上留下脚印的桥梁建筑的沿革、变迁、技术含量、创新亮点诸要素。譬如,隋朝的赵州桥、西南地区的铁索桥、北宋汴京的虹桥等。凡是对造桥技术、工艺有所突破或创新的桥梁,作者都配上了精美的插图,或手绘或照片,这些文字与图片资料都极具史料价值。据了解,负责分工撰写自鸦片战争以来中国近代桥梁史的作者,曾艰辛地走访了天津、广州、兰州、西宁、洛阳、镇江、扬州、武汉诸地,足迹遍及大江南北,不辞劳苦地实地踏勘、查阅档案、调研拍摄,本着对历史事实负责任的态度,为我国桥梁文化的积累兢兢业业著书立说。这也就真实客观地梳理并勾勒了中国近代桥梁发展的完整脉络。

要在30多万字的篇幅里叙述上下五千年的中国桥梁史，应该说是有很大难度的。毕竟时间跨度大，中国古代桥梁的辉煌成就又曾在世界桥梁发展史中占有重要的地位，这已为世人所公认。因此，怎样纵向地刻画好造桥的历史脉络，将书稿的结构搭建得更合理，文字的表达既到位又简练，使漫长的历史与复杂的技术能让读者看得明白，这些方面都是颇见作者著述之功力的。

全书对古代（前2070至1840）、近代（1840至1949）、现代（1949至2007）三大板块中的标志性桥梁做了划分，每个时期又以桥梁的种类予以分类编排，这种处理手法确实也是很有见地的，让读者阅读后思路更清晰。而且作者叙述的详略搭配的分寸把握很到位，其中对公元前4世纪的浮桥、公元4世纪的伸臂梁桥、公元6世纪的索桥、隋朝的敞肩拱桥和宋朝的贯木拱桥予以详述，而这五座桥也正是李约瑟先生在《中国科学技术史》中所统计的4 500年间，中国对世界26项最重要发明中的五项。可见，英雄所见略同。有鉴于此，我认为《中国桥梁史纲》对中国桥梁文化积累确有留脚印的功能。

（2）科学与人文有机结合，倡导桥梁美学

《中国桥梁史纲》读下来，给人留下较深印象的是，作为桥梁史纲，既见桥梁又见人，能突出工匠、工程师、设计者在桥梁建造中的作用，事在人为么。譬如，在战国时建造都江堰工程时期所造的一系列桥梁，作者重点介绍了李冰；在讲述被美国土木工程师学会评为“国际上土木工程历史古迹”的河北赵州桥时，不忘介绍李春。另外，作者还独具匠心地在相应的桥梁描述中适时地介绍了中国近代造桥大师詹天佑、茅以升、罗英、赵祖康、汪菊潜、李国豪、程国庆等。

其实，一部桥梁史是离不开造桥思想的演进与发展的，因此必然会出现造桥者，也必然会联想到要有利“过桥人”，这种“见物思人”就是以人为本。《中国桥梁史纲》主编项海帆院士还娓娓道来一段亲身经历的关于上海南浦大桥建设前，怎样力争以取得我国自行设计权的鲜为人知的故事，让无生命的桥梁有了活性，有了气概。当然，也就让读者为负责任的造桥大师们的理智与人文情怀所深深折服。

《中国桥梁史纲》护封与书封

作为传统的桥梁史纲，一般总按年代叙述完书稿就收尾，可《中国桥梁史纲》在第一至第三篇讲完桥梁史后，还独具匠心地撰写了独立的第四篇——中国桥梁的未来。这绝不是作者的画蛇添足，而是有意为之的有思想、有见地的点睛之笔。或者更贴切地说，这是对科学技术史纲类著述的一种创新。《中国桥梁史纲》的四位作者均为桥梁专家，也均为现代中国桥梁泰斗李国豪院士的弟子（在特精装本的书函上清晰地标明本书是“献给李国豪校长”的）。因此，他们又都有丰厚的学养与经历，其中项海帆与范立础两位均是中国工程院院士，第一作者项海帆院士还曾担任国际桥梁学会副主席。高屋建瓴者，当然能看出：中国桥梁建设的成就与不足、中国桥梁的风险控制和耐久性诸方面的问题，更会哲理独到地指出：欲从桥梁大国跨入自主创新桥梁强国的根本问题就在于改革工程教育，培养创新人才……既冷静地分析问题，又毫不留情地剖析对桥梁发展与认识的误区，在反思的基础上还以赤子拳拳之心开出了处方，这也就更凸显了《中国桥梁史纲》的学术价值。这些“反思”正是中国造桥的战略思考，也构建了《中国桥梁史纲》书稿各部分论述间和谐与统一之美。

更令读者叹服的是，作者在反复强调“桥梁工程的美学价值”的时候，也在本书的结构体例、表现手法、装帧设计上由衷地、到位地体现了。但有点遗憾的是，倘能将书稿所述及的代表性桥梁以及几位有口皆碑的造桥大师的风采有选择地提供一些珍贵的视频资料，那就会有更直观生动的印象了。当否，权供作者们思考了。

［本文是2010年10月受同济大学出版社委托，为《中国桥梁史纲》参评上海图书奖所撰写的推荐文。该书荣获了“上海图书奖（2007—2009年）一等奖”］

重在让青少年会思考爱提问

《十万个为什么》的书名含有两个重要信息:“十万个”与“为什么”。前者表示问题是海量的。不过,无论苏联(伊林)当年编的《十万个为什么》抑或少儿社的,都只有数千个问题。实际上,青少年心中的“为什么”确实是海量的,诸如这次东日本地震,就会涌现出许多“为什么”。后者恰恰是青少年读者对这个世界提出的很多疑问,也是他们迫切想要知道与理解的自然科学中的问题。但是,从前几个版本的《十万个为什么》所搜集的问题来看,其中有相当一部分问题只是一些学科的定义或名词释义,要归结为“为什么”,似乎有些牵强,兴许这类问题的提出者并不是青少年,至少写作的人(“为什么”的设计者)并没有将思考的坐标转换至青少年。

尽管《十万个为什么》还有缺憾,但我们还是欣喜地看到了这套书已成为我国青少年科普图书中难能可贵的品牌。

新世纪版《十万个为什么》

第一版《十万个为什么》

经营品牌就须是全方位的,面对当前青少年课外阅读的现状以及对网络应用的兴致,对新版《十万个为什么》我的第一个期盼是:重在让青少年会思考、爱提问。

为此，能否顺应数字化出版潮流花大力气先经营一个《十万个为什么》的互动网站，并开发有关的移动阅读产品？

为什么要这样做呢？按我的想法，这样做至少可以解决："为什么"的量的问题和能够提出经过思考的"为什么"的质的问题。

首先，网络可以互动，可以博采众长。譬如，我们可以借助类似"维基百科"之类的编纂手法，编读互动，集思广益。实现技术与管理创新，让内容与技术对接。作为给青少年阅读的科普，首先是要引发他们的阅读兴趣，提出的"为什么"应该确确实实是他们感兴趣的问题。最理想的状况应该是由他们自己来发问，而网上的频繁互动最大的功能在于引发他们敢于提问题。为了鼓励青少年勤于思考善于质疑，甚至可以开展有奖征集"为什么的提问"，让学校也来参与，共同推动。以激励和引导学生去思考质疑并提出他们想发问的"为什么"，这才是本项工程的目标——让学生从小养成"会提问"的习惯。这一点恰恰是我们目前教育的软肋，我们培养的"好学生"往往不会思考，也不懂得质疑，自然也就提不出问题。若学生不会独立思考与质疑，将来又怎么期望他们踏上社会后"能创新"？我们媒体理应对培育时代急需的创新人才起推手作用。因此，《十万个为什么》该重在让青少年会思考、爱提问。

其次的功能在于培养他们逐步学会善于提一些有质量的问题，毕竟一个好的问题远胜于一打头头是道的解释。

凭借网络浏览和讨论，可以让各类小读者去参与对主题词的诠释、对网上同伴所提出的"为什么"作出个性化的回复或表达自己的独立见解，并上传自己的观点。若情况理想的话，在小网民们多视角议论与广泛参与下，也许今后《十万个为什么》审稿专家的主要精力是做"点评"与"选择"。在问题日益丰富，科学与技术的最新进展和观点得以及时体现的状况下，现今的书稿编写者也就有可能从此走上变"伏案写作"为"网上审读和选择"的道路。日后，但凡纸媒所收入的文字应该仅是网上讨论后的部分精华，经分类整编的成果，让大量的“为什么”及其释文留在网上，只是供有兴趣的学生网民自行查阅，或作比较与思考的一种素材。

总之，《十万个为什么》的编辑过程与目的，应该实现让读者与出版社互动，改变原先的让学生读现成的“解答为什么”，将他们的关注点和兴趣点转为“我要提出为什么”。这也是我们的教育应达成的目标吧？

当然，所建的网站起点要高一点，能提供强大的搜索功能，使每一位上网者都能实现超大数据模式下的各种需求，真正变《十万个为什么》为庞大的“思考（想）资源库”，而不仅仅是“教育服务提供者”或“知识信息提供者”。

不过，设想的实现会有很大的困难甚至困惑：资金、人才、网络运营能力、增值服务运营权，尤其是能否广泛地获得广大学生的响应……这里有一个调动社会协同发力的问题，当然也会逼少儿社的同仁们去探索一条管理创新的数字出版运营模式。诸如，在自身多渠道平台运营能力有限的情况下，能否寻找合适的网络公司或相应的资金投入的合作伙伴，能否让教育管理部门共同配合，发挥各自特长以共同重塑品牌？若能实现这样的理想状况，相信《十万个为什么》互动网站及移动阅读会产生意想不到的传播效果，更重要的是借此激发学生的独立思考能力，并由此而衍生出有投资效益的平台，这也必定会成为青少年向往的科普园地——真正是开发智慧的、理想的第二课堂。

若非要马上就编撰纸媒的第六版《十万个为什么》，其体例与形式能否也有所突破？尤其是各卷的分法及学科范畴似乎都需要对原先的版本做较大调整。这是我的第二个期盼。

也就是需要对所收入的类似问题做“集群”整合。具体说来，就是要抓住关键词，集成知识点。对于释义，有些甚至可“引而不发”，仅罗列这个“为什么”问题研究的进展、现状与思路，留待小读者自己去查阅并思考——这是培养学生创新思维的必要过程。

有时候,对问题的解答是否也可由“为什么(Why)”适当延伸出“怎么办”“怎么做(How to do)”。事实上,这一点在新世纪版《十万个为什么》的有些词条中已有所体现,毕竟科学基底理论层面的“为什么”的介绍或解释往往会带出技术处理层面的“怎么办”的应用性问题与策略,既顺理成章,也有利于启迪小读者在技术或管理层面的创新思考。

当然,我们也必须适时地指出“技术双刃剑”的伦理问题。也就是说,“是什么(to be)+做什么(to do)”(事实判断与应对策略)是融理论与实践不可分割的有机体,其中往往隐含“技术是柄双刃剑”的理念,要尽早地让小读者明白,这是极其重要的“以人为本”的科学伦理。

不妨来举一个有关“全球变暖”问题的例子,也就是新世纪版《十万个为什么》中已经涉及的“让海洋吸收二氧化碳的策略”。很遗憾,原书中并没有进一步展开并点明“技术是柄双刃剑”的问题:

海水中的浮游植物可吸收二氧化碳进行光合作用,但它们的数量受海水中铁元素量的限制,若施加含铁肥料可促使海水中的浮游生物大量繁殖,这就可以大量吸收二氧化碳(其实这里已提出了科学思考——一种技术策略)。

不过,嗜铁浮游生物会产生神经毒素,食用了这些嗜铁浮游生物的动物会将毒素带入食物链……由此又会产生一系列新的问题。

看来,这项“新技术”也暴露出“技术双刃剑”的特性,但让海洋吸收大量二氧化碳的策略,总还是解决“全球变暖”的一种科学思路(该“做什么”的思路)。问题是该怎么去做(方法)。

由此也可看出,给孩子写科普确实不容易。

另外,编制彩图版《十万个为什么》的构想很合潮流,但必须从选题立项起,就必须明确要有对所配彩图(无论绘画或摄影)的知识产权保护的法律意识，应力倡本土原创。这一点，从第一次编委会会议起就得强调，务必郑重提醒每一位撰稿者，以免将来遭“侵权”之嫌疑。

2011 年 3 月 30 日

洪星范副总编：

很抱歉，昨天下午座谈会上没有发言。院士及他们的秘书发言踊跃，也并没有我发言的机会，只能把本想在会上说的话(发言稿的文字就是上述的)传你，兴许这些话语跟与会院士专家们的想法有点不同。请多包涵。

（第六版《十万个为什么》第一次出版座谈会于 2011 年 3 月 30 日下午在上海黄兴路“院士风采馆”举行，会上笔者没有机会发言。第二天清晨，就将这篇发言稿的电子文本用电子邮件发送给这项工作的具体主持者——少年儿童出版社的洪星范副总编）

2015 年 8 月 8 日补记：

受世纪出版集团指派，笔者与卞毓麟先生日后全程参与第六版《十万个为什么》的编审与部分词条的撰写。我们在历次工作会议及审稿活动中不厌其烦地强调要“名副其实”——问题尽量落脚于“为什么”，对不少非“为什么”措辞的词条尽可能重写或做些梳理或叙述顺序上做改动，甚至补写了一些关键语段，力图使命题的视角转向“为什么”，可眼下对成书的粗粗统计，真真切切以“为什么”措辞的问题仅占 65%。这似乎有点遗憾。

还发现眼下整套书不少词条是为了灌输知识(解答“为什么”)的需要，由科学家从构建学科体系的完整性出发来考虑的，儿童读者绝不可能提得出这样的问题，也许连读懂解释都很困难。可见，至少在读者定位上还不很清晰。

附件:

《十万个为什么·能源与环境》审稿意见

2013年5月4日下午收到少年儿童出版社熊喆萍编辑发来的电子邮件,要我写一份《十万个为什么·能源与环境》的审稿意见。收到指令后,深感有时过境迁的感觉。

那是去年(2012年)8月份的事。好像是流水操作,分几批陆陆续续送我审读的关于《十万个为什么·能源与环境》的稿子,因为当初要赶在年底前发排。(好像是)9月6日将审读好的第一批文稿送少儿社(近40篇),10月8日读完了全书稿。后因耳鸣并突发眩晕被收入病房治疗。至今,当初审稿的印象已几乎全“空白”了,毕竟60多岁,有些健忘了。再说,手头事情又很多,现在要补写去年的审读意见,恐怕有些困难,即使勉强写出来,也是不真实的。若人云亦云八股式写几句凑合,实在觉得不应该,是对“站好最后一班岗”的亵渎,更是对这样一部我国少儿科普的重要读本的不负责任。

记得,当初审读全书稿后,我曾在一张8开大的纸上写过一些较简洁(只将“倾向性”问题罗列出)的审读后印象(意见)。我便告诉熊编辑,若能找到这张大纸头,就权充“审读意见”,也可以交账了。若实在找不到,能否将当初我附了很多浮签的原稿借我阅读,以恢复我审读情景(记忆),兴许还能写成一份稍稍有些真实的“审读意见”。

我请熊编辑能谅解我的处境:我不能像现在社会上有些审稿人那样,以说假话套话来搪塞或敷衍了事。毕竟科学是不允许有半点虚假的。不料,很负责的熊编辑,居然送来去年附了不少浮签的厚厚一大捆原稿。看着这些稿件,我终于捡回了一些记忆。

其实,在我出院后,熊编辑曾来我家探望,我们也曾聊及该稿本退作者处理的事情,兴许当初熊编辑和我共同提出的一些问题,绝大多数都得到作者的首肯,他们及时地予以改写、补正、查核并落实,甚感欣慰。这点从落款于“2012 年 10 月 10 日”熊编辑写就的初审报告中就能获得实证。我下面所写的审读报告,仅是指截至 2012 年 10 月 8 日,稿本所呈现的面目。现将相关意见分条整理出来,权供领导审核并存档。

环境保护是利用环境科学的理论与方法,以协调人类与环境的关系,解决人类生存的各种环境问题,或者说也泛指保护和改善环境的一切人类活动的总称。环境问题一是指自然演变和自然灾害引起的原生环境问题,如地震、洪涝、干旱、台风、崩塌、滑坡;二是指人类活动引起的次生环境问题,这一般又分为环境污染和环境破坏两大类,如乱砍滥伐引起的森林植被的破坏、过度放牧引起的草原退化、大面积开垦草原引起的沙漠化或土地沙化、工业生产造成大气或水环境的恶化等问题。

迄今已经严重威胁人类的生存并已被人类认识到的环境问题主要有:全球变暖、臭氧层被破坏、酸雨的频发、淡水资源的危机、能源的日益短缺、森林资源的锐减、土地成片的荒漠化、物种的加速灭绝、垃圾围城的灾难、有毒化学品的污染等众多方面。

能源则主要涵盖人类迄今已发现和使用的各类传统能源和新型能源的开发、利用以及节约。当然,也能换个视角,将它们划分为一次能源和二次能源、不可再生能源和可再生能源或传统能源和绿色能源等。

《十万个为什么·能源与环境》书封

从这样的视角来看,《十万个为什么》将能源与环境打包拼成一卷,两个既有一定关联又是完全独立的新型学科,现将其组合在一起,这就给组稿、编辑等各方面工作出了不少难题。首先,它们分别属于跨学科的应用性技术学科领域,不如数学、物理学、生物学、化学之类是建构已很成熟的基础性学科,有着深厚的理论积淀。其次,作者群几乎是跨学科分布的。因此,要提出学科基础理论方面的“为什么”(欲提出显见的又有一定新意的问题)就成了一大难题,毕竟这是偏应用性的、偏技术性的课题。而最初同熊编共同出席的几次组稿会,从与会专家的发言和对《十万个为什么》的理解来看,他们与少儿社的原始构想还是有不小差距的。好在经过多次磨合,才逐步理解,但最初作者交来的稿子与发排要求还是有很大距离的。从经编辑加工后落到我案头的稿子,读来还是捏了一把汗。在我奉命亲自尝了"梨子的味道"——先后尝试写了五个和合页(一个关于能源方面的,四个关于环境方面的),才取得了实践体验并略有感受。

现将审读过程中发现的主要问题阐述如下。

(1) **既然我们编的丛书是打出"为什么"的旗号,表明这套丛书试图探讨的是小读者所关心的生活中方方面面涉及的各门学科的基础性**(原理性)**问题,就是通常所问的 WHY,而不是"怎么办""怎么做"或"什么是什么"**(即通常说的 HOW TO DO、HOW TO BE)**。若是写成后者,就完全偏离初衷了。**

审读过程中发现:这本书稿许许多多词条完全有可能改写成"为什么"的形式,有的只需要在提问视角上做些改换,或者在释义表述上稍作改动,有的甚至根本不用改动释义,这又何乐而不为呢?假如,涉及一些技术手段上的问题,实在难以用"为什么"来表述,而整个知识板块又缺不了这个词条(即使转化视角也难用"为什么"来措辞),那就只能"委曲求全"了。整部书稿审读下来,还是有不少完全能将词条改换成"为什么"且很贴切的。诸如:

原"太空也需要清扫吗",不妨改成"为什么太空也需要清扫";

原"空间天气指的是什么",不妨改成"为什么要进行空间天气预报";

原"家居新装修后的污染是从哪里来的",不妨改成"为什么家居新装修后往往会带来污染";

原"地球的肺和肾在哪里",不妨改成"为什么地球也有肺和肾";

原"胡萝卜、番茄和洋葱是生物入侵者吗",不妨改成"为什么胡萝卜、番茄和洋葱不是生物入侵者";

原"人类能够修复自然生态系统吗",不妨改成"为什么人类修复自然生态系统的能力是有限的";

原"城市生活污水去了哪里",不妨改成"为什么城市生活污水也必须处理";

原"纸袋一定比塑料袋环保吗",不妨改成"为什么纸袋不一定比塑料袋更环保";

原"什么是生态足迹",不妨改成"为什么要研究生态足迹";

原“绿色城市的地面该是怎样的”，不妨改成“为什么绿色城市还得讲究地面铺设”；

原“镉米是从哪里来的”，不妨改成“为什么会种出镉米”；

原“植物怎么为土壤排毒”，不妨改成“为什么植物能为土壤排毒”；

原“谁是土壤板结的元凶”，不妨改成“为什么土壤会板结”；

原“核电站如何退役”，不妨改成“为什么核电站退役是个棘手的问题”；

原“能在太空、地下、海洋建造核电站吗”，不妨改成“为什么要在太空、地下和海底建造核电站”；

原“核聚变会发生核事故吗”，不妨改成“为什么聚变核电站不会发生核污染”；

原“移民太空的方案可行吗”，不妨改成“为什么人类移民太空的方案不可行”；

原“碳减排实际上减的是什么”，不妨改成“为什么要减少碳排放”；

原“怎样提高发电的效率”，不妨改成“为什么发电厂还能同时供热”；

原“发电厂能建在居民区吗”，不妨改成“为什么发电厂也能建在居民区”；

原“什么是智能电网”，不妨改成“为什么电网也要智能化”；

原“怎样将风变成电”，不妨改成“为什么‘呼风’也能‘换电’”；

原“可燃冰是一种什么样的‘冰’”，不妨改成“为什么‘冰’也能燃烧”；

原“太空核推进器靠什么做能源”，不妨改成“为什么要研发太空核推进器”；

原“在家里也能发电吗”，不妨改成“为什么家里也能成为发电厂”；

原“海水的‘冷热不均’也能被利用吗”，不妨改成“为什么海水的‘冷热不均’也能被用来发电”；

原“咸咸的海水能做什么用”，不妨改成“为什么海水与淡水间的盐度差也蕴藏着能量”；

原“地沟油走向何处”，不妨改成“为什么要严控地沟油”；

原“沼气是怎样‘化腐朽为神奇’的”，不妨改成“为什么沼气是‘化腐朽为神奇’的典范”；

原“能源也可以‘种’出来吗”，不妨改成“为什么能源也可以‘种’出来”；

原“双层玻璃窗也能发电吗”，不妨改成“为什么双层玻璃窗也能发电”；

原“太阳能发电站能在太空中建立起来吗”，不妨改成“为什么要在太空中建立太阳能发电站”；

原“天然气能源有哪些优点”，不妨改成“为什么天然气是一种较理想的清洁能源”；

原“煤炭是古代森林埋在地下的宝藏吗”，不妨改成“为什么煤炭是古森林埋在地下的宝藏”；

原“矿井瓦斯也是天然气吗”，不妨改成“为什么矿井瓦斯会爆炸”；

原“煤、石油、天然气怎么会成为人类的主要能源”，不妨改成“为什么煤、石油、天然气能成为人类的主要能源”；

……

（2）**有些词条涉及的主题很敏感，是否一定要去蹚这摊浑水？**诸如和合页“三峡工程创造了哪些世界第一”。我们是编《十万个为什么》，并不是思想教育读本。问题的提法本身也非本书的覆盖之需。至于说到水电的词条，完全可以提到三峡，且眼下这个和合页的另一个问题也是“我国的水电利用状况如何”以及“微博士：水电之弊”。我以为，水电的这些“弊”在三峡中也都已集中显现了，现在学界争论之激烈，恐怕没有一项工程有如此之大。若要使《十万个为什么》的学术生命能长一些的话，有必要非得放入这样敏感的话题吗？对这个选择，不妨请教一下华师大河口海岸专家陈吉余院士，或者请他审定一下这篇文稿，该怎么改写或处理？（还有原文中提及三峡“年发电量近1 000度”显然是错误的！）

有些释义的行文中有些敏感的数据，是否指出其来源较妥，或者不用量化指标的表述较妥。诸如，“镉米是从哪里来的”一文中表述“我国目前约有10%的稻米存在镉超标”。

（3）**有些词条的释义没有针对“为什么”开展，而是花极多笔墨表述“怎么办”。**诸如，“为什么城市会爆发垃圾危机”，理应从城市的开发、人口的增多、城市人的生活方式、没有建立循环经济的环保意识等诸多视角剖析，力图建立清晰的“缘由”图像，并激励小读者共同思考这一系列“原因”。而眼下的释义中是大量如何处理“垃圾危机”的手法描述，这些内容的表述似乎应该置于下一个“为什么垃圾要作分类处理”释条来表述更妥帖，整本书稿也更协调，内容可以少交叠。

（4）**有些词条的提法不妥和释义不明，甚至存在明显的错误，必须重写。**问题的关键在于撰稿者并非这方面的专家。对这样的作者选择，必须慎之又慎。与其埋下错讹，还不如删除。诸如，“海中巨蟒是怎样捕获在海浪中的巨大能量的”。我已经在浮签中详细指出其中的问题了。

（5）**有些词条叙述不达意。**诸如，“碳减排实际上减的是什么”是一个很重要的环保主题，很遗憾本篇的作者没有后一篇——“为什么要把低碳进行到底”说得明白和透彻。若能把词条改为“为什么要减少碳排放”，将视野转向二氧化碳是怎样造成气候变暖的，甚至给读者一些典型事例，兴许更有说服力。本和合页的另一词条“为什么要进行碳交易”也应简述一些国际背景。毕竟上述两个为什么的内容在目前的中小学环境教育读本中已有详细阐述了，《十万个为什么》从知识覆盖的全面性角度考虑要述及也是应该的，但必须比学生已看到过的内容更深刻，视野更宽广，才有意义，否则宁愿删除。

（6）**有些释义的行文在适当的时候，最好能适时地插入一些人文关照的内容，既拓展学生的视野，将学科“打通”，还能无形中体悟“科学是需要人文引领”的道理。**诸如，在“为什么要减少使用农田杀虫剂”释义中，表述农村在杀灭害虫的同时，也带来了一系列环境问题时，不妨插入一小段关于人类对这个问题认识的科学脚步。诸如：

1962年，美国海洋生物科学家蕾切尔·卡森出版了《寂静的春天》一书，对农药的广泛使用会给大自然带来巨大危害加以揭露，而成了半个世纪以来日益高涨的环保运动的先声。

用语不多，能起到画龙点睛的作用，既介绍了科学史实，还可引导有兴趣的学生去查看原著《寂静的春天》，以进一步拓展知识并培养科学的人文关怀精神。

又如，在“谁是土壤板结的元凶”一文中述及不得不用杀虫剂来消灭田间害虫，并施用化工制剂来催熟植物生长……行文至此，我认为完全可以对滥用杀虫剂补入如下的警告话语：

50年前，蕾切尔·卡森在《寂静的春天》中曾写道：“……越来越多的地方已经没有鸟儿飞来报春；清晨早起，原来到处可以听到鸟儿的美妙歌声，现在却只有异常的寂静。鸟儿的歌声突然沉寂了，鸟儿给我们这个世界的色彩、美丽和乐趣也在消失，这些变化来得如此迅速而悄然，以至于在那些尚未影响地区的人们还未注意到这些变化。"这就是对滥用杀虫剂的警告。

虽然加入的引语如此简单，却能适时地从卡森女士充满忧虑的话语中体悟出"土壤为什么会板结"之弦外之音。同时增强了《十万个为什么》科普书的文学性和可读性。

（7）**有些词条的内容明显与其他学科分卷撞车。**诸如，"反物质是虚无缥缈的能源吗"这个和合页三个问题均不是"为什么"，至于反物质能源的问题，基本上是在介绍寻找反物质，只是最后一小节不足40字提到"反物质是一种具有巨大能量的能源"。这一来，与《物理学》卷相关内容就重叠了，且没有后者阐述得清晰。像这类情况，拟彻底改写或干脆删除。

诸如，"核燃料会越烧越多吗"和合页，牵涉"核燃料""核反应堆""费米""芝加哥一号"等关键词与所述的内容，都与"能源与环境"关系不大，倒是可考虑放入《物理学》分卷。

诸如，"人类有能力造一个太阳吗"和合页，牵涉"托克马克""ITER""太阳核聚变""核电池""核反应堆"等关键词，均为原子核物理范畴，是否也拟置入《物理学》分卷。

诸如，"激光与普通光有什么不同"和合页，都在介绍"激光"原理，并没有与能源主题相勾连，除非能提出与能源相关的"为什么"问题，要么干脆就置入《物理学》分卷。

（8）**有些词条的说理实在太艰深，已远远超出中小学生能理解的水准。**诸如，杨平雄教授写的"是什么限制了火力发电的最高效率"，甚至展现了一幅压力—温度曲线图，牵涉"相变""热效率"等知识点，这些都属于大学物理专业的热力学课程的范畴，太为难我们的小读者了。

（9）**有些词条的释义有科学性错误。**诸如，"为什么双层玻璃能够节能"，作者认为是"由于双层玻璃间的空隙的空气层很薄，因此对流微弱"所致。将此作为主因，在科学上是值得怀疑的。这应该从"温度是大量分子无规则运动剧烈程度的表现"这一微观机理入手探讨。由于空气分子在玻璃与空气这两种不等温介质间不断输运能量，而空气层的分子密度远小于玻璃的分子密度；且内外层玻璃没有直接接触，其分子输运能量被空气层打了折扣所致。再说，有些考究的双层玻璃间的空气密度是处理过的，变得特别小，甚至接近真空。

（10）**“微博士”栏目有些说法也有科学上的误导之嫌。**诸如，“太空梯”，必须注明这是一种“异想天开”。也许在相当长的时间内是无法实现的，甚至是根本无法实现的，这种想入非非中，既有引力问题，还有材料等许多理论问题，都是不可逾越的。

（11）**“页岩气”确是一种新开发的重要能源。**对于我国尤其重要，因为已探明我国储量占世界第一：至今已探明全球“技术上可开采”的页岩气储量为 6 600 万亿立方英尺，除美国（860 万亿立方英尺）以外，查明资源数量最大的国家依次为中国（1 275 万亿立方英尺）、阿根廷（774 万亿立方英尺）、墨西哥（681 万亿立方英尺）、南非（485 万亿立方英尺）、加拿大（388 万亿立方英尺）、利比亚（290 万亿立方英尺）、阿尔及利亚（231 万亿立方英尺）、巴西（226 万亿立方英尺）、波兰（187 万亿立方英尺）和法国（180 万亿立方英尺）。这项研究还不包括俄罗斯、中亚、中东、东南亚和中部非洲。全球页岩气储量应该还要大得多。在美国得克萨斯州中北部的巴尼特（Barnett）已对页岩气进行试点开采，使深层页岩气开采已成为一个商业现实，大规模的页岩气生产已开始出现。按照目前美国消耗天然气的速度，单靠页岩气就可满足美国 40 年的天然气消费需求。

若能无污染地开采，中国的页岩气拥有量已改变了全球能源战略的格局。英国石油（BP）在其最新的能源展望中称，总体来看，到 2030 年，天然气可能成为与煤炭和石油分庭抗礼的一次能源之一。

因此，“页岩气”这一条必须作为这个和合页的带头词条，拟重点写，详细写，说明什么是页岩气，开采技术的难点在哪里。从现有的叙述来看，实在太肤浅，也没有写清楚“为什么”页岩气是我国新的独立矿种。

（12）**语言表达上的形形色色问题也是值得认真梳理的。**诸如，“但却以健康的方式确保了产量的稳定性以及可持续性”（出于《黑土地为什么会缩小》一文）。一句话中用了两个转折词“但”“却”结构上就显得累赘，且在不少场合起到转折再转折的作用，是否又回到原意？这在目前报刊上也是常见的语病，望加以留意。一般使用一个转折词已足够了。类似的表述恐怕远不止一两处（我已圈出）。

不少词条的行文在语法、修辞与逻辑上尚存不少问题，有时啰啰唆唆的叙述反而造成歧义。诸如，“煤、石油、天然气怎么会成为人类的主要能源”一文，我是实在读不下去的，干脆就用红笔改了，只能请编辑谅解。以后各条，能不改动的，尽量不改。

不少词条涉及“苏联”的表述，总写成“**前苏联**”。这其实在逻辑上是说不通的，混乱的。那么，请问“后苏联”是什么？在其解体前就是“苏联”，是实实在在的“苏联”。至今根本没有出现过“后苏联”。我们称其为“前苏联”，是否潜伏着（或指望）有出现新加盟形式的“后苏联”？故这个“前”字必须删去。也许编辑同志会强词夺理地认为，几乎所有书报刊和广电中都这么表述的！其实，这正是眼下语言环境广受“污染”而不被察觉的悲哀。加了“前”有画蛇添足之感，而且是一个显性的政治问题。

凡释条中说到“**文化大革命**”，请一律加上双引号较妥，因为这场让中国人民遭受极大灾难的运动，是对“文化”和“革命”的贬义，加上双引号，显示作者对之的否认，也是对小读者的人文关照。

不少词条在单位量所用语词的表达中的中外文上不统一，一篇文稿既有外文表述又有中文表述。譬如，既有规范的“千米”又有频繁使用的“公里”或“km”……类似问题很普遍，希望全套书能梳理一遍或做一次专项检查并统一。

还有常用的量词不规范，如“一个城市”贴切的表述应为“一座城市”；“多个同学”贴切的表述应为“多位（名）同学”（看起来这仅是一个小问题，其实体现的是对人的尊重，要让小读者受潜移默化的熏陶，也是中国文化博大和文字精确的内涵使然）。

（13）按我们在审稿工作会议上达成的共识，**每一个和合页，应该尽可能配有一些小贴士，如“小实验”“小博士”“思考题”“关键词”等**。但整部书稿，在我眼前流过时，这些配件都是少胳膊缺腿的。像《黑土地为什么会缩小》专题的和合页就缺少了“思考题”“微博士”“小实验”等版面元素。

以上意见当否，请斟酌。

审读者　方鸿辉

2013－05－09

第二编　善思会问抒己见

做好书稿编辑的后期工作

摘要　如果把选题调研、选题确立、物色作者、评估试写稿等环节称作书稿编辑的前期工作；而把审读、退修、加工、发稿、清样等环节称作书稿编辑的中期工作。那么，余下的稿酬结算、样书分发、资料归档等大量事务性工作称作书稿编辑的后期工作。而本文所探讨的书稿编辑的后期工作却是常易为编辑工作者所忽略的，然而又是必不可少的重要编辑环节——图书的质量检查以及图书的宣传与评论。

关键词　编辑的后期工作　质量检查　宣传与评论

图书的质量检查工作

一

编辑工作实践向我们展示了这样一幅图景：成书的各个程序好像是一根链条，其中各个环节既各自独立又互相套连。常常是一本书稿的编辑工作未告段落,另一本书稿又穿插地进入上述各环节,周而复始,无限循环。整根链条成螺旋状排列,而书稿的质量要求,就恰恰位于螺旋线的轴线上,向各个环节辐射。

在传播学中,编辑是信息传播途径上起过滤作用的"把关人"。这种把关人的功能使编辑处于作者与读者、传者与受者的矛盾运动之中,成为沟通矛盾两极的纽带。因此,把好出版物质量关,不仅是对作者负责,更是对读者负责。教育出版物的质量,直接影响到普及义务教育,既关系到全民族思想水准和科学文化素养的提高,也直接关系到"两个文明"建设的大计。

然而,目前不少教育出版社的编辑对自身工作不够重视,又加上目前"三审制"环节不够完善与严格,尤其是不少年轻的编辑室主任匆促上任,受到自身思想、业务和文字水准的局限,常常是初审后的稿本潜伏着不少问题,也未能明察,有时根本连通读全稿都做不到,便匆忙签字确认,把稿件流转至终审,使教育读物的质量有每况愈下之忧。

当然,其中最关键的环节是作为初审的责任编辑,倘若他们对教育出版物审读与加工工作的重要性认识不足,误以为这是一项"简单劳动",只要初具一些语言文字基础,曾读过一些专业课程,就能胜任教育图书的编辑工作了,那么其结果便可想而知。

现实告诉我们:教育出版物的质量是极其重要的,因为我们的读者是渴求知识的青少年,他们对许多事物的认知基本上是一块"白板"。尤其是教材,教师和学生常将它们捧为"经文",唯书是从,反复诵读。因此,哪怕有一个标点符号使用不当,都是十分敏感的事。由此,导致教育读物上的任何错漏都会谬种流传,误人子弟。再说,即使是经验丰富的老编辑,有时也难免失于偏颇,"智者千虑偶有一失"的现象是常见的。我们探讨教育图书成书后的质量检查,其理由主要也就是鉴于上述矛盾实实在在地存在。

目前,教育图书的出版竞争相当激烈,要想在竞争中获胜,质量是关键。各家出版社为了创牌子,都花大力气做选题优化工作,力图使出版的教育图书具有“留脚印”的再版价值，这毕竟关乎教育文化的积累与传播。再加上每年要推荐一些图书代表各家教育出版社的实力进入评奖序列。可见，开展成书后的质量检查工作也就相当有必要了。

有人说，无错不成书；也有人说，编辑工作是一门遗憾的艺术……成书以后，感慨万千。

二

已经成了书，怎样全面妥善地进行质量检查，确是一个颇有讲究的课题。这不属于“学”，基本上是“术”的范畴。由于图书也是一种流入市场的“商品”，只是属于思想文化领域的“特殊商品”。既然是商品，就应该有成品的质量检查环节，包括内容质量检查、编校质量检查、印刷质量检查等。本文着重探讨图书的内容与编校质量检查。

人们常说，编辑应具有鉴赏家的眼光。所谓“鉴赏”无非是“鉴别”与“赏析”。对于鉴别来说，主要应在审读书稿时予以体现，而成书后的质量检查则往往较注重赏析。通过进一步赏析，编辑既能获得日后提高书稿质量的信息，又能不断增强自身的业务能力，增强审美意识。

笔者以为，从方法论视角，图书的质量检查工作应从局部和整体两个层次来开展。第一层次主要是指“工匠式”地、具体地、逻辑地进行文本的技术层面的错漏检查，对于教育读本着眼点是思想性与教育性的准确、规范、达意，以及文本格式、遣词用语与标点符号等；第二层次主要是从图书整体上进行审美赏析。

对于第一层次的检查，首先应该从装帧到正文、辅文乃至版权文字，都得从头至尾细细通读。这种通读最主要的是检查图书内容上有无政治性和科学性错误或不妥当的提法。其次是检查书稿处理上有无技术性和文字性错误。

技术性检查的第一方面侧重于体例统一。这里所谓“体例”，是指书稿编定的篇、章、节等段落层次的序号以及标题形式，同样也包括插图、表格、公式、计量单位、数字写法、注释与参考文献等的格式与标注法。在一本书中这些格式与标注必须统一。尤其是理科类教育图书中所涉及的外文字母大小写、正斜体、黑白体、上下角标等应力求规范，符合国家标准。凡物理量的单位一定要使用我国法定的计量单位，所有单位名称及物理量的标示，或采用中文，或采用外文，全书应统一（现在已明文规定，高级中学自然学科读物的物理量单位表达一律用外文）。

技术性检查的第二方面侧重于核查。包括对封面、正文、引文、辅文、目录、索引等的仔细核查。首先，核查书名和作者署名在封面、内封、版权页及书脊上是否一致。其次，核查目录、版权页以及索引上标注的文字与页面同正文是否一致。引文应该是重点核查对象，核查引文是否采用权威版本，是否有错漏；版权文字是否有错漏等。最后，该核查内容提要、序或跋、例言或出版说明、作者简介、编者注或编者按等辅文是否从书稿实际出发，是否抓住本质，是否准确鲜明、文风协调。

文字性检查侧重于语法、修辞和逻辑。检查有无文理不通、句子歧义和用法不妥等情况。文字不通多表现为句子成分残缺、词语搭配不当或者结构混乱。一般来说，编辑应充分尊重汉语表述的语法规则，但又不能过于拘泥语法，而应尊重作者表情达意的习惯，以及他们各自遣词造句的鲜明个性。倘若编辑完全按照自己的用语习惯来审改作者的稿本，原作者语言的个性之美就会全部湮灭，造成凡是出自某位编辑之手的文稿，其语言会雷同，给人千人一面的感觉，不免令人望而生厌。还要检查整本图书的逻辑结构和科学体系，诸如篇章划分的规律性、各章节的中心内容与标题的照应关系等。

文字性检查最显性的恐怕是寻找文字错误或标点符号错误，这类错误往往是质量检查中最显见的部分，也往往是暴露问题最集中的部分。因此要重视常用字或词的规范用法。

目前,各家出版社都非常重视图书的文字性检查,并根据万字差错率公式

差错率=差错处数/(抽查或全书的字数/10 000字)

来制订计算差错率的定量方案,以考核图书的编校质量。现在提到成书质检,大家的目光似乎都只聚焦于这一层面。这个层面的检查应该说是相当必要的,但毕竟是局限于局部的、低层次的层面,且本质上属于"马后炮"。

三

笔者以为,仅停留在上述各层面上的图书质量检查,显然是远远不够的,必须跃入较高的审美层面来开展,即从图书的整体上来赏析其审美价值。图书的美应体现人与自然、主题与客体、合规律性与合目的性、内容与形式的和谐与统一,既反映客观的真,又包含主题内涵的善。

首先,必须检查成书(即精神产品)与选题构思(即编辑设计)是否吻合,现实与意念是否统一。因为编辑的选题构思是建立在对生活中不断出现的问题做了广泛调研,经过比较、鉴别、选择与组合的基础上的,这种进入传播过程的选题将比前者的问题更集中、更现实。

编辑的审美活动在很大程度上是靠形象思维,靠编辑感受、直觉和想象的。马克思在《资本论》中有这样一段极其精彩的论述:蜜蜂建筑蜂房的本领使人间的许多建筑师感到惭愧。但是,最蹩脚的建筑师从一开始就比最灵巧的蜜蜂高明的地方,是他在用蜂蜡建筑蜂房以前,已经在自己的头脑中把它建成了。劳动过程结束时应得到的结果,在这个过程开始时就已经在劳动者的表象中存在着,即已经观念地存在着了。

看来,马克思的精辟论述也完全是对编辑进行图书选题构思与设计的最好写照——编辑劳动是一种有强烈主观能动性的预设

活动。

宏观的编辑审美活动,是建立在对选题的构想、书稿内容的把握、作者的遴选、社会的反响等问题的沉思与遐想之上的。换言之,"编辑构思"其实就是产品设计的具体思考,既包括对书稿主旨、内容和基本框架的设想(诸如书的主题与书名、最适当的编委与作者、编写方式、读者对象等),也包括载体形式的具体要求(书的开本、页数、装帧类别、插图数量、估计定价等),还包括传播方式的设想与传播效果的预测(最佳出版时日、发行范围、重点发行对象与区域、宣传发行途径与方法、初版印数、重印次数),等等。

通常一个好的想法跳进编辑脑海,引起联翩的浮想,激起澎湃的思潮,但这还是选题思想的萌芽,总体上是朦胧的,不明晰的。以后又经过上下左右反复比较,纵横交错互相撞击,一面选择、提炼、抛弃,一面又推测、虚构、创作,产生出美好的视角与"文眼",最后构筑成一个好的选题。处于审美过程中的编辑,往往能凭直觉感受到选题的价值,也往往在选题构思的同时,能把未成熟的书稿想象成有形有色的、令读者争相传阅的图书。当然,编辑不能仅停留在想象的世界中,只有把主观的"想象"通过努力传达,化作客观的"物象",才能成为供人们观照的客观审美对象。这就要求编辑不仅具备敏锐的感受力、深刻的洞察力、丰富的想象力,而且要有精湛的传达力。通过找作者、谈设想,直至最后将编辑灵感奉献给社会,完成美的创造。

成书后的审美活动是对编辑意图(现在常称作"选题策划")的实践检验。图书的效益能否实现,固然在于图书本身是否符合客观规律性,但图书毕竟也体现了编辑主观能动的创造性,因此也表达了构思与传达、意念与现实是否达到完美的统一。如果作者的后续劳作确实有创新、有突破,能更完美地体现编辑最初的意图(策划),这样的图书,其质量无疑是更高的。

只有在编辑具有创造性的超前意识时,才能在人类的精神生产已经达到的前沿开展创造性的调研和思维,从而溅出创造性的思想火花,使书稿体现出创造性的求异思维,编出有创造性的书稿。这也就是我们常说的"要编前人没有编过的书,要编后人爱看的书"。

为此,图书出版后,编辑还应从整体上检查图书有无标新立异的创新内容和风格。在谈到读者的期待视野时,接受美学的首创者——德国学者汉斯·罗伯特·尧斯认为:"有这样一个观点:读者阅读作品时,往往具有一种期待视野,当阅读的作品与自己的审美经验和期待视野一致的时候,读者反而会失去阅读这部作品的兴趣;但是,当阅读的作品超出了、校正了期待视野的时候,读者往往会兴高采烈,认为它提高了自己的审美水准,丰富了自己的审美经验,拓展了自己的期待视野,为自己建立了新的审美标准。"尧斯所说的审美对象超出、校正了自己的期待视野,指的是作品应具有独到的见解和开拓意义的创新求异精神或格调。"人所易言,我寡言之;人所难言,我易言之"。作品阅读后,定能使人耳目俱新。

没有创新就没有学术生命。从思维方式来说,所谓"创新"就是从普遍认同中求异。书稿若没有创新求异,哪怕文字再美,也只能是质量低下的平庸之作,对教育出版就没有什么教育学术价值。这里所谓的"创新求异",即不是一味复述以再现旧说,或用简单枚举法罗列已知的种种联系,而是采用发散思维的方式,打破常规,提出新见解、新课题,开辟新领域、新方向。不仅图书内容上要有新意,写作手法上要有新意,就连图书装帧设计也要有鲜明的个性。当然,"标新立异"绝非是在书名或标题文字中标示"新论""异说"等字样;也不是用无的放矢的空想或哗众取宠的言辞(语不惊人誓不休)去博取读者的注意力;更不能在思想和方法上违背"四项基本原则"。

由此,从图书整体来看,成书后还必须检查的是作为编辑手法所体现的文本编排的点、线、面、体的组合美,是否既具有节律感,又显得十分匀称和谐。

所谓"点",是指任何一部图书都集中体现了人类无限丰富的知识宝库中有限的一个方面的知识,有一个明确的阐述"点"、议论“点”，而不是东拉西扯，没有边际的素材堆砌。所谓“线”，就是将集中到一起的知识，能按不同的角度予以有序排列，构成一条条纵横交错的“线”，这些线正是图书内在的、本质的脉络（线）。凡材料的混乱取舍，描述的杂乱无章是无线可言、无美可赞的。所谓“面”，则是指图书能从整体上给读者以完满的感觉、充实的感受，阐述不是破缺的，内容不是支离破碎的，构成一个完整的阐述“面”。所谓“体”，是指图书能从不同视角展示其丰厚，给人多方位、多侧面的感受，显得丰满和多样的统一，而不是孱弱的，单调的，水分不少，内容单薄，不能自成系统。假如能审视到图书具有上述形态，张弛得当，那么就能让读者感受到文本内涵及其编排的艺术美。

当然，不同的编辑对书稿有不同的编排处理方式，如同影片，同一剧本不同的导演会产生迥然不同的画面和效果。要做这样的成书质量检查，说实在是很困难的，它几乎涉及图书的“批评与评论”领域，若能在出版社范围定期对若干重点图书作些细致解剖乃至争论，或以写书人、编书人共同参与的“文化沙龙”来开展碰撞，应该对提高编辑整体的选题素养和编辑技艺会有极大的帮助。

最后，还要检查一下图书的装帧美。这里所谓的装帧，包括图书的开本选择、字体字号设计、版式设计、插图（题图和题花）设计、所用纸张及其辅助材质与色彩甚至包括采用的油墨等，这些都构成图书物化的形式美，相对上述文本编排艺术美，这些又构成了图书的外观形态美。对一本高质量的图书来说，必须努力追求内容与形式的和谐统一，精神美与物质美的高度统一。装帧设计在很大程度上还制约着图书能否顺畅地进入流通渠道。因此，这个视角的成书质检也绝不可偏废，相反应予以充分重视。若每本图书的装帧都有自己的个性与特色，富含美感，定会令读者爱不释手，也为图书的顺畅销售铺就了一条光明大道。

总之，我们在对图书字斟句酌推敲以进行成书质检的同时，必须注重从宏观上、整体上对图书内含的种种美的形态进行赏析和审视。这样,才能不断提高编辑自身的审美修养,提高编辑的审美能动意识,从而更好地进行精神产品的美的创造。

四

一般地说,图书的质量检查工作应从签样书送到出版社开始。凡在签样书中发现重大问题,编辑应立即通知有关职能部门停止装订或停止进栈,并及时作出补救措施。

图书的质量检查工作除了以责任编辑为主进行外,也可约请社内外有关人员共同进行。尤其是工具书,更应在成书后组织多人次的各种专项质量检查。另外,也应邀请图书编委或作者一起来参加。责任编辑在分寄样书给作者的同时,就应关照作者认真地逐字逐句地审读一次样书,并将审读意见和勘误情况及时反馈给责任编辑。平时,责任编辑还应留意收集广大读者的来信、来电以及书报杂志上所载的相关图书评论和宣传文章中反映的各种意见和建议。当然,责任编辑若能走出编辑室,到读者中去展开调研,直接倾听读者意见,无疑是最公正和客观的图书质量检查的途径。

当然,要真正保证图书质量,还是要作者、编辑、校对、审读在图书出版前期各司其职,把错误和疏漏消灭在印刷之前,但这已越出本文探讨的范围了。

图书的宣传与评论工作

一

巴金先生曾告诫我们:“编辑是作家与读者之间的桥梁。作家无法把作品直接送到读者的手里,要靠编辑的介绍与推荐,没有这个助力,作家不一定能出来。”这里所说的“介绍与推荐”,既包括将作品编辑出版,也包括向社会宣传或介绍。尤其是后者,就包含对成书做好客观公正的宣传与评论工作。

由此可见，对图书的宣传与评论工作也是编辑不可推卸的责任。

作为一名编辑，对经过数十道工序，绞尽脑汁编出的一本图书，无疑是十分有感情的。再说，通过审读与加工书稿的全过程，编辑对它的来龙去脉作了全方位的观察：在选题确立时，曾对同类书作了大量横向比较；在稿本审读时，对书稿所述的观点和内容进行了认真细微的审读和鉴别，对书稿所具有的特色了如指掌；在整个编辑过程中，通过与作者的交谈、通信，深入地了解了作者著述的甘苦并领略了其学术底蕴，甚至作者的科研个性……掌握了不少可谓第一手的“内幕”资料——图书背后的“花絮”。这一切都为编辑撰写图书宣传与评论提供了得天独厚的条件。由编辑所写的图书宣传与评论会带有“全息”的、独特的内涵与风味，因为那些信息在一定程度上是编辑透过艰辛的编书全过程滤出来的学术上的体会，是编书与治学两方面心血的结晶。

面对我国林立的教育读物出版部门，每年总有成千上万种新版图书问世（另外还有不少非教育出版部门也在拼命出教育类图书），作为一名教育出版社的编辑，怎能忍心让自己艰辛的劳动成果湮灭在书海之中而无人问津呢？因此，编辑必须通过自己动笔，及时地宣传、介绍或评论自己编辑的图书（包括其他同事编的图书），向社会呼喊、报告。应该说，这也确实属于自始至终“甘为他人做嫁衣”的举动，是强烈的编辑责任心和职业意识的体现。编辑也只有尽心尽力地完成了这一环节的后期编辑工作，才可以扪心无愧“为他人做嫁衣”的辛劳。

二

由编辑来宣传或评论图书会带来什么效应呢？

当前，图书市场比较萧条，而“买书难”“卖书难”的声浪又很高，究其原因，在很大程度上是由于信息不对称，至少是图书的宣传和评论工作没有跟上市场需求所致。新华书店“卖书的”职工常常只能得到新书预告单上由出版社编辑所填写的200来字的新书简介，且不少编辑还在这可怜的信息栏里一次次重复地写上令人琢磨不透的“由浅入深”“图文并茂”“内容丰富”“资料翔实”“老少皆宜”等套话、空话。因此，难怪“卖书的”只能望文生义随机地打钩报订数（由于本文发表于20世纪90年代初，那时还没有网络销售）。而需要“买书的”读书人常常苦于得不到应有的信息，到处寻觅自己渴求的图书而不得（当然近年来书店已全部开架销售了，网上介绍也很全景化了，但20世纪90年代买卖双方信息是很不对称的）。鉴于上述矛盾，为了舒畅发行，提高初版印数，我以为编辑完全可以抓住适当时机，配合新书征订，同步地发表新书介绍的文章。我曾作过一个尝试：两年前我编辑了一套《新概念英语词汇详解》，在选题调研时尽管发现全国已有好几个版本的《新概念英语词汇》了，但我仍很自信，因为我为“前进语言进修学院”所编的这套《新概念英语词汇详解》确实很有特色。不过，我也理智地意识到必须破一下“酒香不怕巷子深”的观念。假如不将图书的特色及时向广大读者宣传，恐怕读者难免会受先入为主的影响，而使整套图书全军覆没。我的这些想法得到《书讯报》专栏编辑的理解和支持，在1989年11月发表于《书讯报》上的推荐《新概念英语词汇详解》文稿中我直抒己见，公开表示：

在“编辑谈书”专栏出现这一题目，显然是编辑“王婆卖瓜”之词。理由很简单，这套由我任责任编辑的《新概念英语词汇》目前正在全国各地新华书店征订，我在这里吆喝自己的“瓜”，无非是希望您也来买一只尝尝。反正，甜不甜由我说，买不买由您定。

接着，我单刀直入地介绍了这套书的四个特色。这篇文稿刊登在1989年11月6日《书讯报》上，而11月中旬那期《上海新书目》正好征订这套书。这一宣传果然见效，初版一下子就印2万多套，很快售罄后又重印，达到了预期的目的。

可见，一旦“卖瓜的”能适时地吆喝，确能起到配合征订的作用。教育图书的读者覆盖面较广，读者群又相对集中于学校，因此只要宣传得当，其反响是很大的。这也许是编辑不失时机宣传图书，有助于发行的一种效应吧！

编辑不仅要善于介绍自己所编的图书，也要敢于评论他人编辑的图书。为了能写出像样的评论文章，迫使编辑（尤其是年轻编辑）去研读各种书籍，以扩大知识面与选题视野，编辑工作不是流水线上单一的重复性劳动，每一本书稿都是全新的，所处理的每一部稿件不可能全都是你求学时的知识所能覆盖的。由此，必须做一名终身阅读者，不断拓宽自己的学识，而且要能比其他行业的从业者有“学得更快”的能力与习惯。只有这样，才能策划选题时游刃有余。主动参与图书评论也能较快进入策划编辑的角色，并且在一定的选题思考厚度的积累上，结合所评论的书籍，通过比较鉴别，进行创造性思维活动，让这些知识纵横交错，发生碰撞和链接，在头脑中形成新的组合与构想，即常说的产生“灵感”与“顿悟”，凭借这些信息来撰写书评，既能言之有理，分析精当，入木三分，也能为读者指出一条购书或阅读的便捷之路，更能培育自己策划选题的敏感性与能力。当然，千万不能受人之托，在根本没有阅读过整本图书之前，花大力气，凭借生花妙笔，胡乱写一篇赞美诗去误导读者，不免有“好话说尽坏事做绝”的嫌疑，这样的所谓“书评”千万不可为之。

笔者深深觉得，责任编辑在每编完一本书稿后，完全有责任及时地写出编后体会或“全息”式的介绍。这样做，既整理了编辑思想，又实实在在地提高了审视和鉴别稿件的能力，也有助于提高观察能力、分析能力和表达能力。

有人认为：编辑发表文章是不务正业，是不安心编辑工作的表现。这实在是一种传统的偏见与误解。笔者以为，若要向专家型编辑转化，编辑在做好自身工作之外，必须多多思考，多多练笔，只有这样，才不至于“眼高手低”，也才能不断提高自己的专业知识水平和编辑工作能力。其实，鲁迅、茅盾、巴金、叶圣陶等前辈在发表成名作之前或之后，几乎都当过编辑，难道他们也是不务正业，不安心编辑工作吗？现实情况恰恰是中国教育出版界只出了一个叶圣陶，这么大的中国倘若能有成千上万名叶圣陶，那该多好，问题是出不了。

编辑（尤其是年轻编辑）一定要勤于练笔，而这种练笔完全可以从撰写图书的宣传或评论文稿入手，因为这毕竟是一举多得的好事。这也是编辑勤于宣传图书以提高业务能力的一种有效之举吧！

三

我们经常在谈论“优化选题”。从目前各出版社选题审批全过程来看，总编对编辑的选题申报不像学位论文答辩那样细致详尽；各地教育出版社的编审能力和调研力量也不一定都很强；而出书周期长，又难以应付多变的市场需求，这一切都导致我们眼下所强调的选题优化与操作流程往往带有很大的随机性和盲目性。再说，不少教育出版社每年有相当数量的图书品种是由上级教育行政部门安排的“交办”稿件（也就是常说的“皇粮”）。若吃惯了“皇粮”，久而久之会令编辑的组稿能力逐步退化，既懒得迈开双脚去搞社会调研，也懒得去构思与策划。长此以往，优秀选题的捕捉能力会变得很迟钝。

教育读物在出版界算经济账时，易被敬为“上宾”，而在评奖或“填补空白”时，又常被打入“另册”，即使勉强评上，也往往带有“照顾”色彩。因此，各家教育出版社怎样加强选题调研，加强编辑策划与组稿能力，加强编辑对选题的鉴赏能力，也就是加强编辑对优秀选题的开发能力，也就迫在眉睫。

倘若出版社规定：对每本新书从签样书到手后3个月之内，责任编辑必须为该书写一篇有质量、有见地的宣传文稿或评论，并将它列入编辑工作的正常环节，作为编辑考核的主要指标之一。那么，无疑对上述能力的培养是一种有力的促进，至少对优化选题的策划作用是显见的，毕竟这项规定会给每一位编辑产生压力。当然，这里所说的图书评论，不是光吹捧“自家的瓜甜”，还应该指出

“自家的瓜歪”，客观公正，说理到位，才能头脑清醒，有利于改进编辑工作的整体质量。由此可见，写好图书评论也是一项冷静公正的成书质检。

为了在编辑工作后期能写出一篇像样的宣传或评论文稿，首先必须考虑能提出有创新的高质量选题，那些既没有社会效益，又不能带来经济效益的书稿，纵然编辑有生花妙笔，也难写出有分量的宣传与评论文稿。这就等于无形之中也给编辑增添一种要组织优质稿件的欲望与动力，也逐步建立起选题必须优化的战略思考和自我要求，从而能逐步扭转目前只有总编在把着“选题优化”之关的状况，而将其分解成由每一位编辑都主动来参与选题的优化。若能形成这样一种学术局面，出版社内部的选题优化才有了坚实的基础。这也许是编辑通过图书宣传与评论，建立起选题优化意识的又一种效应吧！

参考文献

1. 聂方熙:《论编辑加工的三个层次》,《编辑学刊》1990 年第 3 期。

2. 范军:《编辑的“前观念”试探》,《编辑学刊》1990 年第 1 期。

3. 陈景春:《论编辑美的主要特征和形态》,《编辑学刊》1990 年第 1 期。

4. 雷群明:《“卖瓜”的要敢于吆喝》,《上海新闻出版》1990 年第 4 期。

(本文是 1991 年 8 月 15 日在河南郑州召开的中国版协教育出版研究会第一届全国教育出版科学学术报告会所提交的发言稿。后被收入由安名勋先生主编的《教育出版理论与实践》,广西教育出版社 1992 年 9 月出版)

中学物理教育中的美育

摘要 本文旨在探讨中学物理教育中美育与学科教育的关系,以及物理教育中的美育担当,从解析物理学中的美——简单、对称、和谐入手,提出在中学物理教育中如何实施美育的策略。

关键词 美育 物理教育 物理学中的美 美育实施

一、美育与物理教育

作为美育理论基础的美学与中学自然学科中的物理学,就两门学科而言,虽然是完全独立的,且都有各自的学科周界,若细细考察,会发现两者也是相互交叉与渗透的。其实,美学不仅与物理学有关,也与心理学有关,还与众多其他学科有关,诚所谓"生活中处处充满美,只是我们缺少发现美的眼睛"。

为了论证我的主题,不妨探视下图。该图表明了物理学与教育学、心理学及美学之间学科关联所生成的结构示意,也许能有助于我们较直观地理解"美育与物理教育"的关系。图中的区域Ⅰ为物理教育学,Ⅱ为物理心理学,Ⅲ为物理美学,Ⅳ为物理教育心理学,Ⅴ为物理审美心理学,Ⅵ为物理审美教育学。通过对这些学科的交叉(或称边缘学科)研究,目前都已出了不少成果。尽管在这种学科生成的模式图中我们只是选了某些学科,或者说是特定了某种摄入角度,从中也可看出美学在物理学中的地位,或者说从某种角度反映出两者间的关系。

那么,深入物理教育与审美教育中,两者又存在什么具体关系

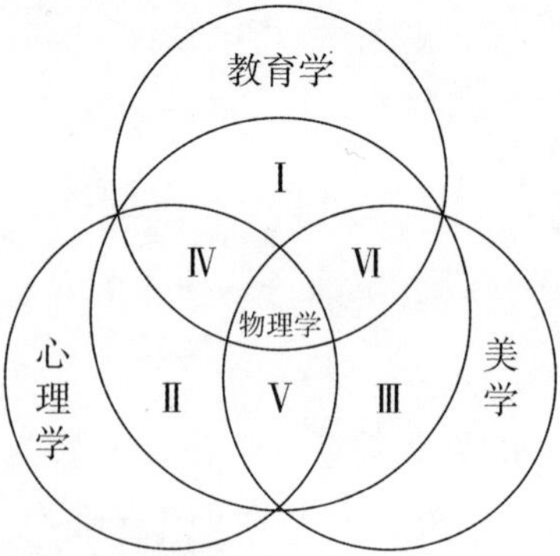

呢？我们不妨用比较的方法来探究。

物理教育的使命可表述为：培养学生认识宇宙，学会从物质的组成、结构与运动的繁杂、混乱无序之中，整理出统一的、简洁的秩序与规律。

审美教育的使命可表述为：培养学生具有正确的审美观和鉴赏美、创造美的能力，学会从零散、无序的艺术哲学中整理出令人神往的秩序与规律。

这里所谓的“秩序”意味着真理与和谐。可见，物理教育与审美教育都是为了整理“秩序”，追求“规律”，只是学科不同，相应的教育方式和方法各有特色而已。

其实，天下的学问本是相互交叉、彼此渗透的。人们将学问机械地分为数学、物理学、化学、生物学、天文学、海洋学、地质学、经济学、哲学、法学、美学等，这只是人类漫长的文明演化史上某一特定时期的一种文化现象和求学之道。

随着人类社会的进步与文明的进一步演进，各学科间相互渗透与影响已更趋广泛和深入，当今的知识既日趋“统一”，各学科又朝各自专业化纵深进展，已成为人类文明演化的两大趋势。美育也正不断地渗透进物理教育中，且日益综合，这正是顺应了人类知识“大统一”之大潮，而探索物理教学与审美教学的关系，则是这股大潮中溅起的一朵浪花。

物理学具有自身的科学美，体现了美学原理。当然，我们并不能就此将物理学等同于美学，或者将两者混为一谈。其实，它们作为独立的学科，也都具有不可相互替代的独立性。

二、物理学教育中美育的任务

物理学教育中的美育指的是根据物理学科的课程目标,结合中学生审美心理特点和生理特点,通过揭示物理学的“真”与“美”,使广大中学生开阔视野、和谐关系、陶冶心灵、开发智能、活泼气氛、增强情趣。

(一) 培养学生正确的审美观,激发他们创造美的热情

物理学是美丽的。物理知识的“真”乃是美的基础,没有真就没有美。美不是抽象的、空洞的、神秘的,它离不开物质的组成、结构与运动。凡是美的事物,总符合事物发展的客观规律,代表事物发展的必然趋势。因此,物理学中的美就是因为它们体现学科的求真意志,包含知识自身所构建的真。

物理教学活动从来不是单向的抽象思维活动,而是师生间的双边互动;在教学活动中,师生间不仅仅有知识概念的交流,也有心灵与情感的沟通。因此,无论从教育内容,还是从教育方法来说,都应体现真、善、美的统一。中学生进入青春期后,爱美意识逐渐加强,从单一注重外表逐渐转向内在对精神价值的崇尚;审美范围也逐渐由周围狭窄的生活圈子扩展至广阔的社会生活与自然现象;审美思维模式又逐渐从具象演化为抽象,从感性进化为理性。因此,适时地引导他们树立对自然现象、自然法则之思维艺术的审美情趣,以提高感受、鉴别和理解美的能力,是完全符合人才成长规律的,不容延误,更不容忽视。

事实表明,凡对自然美和艺术美有追求的学生,一旦剖析了物理学的科学美,他们往往能在赞叹与赏析物理学之美的过程中,提高对物理学的学习热情,并逐渐从朦胧之中领悟到物理学有如同诗一般的简洁、对称与和谐之美,而且这种领悟力还会逐渐清晰起来,这就会使他们对物理学产生好奇,对学好物理学有更浓的兴

致，学习潜能会挖掘得更深，进而从尝到的学习成果的滋味中，进一步激励主动学习、刻苦钻研的求索精神，构成动因与效果间的“正反馈”。要达此目的，关键在于教师在教学活动中怎样揭示美，创造美的氛围，诱发学生的审美情趣，从而让审美主体的学生能最大限度地发现美、欣赏美、享受美。

既然对物理美的认知，可以让物理学家不畏艰难地激起破译宇宙密码的强烈愿望与灵感，同样也应该可以使学习破译宇宙密码的学生产生探索物理世界的激情与发现科学规律的动机，这也能让学生在感知审美对象的基础上引起情感反应，产生积极联想和比较深刻的理解，从而迸发出创造性思维火花。

近年来，我国不少中学生发表了大量极有创见的科学论文、科学实验、科学制作，甚至有被美国宇航局采纳的航天飞行中的实验项目和方案。近几届国际物理奥林匹克竞赛金奖桂冠也大都由我国中学生摘取，从这些创造性思维成果与奖项获得者的感悟中，我们都能寻找到美育的踪迹。

可以肯定地说，对科学美的认识是诱导学生学好物理学的桥梁。伴随而来，展现在学生面前的物理学就再也不是一堆死气沉沉的公式，而是一串串令人赞美的珍珠了。不过，这些定律、公式能给学生带来美的享受是有前提的，那就是这种对物理美的感受不是光靠肉眼来辨析，更要靠心智去体验。这要求物理教师能从素养上注意培养学生具有像科学家那样敏锐的辨析力和丰富的想象力。当然，对科学美的认知本身也有助于完善和促进学生的观察能力、思维能力、想象能力、记忆能力和操作能力，尤其对培养学生具有扩散性思维的想象能力作用更显著。艺术的想象力能给人类喜欢钻研的思想添上翱翔的双翼，而且艺术的想象力还会刺激科学的想象力，难怪爱因斯坦会反复强调“想象力比知识更重要”。其实，这些都是对美的追求的表现。

（二）培养学生高尚的情操，使他们成为身心健康、全面发展和有道德的人

美育能陶冶学生的心灵，起到以形悦心、以情感人、以美引善、以美育人的作用，从而培养学生具有优良的道德。这一作用源于美与善的辩证统一。美育与道德的善是一致的，美以善为前提，善是美的本源，善又是真与美的归宿和家园。美和德是亲姊妹，美的情感和善的行为都是道德的基础。

我们不妨来审视一下物理学科。不论哪一套中学物理学教材，几乎都会涉及数十名中外著名物理学家。这些物理学家虽然国籍不同，所处年代不同，各人经历不同，但他们都充分体现出为追求科学真理而不懈努力的美德，在他们生平中大量动人的事迹，尤其是不怕挫折的拼搏精神、爱国奉献的敬业精神和相互协作的团队精神，都堪称是一部绝好的美育教材，能激起学生心灵的震动。教学过程中，教师若能把物理学家勇于探索、实事求是的科学精神，视苦为乐、顽强拼搏的不屈精神，只图贡献、不求索取的"利他"的奉献精神，敢于坚持真理、捍卫真理甚至不惜牺牲的献身精神等生动事例穿插讲授，定能使学生受到深深感染，进而学习和仿效物理学家的这种崇高的精神风貌与美德。这无疑是最理想、最成功的情感教育。至少也能让学生体会到人类所探寻到的客观世界的种种规律，都是来之不易的。

物理教育就是要激发学生的爱美本性，像科学家那样，把追随真、善、美作为自己日后生活的理想，扬起生命的风帆，去追求美，表现美，创造美。通过物理美的内涵揭示与教学活动，陶冶学生爱美的情操，逐步净化心灵，从而引导他们学做一位有道德的、有崇高理想的人，身心健康且全面发展的人。

三、物理学的美学特征

“原子弹之父”奥本海默认为，物理学“是一门研究自然规律与秩序的学科，它是探索物质和谐存在与运动的根源”。

物质世界的真与美从来都是统一的，物理学家往往借助美来认识真理，通过整理事实或实验验证，借用数学工具，从中寻找到真实反映客观世界普适的规律或结论。诚如为牛顿作传的著名作家沙利文所说：“因为科学理论的主旨是发现自然中的和谐，所以我们能够立即看到这些理论必定有美学价值。”并断言：“一个科学理论成就的大小，事实上就是它的美育价值的大小。”其实，这些美学因素不仅仅存在于对物理理论创立的原动力之中，还渗透于其理论体系的构思与表达之中。

著名的诺贝尔物理学奖获得者——杨振宁教授在《美和理论物理》一文中也高屋建瓴地提出：物理学具有“物理现象之美”“理论描述之美”“理论结构之美”。

不少物理学家还认为，物理学的美学特征主要表现为“多样统一美”“和谐奇异美”“简洁明快美”等。

对物理学的种种美学评估，只是摄入视角或表述上的不同，本质上都是揭示科学真与科学美的辩证关系。科学美主要体现在科学对象本身之美与科学表现手法（形式）之美的统一。

下面，我们试图简析物理学之美所体现的美学三大特性——简单性、对称性、和谐性。

（一）简单性

物质世界的构成和运动，客观地展现出“简单”的风采：一切物质都由最简单的粒子构成；光沿着最简单的路径——直线传播；行星沿着简单的几何曲线——圆、椭圆、抛物线或双曲线运动等。

物理学家对宇宙呈现的简单性具有强烈的信念，他们采用“宁可寻求简单”的逻辑与手法来研究物质世界。从宏观天体到微观的基本粒子,物质运动纷繁复杂,但物理学家巧妙地从复杂的真实世界中,把研究对象一一分割,抽象出最简单的物理模型,如质点、理想弹簧振子、理想单摆、理想气体、点电荷、电力线、理想变压器、光线、薄透镜等,以这些优美且简洁的理想模型概括出物质运动的基本规律,变复杂为简单,这种求简的思维艺术确确实实是既简洁又合理,既抽象又形象,可以给师生带来研究物质世界美的享受,也学会科学研究的聪明学——方法论。

物理理论体系、物理规律、物理公式在表达上也力求逻辑上的简洁美,这就更令人赞叹了。作为支撑经典物理大厦的牛顿三大运动定律,在宏观低速领域,实实在在地展现其简洁和完美(如 $F=ma$);而作为现代物理大厦支柱的相对论和量子力学,又从更广阔领域描绘了一幅极其简洁的物质组成、结构和运动的生动图像(诸如 $E=mc^2$)。

物理学家牛顿(Isaac Newton, 1643—1727)

至于采用数学工具,以极其简洁而严谨的函数关系或明快而直观的数学图线来描绘错综复杂的物理现象,那在整个物理学的研究中就比比皆是了。

(二)对称性

“对称”是美学中形式美的主要表现特征,指整体与各组成部分之间的相称或对应,如空间上的和谐布局,时间上的节律协和。

在物理学中,物理学家追求的是所研究的宇宙结构的对称性和物质运动的对称性。他们也常把理论的对称之美作为对物理规律诠释的最为合理与有效的追求。

诸如,探索物质世界时空的形象对称性,就一直是物理学的热门话题之一,最形象的要数镜像对称。诸如,物体竖直上抛和斜面运动的上升过程与下降过程的时空对称;在光学和固体物理中屡屡出现的空间对称;在交流电和电磁振荡研究中出现的时间对称。学生最易体会的时间对称例子则是地球自转和公转带来的白天、黑夜与年复一年的周期和节律。其实,伽利略的"力学定律在所有惯性系中都相同"的相对性原理,也深刻地揭示了建立在直觉经验基础上的时空形象对称性。

在物理学公式、定律表达方式上和理论结构上所反映的对称性,那就更是不胜枚举了。诸如,电磁学中静电力的平方反比定律的表达式就是物理学家从追求跟万有引力平方反比定律的对称类比中获得的。卢瑟福的原子有核模型的构想则得益于日本物理学家长冈半太郎的思想,在他的论文中写道:"长冈半太郎从数学上考虑的土星原子是值得注意的。"而长冈半太郎的"土星系原子模型"也完全是出于对宏观天体与微观粒子间的对称性考虑。又如,麦克斯韦根据电与磁的对称性及磁力线图像的对称性,在没有任何实验支持的情况下,大胆地在安培定律中平添了"位移电流"矢量项,使麦克斯韦得以建立起他的呈现对称美的方程组,其中主要的四个方程彼此相容,成为自洽的关于电磁场的完整理论体系,被誉为是"自然界中最优美的诗"。

物理学家爱因斯坦(Albert Einstein,1879—1955)

除了形象对称性外,物理学还体现了抽象对称性,即从一个概念、一个命题或一个理论中所反映出来的对称性。较典型的例子是1905年爱因斯坦创立狭义相对论时,把伽利略的力学相对性原理作为基本假设;而在1916年创立广义相对论时,他把电磁理论中的洛仑兹不变性作为对称性假设。正是这些抽象的对称性思考,帮助物理学家一步步解开了宇宙密码，推动物理思想的不断演进。在理论物理学中，对称性还表现为对运动方程或描述物质系统状态的函数作某些数学变换后，该方程或函数保持不变的特性。

在探寻宇宙的奥秘中，对称性已成为当代物理学发展的突破口。难怪温伯格会哲理独到地表示："在我们日常生活中的确存在隐而不见的对称性。我以为，在物理学中还没有比这样一种想法更有希望了。"

（三）和谐性

"和谐"也是美学的一个重要特征。

古希腊毕达哥拉斯学派认为，宇宙与数之间之所以美，是因为它们是和谐的。物理学家则认为，物质世界自身及物理理论的"统一""对应"乃是宇宙和谐的反映。

物理学家麦克斯韦（James Clerk Maxwell，1831—1879）

物理学庞大的知识体系，既遵循各自内在的规律，又相互联系，构成一个统一体。例如，以运动定律和万有引力定律的简洁形式所表示的牛顿力学，把地上的力学与天上的力学统一了起来；优美的麦克斯韦方程则把电、磁、光统一为电磁场理论；作为近代物理支柱的爱因斯坦相对论，又把牛顿力学与麦克斯韦电磁场理论统一了起来。而三大守恒定律（物质、能量、动量）乃是物质世界和谐性最完美的体现。

"多样的统一"之美是人类追求的永恒主题。整部物理学史，在某种程度上也可以说是物理学大师们为建立统一的物理理论的不懈奋斗史。只用一个理论以说明存在于宇宙的四种力——重力、电磁力、弱力和强力的"统一场论"，是爱因斯坦耗费30多年宝贵岁月，孜孜以求的目标，尽管抱憾以终，但他的前瞻性思考，对现代物理进展的影响至为深远。寻求迈向统一场论之路，仍是当今物理学的前沿课题之一。

“对应”是物理学和谐美的另一表现形式。

电子、质子、中子与正电子、反质子、反中子体现了物质构成的对应；$E=mc^2$ 的质能公式则体现了质量与能量的对应。除了这些类比性对应关系外，还存在理论继承性的对应关系。热力学理论初创时，物理学家们就坚信：表示物体温度、压强、热容量等宏观物理量与表征分子与原子的大小、质量、速度、能量等微观物理量间存在对应关系。以后，随着统计物理学的发展，物理学家果真能圆满地以分子动理论和统计方法揭示出宏观热现象的微观本质与机理，正体现了新旧理论间的继承性对应关系。

此外，奇异与和谐的配置也是物理学美的体现。不和谐在和谐的背景下才给人以美感。古人认为，圆是最和谐的。于是，托勒玫和哥白尼就用圆形轨道建立起一幅和谐的宇宙图景，开普勒用实验观察，却发现了行星运动轨迹非正圆，而是椭圆的轨道理论。很显然，椭圆是正圆的奇异，正圆只是椭圆的特例。可以说，开普勒的行星运动定律体现了和谐奇异美，爱因斯坦的相对论又解释了行星椭圆轨道还会发生运动。运动的椭圆又是圆的奇异，但它逼真地体现了物理规律的动态之美。难怪现代物理学把“对称加破缺”看作是一条重要的美学原则，这正体现了和谐奇异美的思想……

通过上述简析，我们不难清晰地看到：物理学在破译宇宙密码的同时，实实在在地向人们展示了其“惊人的简单”“神秘的对称”“美妙的和谐”。

四、物理教育中美育的实施

有人会认为物理学科的美育是“无用之学”。其实，“不用为用，众用所基”。再说，爱美是人类的天性，成长中的青少年会强烈地呈现对美的追求。大凡有见地的教育工作者也都深刻地认知：唤醒学生“神圣的爱美”本性，诱导他们积极参与欣赏大自然的美，欣赏物理学科之美，欣赏各门学科互通之美，欣赏物理学家的人格之美……只有在赏析中方能尽情享受“思接千载　视通万里”的愉悦，也能推进学生的学科兴趣、理解力与感受力。也只有充分感受到物理学的学科之美，他们的学习生活也才是完整的、充实的、丰满的。一旦达到“无所为而为”的境地，常常会与“创造”“发现”不期而遇，能真正体悟物理学科的趣味与品位、灵感与顿悟、自由与创新、充实与满足。也就有望达到高屋建瓴地把握物理学科的境界。

（一）物理教育中美育的途径

物理教育中的美育，并不是要求物理教师把物理课上成美育课，而是要求物理教师在整个教学活动过程中始终注重美育的渗透与融合，即由教师根据学生的审美心理特点，在物理教育全过程中处处创设美的氛围，揭示美的意蕴。诸如，在学校的教室、实验室、走廊里张贴体现物理美的挂图，或者带有哲理话语的物理学家头像的挂图等，以生成美育氛围；在学校科技橱窗里展示优秀的物理实验制作和报道最新物理学进展与物理学前沿诱人的情况等。

校园文化、校园美育氛围，对学生审美情趣的指引和培育，具有潜移默化的作用，从许多名人成才脚印的探视中，都不约而同地发现他们当年求学时代校园文化对从小形成高雅审美情趣所起的作用，是深刻的，也是牢固的，以致影响他们终身。诸如，研究核聚变理论与大功率激光设施的范滇元院士，在回首中学时代曾受到的在教室墙上张贴的居里夫人图片，班级被命名为“居里班”的美育机制的激励，日后整个班级中果然出了许多物理学人才，此情此景至今难忘。我们从中又可获得什么启示呢？另外，还可以在校园创设开放性实验室，以培养学生的物理学创造性思维；在课外活动时，开设有关物理美学讲座，要求学生体悟并交流物理学中的美育感受……总之，校园以及课堂物理教学活动均是渗透美育最重要的场所。

在物理教育的各个环节中，教师应适时地展示并点明研究对象和物理现象之美，挖掘物理思想、理论框架、物理规律、表述方法之美。不光追求教育形式的美，更应刻意追求教育思想内在的美。真正达到寓美育于知识教育之中。

（二）物理教学艺术

每堂物理课都应是教师创作的优美作品，要求在授课艺术上充分呈现并阐述物理学科自身的美学规律，产生审美效果。

一般而言，教学艺术的审美性显现在教学设计美、教学过程美、教学语言美、教态美、板书美等常规的可操作方面。其中教学设计美往往体现在教学计划、教学方案别具一格，新颖可行，富有成效。教学过程美应体现在导入能引起学生兴趣，全神贯注地投入；衔接能环环紧密相扣，别具匠心；转化能自然畅达，波澜起伏，引人入胜；结尾能有意揭示物理学研究之美，能在导出规律后，适时地点明其简单、对称与和谐，定能令学生茅塞顿开，余味无穷，课后深思。诸如，在研究竖直上抛运动上升与下降时段的时空关系时，适时地点明对称规律；在得出平方反比定律时，激发学生联想力学与电磁学类比的对称思考……尤其是当堂的演示实验，实验目的、过程、数据处理和结论，清晰明快，操作流畅，动作规范，适时引导学生思考发问，节奏有板有眼。教学语言美则体现在无论书面还是口头语言都应该生动形象、言简意赅，精确明快，富有情感与幽默感。物理教师的语言是思维艺术的展露，课堂语言的组织和设计也反映了教学思考的深度与广度，既需要不断淬炼以致一气呵成，也需要长期积累以厚积薄发。精湛的语言能使物理规律表述得妙趣横生，令学生终生难忘。尤其是具有直观性和启发性的形象化比喻手法，能激起学生展开想象的翅膀。诸如，教师在讲述原子结构时，可把原子比作一个体育馆，而原子核就像挂在馆中央的一个玻璃球。这种形象的描述能生动地展示了原子核与原子线度与位置的图景，使学生更易理解，记忆也会更深刻。当然，教学语言还要求有和谐的节奏，抑扬顿挫，注重轻重缓急，力求声情并茂。总之,物理教学语言美对教师提出了语言修养的较高要求。至于教态美应体现为教师衣着打扮美观大方,仪态端庄,待人真诚,举止自然。板书美则体现为布局协调,重点突出,书写规范,字体端正漂亮。但是,这些教学艺术还应该跟物理学自身具有的简单、对称、和谐的美学特征紧密结合,能在学科教育中最大限度地渗透美育。当然,要做到这些,对物理教师的学养提出了较高的要求,肚子里有货,能有助于精彩授课。诸如,在讲授新知识时,适时地穿插一些物理学史,讲讲当年物理学家是怎样寻找该规律的趣闻轶事,那么授课效果会更引人入胜,将激发学生对物理学的兴趣与学生的好学多思协调呼应,那种效果也就太美了。

从物理教师应该是"塑造新一代心灵美的科学人才的工程师与艺术家"这一视角出发,物理教育中的美育万万轻视不得。如果说学生是神话中的阿里巴巴,物理学是珍藏宝贝的山洞,那么,物理教育中的审美观点就是"芝麻,芝麻开门吧!"的神秘符咒。

《中学物理教育学》书封

总之,我们要尽力调动学生的审美思维,启发他们的审美联想,让学生树立起这样一种信念:宇宙存在着一种最终的简单、对称、和谐之美,有待我们去发现,去揭秘,去"原天地之美,而达万物之理"。

(本文是1993年7月31日至8月3日在广西师范大学召开的"'93桂林中外物理教师学术交流会"上的交流发言,题目为"物理教学的美学思考",后被收入《广西物理》第15卷第2、第3期合刊,第42至49页。1999年第4期《课程·教材·教法》杂志予以全文转载。1999年3月上海教育出版社出版的《中学物理教育学》一书将其作为独立的第七章,本次发表略作文字改动)

学科双语教学的理性思考与教材开发

摘要 本文从中小学学科功能与开展学科双语教学的必要性、可能性、有效性以及双语师资、双语教材建设等方面做了探讨。从学科双语教学的定义出发,提出了克服双语教学困难的策略。介绍了上海教育出版社在双语教学教材建设上的思考与实践。

关键词 语言训练 学科基础 学科双语教学 双语师资培养 双语教材建设

一、学科功能与双语教学

1. 语言学习与训练在人才培育中的地位

对中小学生来说,语言学习与训练极为重要,是一辈子受用的。我们不妨审视一下目前我国中小学校开设的科目,并将它们作一个客观准确的科学归类与划分。笔者以为,从语言本身的功能以及语言学科对人才培育的视角,可将中小学所学习的学科作下述广义划分,无非是这样两大类:

第一类学科归属**语言学习与训练**,旨在培养学生的交际能力,学会怎样与人沟通、与世界沟通、与人类文明沟通。包含的科目主要是传统的语文(汉语教学,少数民族地区还有本民族语言教学)、作为第二语言的外语(主要是英语,当然也有少数学校会开设法语、俄语、日语或德语)、计算机语言(人机交互语言)以及数学(有关数与形的逻辑语言)。排在前列的两种语言(母语及外语)主要是与人沟通的语言,后两种语言主要是与自然沟通的语言,其中计算机语言则兼具与人、与自然沟通的双重功能。当然,我们还可以更广泛地将音乐、美术、体育等学科视作艺术语言和肢体语言。总之,从记录和播扬人类文明演化的视角,语言确实是人类须臾不可或缺的工具。

第二类学科归属**学科基础**,旨在培养学生理解为什么要去探索人类社会与自然界的奥秘,以及学会该怎样去探索人类社会与自然界奥秘的素养。也就是要掌握怎样去看待外部世界和自身(物质与意识)的理念与方法。包含的科目主要是作为社会科学基础的历史、文学、人文地理、社会与道德等,以及作为自然科学基础的物理、化学、自然地理、生命科学及实验心理学等。

由此,我以为现行中小学校开设的科目也可以用下表来呈现:

	功能	分类	具体科目
语言训练	交际的本领 (怎样与世界沟通)	与人沟通的语言 (词汇语言)	母语(汉语) 外语(英语)
		与自然沟通的语言 (符号语言)	计算机(人机语言) 数学(数、形逻辑语言)
学科基础	探索的素养 (怎样看待世界)	社会科学基础	历史 文学 人文地理 社会与道德等
		自然科学基础	物理 化学 自然地理 生命科学 实验心理学……

1959年,物理学家出身的斯诺勋爵在剑桥大学"瑞德讲坛"上,做了以"两种文化与科学革命"为题的著名演讲,以后出版了《两种文化》一书。斯诺发聋振聩地提出:"素养和才能刻画了我

们人类的特征。对自然界的好奇和对思维符号系统的使用，是所有人类素养中两个最宝贵和最有人性的特征。”

因此，笔者自以为，对现行中小学的各门学科按育人功能作上述广义的划分是符合人类认知规律和需求的，是从人才素养中最本质的、最人性的视角出发的。其中，语言训练对学生的认知结构和智能发展都是不可或缺的，它是学科功能二分天下之一，其重要性不言而喻。现行中小学的各门学科指向，都在于客观地向学生介绍人类长期生存、发展与活动所积累的知识财富，展示了人类文明的演化图景。学科间的联系和碰撞则体现了文化的对话，而学科的表达必然通过语言（书面或口头）。传统的用汉语表达已司空见惯，而用外语来表达除母语以外的学科，就成了当下要研究的课题——学科双语教学。

按上海市教委教研室外语教研员朱浦先生的观点，双语教学是“要在更广的学科领域和更丰富的语言层面上，扩大外语实践，培养外语思维能力，拓展外语学习环境”。那么，学科的双语教学是否仅在于增强外语思维与表达能力呢？

对学生来说，语言学习和训练其实属于更广义地实现人与文化联系的必不可少的知识与能力。语言既是文化信息的载体，也是记录、保存、传递、领会人类社会的历史经验以及科学、艺术、人文成就的手段，即传承和记录人类文明演化的主要工具和载体。当然，语言还实现了人与世界的沟通……总之，语言是人们认识主、客观世界必不可少的。人类用语言进行思维，用语言表达自己的意思（意志），也用语言调节自身的行为。当然，语言（无论是词汇语言抑或是符号语言）是智慧人类独有的天赋，这种功能与灵性必须不断扩展，不能让它们退化，因为这是人类得以健康生存之必需。不少成功人士的经历也雄辩地告诉我们，词汇语言和符号语言是他们得以展翅高飞的双翅。

2. 语言是“地球村”村民交际的工具

中华民族要自立于世界民族之林，无论经济还是文化都要融入全球化系统。因此,我们培养的人才也必须适应“全球化”的需求。早在1983年10月1日,邓小平同志为北京景山学校的题词就指出:教育要面向现代化,面向世界,面向未来。这“三个面向”其实已明确地告知教育界乃至全社会,育才必须瞄准现代化、全球化与未来化的要求。应该说,20年前我们虽然已对“三个面向”有了粗浅的认识,但随着我国改革开放力度的加大,尤其是加入WTO、申奥成功、申博成功、国际化大都市工作的推进等,令我们更具象也更深切地感受到,我国已加入世界大家庭中,公民的科学与人文素养也必须具有“世界性”的要求与规范。

世界大家庭成员国之间的人文与科技诸方面的沟通都需要借助语言,交流信息、求同存异、人文共识、普及技术、和谐相处、推动商贸、发展经济……尤其是在让世人广泛享用现代科技的恩惠上,都必须借助语言。

作为经济和社会正处于高速发展的中国,语言教育的重要性也已日益凸显。学校母语与外语教学已从纯学术型向应用型转变。中小学正处于人生语言技巧接受与训练的起步阶段和黄金时段,重视并抓好母语与英语学习与训练,无疑是十分重要的。再说,语言也是传播和交流思想必不可少的基本功,打下扎实的语言基础能让学生一辈子受用。

对我国学生来说,除了学好母语,也要重视学好外语,这是改革开放对未来人才素养的一项基本要求。目前,各国最广泛接受并通用的语言就是英语,因此学习和训练好英语,也确实成了在“地球村”生存的基本素养和能力。可以毫不含糊地说,英语已成为各种肤色村民间交流的纽带。

二、学科双语教学的定义与策略

1. 学科双语教学的定义

上海市“二期课改”在英语学科课程标准中明确提出了“双语

教学”的任务。在英语学科课程标准讨论中,有专家对“双语教学”的提法颇有微词,无非认为是有“殖民痕迹”、有“移民文化印记”、有“少数民族语言与汉语”还是“汉语与外语”的双语概念之混淆,以及存在对学科双语教学会“损伤”学科自身教学质量等的近忧与远虑。

笔者认为,学科双语教学的定义应该是明确的:*以两种或两种以上语言作为教学媒介对母语以外学科的教学*。现阶段,我们在中小学开展的学科双语教学主要是指在相关的学科教学中,采用汉语与英语作为语言媒介的教学。

鉴于此,课程标准中涉及的双语教学,不应该仅仅反映在英语学科标准中,而应将其反映在凡有必要并且有条件开展双语教学的各门相关学科的课程标准中。其实,有关开展学科双语教学的必要性及可行性问题,多年前曾在全国各大报刊(尤其是教学类学术期刊)上均引起过很多争议,有赞成有反对,见仁见智,各执一词。但是,随着经济全球化步伐的加快,教学国际市场的开放,学术交流的日益频繁,不少由于认识上的分歧导致的争辩已初见分晓。一个不争的事实是,尽管有不少人反对,但凡是有条件的或经济较发达的地区,不少学校已率先做了尝试。多次国际国内学术研讨会和现场观摩课也都传递了这样的信息:双语教学已在华夏大地取得了一些可喜的成绩,当然也暴露出不少缺陷和困难。

不过,毕竟已形成了一些必要性共识:凡有条件的学校,应该择机适量开展学科双语教学,为培养与国际接轨的人才打下基础,为中国经济的腾飞做些人才储备的铺垫性工作。更可喜的是,我们已集聚起一支热心探索中小学学科双语教学之路的志愿者队伍。

2. 克服双语教学困难的策略

目前,学科双语教学面临的最大困难恐怕要数师资和教材。

对师资困难,大学的相关学科(尤其是师范院校的相关专业),能否适时开出与中小学学科双语教学配套的课程,这是至关重要的。师范院校毕竟是培养教师的“工作母机”,倘能选送一部分学生出国短期深造(哪怕一年、半年也好),那就最理想了。若暂时没有条件,能否在校内有针对性地强化训练学科专业英语的思维与表述,尤其是在公外六级通过后,作为学科教材教法课程的重要环节予以强化学习与训练?当然,对于目前已在中小学任教的教师,尤其是中青年教师,能否在职后培训中,也将学科外语教学能力的培训列入知识更新计划中,甚至允许教师短期脱产进修乃至出国培训?

为此,要有点远见,需要从长远的教学需求来前瞻性地看待学科双语教学的师资培训。也就是说,承担学科双语教学任务的理应是学科教师,眼下请外语专业教师来上学科双语课,只能是权宜之计。学科双语教学貌似外语教学与学科教学的交叠,好像是在开展一种“边缘教学”活动,其实,这项新的教学活动本质上依然是学科文化的传授,只是(用汉英双语)对思维能力与表达方式做了多样化渠道的处理。当然,师生双向的英语表述必须符合英语的思维习惯,毕竟要适应一种“语境”。另外,培养学生对各门学科用英语来表述的能力,也确实是一项系统工程,不能指望仅靠某一门学科来突破。

对教材的困难,也必须引起足够的重视。军事上“兵马未动,粮草先行”的策略原则,对当前的学科双语教学应该有借鉴和指导意义。现在,学科双语教学战役已打响,可“粮草”还没有充分跟上。没有给养补充的军队,是很难有效地持续作战的。其实最重要的“粮草”就是要提供适用的双语教材和相关的辅导读物。目前,各所已开展学科双语教学活动的学校都各显神通,有的自由选择学科双语教材,既有直接向书商通过国外渠道定购的,也有自己编写讲义的,五花八门。这是初始期必然出现的试探现象,毕竟是尝试阶段。教材多样性本是一件好事,但对于一项刚起步的教学创新活动,普及面还不太广,涉及人数不太多,而师资培训与学生上课又亟待使用学科双语教材的情况下,笔者以为应该由教育行政部门与出版社携起手来,作为“二期课改”和教材建设的一个方面,有规划地引进一套适用且可靠的双语教材。具体怎么操作,怎么改写,怎么增删,以适应上海市课程标准等技术问题,可共同商讨解决,但总量绝对要控制,质量要经得起时间的检验。道理很明白:人力、物力、财力均有限,市场更有限。再说,希望用一套相对集中和有质量的教材,尽快培训一批“种子”教师,试种一批“试验田”,入门路走正了,方能取得有序有利的教学质量监控和管理,这也是情理之中的思考与策略。

当然,双语教材的引进要尽可能小地“损伤”学科自身的教学标准。通过几轮教学活动,对实验性引进教材所暴露出的问题,或者与国外原作者沟通,共同修订,以更适应我们的课程标准或者进一步由自己编写补充教材。笔者以为,能在不久的将来,各所学校的学科双语教学都很有起色了,再考虑出版不同层次、不同特色的双语教材也就更有基础了,毕竟我们已经度过了教材紧缺期。

当学科双语教学成熟后,对教材多样性选择的合理要求当然也势在必行。有人以为,我们不妨将现行的教材以英译,权充双语教材,这当然也是一种策略。不过,英语文化的独特思维方式和表达方式不是“汉译英”能完善地承担起来的。

三、上海教育出版社的尝试与努力

上海教育出版社作为有四十多年社龄的国内权威教材出版基地之一,我们一直在寻求出版一套对社会负责任的学科双语教材。前几年,社会调查告诉我们“学科双语教学的春天”尚未到来,因此不敢有大的动作,只是试探性地出版了一些配合双语教学初始阶段使用的辅助读本。较有代表性的是2001年从牛津大学出版社引进的“牛津学科英语基础丛书”,作为中学开展学科双语教学的“热身”读本。

考虑引进这套丛书,是基于图画本的直观、牛津英语的地道、

牛津图解英汉双语中学各科教材封面

学科体系与知识点与我国现行教材基本平行诸特点。版权引进后,我们及时组织人员对读本全文汉译。目前的出版物偶面完整地保留了全书的原貌(纯英文图解本),奇面完整无遗地汉译,是一本名副其实的英汉双语对照读本。做这样的技术处理,目的在于让广大中学生能轻松地跨上两个台阶——词汇与基本句型。因此,有读者称这套书为高中学生顺利跨上学科双语教学平台提供了一块“斜坡”,即让学生由学科教材的中文平台缓缓地过渡到英文平台。当然,这只是一种无奈的权宜之计。因为我们不希望由此而误导学生,将英汉两种语言看作仅是简单的一一对应关系;我们也不希望学生偷懒地去一味读中文版面,而将英文版面视作点缀。我们相信广大真正想尽快提高学科英语表达能力的学生,一定会以读英文版面为主,只是将汉译版面权作在阅读有困难时的参考(语言支柱),以尽快跨过词汇和句型的障碍,而胸有成竹地去用英语思考并准确表达学科知识。丛书共6本:《数学》《物理》

《化学》《生物》《科学》和《商务》。这套丛书原本是英联邦国家作为"中等教育通用证书(GCSE)"考前复习用书。GCSE 考试的目的在于:检验考生对学科知识的理解;能否回忆和应用所学过的相关知识点,并能在新的问题中使用这些知识;能否与他人交流这些知识;是否有能力评价、理解和判断提供给他们的相关知识。

牛津学科英语基础丛书(除《商务》外)基本上能覆盖我国现行中学数、理、化、生等相关学科的知识点,并且介绍了不少学科前沿知识,如《物理》分册中的宇宙学;《生物》分册中的重组 DNA 技术、克隆技术等。其最大特色在于通过图画(through diagrams),将相关知识集中在一起,起到知识梳理和融会贯通之作用。而这套读本英语表达的地道,也是我们引进时很注重的要点,如"测量反应速率"不应该用"Measuring speed of reaction",而牛津英语地道表达为"Measuring rates of reaction"。

为了让学生学到地道的英语,上海教育出版社除了引进全套中小学 12 年制牛津英语教材(近 200 个品种),还引进了"中小学英语教师课堂教学丛书"共 7 册等。此外,我社还陆续从世界最大教育传媒——汤姆森学习出版集团引进了"中学生英语学习新视野丛书",共 11 册,包括阅读 4 册、写作 4 册和听力 3 册。其他相关的双语读本,如由中国物理学会《物理教学》编辑部与香港数理教育学会联合编撰的《汉英双语物理教学读本》等双语辅导和师训教材也在编辑之中。

当然,我们也在筹划对双语师资的培训作些贡献。

我们有信心,为学科双语教学提供更好的出版物。我们也期盼各方面的专家支持并协助我们的工作,共同为繁荣我国的教育事业努力!

(本文是 2004 年 4 月 30 日,在华东师范大学召开的"第一届全国双语教学研讨会"上的大会演讲稿,后被收入 2004 年第 10 期《中小学英语教学与研究》)

倡导保护文化生态的本土原创科普

摘要 本文探讨科技传播中本土原创科普作品的必要性及其在中国的现状,阐述原创性是科技传播的生命所在,呼吁保护人类科技传播的文化生态,倡导"民族的才是国际的"观念。

关键词 科技传播 本土化 原创科普 文化生态

科普是跨文化的科学传播,旨在提高公众的科学素养和人文素养。

什么是本土原创科普,恐怕很难下精确的定义。但是,本土原创是我国科普原创之核心,倒是没有疑义的。原创科普作品理应具有创新性,是首创的作品,并且是本初的"元科普"作品。

科普出版物的原创性是一个沉重的话题。这种沉重既表现在当前科学技术传播的力度(尤其是科普图书出版的现状)与我国高速发展的科学技术、社会经济状况不相适应,也与科普应承担的历史使命不相适应,还表现在原创"乏力"、佳作难觅的现状上。

这中间居首位的恐怕是"人"的问题,既缺乏高水准的原创人员——写作队伍,也缺乏有敬业精神的传媒从业人员——编辑。此外,也有媒体发展的不均衡性给科普出版带来的冲击(调查显示,公众获得科技信息的渠道主要是电视与手机,其次是报刊、广播、网络与讲座等对话渠道,通过图书获得科技信息的只占约5.2%)。当然,还有整个社会的阅读风气、阅读导向不那么重视科普;科普读物形成不了持续的"热点",而科普出版物缺乏可读性,缺乏人文意识,没有跨学科展开,尤其是缺乏原创性等,恐怕都是科普出版物自身的缺陷所带来的沉重。

审视当前科普出版现状,有下述两个方面尤其应该引起重视。

第一方面是原创科普作品要重视科学与人文贯通。

原创科普作品绝对数量虽不少,但佳作难觅。这一点恐怕主要是源于对"科普"观念上的偏差:没有意识到科普是一种双向互动的传播活动,一味摆出教育者的姿态"向下传播",几乎成了一种"说教";不少人对科普作品的理解依然囿于低层面上的知识普及或技术普及,导致在写作或组稿行为上不由自主地忽视对科学精神、科学思想和科学方法的传播,尤其缺乏科学与人文相互交融的思考。

自文艺复兴以来,人类似乎一直固执地坚持着一种错误:让科学与人文、艺术分道扬镳;学科细分互不关照。形成了科学与人文"鸡犬之声相闻,老死不相往来"的局面。其实,公众既需要了解科学概念和科学进展的现状,更渴望获悉科学发现的过程,并希望参与科学与社会的互动、传播者与受众的互动。这就需要寻求打破科学与人文"两种文化"间的传统壁垒,采用跨学科手段去探讨和演绎科学史实、科学伦理、科学与多元文化、科学与人类发展诸方面对人类生存休戚相关的话题。再说,发展经济不光要有科技的力量,还要有道德与精神的引领。人文学科是解决价值观、人生观、世界观问题的,它提供方法论和对人生的终极关怀。没有正确的人文精神,科技发展非但不能为人类造福,甚至会危害人类。面对科学精神不振、人文精神缺失的现状,我们更需要重视科学与人文贯通的作品。

至于传播手段的更新也是迫在眉睫的,尤其是怎样让公众能有更大的参与度。

为此,必须对科普编创人员提出要有丰富学养和高尚气质的要求:不仅要有合理的知识结构,还要有文化感悟力和思想穿透力。也就是说,要有打通科学与人文、科学与艺术的勇气,要有一种对人间知识整体性在新的高度上予以还原的魄力。对学问,不仅要明其“学”，还要通其“道”，否则是难以承担起上述重任的。诚如古人所云，士之致远者，当先器识而后文艺。只有注重作为“人”总体的健全人格，才能有所成就。有了健全的人格，才能“感叹万类霜天的丰茂，欣赏科学艺术的丰美”；有了健全的人格，才能有助于写出原创科普的精品力作。换言之，“健全的人格”本身就给每位科普编创人员提供一个不断拓展的平台，一种出成果的环境，一股使不完的创新激情。再说，科学与人文、科学与艺术的贯通是顺应知识经济时代文化发展大趋势的。还是大作家福楼拜说得好：“越往前走，艺术越要科学化，同时科学也要艺术化。两人从山麓分手，又在山顶会合。”

科学与人文贯通的读物能令读者欣赏到学科的交互辉映，“以此之明启彼之暗，取彼之长补此之短”。让知识在挪位中变异重组，令读者在聪慧领悟中触类旁通，以激发创新灵感，这样的科普读物必然会受读者欢迎，能被市场接纳。

假如我们的科普传播在方法、手段上也顾及受众的多样化需求，诸如让经典的纸媒平台拓展到数字化网络，相信互动性应更强，可吸引更多受众的目光。

第二方面是必须处理好引进与倡导本土原创作品的关系。

原创性是科技传播的生命所在　随着经济全球化的演进，科技传播的全球化图景也已日益明晰。不少科技专著和普及类读物真正成了多元文化的“国际版”，让全人类共享科技的恩惠。科技传播者理应更好地进入普罗米修斯的角色。

一个可喜的现象是，国外优秀科普图书大量涌入，使国内读者眼界大开。就拿上海来说，上海科技、上海科教、上海教育、上海科普等几家出版社近几年来，每年出版的科技、科普类图书达400种左右，其中相当大一部分是从国外引进的。有的出版社一年引进几十种科普图书的中文版权，这当中不乏十分优秀的国外科普精品。尤其是这几年科普图书评奖，各家出版社拿得出手的，也往往是引进版。诸如这几届“牛顿杯科普图书奖”，首轮投票评出的入围图书，引进版居然占了75%左右。借助网络传输、电脑制版等新手段、新工艺的普及，让世界范围内的科技传播与人文智慧互渗交融，不同价值体系的碰撞、冲突、扬弃、借鉴，既对提高我国科普出版水准提供了丰富多彩的参照，也让国内读者分享了更宽领域的人类智慧的文明成果。

实践表明：读者是乐于接受原创性科普作品的。凡成功引进的科普图书，其市场竞争力也在于产品自身的原创性。国外科普图书的作者又往往是科学大家，诺贝尔奖获得者，甚至是学科泰斗。

“原创”是一切文化产品的生命力所在，“元科普”是科普作品的生命力所在。缺少原创而东拼西凑（甚至转述或改写）的作品往往是苍白无力的，在市场上也没有卖点。眼下，我国图书库存300多亿码洋的严酷现实，在某种程度上也是对出版物缺乏原创性的一种报应。选题跟风、大拼盘、大克隆，比比皆是，光冠以“十万个为什么”书名的图书就达六七十种之多。同样地，在国际版权贸易中，输入与输出之比为9∶1的现实，根子恐怕也在于原创性。可见，原创作品已成为出版社的生存之本、发达之本和兴旺之本。

保护人类科技传播的“文化生态”　在多元文化背景中，中外科普作品的交流必然牵涉一个严肃的话题：科技传播中要不要倡导甚至强化选题的本土化。或者说，怎样保护人类科技传播的“文化生态”。有人断言：媒体文化时代是关于文化全球化和本土化问题争论最激烈的时代。科技传播的全球化和本土化问题也很凸出地呈现在传播工作者面前。在科技传播的东西方交流和碰撞中，既有优势互补，也有弱势对强势的归化，还有强势对弱势的压制。事实证明：我们已经成功地引进了不少国外优秀的科技读物，如“科学大师佳作系列”“哲人石·当代科学名家传记系列”“外国通俗数学译丛”等，都获得了市场承认。但是,引进占"主角"后也暴露出不少问题:受出版资源所限(尤其是编创力量牵制),不少出版社对本土原创科普作品选题的开发不力,甚至弃而不作;引进科普读物翻译水准良莠不齐,误译和错漏不少,高质量译著鲜见;盲目引进,甚至连西方的伪科学作品也不加评判地引了进来……这些现象所暴露的问题聚焦于"引进是科技传播的目的还是手段"。

其实,我们引进国外的优秀科技作品,主要是寄希望于从中了解国外传媒界和阅读界关注的科普热点,学习国外同行的选题思路,研究他们的传播技法和了解国外科技的进展情况。可眼下,确有不少科技编辑误以为外国的科技传播就是比中国强,全身心热衷于引进。这种趋外的"归化"现象,导致他们将选题开发、编辑加工等上游工作完全寄托在外国人身上,似乎他们的编辑室设在国外,而自己的传播职责仅在于引进选题,请人汉化。久而久之,这样的科技编辑其上游工作(选题策划与组稿)能力必然退化,也疏远了本地的创作群体。盲目引进成风之最显著的负面效应是创新能力会衰退,只能永远跟在别人后面。同时,也往往会误导读者(尤其是青少年读者):科技著作只能读进口的。最令人担忧的还在于,我们本身并不肥沃的科普编创土壤会因耕作不勤甚至弃耕,或导致杂草丛生,或板结沙化,回过头来再要复耕,就难上加难了。

近年来,科普著述队伍确实已老化,优秀科普大师华罗庚、高士其、贾祖璋等都已驾鹤西去,新人培养确实需要传播界共同努力。当然,还要有传播机制的保障和政策的扶植。眼下,不少出版社不由自主地受制于经济效益这根"指挥棒",精明地比较了原创与引进在出版周期、成本投入、市场风险、投资回报诸方面的差距,这也往往导致本土化原创科普作品受到了冷落。

民族的才是国际的 近年来,陆续推出的本土原创优秀科普力作告诉人们:我们最缺乏的是对本土优秀科普著述力量和创新选题的培植和发现。一般而言,自己组织力量编写原创科普作品，确实要比引进科普作品更费力，并常有“吃力不讨好”的结局。但是，作为综合国力标志的科技传播，需要有相当的本土原创力作去占领市场。作为一名有事业心的传播工作者，应该清醒地意识到这种民族责任感——为打造本土原创科普力作而不懈努力。这样做的同时，也从客观上保护了人类科技传播的“文化生态”。

科技传播已成为一个民族科技实力的身份证。从整体上说，我国的科技实力与发达国家相比尚存在较大差距，公众科学素养的提高任重而道远。其实，我们的科技工作者在简陋的条件下也做出了许多令世人瞩目的前沿性、开创性工作，尤其是我国古代诸多技术成就对世界科技发展的贡献、我国年轻科技工作者在不少前沿领域正在谱写的辉煌篇章等，都是大有文章可做的。“民族的才是国际的”应该成为科技传播界的共识。

人文学界的泰斗季羡林先生对跨民族文化交流极有见地，他认为“拿来”与“送去”应并举，“洋为中用”与“中为洋用”应结合。我们确实应该主动地学习外来的前沿科技文化，同时也应该大力传播中华民族有本土色彩的科技文化，让世界了解东方的科技智慧，这也是世界科技传播大环节中的重要一环。和实生物，同则不继。只有西方科技的声音，没有东方科技的传播，对全人类科技创新和文化多样性同样是不利的。问题的关键在于我们要下苦功夫，能编出大批有特色的本土原创科普力作，以引起西方的关注，使版权输出也成气候，真正让东方科技文化纳入全球大传播环节，以改变目前我国科技图书版权贸易中的“赤字”状况。

只要我们认识提高了，不抛弃“自我”，树立起自信，时刻清醒地认识“我们自己是谁”，并努力地去“自立于世界民族之林”，那么中国本土原创科普佳作一定会获得大丰收。

（本文是2004年9月在湖北武汉召开的“第十一届国际出版学研讨会”的交流论文。后被收入湖北人民出版社2005年11月出版的《第十一届国际出版学研讨会论文集·2004》，中文为第99至102页，英文为第411至417页）

浅论选题创新

——兼谈《中国科学院院士自述》的策划实践

摘要 在步入信息时代之际,科技出版竞争日趋激烈,选题创新至关重要。本文通过剖析荣获中宣部"五个一工程奖"的《中国科学院院士自述》一书的选题策划和运作的创造性思维活动,探讨编辑的进取意识、问题意识、调研意识、臻美意识、求效意识等与选题创新的关系,浅论选题创新的科学规律。

关键词 选题创新 进取意识 问题意识 调研意识 臻美意识 求效意识

选题要以创新和质量取胜

迄今人类在自然科学领域的成就要数20世纪最多。相对论和量子力学的创立,原子结构、基本粒子的发现,电子计算机的诞生,控制论、系统论和信息论的创建,以基因工程为核心的生物工程的进展,通信革命的爆发和网上文化的崛起……都已经或者正在对人类的思维方式、生活方式和社会发展等产生了革命性影响。展望21世纪,自然科学将会以更令人难以想象的飞速发展来推动人类文明的演进。

科学技术创新固然重要,科学技术传播也不可或缺。因此,面对冲击人类生存方式的科学技术不断创新的激动人心的局面,作为科学知识和科学精神传播者的出版人的使命和担当无疑也是十分重大的,选题的前景应该是乐观的。然而,由于传媒纷纷看好科技出版这片"绿洲",市场竞争势必日趋激烈,既有当前科技出版物市场饱和的"近忧",又有各类新颖传媒手段不断涌入的"远虑",科技出版形势又似乎不容乐观。面对这种多变的局面,恐怕只有"以不变应万变"了,这个"不变",乃是刻意追求选题创新,追求出版物的高质量和高品位,即以创新取胜,以质量取胜。

对一名"做"出版的编辑来说,是介于读者和作者之间,以文化选择、传播和引导为基本功能的一位能动的、独特的创造性精神产品的生产者。这种生产活动绝不是工厂流水线上几年甚至几十年如一日的单调动作,因为每部书稿都不一样;从选题设计到加工工艺乃至成品宣传都融入编辑的创造性思维;其产品也理应是全新的、独特的并有社会价值的。编辑的创造性思维、创造性技巧和愿为"他人做嫁衣"的"利他人格力量"必然会渗透整个精神产品的生产流程。其中,选题是出版流程的源头,若有能够提供不尽活水的源头,便是出版走向成功的关键。可见,选题创新至关重要。

所谓"选题创新",就是在选题策划中能突破传统的经验思维之束缚,应用创新思维,独辟蹊径地来勾画选题。也就是说,能在进取意识支配下,创造性地提出问题,通过广泛深入的调研,展开合理的想象,寻找新颖的视角,挖掘独特的"题眼",为追求真善美而敢创前人未曾提出过的、读者又爱看的,且具有双效益的精品选题。从这点来看,与其说"创造性思维"是编辑的一种能力,更应该说是编辑的一种素养。

一般说来,选题创新的心理过程大致包括准备、酝酿(孕育)、明朗(顿悟)、验证等阶段。其实,有关选题的基本理论、有关选题原创性思维的原理、有关选题优化的谋略……不少专家已发表了大量极有见地的论述。本文尝试结合《中国科学院院士自述》选题策划的创新思维活动及选题构筑为实例,提出一些不成熟的想法与做法,通过初探进取意识、问题意识、调研意识、臻美意识和求效意识等与选题创新的关系,浅论选题创新,以期抛砖引玉,繁荣选题理论。

进取意识是选题创新的动力

选题策划是编辑为确定书稿未来面貌及其社会功能而进行的一项带有预见性的、主动的文化探寻和选择活动，因而也是编辑施展创造力，发展创新思维的重要途径。策划过程中，在求异思维的驱动下，编辑综合了各种有关信息，运用发散思维和集中思维的方式，借助想象、联想、直觉、灵感等心理活动，来构建选题。因此，选题策划鲜明地凝聚着编辑在尊重客观实际基础上的能动性、预见性、目的性和创造性。然而，选题创新并不是一个纯理论范畴的问题，它带有极强的目的性与可操作性，既反映了编辑的文化底蕴，更直接地体现了编辑的时代责任感与进取意识。

从事科技传播的编辑，总是追求能编几部高质量的精品力作甚至传世之作，以弘扬民族的科学精神，期盼所从事的科技传播劳作，能与科技成果的创新合拍，并能在出版物的内容和表现手法上有所创新，有所突破。这种进取意识正是获得新颖、独特和有价值的创新选题的动力。

追求原创性更是选题创新的不竭动力。依笔者之见，搞文集汇编或引进版权固然需要，但切不可一味图省力，而应通过引进、消化、吸收他人之长，尽快为我所用，增强自己的出版能力。毕竟"创新是一个民族进步的灵魂，是国家兴旺发达的不竭动力""如果自主创新能力上不去，一味靠技术引进，就永远难以摆脱技术落后的局面"。

出版界也理应培育自己的创新能力。作为一名有眼光的编辑更应把选题视角对准国内高新技术领域，尽全力传播中华民族的技术成果，弘扬中华科技精英的精神风貌，以鼓士气，育后人。

随着出版从业队伍的日益庞大和对传播热点的不约而同的关注，科技出版物选题的"类同性"和视角"一致性"的矛盾相当突出。其实，这里有个“吠形”与“吠声”①的问题。人们常能发现，一个双效益俱佳的原创性好选题的诞生和成功（“吠形”之作），立即会群起“克隆”（“吠声”之作）。选题的“克隆”是令人担忧的出版现象，只能导致进取意识的丧失和创新思维的窒息。

选题创新的显著特征是选题的超前意识，编辑要有战略家的头脑和气魄，做到“人无我有，人有我优，人优我游”，不要跟别人抢跑道，学会另辟蹊径，具有使自己的选题永远走在他人前列的胆识，这才是创新的动力。

在学习并领会“科学技术是第一生产力”的战略思想时，我们深深感到，在当今“尊重知识，尊重人才”的大好形势下，不失时机地向全社会传播科学思想、科学精神和科学方法，以弘扬社会主义精神文明，是我们科技编辑义不容辞的时代责任。尤其是在全社会实践“科教兴国”的伟大战略后，我们的认识更深化了，科学与教育的辩证关系更明晰了，也更感到肩上责任的重大。要办好教育，没有第一流的教育出版物显然是不行的，作为一家地方教育出版社的科技编辑，在继续出好传统的科技教育理论读物、教育教学工具书、新教材与教辅类读物外，还应努力顺应改革潮流，为科普事业尽力，开拓高品位的原创性科技教育类读物，以不辜负时代重托。正是这种进取意识为我们成功策划《中国科学院院士自述》提供了动力。

选题创新的特征是出书先人一步，源于编辑思想的领先一步，这建筑在编辑立意高远的基础之上，而这个基础是以编辑知识结构做铺垫的，这就要求编辑还得有不断“充电”的进取意识。

在人类步入知识经济时代后，企图有朝一日用最先进的手段掌握人类的全部知识，几乎成了天方夜谭，唯一出路在于能“终身

① “吠形”与“吠声”是一种形象化描述，意指黑暗的村庄里走进一个陌生人，第一条发现该人影的狗叫了起来，属“吠形”（是原创），因为听到该条狗的叫声也跟着起哄的狗吠，属“吠声”（是跟风）。

学习”，不断提高。就人类的科学知识而言，18 世纪时每 50 年增加一倍，20 世纪中叶每 10 年增加一倍，到了 20 世纪 80 年代已发展到每 3 年就增加一倍。而眼下，由于“知识大爆炸”的链式反应，知识更新的周期更短了，最有说服力的证据莫过于现任 Intel 名誉董事长的 Gordon Moore 所预言的：微处理机的性能每 18 个月增加一倍，或每两年在同一大小芯片上，晶体管数目翻一番。这个“Moore 定律”至今没有被推翻。也有人曾预测，到 2020 年，一台台式计算机的能力将是现在美国硅谷所有计算机的总和。

由此可见，作为传播前沿科技的编辑，若没有“充电”的紧迫感，选题创新又从何说起呢？

记得两年前，笔者在采访著名神经生理学家杨维里院士时，他对全体科技传媒人员说了这么一段语重心长的话，值得深深体味：

“我认为科技传媒人员首先应该对整个科学技术的发展有非常迫切的了解愿望，特别是对它的概貌有一定的了解。我们不可能要求科技传媒人员对现代科学技术的某些具体细节了解很多，甚至对科学家来讲，也仅是了解其中一部分的细节，但传媒人员至少应有一个基础性的、较为广阔背景的了解，而且能对各学科技术的发展趋势有相当把握。第二，我希望科技传媒人员能更多地跟科学家交朋友，相互建立一种紧密的联系，以便能更及时、更准确地反映科学与技术的进展情况。第三，我还希望科技传媒人员能掌握一门外语，特别是英语，因为英语无疑已成为整个科学技术中一种国际性语言。当然掌握计算机使用技术也是必不可少的。只有这样，才能更方便、更及时地了解当前科技动态，加强国际交流，加强科学界与一般受众间的联系，会受益无穷。”

有人将编辑在传播活动中的特殊功效比作是“一部有思维能力的机器”。机器要正常运转必须不断加油和维护。出版业要持续发展，编辑必须更新知识，不断改善并拓展知识结构，方能为选题创新提供不竭的动力。

问题意识是选题创新的源泉

一名有作为的编辑不仅善学,而且好问,这就要不断动脑思考,从不满足已得,经常存有疑问,方能不时发现问题,且敢于主动质疑,问自己,问别人,问书本,问实践,把“学”和“问”统一起来,做到学中有问,好学多问,学以致问,求知创新。只有具备良好的问题意识,这样的编辑才善于倾听读者的呼声,善于发现读者思考的热点,善于从“市场”中寻问题。“问题”往往是挖掘选题的先导,能从他人司空见惯的现象中找到疑问,能从平常中察觉异常,这种善于发现问题、捕捉问题的敏锐性,不仅是科学发现的关键素养,也是编辑有创见地挖掘选题的基本素养。尤其是有了必须用新的事实和道理才能给予回答的新问题时,一旦新的事实被揭示,新的道理被阐述,创新也就实现了。其实,前人没有发现和没有被提出的问题只怕无,不怕有,只怕少,不怕多。只要贴近市场,善于感觉,随时可以发现问题。我们不要错过“提问”的机会,更不要惧怕问题的“幼稚”。爱因斯坦曾告诫我们:“提出一个问题,往往比解决一个问题更重要,因为解决问题也许仅是一个数学上或实验上的技能而已,而提出新的问题,新的可能性,从新的角度去看问题,却需要有创造性的想象力。”科学创新始于问题,科学传播的选题创新也始于问题,通过反复的、有步骤的、连贯的思考,才有可能提出前人未提出过的问题,解决前人未解决的问题。可以说,编辑工作说到底也是一种通过“学”和“问”的周而复始来传播知识、积累文化和开拓进取的智力劳动。因此,问题意识确确实实是选题创新的源泉。

记得 1991 年,中国科学院增选学部委员(1994 年后称院士),传媒纷纷予以报道,我们发现读者也很集中地产生这样一些问题:

中国科学院学部委员是国家在科学技术方面设立的最高学术称号,具有崇高的荣誉和学术上的权威性,代表着中华民族当今科技队伍的水平和声誉。那么,作为国家最高层次的科技智囊团的中国科学院学部委员的阵容怎样？是什么样的时空条件造就了这样一批杰出人才？他们各自走过了怎样一条成才之路？他们执着追求科学事业的动因是什么？他们又都以怎样的姿态为开创科技伟业和培养科技英才作贡献的？……

作为科技传媒中的一员，我感到有责任去解答读者的关切，回答他们的疑问，让整个社会形成一种“尊重知识、尊重人才”的氛围。由此，我们也该义不容辞地及时推出一些宣传中国科学院学部委员的出版物。问题在于怎么出？出些什么品种？

正是这种问题意识与时代责任感，或者说是“铁肩担道义”吧，迫使我们去思索，去开拓，去寻求解决问题的很具体化和形象化的出版物。于是，日有所思夜有所梦地逐步酝酿并构建起《中国科学院院士自述》的创新选题。

调研意识是选题创新的钥匙

调研的目的在于获得正确的出版信息，明白读者有些什么阅读需求，出版人该做怎样的努力，这就为选题创新提供较翔实、可靠的科学依据。这里所说的调研，是指编辑向读者、作者和出版物等作多方位的社会调研，并常是带着问题，有的放矢地去调研。将调研获得的信息进行综合比较，反复论证，去伪存真，就能开阔眼界，发散思维，为决策创造条件，也才能使编辑对选题的内容、形式、规模、作者、特色、装帧、宣传和发行等很具象的细节逐步明朗起来，而这种“明朗”蕴含精致深邃的创造哲理，是从信息转化为图书选题的质的变化，这当然需要编辑为此付出智慧和汗水，可见这也是一项较艰辛的劳动。编辑的思维惰性和思维定式是选题调研的大敌。不脚踏实地地深入调研，往往让编辑对新问题或熟视无睹，或束手无策，或惊恐不安。尽管发现了问题，若不作深入细致的调研，墨守成规地、想当然地去构建选题，那又怎能有所创新？不是选题落俗套，便是选题“撞车”。调研能让编辑眼界大开，能让编辑跳出“思维定式”，达到“柳暗花明”的境界，握到创新的钥匙。

在策划《中国科学院院士自述》选题时，我们曾花费不少精力，进行艰苦的社会调研。我们发现当时（1991 年）书架上已有不少关于科学家的报告文学、传记、采访录等。同时，我们也了解到钱学森先生曾说过：“我们欢迎文学家写科学家，但文学家一定要了解科学家，才能写像、写活。现在有些人一不懂科学，二不了解科学家，就提笔写，这怎么行呢？有些写科学家的文学作品不真实，瞎编一套，应当引起注意。”

选题调研中，我们翻阅了不少学部委员的传记文学、报告文学，也走访了几位学部委员，综合起来印象最深刻的一点是：出自文学家和记者笔下的这些大科学家，虽神采奕奕，栩栩如生，但欠缺对他们怎样成才以及执着科学事业原动力的描述，读来总感到有些雾天观景的朦胧感，尤其对他们的心迹把握不准，只言片语，甚至语焉不详。

选题调研中，我们还了解到中国科学院学部委员的队伍状况：截至 1979 年，原有的 190 名学部委员只剩下 117 名。经过 1980 年增选 283 名后，截至 1990 年 6 月，只剩下 318 名学部委员，且平均年龄已超过 74 岁。

遵循“解放思想，实事求是，一切从实际出发”的思想，我们本能地意识到：科学需要的是创新精神，那么体现具有科学创新精神风貌的院士的出版物，也理应从选题思想、选题内容、编辑手法和出版风格上有所创新，这样方能达到内容与形式的和谐统一。

由此，我们展开了想象的翅膀：如果能请院士自己来撰稿，定能达到入情入理、选材精当、形神逼真的效果。再说整个书市上尚无一本院士自述的书籍，而独创性正是选题创新的本质标记。这个选题创新的最大“亮点”（在当时也是一个“风险”点，毕竟“文革”的遗风尚存，大科学家自述，是否会有太突出个人，以致让人误以为具有“个人主义”倾向？）就在于要为活着的科学大家“树碑立传”，以第一人称的口吻讲述科学活动的方方面面，倘能做到这一点，无论对科学史和思想史的研究，还是对文化积累，都会具有不可估量的价值，并且这也实实在在是一项文化“抢救工程”。没料到，这项创举竟成了“口述历史”的先声。日后杨振宁院士给笔者的来函中称赞“这太有意思了”！

《中国科学院院士自述》选题就这样一步一步趋于成熟了。

臻美意识是选题创新的目标

现代科学的理性精神坚信：世界是有秩序的、有规律的，是简洁、和谐与统一的。追求对世界规律性、和谐性、秩序性和统一性的理解，能揭示科学家创新活动的心灵美，是科学传播的崇高目标，也是科学审美精神的本质体现。

臻美意识对于人类各项社会活动的创新都会起到促进作用，对于传播科学知识和科学精神的选题创新同样也会起到积极的推动作用。臻美意识既激发了编辑的创新激情，也构成了判定选题是否有创新意识的重要标志。

编辑的社会责任在于：通过自己的创造性劳动，能对人类社会各种文明成果做合理的选择、加工和传播，并能确定最佳的摄入角度。也就是说，物化在出版物上的编辑劳动怎样能成为一种优化的选择性传播？怎样能力求形式和内容的完美与统一？为此，在选题创新活动中，编辑必须经历反复调研、分析论证、去粗取精、去伪存真、由此及彼、由表及里的臻美过程（或者说是完善过程）。

诚如《中国科学院院士自述》的“编者的话”中所云，这本书稿刻意追求的是“真”“新”“深”“广”，而这四个方面所体现的正是“解放思想，实事求是，一切从实际出发”的思想和臻美追求。

本书编纂刻意追求的是“真”，真是美的灵魂。也就是说，书稿能一改传统名人辞书的常规（由他人撰稿的“量子化语言”的名人介绍），每篇文稿的中心部分都改为能由院士自己撰稿。他们深邃的思想、渊博的学识、辉煌的成就令世人关注，尤其是不少德高望重的资深院士是有口皆碑的学界泰斗，有足够资历传于后世。通过院士们富含哲理的自述，以褒扬中国科学界的优秀风范，并激励后辈科学工作者，也望借此为中国乃至世界科技发展史的研究留下珍贵的、可靠的史料。

所有“自述”文稿编辑加工后，再返回院士（或已故院士的家属）确认、定稿、签名。毋庸置疑，所录文稿都是真人、真事、真思想。

而“新”是书稿的生命所在。创新即美。追求从内容到形式上的“新”，也是编纂所刻意追求的。这既体现一种和谐的美，也体现编辑的独具匠心。从内容上说，前述的“真”是“新”的精髓，因为古今中外没有哪一部名人辞书采用过名人自己撰写自己（或写与自己密切相关的人或事）的文稿，那样真实质朴，娓娓道来；也从没有能将这么大容量（509位中国科学院院士）的自述性文稿集于一书的；更没有哪一部名人辞书将如此高层次——代表全人类四分之一人口的中华民族的科学泰斗和精英们集于一书的。

在编纂形式上的“新”主要体现在书稿的体例和框架上。选题策划初期，我们曾将书稿命名为《自然科学家自述辞典》，这既兼顾到同时策划的有关社会科学家与中国当代作家自述等系列辞书名称上的对称美以及收辞范围界定的平衡，更重要的是考虑到要在一本书稿中介绍数百名院士，借用辞书的条目形式来编纂还是比较合理的。但是，广大读者对名人自述性文字篇目与工具书载体“嫁接”的形式冠以“辞典”能否接受呢？经再三权衡，我们还是将书名改为目前的《中国科学院院士自述》。然而，这种改动并不能否认本书确确实实是吸收了辞书编纂手法上的长处。自述文稿基本上是无标题的，故以院士的姓名为篇名（亦称词条名）；在框架结构上，按科学院目前的五大学部来构建，每个学部内均以院士姓名的汉字笔画排序；书末编有附录以及两种篇名（姓名的汉字笔画及拼音字母排序）的索引，使文稿检索相当便捷。这些编纂手法都确确实实是借鉴辞书的。

《中国科学院院士自述》编纂形式上的创新尝试还体现在：每篇

文稿都由两部分组成,即300字左右的院士学术成就简介和3 000字左右的院士自述。带有强烈文学色彩体例(诸如传记、散文、随笔、评论、报告等)的自述文稿则与经典的辞典体行文完全不同,有的院士的自述甚至用古体诗或词来表达,也有的院士的自述则用对话形式来表达。由于在书名上放弃了"辞典"的字样,编纂起来更自由,院士们"原汁原味"的自述也更淋漓酣畅地跃然纸上了。

院士的自述文字能体现较深刻的思想意境,既是我们出版此书的愿望,更是编纂中求"深"的初衷。展现在读者面前的一篇篇充满哲理和情感的院士自述,流露出学者们成才的坎坷,做学问的勤奋,为人的正直,对事业的执着。他们都能滔滔不绝地谈论自己的学术,而对父母妻儿往往深抱愧意。院士们的个人命运始终与时代的脉搏息息相通,爱国奉献是他们一生的主旋律。院士们用质朴的语言、生动的事实和切身的经历,极有说服力地诠释了什么是家国情怀,什么是科学精神,什么是正直为人的处世之道……这些没有说教的质朴言语背后蕴含的道理是深刻的,这也实实在在地体现了院士的心灵美、人格魅。

本书编纂的另一个特色是求"广"。为了让院士们能展现各自的个性与学科特色,摄入角度尽可能广,以避免千人一面。院士们既可记学术成就,也可叙生活态度;既可忆成才的坎坷程途,也可述怀师友之厚谊,以明示人生之哲理;记一事可,叙数事亦可;谈人生可,述学术亦可。以小见大,独立成篇,唯求神形俱肖,声情并茂,以期砥砺风操,嘉惠后学。

面对500位新老院士(截至1995年底)所从事的科研领域这么宽广(包括数学、物理、化学、生物、地学、工程技术等),年龄跨度又如此大(当时尚健在的金善宝院士已100岁,最年轻的支志明院士才38岁),并且有不少德高望重的学界泰斗已谢世,怎么可能让所有中科院院士都拿出整齐划一的自述文稿呢?倘若按传统的名人辞书编纂手法,必然重现年谱式或小传式的"量子化"文字,读来兴味索然。这样的文稿肯定缺乏生气,被"编死"了。怎么办呢？实事求是，分析现状，打破传统的编书手法，为展现院士风采，力求体现院士个性，力求让题材多样化。为此，我们在所撰的选题策划报告和给院士的组稿文件中，提供了十多个撰文角度，并提请院士努力避免写成“小传”。这种思路和操作手法和立意本身就是为了增强书稿的可读性，让院士也少受束缚，情之所至有感而发。他们普遍地乐于撰稿，这也就使策划编辑案头设计能较顺利转化为实实在在的书稿，使“工程”得以竣工。

展现在读者面前的这本院士自述中，有的院士述及了本人对某一学科领域所作的贡献，特别是钩沉了一些极为重要的科学史实，以恢复历史的本来面目；有的院士对学科作了充满激情的展望，对后辈学者寄予谆谆嘱托；有的院士和泪敬怀父母和恩师，读来催人泪下；有的院士结合个人成才的经历，语重心长地告诫人们事业成功的必备条件；有的院士饶有趣味地回忆了科学探索程途中难忘的事件，侃侃而谈科学研究中的方法和艺术；还有的院士论述了人生格言、业余爱好以及对成才起作用的书籍与报告……当然，也有不少院士深情地写下了个人业务小传。读着这一篇篇各具风采的自述，宛如在跟院士们面对面地交谈：论人生，谈理想，话事业，展未来，那么真切，那么朴实，又那么动人。可以说，《中国科学院院士自述》是一部真、善、美的中国现代科学史和思想史，也是一部珍贵的名人成才启示录，更是一部臻美的科学知识、科学思想和科学方法的科普创新力作。

求效意识是选题创新的追求

求效意识是促进创新的催化剂。选题创新要落实到双效益上，既要注重社会效益，也要注重经济效益。有人说：“‘时间是金钱’‘质量是生命’，咱们做出版的不能要钱不要命。”这话很有道理，也是对求效意识的最好注释。市场经济要由精神文明引领，经济效益需与社会效益统一。真正高质量、高品位的传世之作大抵都是双效益俱佳的精神产品。

传统的选题策划概念,总狭义地设定其运作区间是从提出选题到文字加工,至多关照到装帧环节。至于图书的宣传推广,编辑则往往无暇顾及。其实,出了一本精品,要真正走向社会,求得社会承认,取得良好的社会效益,必须在选题策划中,将出书后的推广、宣传活动作为整个创新环节中不可缺少的重要一环,这就是求效意识的体现。由此可见,选题策划的运作区间应覆盖出书的全过程,否则光有前期运作,只能使精品图书苦于缺乏有效的宣传策划而不得不藏之深闺。俗话说"酒香不怕巷子深",但面对浩瀚的新书,编辑不得不大声吆喝。因为市场太庞大,读者若没有机会了解有一本符合他胃口的好书,当然也就会失之交臂,最终将湮灭于书山文海之中。果真这样,求效意识又从何谈起呢?

在《中国科学院院士自述》选题创新过程中,强烈的求效意识驱使我们做了全程策划,这也是对传统观念的挑战。成书后的宣传推广也成为整个选题创新过程的有机组成部分。

在获悉 1996 年 6 月初要召开两院院士大会时,在不违背出版规律的前提下,我们赶在当年 5 月中旬将中科院所订购的 1 000 册书运抵了北京。

1996 年 6 月 4 日上午,在北京京西宾馆召开的首发式盛况空前,周光召、朱光亚等九位院士及中科院、国家科委、中国科协等领导出席。读了这部书,院士和领导一致认为:这是一部空前的真人、真思想的传世之作,是一部宣传"科学技术是第一生产力"的不朽精品,也是一部不可多得的爱国主义和精神文明的理想教材。首发式后,中国科学院领导和一些院士将这本书作为珍品馈赠国内外友人和外国科研机构。杨振宁、李政道、丁肇中教授等翻阅后,也分别给予很高的评价。专家们纷纷评论:流泻于院士笔端的真情、真事,不仅是一部生动的爱国主义教材,而且其史料和文献价值将成为世界科学发展史的重要典籍;这部鸿篇巨制以院士亲身经历,谈治学之道,论科学思维,议成功之路,不仅对广大青少年具有教育意义,也令科学家受益匪浅。

首发式前,我们是做了充分准备的。在两院院士大会前的新闻发布会上,我们预告了《中国科学院院士自述》新书发布会的消息。首发式上我们向50多家来采访的新闻传媒发放全套宣传资料。首发式当晚的6月4日央视新闻联播就很翔实地报道了首发式盛况。第二天,北京和上海各大报刊和中央人民广播电台等数十家新闻传媒均在显著地位报道了《中国科学院院士自述》出版的消息,舆论普遍认为我社为落实"科教兴国"战略做了一件大好事。诚如周光召院长所说:这件事功德无量。

在《中国科学院院士自述》出版前,我们已精心筹划宣传、推广工作。1995年下半年起,我们对前期收到的部分稿件,有选择地在《文汇报》《读者导报》上刊载,为日后发行做了些铺垫。

首发式成功后,我们又联系了多家传媒对文稿进行连载,以扩大宣传面。诸如,《中国科学报》《新民晚报》《青年报》《北京晚报》《读者文摘》《今日上海》《上海青少年科技报》《科学生活》等相继刊(连)载院士的自述文稿。

除了报刊外,我们还采用多种媒体作全方位宣传。譬如,上海电视台"阅读长廊"、上海人民广播电台"读书沙龙""今日科技"等节目都对《中国科学院院士自述》作了专题报道和访谈节目;中央人民广播电台还曾在每周一次的"走近科学家"栏目为这本书制作了专题节目——由播音员朗读院士自述文稿或现场采访院士。

我们还策划了一系列活动,提高宣传力度。在上海首届书市上,请来谢希德院士、苗永瑞院士作读书报告。1996年11月在深圳书市上,我们进行了《中国科学院院士自述》青少年版的首发式,特邀王梓坤院士从汕头大学赴深圳作了《名人成才启示录》的读书报告。1997年5月,我们还与市教委德育处、《青年报》《青少年科技报》等联合组织了"科学技术:飞向21世纪的金翅膀"系列活动,让全市中小学生通过征文、演讲、知识竞赛等活动投入"学院士精神,走院士道路"的读书征文与演讲活动中,为"以德树人"的学生素质教育提供了理想的教材。本书责编还深入各所中学作读书辅导报告,并在多种媒体上发表书评和院士采访录,以扩大《中国科学院院士自述》的社会影响。

我们深刻地体会到:在普及新技术、宣传今日科技成果的同时,更应花大力气宣传科学精神、科学思想和科学方法,尤其是传播科学方法,这是一种“聪明学”,能使广大读者特别是青少年读者感悟到院士们成功的方法,这是终身受用的,将指导他们在学业和各项工作中以事半功倍的高效率走向成功。

由中国人民大学新闻学院编的《中国出版理论与实务》书封

目前《中国科学院院士自述》已重印了多次,我们还及时出版了青少年版(共三个版本:普通版、中学生文库精粹版和以《院士述情怀》为书名编入“海螺绿叶文库”版的“常人修养”辑中),前后总共印了20多万册。这部书已先后荣获中宣部第六届精神文明“五个一工程”奖、上海市科普“四个一工程”奖、上海市优秀青少年读物一等奖等多项奖励。作为其姊妹篇的《中国工程院院士自述》也已在1998年面世(也同步出版了青少年版),并获得院士和广大读者的好评,荣获了上海市科普“四个一工程”奖。两院院士的这两部自述还荣获了上海市科技进步奖。

我们将更自觉地遵循选题创新的科学规律,编出更多精品图书,让广大读者沿着“院士自述”的成功之路,迎接21世纪的曙光。

(本文曾被收入中国人民大学新闻学院教材《中国出版理论与实务》,由中国书籍出版社于2000年1月出版,以后曾被多本杂志转摘)

数字出版大趋势

摘要 数字出版正迅速冲击着传统纸媒。本文试图从图书介质和出版技术发展历程的回顾、从人们对数字出版新技术所持的不同态度的分析、从对“按需印刷”和“电子书”两项新技术的介绍以及对国家重视新媒体发展的战略部署视角的探讨,以大量事例和统计数据,剖析当前出版面临的问题。提出借助数字技术以实现出版业跨越发展的观点;提出媒体的多元并存是符合文化发展潮流的观点;提出在数字出版上“技术是一柄双刃剑”的观点;提出新媒体需要内容支持的观点。作为传统纸媒编辑,要重视对新媒体发展动态和技术的关注,认清大趋势,顺应新潮流,努力学习数字出版新技术。

关键词 图书出版 多元并存 数字出版 大趋势 积极应对

新技术开创的数字出版,对传统纸媒带来巨大的冲击,并导致业态的革命性变化。这种变化应该引起出版工作者的高度重视。本文试图梳理并探讨出版技术发展的现状与趋势。

一、回顾书籍介质发展的历程

我国大陆有关专家曾把“图书”定义为:凡以传播思想和知识为目的,用文字、图画或其他符号记录于一定形式的材料之上的著作物。

“书籍文化”是人类文明的重要产物。图书对世界文明的影响是无法估量的,是人类交流感情、取得知识、传承经验、积累文化的重要媒介,从各个方面影响着人类的生活。

世界上主要的宗教都有其神圣的作品，记录过去岁月中的道德和智慧，如《旧约全书》《新约全书》《可兰经》及众多的佛教经典等。我们的教育也建立在系列课本的使用上，我们的政治系统要依靠法律、历史和地理方面的典籍和图书。可见，图书承载着为人类提供信息、鼓励精神、欢愉生活、和谐社会与发展经济的重任。

《旧约圣书》《新约全书》《可兰经》及众多的佛教经典(资料图片)

伴随着技术的进步和文化普及的需求，文字、纸张和印刷这三项起源于古人智慧的重要发明决定了人类今天的出版事业。

从传播媒介技术的发展来看，人类经历了采用不同通道对文明传承的过程：在荷马史诗时代，希腊文明是口耳相传的，即口与耳是传播的通道，盲人荷马是传承这种文明的代表。随着印刷术的发展，采用眼睛的传播通道逐步取代了口耳传播，于是诞生了时空上更先进的书籍文化。当然，这里所谓的“书籍”，在造纸术发明以前，除了甲骨、竹片、帛等介质以外，还有石头(诸如公元前2067年至前2005年的《汉谟拉比法典》、中国汉代的《熹平石经》《唐开成石经》《后蜀石经》《北宋汴京国子监石经》等)、铜与铁(两千多年前，晋国曾把范宣子的刑书铸在铜鼎上)、羊皮(公元前2世纪，柏加马斯国王曾用羊皮写字)甚至人皮(1882年，遵照法国一位伯爵夫人的遗嘱，用她自己肩上的皮装订她生前酷爱的天文学家兼诗人卡米尔·弗拉马立翁博士的诗集——《空中的土地》)，还有兽皮、纸草(由一种尼罗河上游生长的“埃及芦苇”加工而成）、树皮（古代拉丁人喜欢用树皮写字）、贝叶等。直至先人发明了造纸术与活字印刷术，并传播至世界各地，人类文明的记载才在时空上有了飞速发展。

石刻《汉谟拉比法典》（资料图片）

刻有《熹平石经》的残片（资料图片）

铸刑书于鼎（资料图片）

埃及纸草（资料图片）

已发现的纸草书页（资料图片）

古贝叶经（资料图片）

华岩寺珍藏的贝叶金经（资料图片）

二、告别铅与火，迎来光与电

铅与火的印刷术(资料图片)

从信息记录技术的层面来看，出版技术(传播技术核心之一)受IT技术和网络技术的推动，其发展态势有迅雷不及掩耳之势。20世纪80年代，我们刚刚告别了铅与火的传统排版工艺，引来电子排版的新技术，2000年的“第八届国际图书博览会”又拉开了IT全面进军传统书业的序幕：网络书店(亚马逊、当当等)、电子商务平台(B2B、B2C)、电子阅读器、网络图书(eBook)……数字出版大有摧枯拉朽之势，似乎毋需多日纸媒将全面崩溃。难怪SONY公司的董事长在1984年召开的国际出版年会上曾狂妄地宣称：“我是你们(纸媒)的敌人！”而微软的比尔·盖茨也曾在西班牙年会上如出一辙地扬言：“不消灭纸张，我死不瞑目！”而本人亲历的2004年第11届国际出版年会上，就听到韩国出版家李起盛先生斩钉截铁地说，在这“泛出版时代”，出版业生存和发展的对策就是“用终端取代纸张”，这是传统出版业变革与发展的必然方向……

当时我国大陆最有声势的是“方正Apabi”网络出版整体解决方案。其含义是以互联网为纽带，将作者、出版社、分销商、购买者有机联系起来的系统解决方案。它一亮相，申请活动就达到了疯狂程度，大陆近百家出版社都千方百计要挤进这项工程中，eBook大有一夜之间颠覆大陆500多家传统出版社之势。

转眼10年过去了，情况又怎样了呢？

传统的阅读习惯还是使不少人(尤其是上了年岁的读者)依

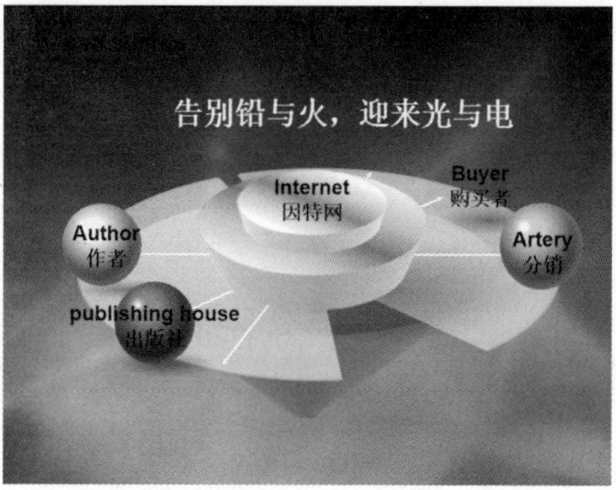

“方正 Apabi”网络出版整体解决方案示意图

恋于纸媒读本,他们普遍感觉不适应电子屏幕,并感到网上传播的内容是欠可靠的。但年轻一代对无纸作业和屏幕阅读倒是逐步适应甚至产生依赖,纸媒读本一统天下的局面已逐渐被打破,这也是不争的事实。

2009 年 4 月公布的“第六次全国国民阅读调查”显示:在线阅读、手机阅读、手持阅读器等数字媒体已普及,成年人对各类数字出版物的阅读率已达 24.5%。特别是年轻人和知识分子人群表现尤为明显,他们正是我们出版物市场最大的消费主力。目前,绝大多数年轻人的阅读习惯已从“纸书阅读”转向“电子阅读”,传统纸质出版与数字出版二分天下似乎已成了大势所趋。

三、对数字出版的不同观点与态度

● “纸张万岁”的观点　在数字出版推崇者对传统纸媒表现出惶惶不可终日之际,一些“精明”的出版人清醒地意识到:我国大陆传统出版业刚刚经历了短缺与计划时期,还没有跨入纸媒“出版强国”之列;网络出版要做强尚待时日,目前至多只是分割了部分市场而已。固执的纸媒卫道者甚至呼唤“纸张万岁”,他们从信息记录的视角来解释,似乎很有说服力:

朋友聚会常会谈起一个简单而又深奥的话题:怎样储存你的数码照片?按物理原理讲,一片 CD-R 或 DVD 至少可以保存数据长达 100 年。不过,目前还没有人能确定是否真能如此,毕竟这项技术还很年轻。100 年后,你的子孙们是否依然能读取你现在刻录的光盘,以了解其中记录了什么?

想想我们10年前使用的5英寸软盘吧！那时把还有点价值的东西都高枕无忧地储存进这种“大容量”的新式电子储存介质里，可至今能读取这种5英寸软盘的驱动器只有在启动不起来的老机器上。近年来出品的电脑，无论台式还是便携式，甚至连3英寸软盘驱动器都没有了，只有激光扫描的CD-ROM或DVD光盘驱动器，甚至连光盘驱动器都没有了，只有USB接口。如果你的图片是使用Adobe Photoshop Album或IPhoto之类的软件格式存储的，那么20年后还会有兼容这种格式的软件吗？再过50年呢？谁会保证你的子孙们一定能找到一个能读取你的CD-ROM的驱动器和一套能识别你的存储文件格式的软件？

理性地思考似乎也很有道理：即使是在今天的数字世界，纸还是无处不在的。统计表明，眼下纸张的使用量还在连年攀升。只要不被长时间暴晒或受潮，印刷出来的文档或照片都能保存相当长的时间。浏览相册，就算你不知道图片上拍的是什么，是什么时候拍的，甚至图片已经褪色发黄，但仍可知道它大概是什么。前段时间山东画报出版社出版的一系列《老照片》就是最好的说明。若多年后打开光盘，跳出一系列含义模糊的文件名，定会令那时的使用者茫然；若出现一片乱码，更束手无策。而且电子读本还会受不断变种的病毒进攻，常无法打开文件，甚至令系统瘫痪……总之，相比较后，觉得纸张是比市场上能买到的任何一种屏幕的显示分辨率都要高的“显示器”，它的存储期限至少能同现在任何一款磁盘一样长，它采用的是一个数千年来被证明最通用且最易接受的格式。尽管众多的电脑专家在不遗余力地宣扬类似“无纸办公”的理念来试图消灭纸，纸还是活了下来。

• *欢欣鼓舞地迎接新媒体革命* 目前，中国大陆传统出版业面临较大的困境，其中最关键的问题是整个出版产品结构的不甚合理。作为内容产业，2008年中国大陆500多家出版社的用纸分布中，与教材、教辅相关的占了约55%，大众出版与专业出版只有45%左右。问题的症结是出版产业的垄断性与产品的重复单一性,这些必然导致流通不畅、库存量大、选题雷同、创新乏力。为片面追求利润,品种数惊人增长,纸令数却不断减少。为完成效益指标,书价不得不连年提升,最终导致读者除应考必备而购书外,社会读者日益萎缩,库存年年大增。据国家权威部门统计,整个大陆纸书出版行业的库存码洋约占总销售额的 43%。再说,不少图书是有时效性的,绝大多数库存图书的最终命运是化为纸浆。而造纸业又是污染行业和大能耗行业。眼下,国家相关部门已逐步采纳西方合理的教材循环使用的理念,并出台政策向教材、教辅的暴利开战……这些都对传统出版业造成极大的冲击。相反,截至 2009 年中国大陆数字出版业的整体收入已超过 750 亿元,远大于传统纸媒出版的收入。

再看全球状况:据著名的印刷设备供应商 KBA 公司统计:2000 年全球媒体产品总销售额为 1 万亿美元,其中纸媒约 5 308 亿美元,占 53%;2005 年电子媒体销售额已增加到 9 000 亿美元,而纸媒减至 4 720 亿美元,只占 34%。短短 5 年的演化趋势表明:数字出版的浪潮以势不可挡之势冲击着人类文明社会。

数字出版确实像潘多拉盒子中的"魔鬼",一旦逃逸,再要将它收回去恐怕是不可能了。然而也应看到,纸媒不仅仅能提高人的读写能力,而且可以全面地影响一个人的综合素养与生活方式,并具有其他媒体不可比拟的亲和力与阅读的习惯性。再说,没有任何一种形式的媒体可以成为超级媒体,因为每一种媒体只要有人用,就不会消失,使用者会从中获得特定的价值。因此,媒体的多元并存是符合文化发展潮流的现象。但是,作为理性的出版人,我们也不得不正视数字出版狂飙突进的威力。

2006 年 12 月 16 日美国《时代》杂志评出当年的年度人物——正在上网的"你"。按传统的评选标准,"年度人物"是对全球新闻媒体和我们生活影响最大的人物。由此看来,2006 年"网民"已成为影响力最大的年度人物,网络传播已进入大众唱主角的时代。这是一个不容忽视的现实。

2006 年 12 月《时代》杂志封面

1645 年创刊的瑞典《国内邮报》(资料图片)

2006 年底,瑞典议会做出决议:自 2007 年 1 月 2 日起,瑞典的《国内邮报》停止出版纸质报纸,改为新兴的网络报纸,令这份发行年代长达 362 年的传统纸质报纸退出了历史舞台,公众可免费阅读到《国内邮报》的电子版。要知道,瑞典是森林王国,是优质纸张的生产强国。

在 2008 年法兰克福书展期间,曾对 30 多个国家 1 000 位出版界专业人士做过一次调查,有 40% 被调查者相信:到 2018 年,全球数字图书的销量将超越传统图书。

2009 年 5 月 15 日,《图书馆杂志》(*Library Journal*)报道,目前的图书出版有“先出数字版,通过网络发行,再出纸书进入书店”的趋势。诸如,系列悬疑小说《肖邦手稿》2007 年问世时,只以付费下载的形式由 Audible.com 独家专售,以后才有 CD、MP3-CD 和纸书的发行。业内人士认为:“数字先行”有助于出版商节省印刷和发行费用,并可借此估算日后推出纸书的印量。

上述种种情况也均表明,不管职业出版人对传统出版有多么虔诚和多么深厚的感情,也不管新媒体的缔造者有多大的胆识、口气与行动,至今我们既没有权利简单地宣告“传统印刷时代已终结”,而应理智地承认:博客、电子图书、手机出版、互联网期刊、在线教育等数字出版确实已渗透到我们生活的方方面面,数字技术已席卷各个行业,传统出版曾经垄断的地位也已摇摇欲坠,现代人已身不由己地悄然进入数字化生存状态。诚如美国著名未来学家约翰·奈斯比特(John Naisbitt)在20多年前出版的《大趋势》中所预言的:未来必将是"高科技在日常生活中的广泛运用"。

当然,数字出版不是对传统模拟出版的简单取代或替换,也不是将印刷版简单地拷贝到网络上,或以PDF格式将文本显示在屏幕上。尽管两者都是从事"内容"产业,都具有可无限复制、无限增值的特性,但毕竟前者对后者带来的是出版模式、出版理念的革命性变化,令我们的传播活动变得更快捷、高效、全球化,流程更趋合理、规范与跨时空性,同时对出版管理的建制形式也带来了一场深刻的革命,并且对选题创新、传播及时与到位、减轻库存压力、克服阅读不景气的消极态势等无疑都是良策。

业界已认识到:借助数字技术和互联网技术,可以实现出版业的跨越式发展,数字出版给我们实现"出版强国"之梦带来了契机。

四、介绍两种数字出版新技术

目前,数字出版的商业模式已呈现网络图书、网络期刊、网络游戏、在线数据库、手机电视、在线学习、楼宇电视等多元化态势,数字出版所采用的一系列新技术也确实令人目不暇接。对于人类文化积累与创新所借助新技术的这样一种大飞跃,无论是数字出版的内涵还是它的未来发展,都需要出版人努力去熟悉、学习、参与和不断理解。

那么,"数字化"+"出版"=?

我们不妨通过下述两项数字出版新技术来窥一斑。

● *按需印刷*　1999年,出版技术发展已允许"联机实时出版"或称"按需印刷"(Print on-demand,简称POD)进入操作层面。它能按照预订来印刷,哪怕一册也印刷,实现了真正的"零库存"。

这种根据预订进行的联机实时印刷，并能及时交到读者手中的“新鲜”出版模式，已在全球日益普及。POD是一项不需要经历传统印刷中的打样、晒版、冲版、装版、试车等繁杂工序的新技术，这是一项应用数字技术以保留纸质形态图书的出版新工艺。

按需印刷示意图（资料图片）

纽约公共图书馆的一台自动印书机（资料图片）

POD的实现主要鉴于：①人们对屏幕阅读的不适应，而习惯于纸书阅读；②满足对某些绝版书、脱销书及每年仅有小印量图书出版的需要；③尤其适应远距离销售。

近年来，美国POD的图书总量以每年14%的速度增长着。专业的市场研究公司FORRESTER RESEARCH预测：在今后5年，以数字化出版的POD书籍、教材和电子书的销售收入将达到78亿美元，占其出版业总收入的17.5%左右。

在中国大陆，一些出版改革的先锋都纷纷领潮流之先，抓住契机开展了POD业务。诸如，商务印书馆采用POD形式经营《四库全书》，销售状况良好，该社还对一些鲜有人问津的图书（诸如《徐霞客游记》等）开展POD业务，既保证读者对书架上难见到图书的及时需求，也避免了因市场预测不准而造成的或短缺或积压等不良状况。

据2009年6月的《中华读书报》报道，在英国伦敦的布莱克韦尔书店里有一台“图书自动数字印售机”，它与存储40多万部书的数字档案联网，能根据读者的要求，在不到10分钟内印钉好一部

500 多页的图书，且价格与柜台销售的几乎不相上下。

当然，POD 在实际操作上还存在不少新问题，如对于已有图书的数字化问题、书店的生存问题、利润分配问题、物流配送问题等。

• 电子书　2008 年美国书展上，亚马逊推出了电子书阅读器——Kindle，令出版商产生激动与恐惧的情绪。Kindle 如同一本 32 开本的平装书，质量不到 300 克，厚度不到 1 厘米，其 2 型产品可储存电子书 1 500 多本。采用 E-ink 技术，高度节电且无背光，哪怕在阳光下也看得清清楚楚，近乎白纸黑字效果。人性化设计的 Kindle 还具备翻书的效果，并能放大字号改变字体。最令人叫绝的是它能无线上网以下载图书。Kindle 推出 18 个月后，已销售了 50 多万台，难怪出版界称 2009 年为"电子书年"。亚马逊在 Kindle 上销售的电子图书已占其纸书的 35%。2009 年圣诞前后，亚马逊在 Kindle 上销售的电子图书数甚至超过其纸书的销量。Kindle 是一款彻底摆脱纸质形态图书的新型出版物。

亚马逊电子书阅读器 Kindle(资料图片)

苹果公司的 iPad(资料图片)

更值得关注的是苹果公司于 2010 年 1 月 27 日发布的平板电脑 iPad。它只有 4 个按键，与 iPhone 布局一样，能浏览互联网、收发电子邮件、阅读电子书、播放音频或视频。内置一颗 1 GHz 的 A4 处理器，传输速度快。采用 9.7 英寸 IPS 全电容式触控屏幕，分辨率高达 1024×768 像素。机身厚度为 12.7 毫米,形态宛如一本普通图书。iPad 还配有全尺寸电脑键盘,构成一台功能强大的笔记本电脑。iPad 内置了全新阅读软件 iBooks,在 App Store 上可免费在线阅读。同时推出了 iBook Store 在线商店,可用于购买电子书。

iPad 如此强大的功能成了 Kindle 的直接竞争对手。面对苹果的挑战,亚马逊是否该拓展功能?有专家分析,苹果推出的 App Store,很有可能会改写电子阅读市场的商业规则。

中国大陆电子书阅读器自 2008 年起也逐步升温,销售品牌除翰林、易博士、博朗、方正 eBook 外,以中文手写技术起家的汉王也信心满怀地跨入市场。

对电子书的出版来说,随之而来的法律和出版伦理问题也应引起业界关注,如 Kindle 等阅读器的出现有可能就此剔除作者及其编辑与读者之间的一切中间环节:

出版商?不需要了。印刷厂?不必了。书店?没用了。

这种前景和担忧不是空穴来风,在行为上已初露端倪。

更有人担忧 Kindle 可能成为出版业的特洛伊木马。尽管现在亚马逊以微利甚至赔本销售 Kindle 格式的电子书,一旦 Kindle 电子书占据了足够大的份额,亚马逊就可能对出版商大肆掠夺,甚至操纵其生杀大权。

总之,在数字出版平台上,信息的创造者、出版者、运营者和消费者的身份日益模糊,技术商们正在花重金直接拉拢信息的创造者,而将出版者架空。数字出版确实存在诸多法律和伦理的问题亟待解决。

技术是一柄双刃剑,在数字出版上亦如此。

五、国家重视数字出版和新媒体平台的建设

有远见的《国家"十一五"时期文化发展规划纲要》明确指出:

要大力推进以数字技术和互联网技术为核心的文化生产和传播的新兴行业。国家已把数字出版和传播当成出版业现代化的关键之一。新闻出版署柳斌杰署长在 2006 年底“我国新媒体发展现状与趋势”的报告中意味深长地指出：对数字出版的崛起，我们一定要主动参与、积极应对、为我所用、趋利避害。

2008 年 7 月 16 日揭牌的上海浦东张江国家数字出版基地，已集聚起 140 多家数字出版及相关企业，形成网络文学、互动教育、手机出版、网络游戏和艺术典藏等特色产业。2009 年 12 月 9 日，方正与张江两集团又共同投资 2.85 亿元组建“中国数字出版技术有限公司”，旨在对移动阅读终端、图书门户运行及数字复合出版技术进行产业化研发。

2008 年，美国出版业生存调查表明：49.3% 被访的出版业人士看好数字出版的前景，但同时抱怨当前出版业进入和参与网络、新技术的速度太慢，反应太迟钝。“本是出版业创新的机遇，却白白拱手相让与别的行业，让它们赚得满盆满钵，而内容产业却只能旁观失意”。这项调查启示每一位传媒行业的从业者必须正视信息化时代的现状：

（A）中国大陆新媒体技术支撑体系已经比较成熟，计算机已成为新媒体传播的中心环节，互联网成为基本载体，光电传导、电子纸等也日趋成熟。新媒体的消费者越来越多，我们的阅读习惯已经发生了很大的转变。中国大陆互联网络信息中心发布的《第 24 次中国互联网络发展状况统计报告》显示，截至 2009 年 6 月 30 日，中国大陆网民数达 3.38 亿，居全球第一；宽带网民达 3.2 亿，占总网民数的 94.3%。

（B）多样化新媒体的终端已经相当普及，目前中国大陆手机用户的数量已经达到每百人 56 部，计算机显示器、阅读器已超过 2 亿台。

（C）新媒体传播的内容日益丰富，传统媒体每天传播的信息量不及互联网的 1/4。新媒体的异军突起打破了以往报纸、图书、广播、电视、杂志五大媒体的市场垄断地位，多元化的传播方式、阅读方式正在形成。

也许有人会说，你把新媒体的来势说得太凶猛了，易中天、于丹的书不是已经印了几百万册了吗？是呀，如果没有央视“百家讲坛”等新媒体的运作，出版社即使使出浑身解数，也难以产生如此轰动效应。快节奏的生活令开卷有益的传统阅读方式显得很奢侈，手机阅读的方便性、网络阅读的互动性已深受广大青少年喜爱，这些都是不争的事实。

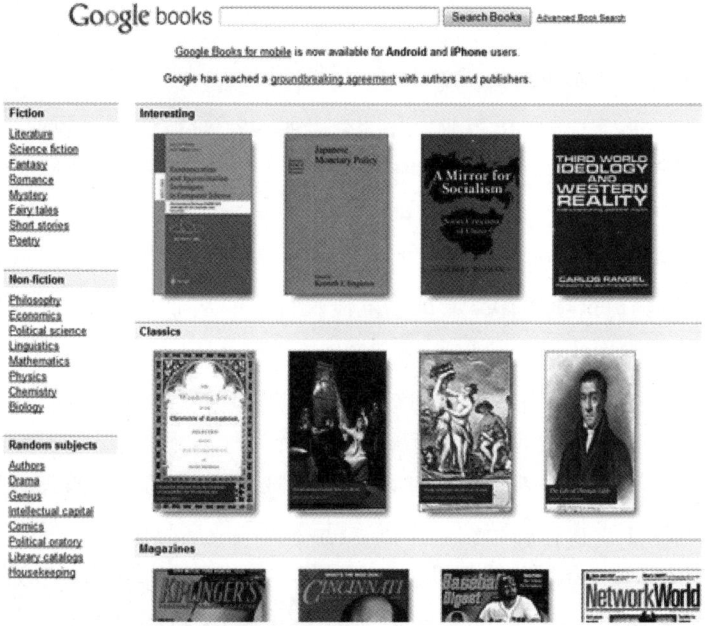

“Google Book Search”的界面

截至2008年底，578家出版社的90%已着手进行本版图书的数字化工程，纷纷建立了数字化图书仓库，组建了在线编撰平台、在线教育平台，策划并生产了各式各样的数字产品和检索工具。值得指出的是：内地手机上网用户已近2亿。手机出版虽刚起步，但由于其成熟的技术、收费模式和广泛的拥有率，已成为数字出版的突破口,2007 年手机出版营业收入已实现近 300% 的增长,2008 年又翻了一番。当前,数字出版的盈利模式主要是数据库在线出版、在线学习出版、期刊和电子书在线出版等三种。

还必须指出的是:2004 年底,Google(谷歌)宣布,准备将一批记录人类文明的优秀图书制作成精美的电子图书,使网络用户得以方便地全文搜索,获取不受版权限制的藏书的全部内容,以及受版权保护图书的部分内容。这一项目被出版界称为“Google Book Search”(之前也曾被称为“Google Print”)。数字产品的在线、互动、大储存量,尤其是大规模地满足个性化需求等特点,确实是一种能替代纸质图书而满足人们阅读需求的大趋势。但是,随之而来的版权数字化问题引出不少法律纠纷,如 Google 在没有告知的情况下,把中国大陆地区数千位作家 8 万种作品(其中涉及中国作协会员 2 600 人约 8 000 部图书)扫描后直接收入 Google Book Search,对这种涉嫌侵权的行为,中国文字著作权协会正与 Google 交涉中。

总之,数字出版已成为不可逆转的大趋势。

为适应国民网上阅读率的大幅度上升趋势,国家数字出版已锁定下述 8 项工程:数字化多媒体研发工程;国家数字复合出版系统工程;中华字库建设工程;国家知识资源数据库出版工程;国家动漫振兴工程;中国古籍数字化工程;国家版权保护技术开发工程;数字化文化传播工程。

眼下,新媒体的研发大多数是 IT 公司和高新技术研发单位,出版社和新闻单位自主研发的凤毛麟角。令人欣喜的是,上海世纪出版股份有限公司近日发布:采用手写触摸屏、无线上网和诸多领先技术的辞海悦读器诞生了。这是一台由内容提供商所研发的、具有庞大内容资源予以长期支持的阅读器。眼下这部阅读器除内置完整的《辞海》第六版,还随机预装了《中华文化通志》、10 种世博图书及 200 种精品图书等。

其实,新媒体毕竟需要内容支持,内容需要训练有素的编辑组织、把关，否则其信息的筛选和内容的准确性、科学性、艺术性诸方面会存在不少问题。当然，作为传统纸媒的编辑，即使不能站在潮头引领，也应认清大趋势，顺应新技术的潮流，不仅要关注新媒体发展动态和新技术的应用，多思考传播途径的多元化，而且要努力学习新技术，不管是理科背景的编辑还是文科背景的编辑，这一点同样重要。科普编辑由于自身的技术特长，在实现传统媒体与新媒体的结合上更可以大有作为。

参考文献

1. 张秀民：《中国印刷史》，浙江古籍出版社，2006

2.《方正阿帕比品牌认知度居跨媒体运营商首位》，《新浪科技》，2008 年 4 月 10 日

3.《2008 年全国新闻出版业基本情况》，中华人民共和国新闻出版总署网站

4. 王胡：《纸书且慢，数字先行——一种新的、革命性的出版方式出现了》，《中华读书报》，2009－5－30

5.《亚马逊：Kindle 电子书阅读器 12 月销量创纪录》，《网易科技》，2009－12－18

6. Google Books Settlement Agreement，《谷歌图书和解协议》，谷歌网

7. 中国互联网络信息中心（CNNIC）：《第 24 次中国互联网络发展状况统计报告》，2009 年 7 月 16 日

（本文是 2010 年 5 月 22 日在中国台湾地区开幕的“第三届海峡两岸科普论坛”的主题发言全文，后收入《两岸科普高层论坛论文集》。同年上海《编辑学刊》第二期（第 6 至 11 页）予以全文刊载，本次发表略作文字改动）

以求实的人文精神报道科技新闻人物

摘要 通过“名人自述”编辑实践，本文提出新时期在新闻类画报上对科技人物报道采用“自述”是一种求真、求实的理想形式；科技新闻人物报道要追求“修辞立其诚”，要强调人文精神。

关键词 科技新闻人物 求真 求实 人文精神

如何写好科技新闻人物，是事关新时期弘扬主旋律的大事。

自1998年起，受《上海画报》主编之邀，笔者担任了该画报人物专栏——“名人自述”的特邀编辑。100多期的实践，专栏获得社会认可（画报获得对外宣传银鸽奖等），有了一些体会，愿与大家一起分享。

一、让一流科学家成为《上海画报》的新闻人物

《上海画报》作为一本向全世界展示改革开放大上海风土人情的新闻性期刊，是对外宣传上海的窗口，旨在全方位展现上海的人与物，让世界更好地了解上海，让上海的人才展现迷人的风采。作为《上海画报》人物介绍部分，除了“可爱的上海人”与“上海屋檐下”等专栏外，为了反映上海这座现代化都市的科技含量，介绍在上海工作的两院院士，无疑是很有代表性的，无论从提高期刊品位还是增加可读性的角度来看，都应该是比较理想的。在上海工作的两院院士有一百多位，通过他们在上海生活的心路历程以展示改革开放上海人的精神风貌，无疑也很有典型意义并且无可争议。

自1998年起,《上海画报》(20世纪90年代属双月刊,2000年起改为月刊)每一期介绍一位在上海工作的院士,在一流科学家与广大读者间架起一座沟通的桥梁,既有助于公众理解科学,了解科学家精神,也让世界了解上海人的精神风貌,获悉上海这座城市的科技人文内涵。

科学的本意是求真,对科技人物的报道也应该求真。怎样才能真实地报道在改革开放大环境下,为上海崛起而奋斗的院士?专栏的设置方式、人物的采写手法都应很讲究。考虑到几年前策划的《中国科学院院士自述》以及后继一系列选题的成功,其关键在于能"求真""求新""求深""求广"。这"四求"折射出传媒对"以人为本"和"实事求是"理念的追求。权衡再三,在《上海画报》上开设的科技人物报道专栏还是定名为"名人自述"。

顾名思义,"自述"一改传统的由他人撰稿的人物介绍形式,每篇文稿的中心部分都由院士自己撰稿,他们深邃的思想、渊博的学识、辉煌的成就以及对上海发展的建言,确实令读者关注。在当前世风浮躁,假话假货充斥的环境中,以"自述"形式来展现一流科学家的心路历程,能令读者感到可信。不少读者反映:院士自述是清澈的理性思维,值得一读。

当然,对年事已高的资深院士,如年过九旬的张香桐、谈家桢院士等则由他们提供一些资料,由笔者执笔整理,再经过他们确认定稿。毋庸置疑,这些文稿都是真人、真事、真思想。

二、新闻性是"名人自述"专栏的一大特性

"求新"也是"名人自述"的生命所在。创新,即不懈地追求从内容到形式的"新",既体现了一种和谐美,也体现了编辑的独具匠心。画报同一般图书之间毕竟有区别,前者有时效性、周期性,后者则强调知识性和文化积累性。尽管"名人自述"是科技人物报道专栏,也应体现新闻报道的及时性。诸如,SARS期间,我们就

适时地介绍生命科学家；配合“神舟五号”载人航天成功，就及时组织航天或空间科学家的自述……这种“新闻中的科技人物”与“科技人物中的新闻”，在时效性上是自洽的。最典型的例子是2000年底，在编好新世纪第一期“名人自述”——杨福家的《中国是我心中世界开始的地方》时，英国诺丁汉大学传来了该校董事会鉴于“杨福家教授的科学成就以及国际影响”，正式聘请杨福家为校监(Chancellor)，以接替2000年底任职期满的笛林勋爵的消息。这无疑是一个重大新闻。建于1881年的诺丁汉大学是英国排名靠前的重点大学之一，中国科学家受聘担任国外名校的校长是头一回，能充分体现中国教育与科技管理人才的国际地位。在征得杨福家同意的情况下，及时地补上一小段文字，以突显“名人自述”的新闻性。其实，这也体现了“名人自述”专栏求新务实的核心精神和传播风格。

在编纂形式上，“求新”意识主要体现在“名人自述”专栏同图书《中国科学院院士自述》形式的不同，文稿都带有标题。画报毕竟是大16开版面，图片占了相当大的比重，每期三至四面的篇幅，总有一面是院士头像大特写，其余几面的文稿中也插入了相当数量的彩色照片或黑白老照片，与院士的自述文字相得益彰。比起图书，专栏的版面活泼得多，出彩得多，故更受读者欢迎也在情理之中。

原先的院士大特写彩色照片由《上海画报》主编、人物摄影家邓明主编亲自出马，但自从2005年邓主编患病后，不得已只能由笔者顶替。为了展现院士们的风采，在业余时间上也确实花了不少功夫。好在院士们都很配合，画报出版后还是得到了读者的认可。

三、“名人自述”突出科学的人文性

院士以自述的口吻自如地表达，往往能体现较深的思想境界。

展现在读者面前的一篇篇充满哲理和情感的自述,流露出学者成才的坎坷,做学问的勤奋,为人的正直,对事业的执着。在传播科学的同时,也向广大读者传递了科技的人文内涵。

院士们都将个人命运与时代脉搏相通,为国为民奉献是他们一生的主旋律,尤其是院士情感生活的真实述说,常常是感人至深的,并能引起广大读者的共鸣。诸如,吴孟超院士的《肝胆相照》;李国豪院士的《情系大桥》;汪品先院士的《深海情怀》;曾溢滔院士的《假如我是他》;戴尅戎院士的《下好人生这盘棋》等自述中都充满深深的人文情怀,没有说教,没有评功摆谱,朴实的语言,切身的经历,生动的事例,极有说服力地让读者体会什么是科学的人文精神,什么是科学家高尚的情怀,什么是真正的为人处世之道,什么是科学发展所追求的"本源"……这些生动的讲述绝不是"心灵鸡汤",他们与读者一样也是普通的上海市民。出自居住在同一座城市屋檐下的科学大家,他们的人格魅力很实在地跃然于彩色图文之中,其亲和力给读者留下了难忘的印象。

四、"名人自述"强调文稿表述的多样性

多样性能让世界充满盎然生机。自述文稿从形式到内容的多样性同样也能最好地体现院士的个性与学科的特色,以避免千人一面。有的院士讲述自己的科研历程中难忘的事件;有的写"下好人生这一盘棋"感悟;有的忆成才的坎坷程途;有的怀念师友之情谊,以明示人生之哲理。记一事可,叙数事亦可;谈人生可,述学术亦可。以小见大,独立成篇,为求神形俱肖,声情并茂,以期砥砺风操,嘉惠后学。

说实在的,若像编传统名人辞书那样,由第三者身份、用整齐划一的量子化语言告诉读者何年何月干什么,《上海画报》的"名人自述"专栏是万万做不到的。因为各位院士所从事的科研领域各不相同,年龄跨度又大,长期的科研工作也造就了他们很有个性

独立思考的风采。因此,选择院士来作自述,文稿必然呈现“多样性”。诸如,述及院士为什么回国,以前常见的是“他热爱祖国和人民,放弃国外优裕的条件,冲破层层阻力,毅然回到祖国的怀抱”之类程式化语言,读者久读而厌烦,甚至产生抵御心理。其实,那些话没错,但各位院士回国的动机与情况确实各不相同。有一位院士就很朴实地表示:

“我对这些问题一直没有仔细思考过,因为我的想法很简单:我是一个中国人,当然要回中国去,这是其一;其二是我的成长教育,是由四万万国民的血汗(庚子赔款)抚育出来的,我对这个‘国恩’是一生也报答不完的。认识这两点现在看来也并不全面。中国人在国外仍能为国争光,何必一定要回国?我现在得到了另一方面的回答:这就是我现在以及过去在美国的时期,虽然在生活上是愉快的,但我内心一直有着一种灵感:‘这不是我的本乡本土。’(I don’t belong here.)即‘不如归去’的灵感。而生我之乡的山山水水总是最可爱的。”

由此可见,对科学人物的报道,采用自述的形式,确实是一条新路,在目前的传播环境下,能让广大读者更觉得可靠、可信、通透、易懂。归根结底,这种创新的传播理念和编辑手法都实实在在地体现出:报道科技新闻人物必须要有求实的人文精神。

五、两点思考

1. 科技新闻人物特写与传统的文学创作应该有区别　科技新闻人物特写毕竟属科学人文传播,属科技新闻范畴,是通过人物写实来展现科学家的情怀与风范,以此来传播科学精神与方法。因此,最忌添枝加叶的“创作”,也最忌“事不够,想象凑”的传统小说以虚构故事来讲述的手法。科技新闻人物报道应力求客观,反映真实;如实叙事、状物、写人,纪实的灵魂是“实”,也是“真”。绝对不能为追求“文学性”“可读性”而哗众取宠地主观臆造,失实地去夸张。文学创作允许思想自由驰骋,只要合理就行,“事不够,想象凑,然后再抒些情进去,功德自然圆满”。(流沙河《最佳创作方法》)文学家以为:“创”就要会想象,写实则非“创”也;“作”就要会制造,写实则非“作”也。文学创作的这些创作理念与科技新闻人物特写固守的“真”“实”是格格不入的。

科技新闻人物的特写,难就难在“求真求实”。浮躁的社会充斥着“假、大、空”的话语甚至谎言,连中小学生都不由自主地深受其害,在作文时搬用所谓的文学“创作”手法,胡编乱造。最典型的是离奇地杜撰出《我的母亲》之类习作,往往“创作”成了令人啼笑皆非的模式化的什么生父因车祸或生癌去世,生母又下岗,守寡多年,含辛茹苦养育自己,比比周围同学的富有,深感自己的苦难,然后大抒母亲伟大之情……文章常能催人泪下,用词老到,自然也常能获得高分。现在社会上潜在的文学“天才”似乎大有人在,假如连广大的中小学生都误入“画人难,画鬼易,只有傻瓜才信‘修辞立其诚’”的思维定式,那么,面对这样的小读者、小作者,若科技传播工作者再放弃“求真求实”的努力,其后果就不堪设想了。

不管科技新闻人物特写在整个传播链中是多么弱势,但决不应该放弃求真的努力,要执着地追求“修辞立其诚”的传播理念,相信这样做会给当前的阅读界吹进一股新风,这种理念也定会发扬光大。

2. *科技新闻人物特写要充分体现人文思想* 凡功成名就的科学大家,其成功都离不开人文导向。他们有丰厚的人文修养,深厚的人文情怀。宽容、理解、协作、创新、自律与他律等品格几乎是每一位成功科技人物共有的风范。无论是伽利略,还是爱因斯坦,无论是徐光启,还是王淦昌,古今中外科学大家都具有一种重视人的幸福、人的权利;重视人的生命价值和意义;尊重人格独立和平等的文化精神。

季羡林先生对什么是人文精神作了这样的阐述:人生来要处理好人与自然、人与人以及“身、口、意”三重关系,谁处理得好,谁的道德境界就高，就有人文精神。

其实，我们通常报道科技人物，也应该把视角定位在他们怎样处理好“天人关系”“社会关系”以及“行动、语言和思想的关系”上。这样的视角才是广大读者愿意看，也容易理解的。若只是报道他们的科学成果，光是艰涩的语言、深奥的术语，读来已经够沉重和费解，又怎能领会他们的科学方法和思想呢？由此，引出了传播者自身也要有人文修养的问题，要有时时处处为读者设想的人文关怀，永远将思考与写作的坐标定位在读者身上。“假如我是读者”，我愿意看吗？我看得懂吗？为此，科技人物的特写，人文色彩要浓些再浓些，表现形式要创新再创新，语言要软些再软些。让读者觉得读科技人物报道不再是一种沉重的负担，而是享受一种通透的意境，享受到清澈的理性和蔚蓝的思维带来的怡人感觉。

“21 世纪应该是人类对科学深刻的人文反思和科学技术本身全面的人文拓展的世纪。”这绝不是一句空话，在科技新闻人物特写中应该体现出来。

2003 年暑天，《科学生活》约笔者写的《院士是大写的人》一文，尽管发表时被改题为《鲜为人知的院士故事》，由于文章着墨处在于院士的人文情怀，一发表就引起很大的反响。2004 年《新华文摘》第 4 期以 5 个版面全文转载，以后又被香港《文汇报》配上图片后连载 6 天，还被多家网站转发。其传播广度让我深感：正襟危坐的教育人式的科技人物报道，读者是决不会买你账的，能吸引读者目光的应该是文笔软些、情感浓些的真实故事。

维护科学大家的尊严，歌颂科学大家的高洁情操，礼赞科学大家纯洁的人格力量是整个社会人文精神的重要组成部分，也是我们科技传播界不懈追求的目标。

（本文是提交上海科普作家协会 2007 年学术年会的论文，本次发表略作文字改动）

跨文化传播

摘要 本文试图从科学与人文、学与术的结合、传统媒体与新媒体、队伍建设与人才培训、科普引进与本土原创、人物与事件、原创与跟风诸方面探讨当前科普出现的一系列问题，分析现状，处理关系，提出看法。期望引起讨论。

关键词 跨文化传播 科学与人文 学与术 新媒体 人才队伍 本土原创 科学人物 跟风创作

科普，也有人说应该称"科学传播"，孰是孰非，我想无关紧要，有一点是共同的，那就是"跨文化传播"。对整个社会来说，科研与科普如同车之两轮鸟之两翼，缺一不可。但是，这项依我看是很重要的事业，现在却很不景气，尽管国家已出台了一系列法规与政策，但市场（或者说社会）似乎没有太大的反应，科普读本——不论纸媒抑或新媒体，依然受冷落（纸媒读本常常是 3 000 册起印数还要库存堆积，甚至回炉造纸），受众对科普报道依然缺乏热情，市民科学素养这些年也没有多大的提高……是作品自身问题，还是传播手段问题？是科普理念问题，还是缺乏"钱景"不值得重视？是社会阅读导向，还是"考试指挥棒"在显灵？……

也许，我们尚有"痴迷"之情，"理想化"的幼稚热情尚未退尽，还自认为得以虔诚的态度去天真地探讨目前这种局面的尴尬。尽管我们很无奈，但还是想奉献一点我们稚嫩的（确切地说是很不成熟的）想法，企图让这项"跨文化传播"能尽早恢复生机。因此，想就下述几个（其实远不止这几个）与科普相关的关系，谈谈自己的想法，以期抛砖引玉，共同努力，企盼科普的春天能充满生机。

科学与人文

爱因斯坦对“科学”所作的定义:就我们的目的来说,“寻求我们感觉经验之间规律性关系的有条理的思想”。

因此,科学直接产生了知识,间接产生了行动的手段(或者说技术与方法)。如果能先建立确定的目标,就导致有条理的行动。至于建立目标并作出对价值的陈述,则超越了科学的范畴,而进入人文的领域。

那么,什么是人文呢?

人文,泛指人类社会文明演化的各种文化现象,旧指诗书礼乐等。《易·贲》指出:“文明以止,人文也。关乎天文,以察时变;关乎人文,以化成天下。”学术界常将语言学、文学、历史学、哲学、考古学、艺术史、艺术批评等学科视作人文学科。人文学科是研究人本身的学科,诸如语言学是人类沟通的工具,文学是人类幻想的结晶,历史学是记忆的写实,哲学是人类思维的火花,考古学是展示人类古代社会的文明史,艺术史则旨在审视人类艺术的进程……因此,人文学科是最贴近人的。或者说,人文关乎人类对整个生存环境(包括自然界)的态度,关乎个人生活和社会生活理想的建立,当然更关乎人与人的相互关系。为了达成这种理想,人文常以充满哲理的或带有艺术性的手法来对待传统,并施以教育和影响,且常使用易被人们所接受的想法与故事(诸如史诗或神话)的形式,而这些思想和故事都适宜于按照公认的理想来影响人的价值判断和行动。或简言之,人文是人类对周遭世界的价值判断。

科学只能由那些全心全意追求客观世界之真理和向往理解事业的人来创造。爱因斯坦在《宗教和科学》一文中又指出:“我认为宇宙宗教感情是科学研究的最强有力、最高尚的动机。只有那些作出了巨大努力,尤其是表现出热忱献身(要是没有这种热忱,就不能在理论科学的开辟性工作中取得成就)的人,才会理解这样一种感情的力量;唯有这种力量,才能做出那种确实是远离直接现实生活的工作。”

看来,科学家的探索精神的情感就源于人文(或者说是宗教情感),他们是基于这样一种信仰:相信那些对于现存世界的有效规律是合乎理性的,并可由理性来理解的。我们不能设想一位真正的科学家会没有这种诚挚的信仰。由此,我们也可用一个不甚贴切却十分形象的比喻:科学没有人文就像瘸子,人文没有科学就像瞎子。

回过头来看,自文艺复兴以来,人们似乎一直固执地坚持着一种错误:让科学与人文分道扬镳;学科细分互不关照。形成了科学与人文“鸡犬之声相闻,老死不相往来”的局面。其实,公众既需要了解科学概念和科学进展,更渴望获悉科学过程,参与科学与社会的互动、传播者与受众的互动。这就需要寻求打破科学与人文“两种文化”间的传统壁垒,采用跨学科手段去探讨和演绎科学史实、科学伦理、科学与多元文化、科学与人类发展诸方面对人类生存休戚相关的话题……一言以蔽之,科普必须与人文相融合。

其实,我们从事的科普就是这样一种跨学科的文化传播,或者说是一种“跨学科的手段”。有了这种视野,我们的科普就不会囿于光传播科学知识的狭隘(本人就曾遇到过这种狭隘偏见的尴尬:我曾申报的国家科学技术进步奖的项目——一部描述600多位院士讲述学科及个人学术足迹的科学与人文融合的科普,而且钩沉了科学史上大量极可贵的史料。在网络初评时评委曾打分第一,结果却被某些“专家”认为“这是人文读本”,不属于“常规科普”而落选)。再说,发展经济不光要有科学与技术的力量,还要有精神与道德的力量。若一味强调“科学至上”“技术理性”,沉沦甚至崇拜科学与技术的“万能性”而忽略其求真性与伦理规范的科学态度,那么必然导致“精神家园”的失落,甚至放纵“技术双刃”的负面效应出现。人文学科毕竟是解决价值观、人生观、世界观问题的,它能提供方法论和对人生的终极关怀。没有正确的人文精神,技术的发展非但不能为人类造福,甚至会危害人类。不是吗?原子核物理既能和平利用(诸如用于放射诊断、治疗或转化成驱动热机的能量),也能用于造核子武器,被战争狂人用于大规模屠杀人类;微生物与病毒科研也如此,既可治病也可用于作物生产,但若逃出实验室,就可能成为比原子弹更厉害的杀人武器……

面对科学精神不振、人文精神缺失的社会现状,若再不注重科学与人文的贯通,那么所投射并产生的科普作品,尽管它们能产生对单一学科知识深度描述的作用,但往往会导致读者理解偏差,甚至形成错觉:当代科学家是对越来越少的问题知道得越来越多的"超人"与"怪人"。

早在20世纪80年代,钱学森先生就提出过"定性测定综合集成"的理论及思想方法,这对科普也有重要的指导意义。

科普也是一个复杂的巨系统,具有开放性、演化性、层次性和巨量性多方面的特征。人类文化(文明的演化)发展到今天,除了已有的超精细分工的潮流,眼下更主流的倾向倒是融通与整合,即追求文化在整体上大一统的格局,不仅科学要与技术大融合,自然科学要与社会科学大融合,科学更应该同人文大融合。或者说,人类文化应该在整体上进行大融合。为此,科普必须顺应这种大趋势,有大视野,作大融合。

由此,科普编创人员必须要不断学习,尽可能拓宽知识面,能有丰富的学养,方有可能具备高尚的气质:不仅要有合理的知识结构,还要有文化的感悟力和思想的穿透力。也就是说,要有一种对人间知识整体性在新的高度上予以还原的魄力。对学问,不仅要明其"理",而且能通其"道",否则是难以承担起上述重任的。

诚如古人所云,士之致远者,当先器识而后文艺。只有注重作为"人"总体的健全人格,才能有所成就。有了健全的人格,才能"感叹万类霜天之丰茂,欣赏科学艺术之丰美";有了健全的人格,才能有助于出原创科普的精品力作。换言之,"健全的人格"本身就给每位科普编创人员提供一个不断拓展的平台,一种出成果的环境,一股使不完的创新激情。

再说,科学又像一艘在大海中航行的巨轮,若没有人文的价值导引,是难免会迷失方向乃至触礁沉没的。“科教兴国”的基本国策也固然需要有人文导向,我们从事的科普更应该在传播科学知识的同时,时时处处体现人文情怀。这也是笔者在十几年前就着手选编科学人文读本(《蔚蓝的思维》《清澈的理性》《金色的想象》《通透的思考》)的初衷。实践表明,市场是接受这类产品的,在 2014 年 8 月的上海书市上,上述科学人文读本曾被网民和专家评为“我最喜爱的 10 部科普作品”之一。由此可见,广大读者已认识到:科学与人文必须融会贯通,这也是人类文明发展的必然趋势之一。

学与术的结合

《辞海》关于“科学”的释义大概是:科学是关于自然、社会和思维的知识体系,可分为自然科学和社会科学两大类,哲学则是两者的概括和总结。科学用逻辑和概念等抽象形式反映世界。科学的任务是揭示事物发展的客观规律,探索客观真理,告诉人们科学怎样与自然、与社会和谐相处。科学可以转化为直接生产力,离开科学知识就不会有生产的现代化与社会的现代化。科学发展的动力是生产发展和社会发展的需要。现代科学正沿着学科高度分化和高度综合的方向蓬勃发展。

关于“技术”的释义大概是:技术泛指根据生产实践经验和自然科学原理而发展成的各种工艺操作方法与技能,如电工技术、航海技术、激光技术、原子能技术、生物技术等。也指除操作技能外,广义的生产工具、设备的制造,以及生产工艺过程或作业程序、方法等。

可见,科学与技术是两个不同范畴的东西。我们常说的“科技”其实是一个将科学与技术组合成的词汇,但毕竟一个指“学”,

另一个指“术”，也犹如科学与艺术。

我们习以为常称为“科普”的“科”，就是指“科学”，而且是指“自然科学”，希望普及自然界的一些最基本的原理和思想（当然包括不懈去寻找并试图解释物质的本源、生命的奥秘、自我意识的来源等），旨在寻找自然界演进的规律。只有掌握了规律，人类方能更自觉地与自然和谐相处，让自然科学更好地造福人类。因此，可通俗地说，我们是在探寻“为什么”的问题与答案，即为什么是“这样”（而不是“那样”）。当然，在普及科学的同时，决不能偏废社会科学，也决不能绕开技术范畴的问题。学与术的结合，恰恰构建了当今科普的精彩。

而技术往往是应用科学原理去探寻操作方法、作业程序与工艺技能的，它能产生新的产品。因此，技术也往往既能造福人类，又能伤害人类。最显见的例子便是原子能的和平利用之一——核电技术，它既能成为高效干净的能源，而核泄漏又是危害无穷的。若不能合理地处置核电废料，也会极大地危害自然环境。生物技术也有类似的问题。所以我们会说“技术是一柄双刃剑”。

可是，眼下我们的科普传播中总是不恰当地将科学与技术混为一谈，由于前概念的出错，导致混淆视听的提法屡屡得逞。如，误传“科学是一把双刃剑”或者不严谨地说“科技是一把双刃剑”等。科学又何来双刃？又如，编撰《十万个为什么》，开宗明义是探求科学本底的基本道理——为什么（WHY）（当然技术科学也有大量的“为什么”），可偏偏编了大量的“怎么办”（HOW）或者“什么是什么”（WHAT）之类的技艺或下定义的问题，似乎有些文不对题之感，其根源之一恐怕就是没有厘清“学”与“术”的概念。

科普是跨文化的传播，科学当然要同技术结合，科学还要同艺术和其他形形色色的“术”结合，科学甚至要同文学、哲学等人文学科和社会科学结合。这种结合（乃至贯通）是顺应了知识经济与信息时代文化发展大趋势的。还是法国大作家福楼拜说得好：“越往前走，艺术越要科学化，同时科学也要艺术化。两人从山麓分手，又在山顶会合。”只有将科学与人文贯通的科普，才能令读者欣赏到学科的交互辉映，“以此之明启彼之暗，取彼之长补此之短”，让知识在挪位中变异重组，令受众在聪慧悟入中触类旁通，以激发创新灵感，这样的科普才必然地广受市场欢迎。

还应该指出的是，科普是在做一种翻译工作，或者也叫转化工作，是要将深奥的科学与技术的知识转化（或译介）为广大受众能理解的文字、图像、影视、舞台剧或壁报等其他形式，也是实实在在地做着一种跨文化的传播。因此，在传播知识的同时，千万要融合科学思想、科学方法、科学精神和科学态度。纯粹的知识性介绍的科普作品如同说明书，受众会觉得缺少灵魂。

同时，作为从事传播行业的我们也要力忌将连自己也不甚理解的科学技术之深奥，胡乱地标示“高级科普”“中级科普”。我们确实不知道这个“级”该如何定义？其实，大凡成功的科普作品都是能化深奥为浅显的“大众科学”，是播扬真善美，力求信达雅的精品。要做到这点也确实是困难的，难就难在要有学术底蕴，怎么能化深奥于浅显，只有达成这一点，方能高屋建瓴地予以体现。

至于什么是我们应该具备的科学思想、科学精神和科学方法，将在另文叙述。

传统媒体与新媒体

传统媒体常指书、报、刊、电影、电视与画廊等，新媒体则主要指电脑、借助网络传播的各类平板、手机和形形色色的移动终端。

传统的科普活动主要借助图书、报刊、画廊，但眼下传播技术和手段的革命，所引出的数字出版正以迅雷不及掩耳之势冲击着传统纸媒和平面媒体。

从传播技术发展史来寻迹，人类确实经历了采用不同通道对文化传承的过程。在荷马史诗时代，文化是口耳相传的，诗人荷马是这种文化传承的代表。随着印刷术的发展，采用眼睛的通道逐步取代了口耳传播,诞生了时空上更先进的书籍文化。由人类祖先相继发明的造纸术与活字印刷术,使文明的记载有了时空上的飞速发展,让科学文化也得到了广泛传播。自20世纪以来,数字传播技术逐步成熟,我们很快就告别了铅与火的传统出版中的排版工艺,引入了电子排版的新时代。21世纪初,随着网络与通信设施的发展,电子阅读器、网络图书及智能化手机又得以大踏步前行。

科普的核心内容就是科学与技术,科普不可能违抗科学技术发展的潮流,也不能与科学技术的发展背道而驰,科普很自然地就成为新时代的弄潮儿。眼下,国内外不少科普杂志和学术期刊都已有了网络版,有的甚至取消了纸媒版。这对科学传播无疑具有极大的挑战与冲击。纸质科普书刊的订量大幅萎缩也已成为不争的事实。早先传统的科普渠道真有些岌岌可危。那么,出路何在?

看来,唯一的出路就是顺应潮流,拥抱新媒体。

这对传统的科普工作者提出了一个知识更新、传播手段更新的大课题。因此,必须在认识上与行为上均有顺应举措。

数字出版不是对传统模拟出版的简单的取代或替换,不是将印刷版简单地拷贝到网络上,或以PDF格式将文本显示在屏幕上。尽管两者都是从事"内容产业",都具有信息可无限复制、无限增值的特性,但数字新媒体对传统媒体带来的毕竟是传播模式、传播理念的革命性变化,会令我们的传播活动变得更快捷高效、全球化,流程更趋合理、规范、跨时空性与互动,同时对出版管理的建制也带来一场深刻的革命,而且对选题创新、传播到位、减少库存和克服阅读不景气的消极态势也是一种良机。当然,数字出版也给我们实现"出版强国"之梦带来了契机。因此,我们不得不晓之以理,动之以情地去顺应并推动科普的数字出版大趋势。

当然,由于传统阅读的惯性以及电子媒体尚有不少短板的存在,还有人存以"纸张万岁"的理念也是情理之中的。即便处在今天的数字世界,纸还是无时无刻不在的,而且使用量还在上升。可以预见,纸媒与电子媒体共存会达到一个相当长的时期,尤其是一些艺术画册等,还是会长期以纸媒形式出现的。

不过,作为传播者(尤其是科普界新人)我们还是应该正视数字化传播的现实,尽快积极地将科普方法予以更新,表达手法予以更新。诸如第六版《十万个为什么》在筹划之初,已经花了极大的精力投入网站建设,通过网络来征集科学范畴的"为什么"问题,并主动号召学生网友回答"为什么"的知识。用网络来构建"为什么"平台,迟早会形成这样一种局面:由青少年网民自己提出"为什么",也由网民来试图回答"为什么",专家的作用只是引导和点评,编辑的作用主要是收集和整理信息,引导并适时地选编典藏版的多媒体《十万个为什么》。当然,这并非仅仅是媒体品种的多元化,而是开创并引导学生网民的学以致问的风气。

队伍建设与人才培训

当前,我国科普界原创"乏力"、佳作难觅是一个严酷的现实,也是一个沉重的话题。这中间最重要的就是"人"的问题,既缺乏高水准的原创人员——写作队伍;也缺乏有敬业精神的传媒从业人员——(主要指)编辑。

我们把视角收小一点,不妨来分析一下已经在从事科普编创的人才,他们的素养怎样?我们又该怎样培训新的科普人才?其实,这也是我们探讨科普人才时两个绕不过去的话题。

首先,不妨从科普创作源头的作者方面来看。在西方,无论是教授、科学家、医生还是工程师,凡是与科学稍微沾点边的人士都会有一种理念或责任感:从事科研工作拿的是纳税人的钱,研究的成果当然要对纳税人有个回报,纳税人也理当有知情权。因此,他们会责无旁贷地把各自所从事的项目的研究结果用公众能理解的方式予以呈现,其中最常见的方式恐怕就是撰写科普读本,这就是科学家的科普"天职",而任何回避或厌烦科普,无视甚至蔑视公众参与对科研成果的理解或研讨的想法或行为，都会被视作对社会的不恭或对公众的不敬。难怪科学泰斗级的大家也都对科普投以极大的热情，如爱因斯坦、薛定谔、费恩曼、霍金、蕾切尔·卡森、卡尔·萨根等都曾写下了脍炙人口的传世科普精品。

可是，按照我国的国情，科学家尽管能不断申请到项目经费，但从没有在项目结题时会想到要对公众做一点学科普及性的回报或解释。毕竟发表论文对职称或晋级是有显效的，而费力费神写的科普没有任何效益，甚至会被误认为是不务正业，真有点吃力不讨好的尴尬。这就从源头上很功利地失去了一支科普的生力军，带来了国内科普创作人才队伍的先天不足。

再说，我国的教育弊端之一是长期的文理分科，学理科的普遍不善于舞文弄墨，硬要让搞实验的手去执笔写科普文章，结果写出来的也会味同嚼蜡，不是准论文，就是没有任何可读性的文字与数据的堆砌，这恐怕就属“言之无文行之不远”吧！谁又愿意读呢？

更可悲的是，凡遇到突发性的与科学技术有关的社会应急事件，在市民亟待科技界的圈内人士挺身而出时，我们的专业人员往往都集体失言，甚至没了踪影，只有“半吊子”的媒体做着无涉关键的事件描述，这也就让一些“假洋鬼子”有机可乘，或出于扬名炒作，或出于背后利益集团之需而大放厥词，把受众搞懵了。诸如面对日本福岛核泄漏、转基因食品安全……在公众亟待了解科学真相时，我们的专业人士兴许是“爱惜自己的羽毛”，怕做出头椽子，或者骨子里就缺乏人文情怀，很可怕地保持集体沉默，有点作茧自缚的形态。是谦虚抑或无能？广大受众不得其解。

再从媒体（出版社、报刊社）一端来看。对于我们所熟悉的已经或者即将退休的中老年科普媒体工作者而言，其中不少是受当初大学毕业后的“统一分配”行政手段，阴差阳错地进入科普这个行当的。也不能排除其中有的人连基本的本科学历都没有。要知道，当初大学毕业生的求职，不像现在的年轻人这样可以自由选择的，而是像螺丝钉一样，国家把你拧在哪里，就在那里发挥作用。

因此,不少媒体的编辑记者就被当年的“伯乐们”乱点鸳鸯谱似地点入了自己并不擅长也并不喜欢的科普岗位。更糟糕的是,其中不少人根本没有任何理科或工科的求学背景,倘若是中文系毕业的已经算是比较幸运的了,至少初通语法、修辞、逻辑。对这样的从业人员队伍,要求他们捕捉到或策划出好的科普选题,确实有些难为他们。如果外语过关,倒还可以看一些引进的材料,若外语也疙疙瘩瘩,哪怕是处理交办的稿子,也往往会牛头不对马嘴。再说,在那个年头谈“专业对口”是犯忌的。因此,唯一的出路是刻苦补习,力求渐入佳境。但是,真正能入“佳境”的毕竟凤毛麟角,不少人也就只能长期滥竽充数,得过且过。在这部分人员中,不少人虽做了一辈子科普编辑,却没有获得一点“科普感觉”。

当然,科普媒体中不少人员还算称职的。尤其对于有理科或工科求学背景,又能在语修逻和人文诸方面加紧补习者,这样的群体从事科普工作还是比较得心应手的,问题是自己是否感兴趣,或者说是否敬业,又成了一个问题。

因此,在这支中老年队伍中,出类拔萃的科普从业人员确实不多。有人会说,你的评价太负面了。其实,只要从成功的科普作品去倒推科普编创的队伍素养,也该得出上述结论。科学与技术的发展日新月异,要想游刃有余地从事科普编创工作,一定要有快速学习、不断学习的能耐。

至于科普编创新人的培训,那更是一道难题。

纵观现代科学传播史,大凡在科普编创上有所作为的,都不是学校里培养出来的,主要是兴趣使然,有兴趣者才舍得自觉投入大量时间,在自己喜欢的这门小众学科上有所收获。

现在,国外大学设立了专门从事科学写作的专业,而这些学生往往都已修习了数学、物理学、化学、生命科学或自然哲学等学科,有了这样的学术铺垫后,再来学习科学写作或科学新闻等专业,那就有底气,视野也较开阔。

上海科普作家协会这些年也曾连续在上海图书馆、复旦大学、上海交通大学、华东师范大学、华东理工大学等高校相继开设过科普创作系列讲习班。主观愿望很好，期望通过每次近十讲（每讲2—3学时），让大学生学员对科普编创有初步认识，激发一部分学员的编创热情，并指望日后能充实到我们的队伍中来。但是，从讲座现场情况来看，并不乐观。造成这个局面的原因，既有讲师们授课准备是否充分，讲授内容是否合学员胃口（或者说既合科普写作培训课程之意，又合学员科普编创之需），也与组织工作是否到位有关。难怪开班第一讲往往有五六十位学员，到后来出现仅剩七八位学员的尴尬场景，而且来听讲的往往无精打采。至于对这些年参加过培训班学员的追踪，又有多少当年的学员能写出像模像样的科普作品呢？也许在媒体从业的还能凑合，其他人呢？

科普写作是一门技艺，需要的是持续地操练，这就必须要有兴趣，有热情，有韧劲，肯钻研。当下整个社会的浮躁与一味追求经济效益，连名牌大学数学、物理学、化学、生命科学等基础学科都招不到一流学生，而国际经贸、对外财会等专业却人满为患（毕竟"钱途"好），那又怎能奢望让学生毕业后安心从事科普而甘愿去坐冷板凳呢？

毕竟科普的整个事业不甚景气，让已经从事科普的专业人员都找不到自信，这本身就是一个很棘手的问题。由此看来，要解决科普从业人员的素养提高问题，还得期待整个社会大环境能有健康的导向，有良好政策的扶持，当然也少不了切实可行的激励机制。更重要的是，在组建这支队伍时，得以兴趣与爱好为前提，否则免谈有什么"献身精神"。也只有队伍精神了，原创的科普精品才有指望能层出不穷。

人物与事件

科普创作或科学传播欲晓之以理、动之以情，无非是通过科学叙事、状物或写人的途径来体现的。纪实的科学小说和科幻作品更习惯采用曲径通幽、惊心动魄的情节来予以铺展。叙事状物看似是无生命的客观展现，其实“事在人为”。人，才是“事”与“物”的本源或灵魂。

在“以阶级斗争为纲”的岁月，受意识形态掌控，大力弘扬所谓的“集体主义”，鞭挞“个人英雄主义”，往往把科学事业的“事在人为”本质给遮掩起来了，似乎科学成果是自然而然冒出来的，是领导英明、路线正确而催生出来的。因此，在科普创作中刻意回避对科学家独特的创新理念、处事风格、人格魅力、项目贡献的描述与传播，以免突出个人，而被冠以资产阶级的“个人英雄主义”。

其实，科学的每一个进步脚印，都是由科学家艰难地踩出来的，是他们的血与汗、精与神的产物，当然不少大项目也确实是团队协作的产物。说到底，团队也是由个人组合成的。是个人的就是个人的，是团队的就是团队的，科学强调实事求是，不容回避，也无须在获奖后虚伪地发表那些言不由衷的感言或战战兢兢地将成果统统归之集体，归之领导。

我们多年来的科普，在涉及当代科学家个人成果的报道或描述中却往往缺乏实事求是的态度，诸如在报道世界上第一次人工结晶牛胰岛素这个蛋白质全合成的大事件，却不见科学家个人所作贡献的只言片语。要知道，若没有科学家个人聪慧的才智和对科学事业的虔诚，若没有个别领衔学者的人格魅力和灵感突现，许多科研项目是不可能结出硕果的。科学家（尤其是大家）的为人、学养与处事风格对项目的突破是至关重要的。

实事求是和事在人为，是最朴实的科学观念。因此，我们呼吁：在整个科普传播链中千万要重视写人，写科学大家，尤其要写出他们怎样做人、做事、做学问的精神风貌、人格魅力、处事风尚与神韵，这是一项具有时代烙印的文化积累工程，是保护了一片“聪明学”的园地，对培育青少年的健康人格与创新思维，养成良好的团队协作精神，无疑也是极其珍贵的。说得“主流”一点，这也是我们民族值得骄傲的不可多得的财富。道理很简单，个人在社会中的地位相当于细胞与人体的关系，只有有了健康的细胞，才会有健康的人体。因此，在科普中绝不要刻意回避写人，相反应着力反映有所作为的科学家，这并不是为了让英雄“出风头”，恰恰是表明整个社会在重视人才，是在整理一份强调科学方法的“聪明学”，并以此充分展现科学家精神和他们的人格魅力。这是我们民族精神的宝贵财富！

这些年，科普中重视写人，已渐渐获得社会共识。20多年前，由笔者所策划的《中国科学院院士自述》《中国工程院院士自述》《科学的道路》等著述冲破了“个人英雄主义”的禁锢，不仅写人，而且很有创意地以科学家“自述”的形式，让真实说话，为科学史留下宝贵的财富，也开创了为健在的科学大家矗立群雕像的名人辞书的传记道路，开辟了抢救科学文化的“口述历史”的先河。尤其有深远科学意义的是一些中国科学家回顾他们所跨出的极为重要的科学步履，钩沉了科学史实，以恢复了历史的本来面貌，诸如赵忠尧院士关于正负电子对湮灭理论的发现，王淦昌院士关于中微子俘获机理的发现，裴文中院士关于北京猿人头盖骨发现的始末，邓稼先和赵九章院士关于我国“两弹一星”研发的鲜为人知的科学史料，王应睐、邹承鲁、龚岳亭院士关于人工合成牛结晶胰岛素的始末，李四光院士关于地层储油理论的发现……这些都为中国科技史乃至人类科技史留下了极其珍贵的史料，这些都是我们原先不敢有的奢望，确实令人振奋。对于1996年出版的《中国科学院院士自述》做了一个粗略统计，当年的500多位撰稿院士，大部分（约75%）都已作古了，他们所留下的文字和思想已成了“绝唱”。

眼下，正在展开的“老科学家学术成长资料采集工程”也是一项极有远见的抢救性采集工程，旨在为科学名人立传，是为科学文化作积累的大好事，体现了科普的一派新气象。

但是，总体来说科普作品中写人，尤其是对科学家怎样做人、做事与做学问的作品实在太少，硕果仅存的写人作品与我泱泱大国的人才地位实在不相匹配。因此,科普工作者要义不容辞地继续坚持以人为本,突出事在人为,以各种创新手法,敢为民族的科学与技术泰斗(精英们)树碑立传。这也是一项对濒危记忆的“抢救”,也从客观上为改观社会上“不重视科技人才”的世风作出科普工作者应有的努力,同时也为青少年树立起一座座成才的前行路标。

原创与跟风

科普的原创重在选题,根子则在传播者的素养。

一名好的传播者(作者或编辑)应该有知识,有文化(有知识不一定有文化),有学术品位,有奉献精神。一般说来,他们的共同素养是:有相当水准的学术理论与实践能力,有乐为他人做嫁衣的敬业精神,有善于学习巧于思考的机智,有强烈的市场意识,有勤于调研的干劲,有干练的组织才华,有运筹帷幄的谋略,有不断进取的学习态度,有耐得住寂寞的健康心理和“愿您过得比我好”的襟怀,等等。

在出版市场化运作的今天,当然还要具备敏锐的市场眼光。文化人谈经济效益并不应该觉得脸红,但处事风格要谦让,举止要文雅。诚如文艺复兴时期意大利作家德拉·卡萨所说:“人不要满足于做好事,还要研究如何把这件事做得更文雅。文雅是智慧和理智的表现。当一个人的思想活跃,情绪稳定,品德无瑕,体态端庄,语言谦逊,举止温良,以及懂得科学和明察事理的时候,文雅就放射出闪耀的光芒。”这话似乎完全是对科学传播者来说的。

在过分强调科普作品经济效益时,往往会产生“文化垃圾”,尤其是“畅销”的垃圾。急于求成的愿望更会导致失去理智地跟在人家成功的原创作品后,巧妙地“克隆”、跟风乃至盗版,从而破坏市场规则,形成无序竞争。

在当前“跟风雾霾”猖獗的出版环境中,怎样创作并传播优秀的原创作品，选题策划无疑是极具功力的源头大事。

原创选题策划的成功在于选题的超前性和新颖性，这是一种预谋，要有前瞻的眼光和独到的视角。为此，要时时处处做有心人，并养成有精细调研的能力和耐力。

原创选题策划的内生动力就是要有不断学习的愿望与行动，尤其要具有比竞争对手学得多、学得快的好学能力，这也是每一位科普编创人员须臾不离的生存方式，或者说是选题创新最核心的素养。请留意“好学”与“学好”是两种不同的“学”的境界。

成功选题策划还要有贴近市场的意识和创造财富的愿望，也就是我们常说的“要有市场感觉”。获得这种感觉的基础是有较强的业务根基，对关键信息有极强的敏感度与转化力，当然还得有长期所编织的较大社交圈来垫底。“市场感觉”还应该非常熟悉您所服务的对象喜欢读什么书，讨厌看什么书，他们的教育程度、知识水准、经济承受力和阅读兴奋点……为此，学术眼光和市场眼光一个也不能少。一个原创科普选题在策划过程中，既要找准作者，有一个叫得响的题目，还必须具体地了解：有哪些读者会买这本书；他们愿意花多少钱买这本书；这本书的印刷装帧特定要求（出版水准）会给出版部门带来哪些问题；因使用他人拥有版权的材料或因有可能损害他人权益的地方会带来哪些法律问题；图书面世前后该如何向您的读者群报道和推广……这里既涉及学术问题，还涉及法律问题、市场问题和营销策略等。

总之，选题要力求创新，追求卓越，切忌跟风追热，决不能克隆复制。

赵鑫珊先生曾有一个很形象的比喻：夜色中，静谧的村庄中来了一位陌生人，发现该陌生人的第一条狗叫了，称作“吠形”，这是原创；把随之闻吠而吠瞎起哄式狗叫，称作“吠声”，这就是跟风。我们科普需要的恰恰是原创的“吠形”之作，而非跟风的“吠声”之作。想想也是，大家又何苦在一棵树上吊死呢？

想当初，少年儿童出版社《十万个为什么》一炮打响后，跟风之作不计其数,形形色色的“为什么”如雨后春笋,挖也来不及,版本甚至搞得比少儿社的更出彩。真假美猴王,读者难能辨识啊!第六版《十万个为什么》一问世,跟风者就原形毕露,只有落荒而逃……

科普引进与本土原创

这一部分请参见《倡导保护文化生态的本土原创科普》一文。(《第十一届国际出版学研讨会论文集》,第 99—102 页,湖北人民出版社,2004 年)

参考文献

1. 爱因斯坦:《爱因斯坦文录》,第 68—77 页,浙江文艺出版社,2004 年版。

2. 斯诺:《两种文化》,上海科学技术出版社,2006 年版。

3. 辞海编辑委员会:《辞海》缩印本,第 758 页,第 1065 页,上海辞书出版社,1989 年版。

4. 方鸿辉:《倡导保护文化生态的本土原创科普》,载《第十一届国际出版学研讨会论文集》,第 99—102 页,湖北人民出版社,2004 年。

(本文是为上海科普作家协会的理论研讨会而作,后被收入 2014 年 9 月由上海科技文献出版社出版的《2014 上海科普编创论文集》,还被《群言》杂志选摘了若干片段,刊于 2014 年第 12 期及 2015 年第 3 期等)

努力传播科学家精神

——《吴孟超》创作谈

摘要 《吴孟超》是一部科学家传记。作为回顾性的创作笔谈，旨在探讨创作的宗旨与写作感悟。本文强调传播科学家精神的重要性，科普创作中要关注科学人物的采写。要写好科学家传记，可采用自述与他述相结合、编与写相配合、纵写与横写相互交错等手法；访谈与实地踏勘以积累丰厚的素材是写作成功的关键；对素材的选择与取舍应以求实为宗旨。

关键词 科学家精神 写人与叙事 自述与他述 访谈集素材 纵写与横写 写与编结合

为什么要写《吴孟超》（创作动机）

在我国肝胆医学的发展史上，中国科学院院士吴孟超教授绝对是无可争辩的伟大开拓者与很有建树的独特创新者，也是一位最有良心的好医生。梳理吴老在肝胆医学学科上的奋斗史料，以纪实文学形式来记录吴老在科研、临床、教学与管理上的足迹以及医者仁心的感人事迹，整理吴老这么多年与癌症博弈的经验与创新理念，无疑也是事关人类健康生存的功德无量之大事。这件事是与 2019 年 6 月中共中央办公厅、国务院办公厅印发的《关于进一步弘扬科学家精神加强作风和学风建设的意见》相吻合的。

可以预见，在往后的日子里，我国科学技术的发展一定会高潮迭起，硕果累累。因此，适时地回顾各门学科所走过道路，细察我国科学文明的脚印，尤其是系统地整理各门学科与学科带头人的学术思考、事迹与史料，让创新与传承融合，其意义是巨大的。这项工作能推进社会的后续发展，对当下年轻人能很好地继承老一辈志士能人的精气神，展现他们的人格魅力、科学思想与学术成就，对推动整个社会的产业转型与升级，对学科的不断创新与发展以及科学文化的积累，都是一种良策，也是一种很有见地的举措。

因此，我们该以只争朝夕的劲头去做好这件“抢救性”的大事。而《吴孟超》的创作当属其例。

笔者是一名出版人，也是一名科学写作者。掐指算来，从事科普创作也有近 40 年历程了。我总觉得，科普创作必须关注科学人物的采写。

慈祥的肝胆医学泰斗——吴孟超院士（方鸿辉摄）

其实，科普创作欲晓之以理、动之以情，主要是通过科学叙事（状物）或写科学人物两方面来实现。叙事或状物，看似是对无生命客体的描述，但“事在人为”。人，才是“事”与“物”的本源或灵魂。因此，到位地写好科学人物（尤其是科学界泰斗级人物）确实很重要，但难度也很大。要准确、生动、到位地写好科学大家，那就更不容易了。科学题材的小说或科学幻想作品，或许可以采用曲径通幽、惊心动魄的虚拟情节来铺陈，但纪实类人物的文学作品，给创作者留有自由发挥的余地就小得多。纪实，必须实事求是，每一段文字（甚至每一句话语）都必须有出处。

要写我国“肝胆医学之父”吴孟超的纪实作品，就要图“真”写“实”，在当下的人文环境中要做到这一点确实不易。创作者至少要有敢讲真话的勇气，能冲破阻力，揭开人性的虚伪与丑陋。对

《吴孟超》一书的创作必须努力重现吴老成长过程遭遇的真实的苦恼、困惑与不幸，只有真实还原了，才能让读者真真切切地感受科学大家人性的光辉与温暖。

为此，必须原原本本地记录吴老九十八年人生道路的坎坷与跌宕，他的所见、所闻、所思、所做，以此来客观地呈现老人家成长为一名精诚大医的喜怒哀乐和心路历程，给读者一种透明的真实，一种耐人咀嚼的思考与科学文化的回味。

特精装的卷上与卷下的《吴孟超》

自述与他述（人物传记的表述方式）

笔者从20世纪90年代初策划《中国科学院院士自述》开始，就觉得让科学家以自述的形式来讲述自己以及学科成长历程的故事，是最理想的记录科学史的手法。我的这个念头是受到胡耀邦同志1982年4月给华罗庚院士的信中亲切且耐人寻味的话语的启示："几十年来，你给人们认识自然界的东西，毕竟超过了自然界赋予你的东西。如果自然界能宽限你更多的日子，我希望你能把你一生为科学而奋斗的动人经历，以回忆录的形式写下来，留给年轻人。你那些被劫走失散的手稿中的一些最重要的观点和创见，能不能夹在其中叙述呢？完成了它，我认为就是你在科学上的超额贡献了。"

其实，我们出版人不就是要兢兢业业地去寻找并挖掘那些真正的科学大家们"在科学上的超额贡献"吗？事实也表明，自20世纪90年代起相继策划并任责编的《中国科学院院士自述》《中国工程院院士自述》《科学的道路（632位院士的自述）》出版后，都获得很好的社会效益,也开创了“口述历史”的先河。

瞻前顾后,对吴孟超传记的创作,最理想的做法也应该是坚持较长一段时间连续地对老人家做深度访谈,将访谈时记录(录音或录像)与整理后的文本送老人家审改、定稿。

但在接受创作任务的2016年秋天,吴老已94岁了,有些事要刨根究底地追问,他一急会回忆不起,回答不了,甚至时间上会“打结”。再说,老人家的时间也实在太宝贵了,每天的工作时间安排得密不透风,虽年逾九旬,依然像高速运转的陀螺,各项临床工作、研究课题的指导(包括带研究生)、对重要人物的外出会诊、国内外的学术会议、繁琐的行政管理……他还真惜时如金,舍不得被访谈没完没了地“折腾”。他很幽默又率真地对笔者说:“我说到的不少事都会与人有关,这些人恐怕会受不了……”

因此,吴老本人很固执地倾向于用“他述”。看来,纯“自述”之路是行不通了。经过协商,在征得吴老同意后,达成一种妥协:有关吴孟超的纪实作品基本采用“他述”,但可以兼及“自述”。

眼下,《吴孟超》整部书稿基本上采用第三人称讲述,但适时地将吴老的原话嵌入文本之中,这就形成“自述与他述”相结合的表达方式(书稿中凡吴老的自述均排成楷体字)。这样一来,写作的灵活性增添了不少。不过,文字内容的“求真”依然是写作的基底——第一要素。

材料要厚实(动笔前要有充分准备)

以“他述”为主,笔者必须打“迂回战”,花大量时间访谈吴老周围的“关键人物”,以获得足够描述吴老所走过坎坷之路的素材。

所谓“关键人物”,是指曾经跟随吴老多年的、有故事可讲的同事、学生、患者、家人。为此,笔者曾先后对50多位“关键人物”进行了系列访谈(这是一件积累素材的大事,获得了吴老现在的秘书刘随意大夫及东方肝胆外科医院医教部宗晓娜老师等的大力协助），并将现场录音材料整理成文字后让每一位被访者审改、确认并签字。这就积累了不少对写作很有价值的素材。尤其对笔者这样没有任何医学背景的写作者而言，这番“大运动量”的访谈与求教，也相当于拜了这么多位专家与学者为师，既听到了吴老成功与挫折的生动故事，也学到不少创作背后的真学问。应该说，在这一系列漫长访谈的过程中，笔者实实在在地体验到了，所谓“学问”就是“学以致问”的真谛。

尽管笔者认识吴老已将近30年了，断断续续地做了不少采写与报道，但材料与印象还总觉得是跳跃性的，离散的。欲完成一部囊括吴老九十八年人生轨迹的纪实作品，总感到材料似乎还是有点欠缺。对于吴老通向精诚大医的成长之路，也总有点朦胧的疑惑。上述的系列访谈，无论时间与精力都花了不少（每一位的采访文字均在四五万字），理智地说，是很值得的，至少让我聆听了真实的故事，知道了过程，理清了思路，使吴老的形象日趋丰满……

更令人感动的是，吴老出于对笔者的信任，竟将自己这么多年珍贵的日记本让我逐本阅读，这就给我提供了最可靠与最权威的资料。借此，笔者也能洞悉老人家的心路历程与真实想法，哪怕日记中大多数文字只是日常工作的“流水账”，至少能让笔者准确把握并核准相关事件的时间、地点、背景与来龙去脉，这实在是握到了一把不可多得的“准尺”，让吴老科学人生的步履变得更清晰、更踏实，也更准确。

除了有上述大量访谈与日记阅读做铺垫，吴老还为笔者提供了深入了解他工作与生活等方方面面的机遇，诸如有机会跟随老人家门诊、查房、手术、学术会议……2017年1月笔者有机会跟随吴老去他的出生地——福建闽清云龙乡后垅村，并参加了福建医科大学附属孟超肝胆医院的揭牌仪式，了解老人家一心想回报故乡的情怀。

很有幸的是，2016年11月笔者还曾跟随吴老去了四川宜宾的李庄，实地踏勘了抗日战争艰苦年代老人家求学的故土。正是有了在李庄考入同济大学医学院的经历，吴老才走上了救死扶伤的医学之路。同时还参观了吴老夫妇年轻时所崇拜的梁思成与林徽因设在月亮田的“中国营造学社”的旧址，老人家激动地回忆了那些年当“粉丝”时的入迷与兴奋……

可以说，落笔之前，笔者幸运地掌握了他人所无法获得的“独门”素材，这给纪实作品的写作增添了极大的底气，也才能力免笔下的肤浅与不着边际。

诚如著名作家张光武先生于 2019 年 7 月 31 日在《中华读书报》发表的“《吴孟超》窥豹”评论文章中所写的：

“历来写传记作品，先决条件是作者与传主的心灵沟通与和谐合作。用通俗的话讲，传主必是认为，为他写传的作者能读懂他，读懂他的思想，读懂他的理念，读懂他的人生，读懂他的心路，他才愿意向作者袒露心扉，畅述人生，毫无保留。吴孟超院士素有中国‘肝胆医学之父’之称，学贯中西，闻名遐迩，阅人无数，这部近 140 万字的传记，证实了他对作者的认可、接受和信任；也证实了作者对传主人生的真实感动，并将这种感动和感动形成的文字去感动读者，感动天下的医者和病人，让仁术济世的精神普照人间。”

纵写与横写（写作手法的选择与思考）

《吴孟超》一书的写作是采用纵横交错的手法来开展的。

纵写，写的是吴老九十八年跌宕起伏的坎坷人生，以履尘留迹的形式还原他的人生历程。书稿中凡真实记录的每一大的事件，都严格立足于“信”，这是写作时必须遵循的原则。《吴孟超》一路写来，笔者力求撷取典型事例，以见微知著来表现传主从小就培育起的自尊自强的性格，为老人家日后能“勇闯禁区、勇于创新、永不满足、永远争先”（后来也成了东方肝胆外科医院的“院训”）地率领团队攻克医学堡垒埋下伏线，诸如早年在西贡不甘受辱的情节等，笔者以为都属于不可多得的精彩一笔。

人物传记要写好人，写好一个活生生的人，写好人物真实的人生故事，重点是把握住人物性格的几个真实侧面，不吝笔墨，精细勾勒。诸如第一章的“割胶少年”，通过远眺俯瞰，旨在对传主吴孟超日后人生的全貌做铺垫或索引，月晕而风，础润而雨，夯实了人物形象的真实性。而第二章的“求学同济”，则抓准了与传主吴孟超一生息息相关的几个块面，浓墨重彩，着意渲染。其中，爱情婚姻、弃工从医、李庄岁月等几段，情节尤为感人。李庄毕竟是吴孟超追索科学真知与日后医学学术发展的基地，又是与夫人吴佩煜开始琴瑟共鸣一生的热恋之地，也因笔者曾亲自到访过李庄，采访过李庄同济医院的医务工作者等，对李庄稍稍有点感性认识，由此而写吴老的李庄求学岁月，尚能尽力还原真实，故事也尽可能讲得丝丝入扣，让读者可品耐读。

《吴孟超》全书共 139 万字，11 章，循着传主成长的足迹来纵述，分别为“割胶少年（1922—1940）”“求学同济（1940—1949）”“勇敢的拓荒者（1949—1958）”“勇闯禁区（1958—1966）”“逆境中的追求（1966—1977）”“科学的春天（1977—1988）”“当上学部委员（1988—1996）”“人才培养和基础研究（1996—2005）”“永不停歇（2005—2012）”“感动中国（2012—2017）”“创新与胆识（2017—2018）”，如同一首恢宏的人生交响曲，以纵向的时间脉络讲述了一位科学家成长与蜕变的璀璨人生，也如同一部叙事长诗，以“攻克癌症”这项使命为核心，按事件以临床、学术、育人、建平台、管理等，各条线所发生的最有代表性的事件及其进展之先后，讲述吴孟超在每一个时间段感人肺腑的故事，让读者在细细品味中，读懂吴孟超由一名福建山区农家的苦孩子，5 岁漂洋过海去寻找在马来西亚做苦工的父亲；由诗巫橡胶林的割胶少年，怎样抱着成为一名“有出息的人”而有幸遇伯乐而成长为一名人民军医中的“肝胆名医”；以后又在军队大熔炉经历数十年的淬炼而成长为名扬中外的“精诚大医”……详尽的文字描述与真实的画面展现，都旨在力求生动地再现吴老九十八年人生的华彩与人格的魅力，以及率领他的团队如何百折不挠，对肝胆医学的难题一次次发起的历史性冲锋，终于占领了国际肝胆医学的高地，创造了不少肝胆医学史上的“第一”与奇迹，为中华医学科学事业的发展作出了可圈可点的贡献。

面对这样一位了不起的大医，究竟是什么时空条件造就了他？这是笔者自己的疑问，相信也会是读者的问题。

为此，除了纵写吴老，还必须横写吴老。

其实从艰难的李庄岁月开始，笔者所讲的故事中就注重从横向切面追索到吴孟超“吾爱吾师、吾更爱真理”的科学家人格形成的端倪。吴孟超的科学人生有一个聚光点，就是他对科学孜孜不倦的追求，也对授予他科学知识和人生真谛的导师与友人们的终身挚爱。在吴孟超成长历程中有一长串难忘的师友和“贵人”的名单，其中有梁思成和林徽因，有裘法祖、郑宝琦，有同济医学院解剖学方召教授、生理学的史图博先生……此外，还有推荐他当上中科院学部委员的吴仲华与李敏华院士夫妇，有事业上的搭档“三人小组”的张晓华与胡宏凯、陈汉教授、香港中文大学刘允怡院士等，还有传承他的“做人做事做学问”之衣钵的一代又一代的卓越学生，尤其是王红阳、郭亚军、钱其军、沈峰、杨甲梅、周伟平、肖飞、李捷玮……当然，还有他一辈子牢记着的有养育之恩的父母、大舅徐家齐、爱国侨领陈嘉庚、黄乃裳和资助他事业发展的台湾企业家尹衍樑先生、唐金喜先生……人之师从，人之交往，确实可知其人之品格。吴孟超一生始终对师长友人有挚爱一生的真情，对同事的情同手足，对学生的舐犊关爱，对病患者的“要把他们一个个都背过河去”的“利他”情怀与担当……这一切都在传记作品《吴孟超》中，不惜施以重彩浓墨，意在向世人揭示一名科学家走向成功的不二法门——“吾爱吾师，吾更爱真理”“在家靠父母，出门靠朋友”等既深奥又朴实的为人之道，这是吴孟超念兹在兹的，也是作者深深领会其心迹而贯串全书的。

以横向的众多讲述,让读者既看到了吴孟超的人本追求与人格魅力,也能见到笔者的意会、理解与力求忠实的表述。应该说,这也是一种珠联璧合与理解默契。

也许有人会不理解,甚至产生疑惑:写吴老传记为什么要牵涉这么多旁人?

其实,吴老是生活在社会大家庭(尤其是医学学术圈)里的,吴老能取得今天的辉煌,能离开周围这么多人的协助吗?“学人之长,补己之短”“众人拾柴火焰高”也是很浅显的道理。譬如,没有恩师裘法祖教授指点,吴老会选择“肝胆外科”这条充满荆棘又无人问津的医学之路吗?在“文化大革命”最极端的危难中,造反派曾扬言要砍断吴孟超这个“反动学术权威”双手时,没有同事陈汉形影不离的护佑,还会有日后吴孟超辉煌的事业吗?当然,这些横写,既烘托出吴老的人格魅力,也刻画了中国医学科学家团队的整体形象。要讲好吴老的人生故事,离不开肝胆医学,而一门学科要能取得如今的辉煌,也不能光有吴老一位领衔人物。难怪吴老从20世纪60年代起就一直在兢兢业业地培育人才梯队,哪怕卧病在床,依然心心念念。这也就是吴老战略型大家的深谋远虑。

成书后,笔者翻检《吴孟超》,最为动情的,当数第三章第三节“再拜师裘法祖”和第四节“结缘肝胆”,师生间的真情互动,当初的重墨与工笔,真的挺牵动人心的。此外,还有第九章第四节“医德与情怀”中“吴孟超同志先进事迹报告会”,用手机扫二维码打开视频,如同亲临现场,聆听后还是会不由得动情,潸然泪下。

《吴孟超》一书的横写,还包括在每一章之末,表述了“同时期肝胆与癌症治疗医学背景”。看来这是无关大局的铺陈,其实“内行看门道”,细细解读,这也真的体现了一门医学科学的比较学问。我们还真发现,早先无论在肝胆学科还是癌症治疗,全是国外医学家足迹的记录,随着吴老为首的中国肝胆外科学界的努力与拼搏,尤其是到了60年代中期,在吴老肝脏的“五叶四段”解剖理论指导下,成功地打破了“禁区中的禁区”——成功实施了一系列“中肝叶切除手术”,吴老成了“名医”不说,中国在肝胆外科上确确实实登上那时的世界顶峰,这是毋庸置疑的事实。读者对照相关章节后的“同时期肝胆与癌症治疗医学背景”,比照书中的描述,自然就能看出从那时起中国在肝胆外科上已成为领头羊了。到了21世纪初,在肝脏肿瘤的治疗上,也逐渐有了中国医学家的身影,至少吴老带领的团队在肿瘤的细胞免疫等领域已跨出很坚实的步履。所以,这个学科史的横写,也该有留下科学文明“脚印”的作用吧。

在笔者接受创作任务之前,根本没料到吴老的科研历程竟然是这么精彩纷呈又艰难坎坷;相关的图片、影视及日记材料又这么丰赡。真的投入后,确实发现了“阿里巴巴”芝麻开门后的璀璨,不由得深感惊叹!这也为实现纵写与横写提供了基石。

写与编相结合(重视传主已有的宝贵资料)

其实,上述的“写”还得辅以“编”。为了对医学史负责,也对我们的传主吴孟超负责,应该尽可能让读者了解一位丰满的肝胆医学泰斗的完整形象。因此,在占有大量素材的基础上,笔者也应该尽可能把传主已有的宝贵资料有选择地一并呈献给广大读者,尤其是献给肝胆医学史研究的专家们。这既是一种开拓,也是一种整合。

一部大容量的原创性科学大家的普及读本,要如实展现吴老科学家精神,那么“吴孟超年表”就不应该缺位。

现在回想起来,在整部书稿的撰写过程中,恐怕花时最多,也是难度最大的工作,就是年表的编制了。尽管有吴老多年日记作“支撑”,但还是有不少困难。老人家自从医后多年的宝贵日记与工作笔记都在抄家时失散了,再也没有发还他。造反派企望从查抄的日记中发现蛛丝马迹,也足够整吴老了,但是他们扑空了。“一旦被蛇咬,终身怕绳草”,尽管“文革”结束了好多年,他都不敢再写日记。自20世纪90年代起又“手痒痒”地开始重新记日记，也只是像“备忘录”那样寥寥几个字。这就导致这部《吴孟超》凡发生于20世纪80年代之前的故事，都明显地单薄、粗糙与模糊，连图片资料都显得匮乏，这不能不令人深感遗憾。由此，“吴孟超年表”的编写与整理的步履，也就变得十分艰难。常常为了核准一次学术会议或一次学术报告的具体日期、地点，搞得焦头烂额。请教吴老，他最多凭着艰难的回忆而确认“有那么回事”。笔者只能借助网页搜索和去图书馆寻找相关的资料，更多的是向相关人员请教，请他们协助共同回忆或寻找当年的记录。一般来说，只要肯花工夫，总能找到一点痕迹。

笔者抱定的目标是：史料要可靠，记录要真实，对历史要负责。有了这种认识上的坚定，也由此获得最大的利益——少有主观。要客观真实地还原科学家的“本真”，让读者见到的是货真价实的史料（有些原始凭据干脆以插图形式呈现），而让评述留给读者在质疑与思考后自己去做，结论也自己去下。这倒不是笔者有意要这么去“引而不发”或者“为难”读者，写着编着自然也就这么做了。这样，反而少了心理负担，多了求真的踏实。

在整个写稿与编书过程笔者总提着一份戒备，凡涉及事件与年份的信息会特别留意。最终十几万字的“吴孟超年表”编制完成，这也似乎表明，与其说笔者是在写作，更应该说是从事了一项科研——“吴孟超研究”。

这话从著名核物理学家、中科院上海分院原院长沈文庆院士的评论文章中得到了证实。发表于2020年1月15日《中华读书报·书评周刊·科学》上的“匠心独具的《吴孟超》”一文中，沈院士就写道：“我觉得，《吴孟超》不仅是一部可读性很强的科学家的纪实文学作品，也是一项不错的科研成果。不信，可细读书稿末尾的‘吴孟超年表’，居然是一份有着十几万字容量的详谱。这也足以令读者的我叹服了。作者还周到地将不少鲜为人知的吴老生活与工作等方方面面的历史图片嵌入年谱中，让年谱更具象，也更生动。”

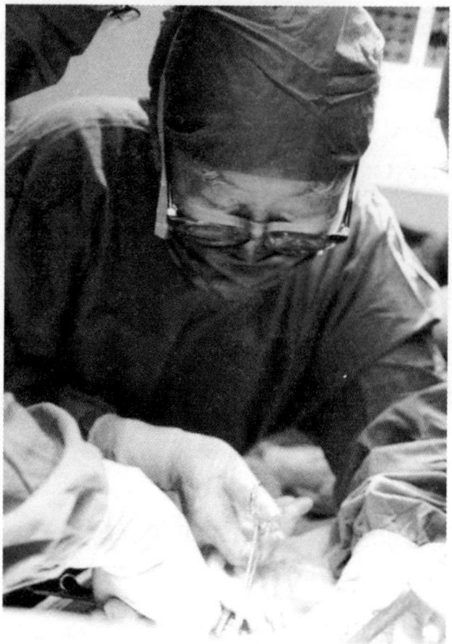

吴孟超手术时的仔细与娴熟(2017 年,方鸿辉摄)

图片与视频的收编也是一项很费神的工作。《吴孟超》书稿要有所创新,应该切切实实地实现"图文并茂"。在手机已普及的当下,笔者觉得可以充分利用它的信息传播功能为《吴孟超》书稿服务——用"二维码扫一扫"的技术,将相关视频编入书稿之中。眼下,整部书稿插入了 863 幅图片与 38 段获得授权的视频(其中包括 5 部电影),这也都旨在让历史说话,以史实明理,力求逼真地反映肝胆医学发展史实的一些细节,相信或多或少会有一些医学文化留存的价值,同时也让读者一睹肝胆医学泰斗吴孟超院士生动的科学家精神与风采。

选材有准则(史观出于扎实的史料)

笔者坚信,只有史料扎实,才能形成史观,也才能结论从史料出。一个民族要有自己的记忆,中国的这段肝胆医学发展历史绝对不能被遗忘。再说,我们所研究并记录的是一位太不平凡的人——吴孟超,他是一位抱着"医为人学、医本仁术"理念干了一辈子伟大的事,留住了人类肝胆医学开拓者深深脚印的人。因此,笔者始终对那段医学科学史抱有敬畏之心,落笔时如履薄冰。好在历史与现实之间,毕竟还存在一种有趣的张力。观古今于须臾,抚四海于一瞬。创作者既要有历史观,也要有现实感,更要有紧迫性。这样,纪实文学作品的写作才能有点灵气,见地会有点深度,能让读者享有回味与思考的空间,也才能较逼真地展现吴老的真情实感——为人类的健康不辞劳苦地耕耘与播种。

摆在笔者面前很大的一个难题，就是吴老一生有太多的华彩篇章都该呈现。那么，写作时该如何从丰赡的素材中选择最具代表意义的事件，如何让这部有限容量的著述包容尽可能多的信息，从而一展真实可感又能抵达人心的大医形象？为解决这道难题，笔者还真是动了一番脑筋的。

吴孟超帮恩师裘法祖院士整理领带（体现吴老"吾爱吾师"的情怀）

笔者坚守"选择"的第一条原则是，大事件尽可能予以反映，有些事件只能割爱，或放入年表中予以表述（也就是"有所述，有所不述"），甚至将有历史意义的图片也一并移入年表之中，这也该属于对传统年表表达上的一种创新。

第二条"选择"的原则是，凡能用图片表述的，尽可能少用文字，毕竟彩色图片中所含的信息量是很大的。话又说回来，国家对出版物配图是有严格规矩的，也就是常说的"思考可自由，宣传有纪律"。尤其对一些国家领导人与他的合影，只能一律割爱。

第三条"选择"的原则是，吴老大量可贵的视频资料能与文字结合起来，相信感染力会更强。为此，在获得授权的前提下，笔者尝试用手机对二维码扫一扫的解读形式，让有兴趣的读者自行采撷吴老生动的视频资料，以便细细欣赏那些真实可感的动态画面，还能反复地播放。这种"半数字化"的自然科学家纪实作品的形式，至少在目前国内图书市场上尚未见到过，这也该属于一项小小的创新吧！视频毕竟是囊括了光、影、色、声，外加字幕（或旁白）的众人劳作，对感官的刺激比白纸黑字的二维文字会更强烈。

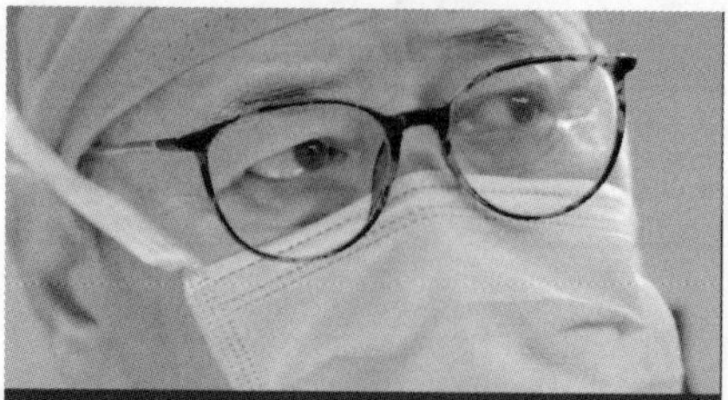

电影《我是医生》

扫一扫 看视频

该片以中国科学院院士、“中国肝胆学科之父”吴孟超院士为原型，讲述他年逾九旬依然奋战在无影灯下，完成手术；同时，不忘把基础理论研究与临床实践紧密结合，为学科发展而搭建一个又一个大平台，旨在“攻克肝癌”。该片2017年获得中宣部第十四届精神文明建设“五个一工程”奖。

再说，纵然笔者有生花之妙笔，在吴老的光辉形象前，都会显得苍白无力。由此，也更印证了笔者一贯强调的：《吴孟超》书稿是一部“千人稿”，笔者只是做了收编与整合而已。

应该说，吴老是大海，《吴孟超》这部书稿只是取了一瓢，若能从中体会海水的清澈和蔚蓝，那就十分欣慰了。

创作者要善于学习（外行尽快转化为“准内行”）

笔者是 1982 年大学毕业后跨入出版社当编辑的，大学主修物理学专业，对医学完全是外行。冷板凳坐了近 40 年，也越来越体会到，编辑就应该是一位“杂家”。尤其是从事科普创作或编辑，不允许你学好了专业再来完成工作。再说，我们这一代人的职业选择不像当今年轻人这样有自主选择权，那时完全是由国家包分配的，自己定位就是一枚在自己岗位上发光的小小“螺丝钉”。

2016 年盛夏的一天，由第二军医大学原副校长李捷玮教授来家访问，转达吴老的意见：比较了多本为他写的传记，对笔者四年前撰稿的《肝胆相照——吴孟超传》比较肯定，决定由笔者重新帮他写一部传记。事情的直接起因是当时在老人家的储藏室里发现了大量日记、论文与获奖等原始材料。

承蒙吴老厚爱，笔者受宠若惊，难以推却，只得硬着头皮接下这份工作。中途也曾想打退堂鼓，主要原因是吴老不能接受连续采访。对我来说，做得辛苦点无所谓，但要能做得下来，做得像样。再说对吴老领导下正在开展的许多新科研与临床项目，如信号转导、质子放疗、肿瘤的细胞免疫治疗、三维图像重建……实在是“擀面杖吹火”——一窍不通。怕耽搁了时间又拿不出作品,吴老毕竟已95岁了。

可是,老人家很信任我,期望我能帮他写成一部高质量的传记,东方肝胆外科医院的各位老师也都给予大力配合。面对这番局面,确实也别无选择,只能继续从“做中学”,抓紧时间恶补各门基础医学常识,读了大量相关临床与科研的医学文章(献),老老实实地向各位专家求教,真是“七十学吹打”。这倒让我渐渐树立起外行只要善于学习,也会有(哪怕一丁点儿)进步的信心。其实,外行并不可怕,可怕的是老是以外行作为“挡箭牌”,摒弃新知,不肯下苦功夫。但是,外行必须尽快转化为“准内行”,否则科普创作的推进,难度会更大。

吴老与笔者合影于东方肝胆外科医院院长办公室(吴月明摄)

或许有的时候,外行也有外行的“好处”,站在圈外朝圈内观察,反而视野更大,而且只要脚勤、口勤、手勤,勤于讨教,勤于阅读,勤于思考,敢于打破砂锅纹(问)到底,倒也会有不少收获,还常有豁然开朗之感受。再说,外行也不会有圈内人士“固执”的定见,也不容易被陈规陋习所束缚,往往能思无拘束又相对较容易发生惊奇,发生兴趣,产生疑问。再说,笔者曾学过一点物理学,接受过一点理科思维的训练,多多少少还有一点学术的敏感性与逻辑判断的合理性,也常会带三分质疑的眼光去思考。这些都会逼着自己去寻根刨底,甚至去寻找原始资料。

笔者自认为,受到吴老工作作风的熏陶,创作态度还是严谨的,不敢有丝毫懈怠;工作也算是细致的,并尽可能拓宽历史视野,多读书,不懂就虚心求教专家,鞭策自己做到在握有可靠并翔实史料的基础上，力求还原一位真实的肝胆医学大家吴孟超的襟怀、视野、决心与创造力。

有时，笔者的小心求证之做法，看似傻乎乎的，倒能给读者带来意想不到的严密与可信；文辞虽笨拙，材料却可信，这对科学家传记追求的“真”与“实”，倒是贴合的。书稿若能对后人研究这段肝胆医学发展史有一点参考价值，这就甚感欣慰了。

很幸福的是2020年1月14日，九十八岁的吴老亲笔在这部著述的扉页上题了词并赠我，这是一段令我十分感动的话语。

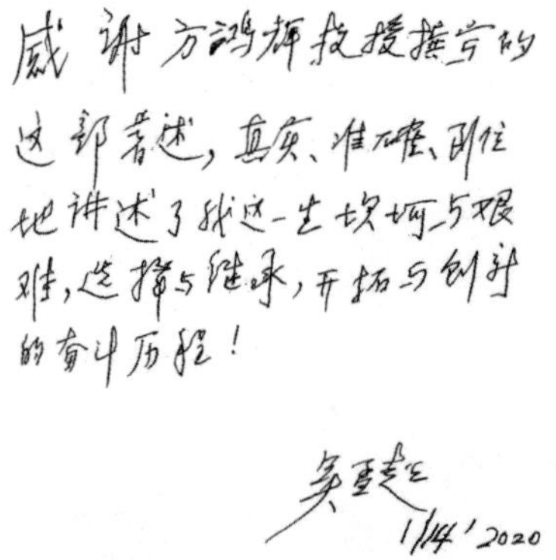

我所走过的上述创作之路，兴许对从事科普创作或研究的读者会有一点参考价值，谨记下以求教。

还是借沈文庆院士对《吴孟超》一书的评论文章中的话语来收尾：“我确确实实地被《吴孟超》深深打动。我在想，倘若我们的作家朋友们能与科学家携起手来，交上朋友，相互了解，相互理解，能写出一部部类似《吴孟超》这样的著述，那么中国科学文化的足印会很深刻，整个社会对科学、对人才也会更理解与支持，中国科学事业的进步和社会生产方式转型的步履也一定会更快、更坚实。”

2020年3月16日改定

（本文刊于由中国科普作家协会、中国科普研究所、中国科学技术出版社有限公司主办的《科普创作》2020年第2期第76至84页，本次发表略作文字修正）

第三编　酒香也怕巷子深

前世的先声与后世的余音

——读《物理学史》

我们的祖先曾说:“以铜为鉴,可以正衣冠;以人为鉴,可以知得失;以史为鉴,可以知兴替。”

其实,对物理学史沿革的研究与其他学科领域一样,至少“以史为鉴,可以知兴替”吧!

一个世纪里,物理学领域发生的许许多多事情也有其在前世的先声和后世的余音。毕竟,物理学史“并不是各个过程的简单集合,各个过程只有与整个过程联系起来,才能真正搞清它的真实意义”。今天,当人们谈论爱因斯坦相对论观念的历史渊源时,西方学者会提及17世纪著名科学家伽利略的精辟论述;而中国的学者便会指出,在我国两千年前的汉代《尚书纬·考灵曜》中早有“地恒动不止,而人不知,如坐闭窗舟中,舟行而人不觉也”。

在对物理学的探索过程中,曾有多少物理学前辈付出了艰辛劳动乃至宝贵的性命,其中献身于宇宙结构探索的物理学前辈们就是最好的例证。

文艺复兴时期的波兰天文学家、数学家、神父——尼古拉·哥白尼(Mikołaj Kopernik,1473—1543)40 岁时,提出了“日心说”和“地动说”,改变了人类对自然对自身的看法。经过长年的观察和计算,在 1543 年临终前公开发表了他的伟大著作《天体运行论》(*De Revolutionibus Orbium Coelestium*),他观测计算所得数值的精确度是惊人的。

作为哥白尼“日心说”的热烈拥护者——意大利思想家、自然科学家、哲学家和文学家的乔尔丹诺·布鲁诺(Giordano Bruno,1548—1600)则积极主张宇宙是无限的,并大胆设想:太阳系只不过是飘浮在无垠空间中的无数同样体系中的一个而已。为此,教会视布鲁诺为异端,1592 年被捕入狱,最后被宗教裁判所判为“异端”而烧死在罗马鲜花广场。

1609 年,意大利物理学家、数学家、天文学家伽利略·伽利雷(Galileo Galilei,1564—1642)用自行装置的望远镜,对天体作了仔细观察后,取得了对“地动说”毋庸置疑的证据,生动地回答了人们对“地动说”的怀疑——既然地球在绕太阳高速地旋转,为何人们感觉不到呢?

伽利略深刻地指出:“把你和一些朋友关在一条大船的甲板之下的船舱里,让你们带着几只苍蝇、蝴蝶和其他小飞虫。舱内放一只大罐,罐中有几条鱼。然后,在舱顶挂上一只水瓶,让水一滴一滴地滴到下面大罐中。船停着不动时,你留神观察,小虫都以等速率向舱内各个方向飞行,鱼也向各个方向随意游动,水滴滴进下面的大罐中。你把任何东西扔给你的朋友时,只要距离相等,朝这一方向也不必比朝其他任何方向用更多的力。你双脚齐跳,无论向哪个方向跳过的距离都相等。当你仔细观察这些事情之后,再使船以任何速度前行,只要运动是匀速的,也不或左或右地摆动,你会发现,所有上述现象也丝毫没有任何变化,你也无法从其中任何一个现象来确定,船是在运动还是停着不动。即使船运动得相当快,在跳跃时,你将同以前一样,在船舱地板上跳过相同的距离,你就是跳向船尾也不会比跳向船头来得远。”

然而,1616 年,教皇法庭公开宣布禁止“地动说”,并在 1633 年宣判了伽利略有罪,一直把他软禁在佛罗伦萨郊外。这件 300 年前的冤案,一直到前几年才获得罗马教廷平反。教皇在涉及伽利略问题时,深有感慨地说:“科学的发展要求我们改变传统的布道方法。”

应该说,了解上述这些历史事件,对于学习物理学是有益的。不仅是知识视野拓宽了,还激发了学生的求知欲,至少让他们能更深刻地理解了为什么说“科学的入门处就是地狱的入口处”,也才能更明白为什么自然科学家必须要有较常人有更充实的人文关怀精神。

但很遗憾的是,我国目前各类学校使用的物理教材对整部近代物理学的进展及其思想渊源少有叙述。笔者在大学物理系就读时,就并不知道这许多重要的物理思想是怎么得来的,而且在图书馆里也很少能见到有关物理学史方面的典籍。直到最近有幸读到了由上海教育出版社出版的《物理学史》。

《物理学史》封面

《物理学史》是由日本学者広重徹先生所著。他为我们谱写了一部从 16 至 17 世纪经典物理学的诞生直到 20 世纪初相对论和量子力学建立的较完整的物理学史诗。笔者上述所引的文字均出于该书。作者在《物理学史》中历数家珍般地介绍了一大批叱咤风云的物理学精英,如哥白尼、伽利略、惠更斯、牛顿、麦克斯韦、卢瑟福、玻尔、海森伯、狄拉克、泡利、爱因斯坦……栩栩如生地描述了“判天地之美而析万物之理”之顽强探索者的神采,以及他们惊天地泣鬼神的动人故事。大师们顽强的求索精神,严谨的治学态度,给我们以很大的激励。作者所用的素材不少是国际学术界对物理学史最新的研究成果,并尽可能纠正有关物理学史上的讹误。遗憾的是，中译本中将部分外文的出处都给删除了，其实这些出处是很有价值的，这一来确会给读者进一步研读物理学史平添诸多不便。

面对当代物理学的兴盛，作者在书的末尾这样预言："目前处于世界物理学领导地位的是美国，其次是苏联，日本也开始在世界物理学中占有不可忽略的地位。同时，在不久的将来，中国也会有很大的实力，这一点是大致可信的。"

如果我们的祖先在两千多年前就曾对物理学发展作过伟大的建树，那么今日的我们在物理学上也一定会作出无愧于前人的更伟大的建树，"这一点是完全可信的"。

（《物理学史》由日本学者広重徹著，祁关泉等译。1986年3月由上海教育出版社出版，手头已无该书，故责任编辑不清。当年在社资料室"每月新书"陈列架上欣喜地读到了该书。本文曾刊于1986年8月25日《书讯报》）

诱人的宇宙密码

1977 年 11 月，作为纽约科学院执行主席、洛克菲勒大学客座教授的物理学家海因茨·R. 帕格尔斯(Heinz R. Pagels，1939—1988)，参加了为表彰美国物理学家、核磁共振仪的发明者伊西多·艾萨克·拉比(Isidor Isaac Rabi，1898—1988)教授而在哥伦比亚大学所举行的报告会。拉比教授因“用共振方法记录原子核的磁属性”于 1944 年荣获了诺贝尔物理学奖。作为科学泰斗的拉比还是美国布鲁克海文国家实验室(BNL)和欧洲核子研究中心(CERN)的主要创建人之一。

伊西多·艾萨克·拉比教授

报告会上，拉比教授即席发表了轰动物理学界的演说。在他的演讲中，最令聆听者印象深刻的是，他埋怨物理学家没有使物理学振奋人心的成就更加广泛地为人所知，广大物理学家们在科学普及方面所作的贡献远不及科学幻想小说家们。

帕格尔斯听了这番话，顿觉坐立不安。出于对科学的崇敬以及普及科学知识的强烈责任感，当即决定撰写一本涉及物理学最前沿的介绍相对论、量子力学和当代宇宙论的科学普及读本，让许多并不熟悉物理学而从事其他事业的人们也能一览 20 世纪物理学激动人心的成就，并尽可能地展示物理学概念上的每一个新发现对其他学科乃至人们生活方式、思维方式所产生的或者将会产生的深刻影响。

在获得挚友约翰·布罗克曼的支持和敦促后,帕格尔斯便写成了这部几年前曾风行美国的《宇宙密码——作为自然界语言的量子物理》。现在,此书已由郭竹第先生翻译,北京大学物理系赵凯华教授审校,北京大学技术物理系虞福春教授作序,由上海教育出版社出版了。

帕格尔斯用他那种特有的透彻易懂而且富有想象力的描述,将读者引入探索微观宇宙诱人的旅程。为了让广大读者分享作为自然界语言的量子物理学的最新发现的乐趣,帕格尔斯极其巧妙地回避讨论数学,而采用得体的比喻,幽默又不失科学性地娓娓道来。为便于大众阅读和理解,他将全书很简洁地切分成三大篇:

第一篇"通向量子实体之路",这几乎是一部量子理论的发展简史,简洁明了地告知读者,量子理论所描述的世界并不像经典物理学那么直观形象,虽然是可以理解的,但形态是不可见的,两者最玄乎的差异体现在类似时钟的确定性与弹球游戏机的偶然性之中,难怪连爱因斯坦也会坚定地表示"我不相信上帝在掷骰子"。然而,现今的每一位物理学家几乎都已确信"上帝确实是在掷骰子"了。

《宇宙密码》(两种中学生文库版)书封

第二篇"进入物质航程",帕格尔斯则剖析了物质结构的五个层次:分子、原子、核子、强子、夸克,并饶有趣味地描述了物理学家们是如何运用统一场论,重新构想了宇宙初创时的情景——当宇宙还是夸克和其他量子旋转火球时,大爆炸头几秒钟的景观。

在作了简明阐述和贴切比喻的铺垫后,作者才情有独钟地道出了本书的主题——第三篇"宇宙密码",算是点到了正题,水到渠成地揭示了物理学法则的本相,以及物理学家们是如何苦苦求索而终于获得的那些被实验和观察所验证的宇宙本有的秩序。但是,人类认知客观世界的大幕才刚刚拉开,好戏还在后头。

读《宇宙密码》,发现几乎没有恼人的公式,就像在翻阅一部饶有趣味的科学侦探小说,读者听着帕格尔斯的讲述,似乎看到了物理学家曲径通幽的侦探历程,情节跌宕起伏,描述丝丝入扣。帕格尔斯的话语不仅富于哲理,且耐人寻味,不少深意恐怕还在文字的背后,得细细琢磨一番方能嚼出滋味。

在《宇宙密码》中,作者还不惜笔墨地刻画了以敬慕而相互纠缠在一起的两位物理学巨匠,一位是最后的经典物理学家爱因斯坦;另一位则是新的量子物理学先驱玻尔。他们是如何为新理论的创立不懈努力,甚至辩论到他们生命的尽头。

流泻于帕格尔斯笔端的话语既含蓄又富有想象,对近代物理学进展的描摹真的很传神。如若不信,不妨也来打开《宇宙密码》,定能让你也深深感受物理学文化的吸引、启迪和教益,余音缭绕,回味无穷。

(《宇宙密码》1989 年 8 月由上海教育出版社出版,以后又被收入"中学生文库"精选版。笔者作为该书的责任编辑所撰的这篇书评曾发表于 1989 年 10 月 28 日《解放日报·读书》。本文是当初的原稿)

寻找

——读《莺啼梦晓——科研方法与成才之路》

寻找是人类求知欲的本能冲动。寻找既是对目标的探求,也是对以往行为的理性反思。寻找既可视作一种动作,更可理解为一种过程。有史以来,求知欲旺盛的人类无不时时在寻找:寻找物质资料,寻找精神家园;寻找社会发展规律,寻找人类与自然和谐相处的法则;寻找破译自然奥秘的钥匙,寻找传承文明的途径……

细读王梓坤教授近期出版的《莺啼梦晓——科研方法与成才之路》一书,就深深沉浸在"寻找"的感觉之中。

打开《莺啼梦晓》,扑面而来的是辉煌的诗篇——屈原的《天问》:

这浩茫的宇宙有没有一个开头?
那时混混沌沌,天地未分,可凭什么来研究?
穹隆的天盖高达九层,多么雄伟壮丽!
太阳和月亮高悬不坠,何以能照耀千秋?
大地为什么倾陷东南?
共工为什么怒触不周?
江河滚滚东去,大海却老喝不够?
哪里能冬暖夏凉?
何处长灵芝长寿?
是非颠倒,龙蛇混杂,谁主张君权神授?
呵!我日夜追求真理的阳光,
渔夫却笑我何不随波逐流!

屈原当年确在苦苦寻找,他一口气提出了 172 个问题,涉及天文地理、博物神话,高远神妙,发人奇思。后人试图将这些自然与人文的奥秘一一破译,有的也正在被破译,从而在天宇高洁、微云欲散的月明之夜,每当我们冷静地思考各种宇宙现象时,便不能不惊叹自然结构的雄伟壮丽、严整精密。大到银河系总星系,小到原子核基本粒子和复杂微妙的生物界,都遵循各自的规律不断地运动着。

在群星争耀的天空,人们找到了天体运行的轨道;在看不见、摸不着的微观世界,人们发现了原子的结构;在万象纷纭的生物界,人们又找到了演化的足迹与规律,并正在苦苦寻找人类和动物基因组的架构……

王梓坤教授是著名的数学家,也是中国科学院数理学部的院士,他对自然科学有着跨学科的理解和通感。因此,无论纵论历史还是横看风云,所引证的大都是自然科学史上的典型事例。“以人为本”的人文理念又驱使王教授不得不对科学史上的成败得失作令人警醒的思考。诸如,研究过引力问题的科学家很多,为什么不是别人,恰恰是牛顿作出了惊人的贡献? 1774 年普利斯特里加热氧化汞而得到了新的气体——氧气,而他竟会固守着“燃素学说”,对新气体作出令人遗憾的错误解释,他明明已走到了真理面前,为何会当面错过? 19 世纪下半叶,人们对不少化学元素的性质已很了解,但对它们之间的关系及整个自然界元素结构的破译,为什么不是别人,而恰恰是俄国的门捷列夫? 门捷列夫周期律又怎能从理论上预言一些当时尚未寻找到的元素……这一系列疑问,使王梓坤教授的思考进入了一个全新的境界——寻找人才成长的道路与科学研究方法后面蕴含的规律。

《莺啼梦晓——科研方法与成才之路》由卷上与卷下组成。

卷上基本上是王教授在“科学的春天”中发表的《科学发现纵横谈》,只是《莺啼梦晓》的编辑配上了一些插图,稍稍删去了一些带有“文革”痕迹的欠妥的文辞成语段。二十多年前,这本 12 万字的小册子一出版，立即掀起科学史、人才学、方法论诸领域研究的热潮，印了几十万册，仍供不应求。苏步青院士还为这本小册子作了序，给予极高的评价。读者争相阅读，不免洛阳纸贵，这倒不全是思想开禁后的决堤现象，也不全是对王梓坤“十年磨一剑”的理解和捧场，要知道那时候既没有现今的广告或促销意识，出版社也还没学会“炒作”，实实在在的是经典的“酒香不怕巷子深”理念的体现。因为读者从书中收获得太多了，并且也实实在在地感受到：认识一位天才的研究方法，比发现科学进步的本身更重要。

《莺啼梦晓——科研方法与成才之路》三个版本不断演进后的相应的书封

王梓坤教授广征博引，从中国古代四大发明到万有引力、相对论、量子论、生物演化论、元素周期表的惊人发现，从自然科学到人文学科，从宏观到微观，论古道今，纵横驰骋，海阔天空。从近百位中外名家成败得失中，揭示了成才的规律。读者为能在王教授指引下畅游知识海洋而快慰，为能领略王教授诗一般的语言和文采而获得舒适的享受。因此，《科学发现纵横谈》也相继荣获了“全国新长征优秀科普作品奖”(1980)、全国“我所喜欢的十本书”之一(1981)。初版18年后的1996年，《科技日报》又将全书在报上连载，并获得广大科技工作者及学生们的一致好评，这在我国科普出版史上实属罕见。当今不少在学科上执牛耳的大家都曾谈到，当年曾被王先生的《科学发现纵横谈》所倾倒，影响至深迄今难忘。

王梓坤教授并未因《科学发现纵横谈》的轰动或成功而急流勇退，退出科普阵地，回到书桌前继续埋首概率与统计学的研究；也并未因这本书的连连再版，而坐享其成，荒芜了科普园地的辛勤劳作。相反，他的“寻找”力度更大了，王教授深有感慨地说：“科学发现不能没有它，需要的是对人的忠诚、不知疲倦的苦干和巧干。不谋私事谋国事，甘当孺子老黄牛。这样，就能无坚不摧、无敌不克，正是‘十年磨一剑，不敢试锋芒；再磨十年后，泰山也难当。’”

那么，“再磨十年”的作品是什么呢？便是这部《莺啼梦晓——科研方法与成才之路》的卷下——“履尘留迹”。

其实，王梓坤教授并没有切换“寻找”的主题，作为一名大数学家、大教育家，一名声誉卓著的中国科学院院士，他追寻的依然是人才成长与科研方法两大主题。他紧紧衔接卷上的人才培养的“德、识、才、学”之话题，卷下则从探寻优生优育(《嗜酒之深　醉酒之频——陶渊明的悲剧》)，到育人应遵循科学规律，切忌操之过急和揠苗助长，令孩子失去金色童年(《名扬千载与泯然众人——神童的故事》)的警策；从优秀人才成长过程大抵从“精于一”始，逐步发展成“精于博”的规律的揭示；从《天才出于勤奋》《祖冲之的老师是谁》的治学之道，到《评文论史便神飞》，对培养通才的诠释和呼唤；从对“科教兴国”治国之策(《教育强国赋》)的理解，到尊师重教(《教育之火》)理念的推崇。王梓坤教授毕竟有当过北京师范大学五年校长的经历，以后又筹建并执掌了汕头大学数学研究所，并曾荣任过中国高等师范教育学会理事长，对教师生涯情有独钟。因此，1984年，他和北师大几位教授共同倡议在全国设立“教师节”，作为全国人民代表大会的提案并获通过，定每年9月10日为“教师节”。因此，王梓坤教授不无自豪地说：“喜看新鹰出春林，百年树人亦英雄。”这不充分表达了王教授对教师这门阳光下最令人羡慕的育人职业之挚爱与敬重吗？

王教授“寻找”步履中很显眼的脚印是对科研方法的追寻，因为这与成才是相辅相成的。诸如,《齐物以逍遥——论简单明确》《人与自然的智力角逐——自然科学研究的一般方法》《精神的浩瀚 想象的活跃 心灵的勤奋——再论爱因斯坦的科研方法》诸篇都是神来之笔,不仅思想新颖、文字精湛,还处处透射出他所找到的“创新”亮点。而对已经“成才”的当代领导,则语重心长地写了一篇《领导学第一章——读〈领导人〉》,提出了“怎样才能成为一位好领导”的课题,这其实是人才学研究上的一个“盲点”,也是相当重要的治国方略,王教授的话语同百姓的共识——“官之得民与否,去官日见真”,有异曲同工之效。

应该说《莺啼梦晓——科研方法与成才之路》的卷上“科学发现纵横谈”不是1978年版的简单重印,而是经过精心修剪、整理,并配上大量精美插图的大修订本;卷下的“履尘留迹”又确确实实是对卷上主题的深化和延拓,在撰稿时间的先后排序上,足见王教授对寻找成才之路和科研方法的执著。

其实,一些德高望重的学界泰斗和大家都十分注重成才规律,而我们常人又何尝不时时处处也在寻找成才规律呢?

寻找真理是人类永恒的主题。没有过时的真理,只有永恒的真理;没有绝对的真理,只有相对的真理。因此,人类寻找真理的脚步永远也不会停止,永远也没有止境。

由此看来,寻找也是人类执著精神的反映。

(《莺啼梦晓——科研方法与成才之路》2002年1月初版,2008年第二版,2019年第三版。本书出版后多次获奖:2003年获上海市第五届优秀科普图书荣誉奖,2012年获上海市科学技术进步奖三等奖,2013年被中国科协评为当年“公众喜爱的科普作品”——优秀科普图书奖。作为该书责任编辑,本文是笔者应《科学时报》“读书专版”编辑之邀撰的稿,曾于2002年5月10日刊发,后被《新华文摘》2002年第8期全文转载)

野百合也有春天

忧郁是一天，
欢喜也是一天，
用欢喜心去调色，
让生活喜悦自适。
用信念去实现美好的自我，
让我们欢欢喜喜地体会
短暂生命的真滋原味
与生活的现实。

以往的经历给萍稚嫩的心灵带来了创伤，由此她生活在自怨自责中，“一无是处”成了她生活的“咏叹调”。随着青春期的到来，她更深切地体验到自我确认的痛苦，甚至怀疑自己存在的价值……

《野百合也有春天——学生心理辅导案例精选》书封

这是《野百合也有春天——学生心理辅导案例精选》第一篇“擦拭心灵之窗”的卷首语。

心理辅导是一门救心的助人艺术，光有理论不够，恰当的辅导技能是有助于患者克服心理问题、跨越心理障碍的关键。

据国内权威部门的调研结果发现，我国约四分之一家庭至少有一名家庭成员有心理障碍抑或行为障碍；而在17岁以下的中小学生中，心理问题和心理障碍的检出率为12.9%，而且还呈逐年上升的趋势。可见，中小学生的心理问题或心理障碍已到了非密切予以关注不可的地步了。

这里所说的“心理问题”就是指那些只局限于在引发事件本身，反应不甚强烈，对人的整体活动、心理反应还没有较大影响的问题，如学习焦虑、自卑心理、网络综合征、情感困惑、交际困惑等。而“心理障碍”则是指反应甚强烈，持续时间较长久，内容较泛化，本人心理负担很沉重的心理异常，如抑郁症、失眠症、强迫症等。

造成中小学生存在各类心理问题或心理障碍的原因是多方面的，其中有社会转型所带来的家庭地位（主要是经济地位）变更、父母离异、学习和升学压力、传统教育方式（包括内容）与时代要求的不相适应，当然还有青春期成长的烦恼……

有识之士早已理智地呼吁：中小学生心理素养是整个素质教育的核心之一。1999年，教育部也专门发文，要求全国每所中学必须开展心理健康教育活动，并设置了相关课程。因此，努力造就一支由教师和家长共同组建的合格的学生心理辅导队伍，已到了刻不容缓的地步。

不是吗？近年来，青少年出走、杀人、自杀、逃学、痴迷网络、考试焦虑……甚至非理智的、恶性的心理行为也频频发生，中小学生心理问题或心理障碍已日益为整个社会所关注。以往人们总会不加思考地将这类心理健康问题往“社会风气”上推，而今人们已经清醒地认识到这是独生子女一代较集中暴露的心理健康问题，也是应该由全社会共同关注的社会问题。尤其是作为中小学生的家长，也已自发地意识到孩子心理问题的重要性，但苦于不知如何有效地去帮助孩子跨越心理障碍。

虽然，中小学生的诸多心理问题或心理障碍有不少共性的表现，但集中地呈现为个性问题，即亟待进行个案辅导的问题。

这里所谓的“个案辅导”，当然不仅仅由家庭来承担，也应是学校心理辅导中极为重要的一环。毕竟“个案辅导”必须通过鉴别、诊断、分析与干预等科学过程，来解决学生个别心理困惑的一种辅导形式。对整个学校心理辅导工作来说，面向全体学生的心理健康教育与针对个别学生的个案辅导是缺一不可的两个方面，但相比之下，个案辅导的难度更大，需要具备更高明的技能。而对于有心理问题或心理障碍学生的家长来说，他们所面临的则是实实在在的（或者说是不折不扣的）“个案辅导”问题了。

因此，对担任“个案辅导”者的心理教师与家长来说，怎样与学生建立支持性的人际关系；应该掌握哪些心理学原理与技能；该怎样把握好辅导顺序，以达到让有心理问题或心理障碍的中小学生能正视困惑，乐于接受辅导；又该怎样尽可能优化辅导过程以获得较理想的效果……恐怕都是亟待解决的大问题了。

面对一系列“该怎样”，与其说是心理辅导的理论问题，更应该说是辅导者该掌握好的技能问题。也就是说，辅导者应该怎样巧妙地让求助学生（孩子）意识到自己的问题，能直面现实，激起强烈的求助（治）愿望，这才为治疗效果打下坚实的基础。怎样体现“心诚则灵”的原则，让求助学生对辅导者有较深的信任度，从而敢于倾诉和宣泄，有助于情绪调整……让求助的学生能有安全感、希望感和自信感，才是“个案辅导”成功的关键。怎样让求助学生从辅导者那里获得他（她）极希望了解的信息、知识和心理解释，有助于修补或治愈心理创伤，使受损的心理尽快康复并进入崭新的轨道。辅导者该怎样有针对性地采用合理的行为干预法，去有效地帮助求助学生，共同探索并重塑新的行为模式，或者说该怎样有的放矢地帮助求助学生调整被曲解的想法、调整人际关系，使用富有魅力的沟通艺术，去疏通与家庭、同学及周边人们的关系，增强社会适应能力和往后的生存能力……

当然，心理辅导的技能远远不止上述所罗列的几个方面。再说，每一位求助者情况各异，难有辅导的“标准模式”或“标准技能”可循。假如对这些技能仅作泛泛而谈的描述，哪怕有生花妙笔，读者（尤其是教师和家长）肯定也会兴味索然，甚至觉得既玄乎又枯燥。毕竟学生的心理辅导是一门个性化极强的艺术，理想的办法，恐怕就是借助成功的案例的铺陈与分析，由读者借此获得启示以“悟道”了。

由上海教育出版社组织多位长期从事中小学心理辅导专家，将他们多年所积累的“个案辅导”做得较成功的案例，做了一次整理与精选，编成了《野百合也有春天——学生心理辅导案例精选》，相信会对专业心理辅导教师和家长都有帮助。书稿选编了34个成功案例，按内容分成探索自我篇、情感辅导篇、学习辅导篇和行为辅导篇等四个部分。每个案例分别由案情叙述（较详细）、个案小结和个案点评三部分构成。在有催人泪下的可读性的前提下，科学性和可操作性是选编者的选文愿望，尤其是心理辅导技巧的点拨，耐人寻味，发人深思，这方面确实是本书的亮点，也是撰稿者的神来之笔，能起到画龙点睛之效。这34篇案例叙述的内容涉及初中生自卑心理、中学生学校生活不适应、网络痴迷、小学生性别角色模糊、青少年“牛犊恋”、离异家庭学生情感困惑、高才生考试焦虑、小学生多动症、学生攻击性行为等，重在客观地记录辅导过程细节及所采用的技能。也可以说，本书几乎涵盖当前中小学生心理问题和心理障碍的大致范围，从针对性、可操作性和参照性来说，对广大教师和家长无疑具有较大的参考价值，也给心理研究工作者提供了鲜活的个案。

不信？你不妨阅读几个你感兴趣的案例试试。

（《野百合也有春天——学生心理辅导案例精选》2003年1月由上海教育出版社初版，以后连续重版。笔者作为该书责任编辑，本文是编余笔记，曾刊于2003年6月13日《文汇读书周报》，题目为“掌握心理辅导的技能——读《野百合也有春天》”）

寻找你的“通感”

——读《科学如此多娇——科学和科学家的诗魂》

文化史研究的学者们断言:学科“大统一”是必然趋势。

人们口中时常会冒出“整合”这个词,体现了从内心所产生的欲将相关信息合成以达到整体效果的愿望。

钱定平先生认为:科学与文艺相通的表层原因是“通感”(Synaesthesia),即把视觉、听觉、嗅觉、味觉和触觉等通过艺术的联想和想象作相互移借、融合与贯通,达到整合效果。这也可追溯到《庄子·齐物论》中所描述的“恢诡谲怪,道通为一”(指各种离奇怪异的事物,从道的角度来说都可相通为一)。

整合上述种种理念,创作的一个很亮眼的产品便是钱定平先生为我社“科苑撷英”丛书所著的《科学如此多娇——科学和科学家的诗魂》。

诚如该书副题,书稿充溢着美丽的诗篇和哲理的思考。剖析一下书的结构便可了然。

《科学如此多娇》分为八大篇,分别为:格物诗情,算数诗心,博物诗意,域外诗苑,环保诗景,风、雅和鸣,人文颂歌,邂逅诗宗。真可谓“篇篇不离诗,文文述科学”。

将诗与科学联姻,挖掘科学与文艺间的“通感”,巧妙地构建科学与人文间的桥梁,这是钱先生近年来一直努力着的。

钱定平对人文素养有独到的见解。他认为虽然“人之初,性本善”,但人的涵(素)养倒是后天养成的。孟子所言的“我善养吾浩然之气”,这“浩然之气”便是人格和文化。这也就告诫人们:欲成才,光有知识不够,人要有文化。这“文化”中既涵盖知识,更统领学养(素养)。其中人文涵养更不可少,它是成功的铺垫,是一片创新的环境,一种营养的氛围;说得更具现代气息一点,那就是创设一个“工作平台”。

关于这种人才学的认识,古人早有精辟的论述:士之致远(有大成就)者,当先器识(注重人格修养)而后文艺(专业)。钱先生言之凿凿地以1949年诺贝尔物理学奖得主、日本物理学家汤川秀树为例。汤川先生自认为,他能在核力理论基础上预言介子的存在,完全是得益于熟读了庄子。20世纪50年代,他想起了庄子“倏与忽为混沌凿七窍”的故事①,从中却联想到宇宙万物最基本的物质并无固定的形式,虽未分化,却具有能分化为一切基本粒子的可能性。由此深受启发,作出了存在介子的大胆预言。

可见,对科学工作者而言,人文素养是何等重要!当然,也少不了实验事实。科学与人文实乃相辅又相成。

例如,打开《科学如此多娇——科学和科学家的诗魂》,古今中外名诗佳作信手拈来。钱定平也确有这般能耐,让读者的思绪作超越时空的飞翔,产生科学与人文的翩翩联想。诸如,首篇“格

---

① 南海的帝王名叫倏,北海的帝王名叫忽,中央的帝王名叫混沌。倏与忽很要好,经常相聚。为了方便,相聚地点选在了距离两人住地等距的中央领域。混沌作为东道主,非常热情,为倏、忽的相聚提供了理想的条件,倏与忽都特别感激。时间久了,倏与忽商议报答混沌。两人认为,人人都有七窍,唯独混沌上下无别,内外无分,囫囵一个,没有七窍,想让他像常人一样享受畅快的生活。征得混沌的同意后,两人便开始每天为混沌凿通一窍。第七天七窍全部凿通,混沌有了凡人的形态,却死了。混沌为什么死了?因为破坏了原本的样子,损害了自身的本性。他原本是混混沌沌、无所分辨的,现在有了七窍,有了分界,开始辨物,失去了自性。庄子故事中的混沌代表的是道,是宇宙的原本——人类之初。道本来是浑然一体,宇宙本来是无南北方向,混混沌沌、无心无欲。由于天地的开辟,破坏了大同;万物的滋生,破坏了宇宙的混蒙;人类的开化,则破坏了原始的敦厚;由于智能的开发,破坏了孩子的童真……

庄子的这个故事有深刻的寓意:客观的存在确有其内在的道理,要顺其自然。若强要人为改变,只会带来毁灭性的破坏。

物诗情”中的《想象比知识重要》，以爱因斯坦的“我在自由运用想象上是可做一名艺术家的。想象远比知识重要，知识有涯，而想象能环抱整个世界”的精辟论述为主线，串起了河图洛书、拿破仑的思维方式、巴尔扎克的《人间喜剧》、荷兰画家艾舍的《骑士图》、李政道和杨振宁的“弱相互作用下宇称不守恒”原理、德国女数学家诺特的思维方式、凯库勒的苯环构想、“大玩家”费恩曼的奇思妙想，直到钱锺书先生的“通学”思考……思维驰骋，天马行空，时空交错，娓娓道来，旁敲侧击，举重若轻，构思精巧，弦外有音。逼着读者也展开联想的翅膀，并在不经意中亦能悟出科学与人文是可以贯通的，也应该是相辅相成的，从而激发读者作跨文化的思考，能动地做学科整合之有心人。

又如，“风、雅和鸣”篇中的《跟月亮待一会儿》，光读文章名，已令人心醉了。在近万字的文中，从说月、诵月到科学家登月，从想象到现实，从古人到今人，看似东拉西扯，又欲入戛止，文散神不散，却清晰地表述了关于自然现象的人文思考：假如月亮关上了，那么“艺术和科学没有了，小说没有了，诗歌没有了，物理学没有了，数学没有了，当然也就没有了那照亮黑夜和人心的一片银……”

《科学如此多娇——科学和科学家的诗魂》图书封面

粗粗统计，在这样一篇短文中，光涉及诵月的中外名诗不下 30 首。诚可谓文到诗到，既有灵动的景致，又有抒情的张力，文辞华丽，委婉深沉，说理精到，力透纸背，且耐人寻味。拜读这些文字时，真被钱先生的博古通今、科学底蕴和文学才华所折服。

俗话说“功夫在诗外”。钱定平的底蕴和才华，他做学问的功夫，以及文、理“两栖”的能耐，与他在国外多年的游学经历也是分不开的。早年他从上海赴北京大学数学系专攻数学,毕业后又打道回府入复旦大学,读语言学研究生,横跨数理与中文,擅长计算机科学与语言学。在国内大学教了几年书,做了几年科研,又走出国门,去欧洲、美国做科研,并在奥地利等国的几所大学从教。前几年刚回国,便“不安分”地搞起文学创作,并做起“跨文化”的研究。因此,思想产品也喷溢而出:《海上画梦录》《爱情变奏曲》《欧美琅嬛漫记》《美是一个混血女郎》《春天去布拉格》(与余光中等合著),以及港台繁体字版的《文化柔肠科学魂》《喂饱你的眼睛》,等等。

认识钱定平是从读他发表在《文汇报·笔会》的文章开始的。从剪报《关上月亮之后》诸篇起,笔者便留心钱定平的文迹。因为早就心存编一套原创性学科杂交读本的念头。自 20 世纪 90 年代初策划《中国科学院院士自述》起,也一直在搜寻有科学背景的作家写出一些人文感悟的文字,能在学科交叉处生些意象,让年轻人悟到一些学问的真谛。

美国作家冯·内古特曾说:“我总是尽量靠近边上而不越过去。在边沿站着,你能够一览无余,而在中心就办不到。”有科学背景的人,往往是站在人文学科边缘的,他们能用科学的眼光来审视人文,视角独到,也往往能欣赏到人文学者看不到的奇特风景。

20 世纪 60 年代初,英国学者斯诺在《两种文化》中所描述的景观,随着技术的进步、学科的渗透,已经得到略微改观,人们不再固守文化分家的习俗,不再文理间“鸡犬之声相闻,老死不相往来”,有了相互沟通的“诚意”与“可操作性”。因此,以“科苑撷英”为丛书名的科学人文读本也就初见端倪。前几年已相继出版了杨福家的《博学笃志》、王梓坤的《莺啼梦晓》、沈致远的《科学是美丽的》和近期出版的《清澈的理性》《蔚蓝的思维》。然而,要找到真正理想的作者实在如下洋捉鳖——艰难。

出于一种职业的敏感,笔者在见到钱定平的文章后,马上用“搜索引擎”将之作为目标锁定。三年前经过《文汇报》同仁提供的信息，与钱定平通了电话。没过几天，适逢沈致远妻子、诗人怀宗自美国来上海，便同她一起去拜访了钱定平先生。那时，钱定平还住在上海西北角的颐宁园。那天开门迎接我们的是一条大白狗，支起两只前肢扑向怀宗，似乎表达了主人展开双臂迎接远道而来的客人。钱定平衔着烟斗，书桌上正用德文写着一篇文稿。他以沙哑的嗓音开始与我们对话，很快切入正题。记得那天，钱定平对“通感”做了一番很有说服力的诠释，讲了一个故事：20 世纪 70 年代，杨振宁提出了“杨—米尔斯”规范场理论。后来，他才发现这跟陈省身的纤维丛可以沟通，“原来是一头大象的各个不同部分”。杨振宁不禁对造化之工、万物之妙感叹不已，于是提笔写了一首诗：

天衣岂无缝，匠心剪接成。
浑然归一体，广邃妙绝伦。
造化爱几何，四力纤维能。
千古寸心事，欧高黎嘉陈！①

这就是“通感”吧！

钱定平在不停地追寻“通感”，那天的稿约，我们也彼此有了“通感”。大约过了一年半，钱先生送来了这本书稿，几经增删，几经梳理，几经斟酌与打磨，由最初的《并蒂莲燕语》更名为《科学如此多娇》，以雅俗共赏，献给读者。出版近一年，得到众多读者的好评，最近又经读者网上投票，被选上“信息网络杯 2004 年上海市振兴中华读书活动——我最喜爱的 20 本书”之一。

钱定平在北大的同窗、中科院杨乐院士曾为《美是一个混血女郎》一书写过这样一段话：“在自然科学与人文、社会科学之间，有些基本点是相通的。然而能像钱定平君如此融会贯通，浑然一体，并有所发挥者，则十分罕见矣……对我们这些整天在一个专门领域里耕作的人是一本很好的读物，无论对一般读者，还是各行的专

① “欧高黎嘉陈”指五大几何学家：欧几里得、高斯、黎曼、嘉当和陈省身。

家，钱君的文章都会起到开阔眼界、启迪思路、增强悟性的作用，无形中对自己从事的工作有所裨益。”

《科学如此多娇——科学和科学家的诗魂》对读者是否“有所裨益”？

我想，诸君也不妨一读。

（《科学如此多娇——科学和科学家的诗魂》于2004年1月由上海教育出版社出版。本文以“寻求你的‘通感’”为题刊于2004年7月《学生导报》）

读好人生这部大书

——《院士怎样读书》的启示

我不是一个思维型的人,但不止一次尝到读书时多思考的甜头。古人曾劝人"从无字句处读书",要"读一句能识其正面、背面",从书的字里行间思索出新意是我毕生的追求。

——(生理学家)王志筠

我最欣赏华罗庚院士的比喻:读书要由薄到厚,再由厚到薄。其实《老子》也表述过这种意思:为学日益,为道日损。就是讲辩证地读书。

——(结构力学专家)尤驭球

学习人文起码有两个好处:一是渊博知识,开阔视野;二是树立对国家民族高度责任感。人文管灵魂,管塑造人格。现在提倡科学的原创性,原创性的突破没有人文基础不行,人文恰恰是开放性思维。

——(机械工程专家)杨叔子

人的差别主要在八小时之外,八小时之外的兴趣爱好决定这个人的基本素养。我是学药理的,读书做学问是习惯了的生活,喜欢藏书和戏剧则是兴趣使然。现在不为稻粱谋,不为名利求,老来坐拥书城一点也不寂寞。

——(药理学家)秦伯益

人应该有广泛的兴趣,世界上有那么多美好的东西,你一点不知道是很遗憾的。我现在读小说,听音乐,浏览诗词,连好的电视剧也不放过。不管怎样忙,读些闲书扩大视野总是需要的。

——(加速器物理学家)谢家麟

其实,人的一生都在捧读两种书:一种是铅字印出来的书;另一种是脚步蹚出来的书,又叫"人生的书"。读前者容易,读后者难。

——(矿产地质学家)裴荣富

这几段有关读书的格言均从上海教育出版社出版的《院士怎样读书》中摘选。

本书的作者侯艺兵先生是一位人物摄影家。自20世纪90年代起,他用手中的照相机成功地拍摄了《院士风采》《中国工程院院士》《世纪学人百年影像》等大型影集中的照片,并屡屡获奖。

多年前,艺兵同我商议,能否出一套小册子——"走进院士"丛书,让广大读者走进院士的生活,了解院士的情操,展现院士的风采。拟选题:院士书情、院士嗜好、院士童年……我们一拍即合。前提是必须一反常规,以图片来配文字,直观生动。为达到图文并茂、通俗易懂之功效,文稿尽可能写得软些,让读者充分体会到院士也是普通人,他们也有常人的喜怒哀乐和情感生活,也有成功的激动和失败的苦恼。并决定先推出有关院士读书的故事。

选题确立后,我即申请了上海科普创作出版基金,有幸获得3万元专项资金的资助,便将其抵冲部分成本,让书价尽可能压得低些,以惠读者(主要读者群是广大学生)。因此,眼下这本一百多页24开本全彩色的《院士书情》(再版时改作《院士怎样读书》)仅售15元。其性价比,在当前图书市场中应该是很有竞争力的。当然,能否被读者接受,主要取决于图书的内在质量。

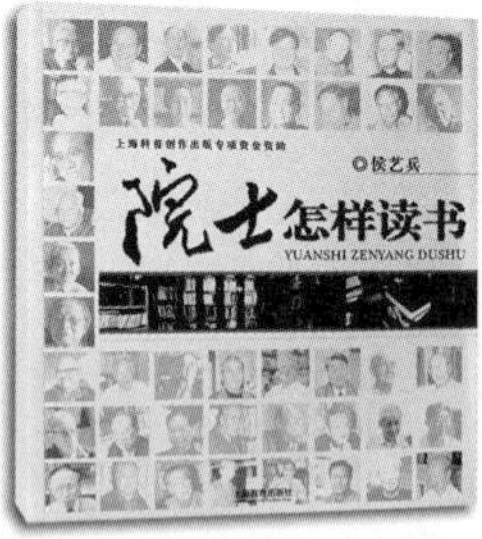

从《院士书情》到《院士怎样读书》封面

诚如书名,这本以彩图为主的小册子,介绍了56位中国科学院院士和中国工程院院士们的“读书情”“读书经”:科学大家们读些什么书;他们怎样读书;他们的书房怎样;他们各自有什么与书有关的故事……

常人总以为,作为大科学家的院士,天天不是实验室、教室,便是书房,而在书房,他们也总会正襟危坐,手不释卷地读大部头的专业书。艺兵的镜头和采访笔记告诉读者,情况并非如我们的想象,这些自然科学家读书面之广,对人文书籍的偏爱,大大出乎我们的意料。不少院士无论在求学时代,还是成了院士之后,都钟情于读武侠小说。天体物理学家陈建生就是一个“武侠迷”,《鹤惊昆仑》《铁骑银瓶》在读小学时就喜爱看,至今仍一拿起《金庸全集》就放不下,书橱中除了藏有一套精装本外,还特意买了一套简装本,供平时或出差途中阅读。叶笃正院士则情有独钟地说:“看武侠小说能消闲,也能读出道理来。”“我认为侠客能绝处逢生,主要靠写书人的想象力,在时间和空间的尺度上有回旋余地,才能出乎人的意料。做学问也同样道理,遇到困难需要放开思路,借鉴作家丰富的想象力。山穷水尽时,放下手中工作,换一个角度思考,往往夜深人静会灵感突现,于不通处求通达。”

“两弹一星元勋”于敏院士喜欢读中国历史和古典文学,《资治通鉴》和《红楼梦》令他常读常新,而《中国京剧》又是这位核物理学家每期必读的杂志。

物理学家经福谦院士则爱读具思辨性与哲理性的书籍,林语堂的《中国人》《爱因斯坦晚年文集》《朱自清文集》《守住灵魂》等是他百读不厌的典集。他还向广大读者推荐被世人誉为“人格修炼的圣经”——塞缪尔·斯迈尔斯的力作《品格的力量》。

无论从系统工程学家许国志院士酷爱古体诗词,并自己选编了《古今词五十调》,还是固体物理学家冯端院士擅长象征派诗作译写,沉浸于里克尔的诗境,都表明“唯诚方可优育天下,唯书方可智育人生”。

《院士怎样读书》告诉读者在科学大家背后的执着读书与诚

实做人、认真做事的动力，乃是院士们的人文精神和人格魅力。这种精神与魅力是浸润科学人生每一个细节中的潜流，虽不可见，却实实在在地展现：人的品格有多高，其成就也就有多大。

至于院士们的读书环境和藏书选择，更是各具个性，令读者启迪无限。陈述彭院士的书房是多功能的：读书写作、娱乐通信、接待研讨；吴传钧院士的书房是生态的：巴西木、宝塔竹、蝴蝶兰，满目苍翠，一室芬芳。不少院士的书房却又简陋得令人咂舌，韩德馨院士书房中的一张大床占据了半间房，床上居然也堆满了书；丁舜年院士的书房竟搭在不足 5 平方米的阳台上。丁老感慨地说："一辈子所有的黄金时光都给了工作和读书，一生除了书再无其他。只要有书看，窗外喧哗闹市、车水马龙皆过眼烟云。"真陷入了"躲进小楼成一统，管他冬夏与春秋"之境界。院士们嗜书如命的阅读姿态和书柜、书房的画面都被艺兵用镜头鲜活地捕捉到了。

《院士怎样读书》中还介绍了不少院士有趣的读书故事。杜祥琬院士以书传情，讲述了一段爱情故事；吴文俊院士回忆了"文革"中忍痛卖书的难忘史实……

56 位院士讲述的与书有关的故事，没有空洞的说教，没有程式般的套话。从数百张院士读书的彩色写真中，从他们亲笔手书的读书格言中，让我们聆听大师们"学问之道无他，求其放心而已"的心声，可欣赏大师们读书做人的心灵画卷：伴书成才，智育人生；成功时读书，挫折时更会发愤读书；读科技书，也读"杂书"；读理论书，也读实践书。

其实，怎样读好人生这部大书，才是《院士怎样读书》给广大读者的心灵启迪。

（本书 2004 年 1 月以《院士书情》之名由上海教育出版社出版，2006 年 1 月重版时书名改为《院士怎样读书》。本文《读好人生这部大书》首先发表于 2006 年 7 月号《群言》杂志，2006 年第 20 期《新华文摘》在第 135 至 136 页予以全文转载）

中国是我心中世界开始的地方

杨福家与《博学笃志》

赶在昆明书市前,杨福家教授的《博学笃志——知识经济与高等教育》一书问世了。作为“科苑撷英”丛书之一,这本笔谈涉及知识经济,涉及高等教育,也涉及这两者间的关系,恐怕杨福家教授是这个论题最合适的作者了。

为什么呢?

杨福家教授是著名的核物理学家。作为新中国派往西方国家的第一批学者之一,1963 年他赴丹麦哥本哈根的玻尔实验室进行研究与工作。两年的学术熏陶与浸润,领悟了哥本哈根精神的真谛——科学无国界,科学家是有祖国的。回国后,杨福家一直在核物理学术前沿探索,成绩骄人。因此,在 55 岁那年(1991 年)就被选为中国科学院数理学部委员(院士)。1996 年他与汉密米尔顿(J. H. Hamilton)合著了《现代原子与原子核物理》,并由美国 Mc Graw Hill 出版,是该出版社 50 年来这个系列的第 16 本丛书,也是我国学者在此系列专著中出版的第一位。科学上的一系列成果又把杨

《博学笃志——知识经济与高等教育》书封

福家教授推向领导岗位,他曾先后担任过复旦大学校长、上海市科协主席以及许多重要的学术领导职位,至今他仍为中国科协副主席、中科院原子核研究所所长。因此,深厚的学术功底,非凡的学术洞察力,敏感的科学见解铺垫了杨福家教授阐述知识经济理论的基底。

20世纪60年代中期自丹麦回国后,杨福家一直坚守在复旦大学讲坛,对高等教育的孜孜以求,对成功办学的不懈探索,使他在1996年起被国际大学校长协会选为执行理事,创下了国人的又一个"第一",即成为我国第一位进入该权威机构执行理事会的理事。自1993年起担任复旦大学校长,担起了中国著名高校教学管理者的重担,六年"追求卓越,争创一流"的业绩,为国家造就大批栋梁之材和不少杰出学者,扩大了复旦的国际声誉。难怪他离职后,立即受到国际社会的关注,并被英国著名的诺丁汉大学选聘为校长。这又创下了国人之"第一",即第一位在英国名牌大学担任第一要职的中国公民。诚如中科院路甬祥院长和李政道教授等在贺信中所表示的:这是中国国际地位提高的标志,是中国人的骄傲;诺丁汉大学校长一职一向是由英国王室成员担任的,今天能聘杨福家教授,绝对是因为"鉴于杨福家教授学术成就及国际影响"。毫无疑问,英国人是不会选一位吹牛拍马的庸才、南郭先生或说假话的人去当校长的,否则会砸自己的品牌。

另外,杨福家教授的家教也值得研究,毕竟他们一家出了两位院士,其兄杨福愉教授是一位著名的生物化学家,也是在1991年当选为中国科学院学部委员的。因此,无论从自身成长的经历,从长期从事高等教育管理的体悟,还是从中外教育比较研究的理念出发,杨福家教授无疑是对知识经济时代的高等教育这一命题的最佳诠释者。

《博学笃志——知识经济与高等教育》所收的五十篇文稿,是近年来杨福家教授"追求卓越"的思想轨道。

王选院士曾对复旦学子说:"在复旦求学期间,谁没听过杨校长的学术报告,那就是最大的遗憾了。”

出生于浙江镇海的杨福家也确实善于言谈,且语言精当,富含哲理。这本集子所录文稿集中反映了杨福家教授对人生、对世界、对祖国、对自己、对未来的一种理解。这种理解有一种吸引人的特质,这就是毫无迟疑的信念和决无虚妄的豪情。而这种信念和豪情对当代大学生和教育管理者,对科研机构研究人员及政府公务员,都应有不少启迪。

下面,简述一下杨福家教授的主要思考与理念。

知 识 经 济

我们正处于经济大转变的时代,传统的以大量消耗原材料和能源为特征的经济正在逐渐丧失昔日的荣耀,一种全新的基于最新科技和人类知识精华的经济形态已经显示出勃勃生机,并表现出巨大的发展潜力。这就是知识经济(Knowledge Economy)。

这是杨福家教授 1997 年 10 月 3 日接受《文汇报》记者采访时的基本观点。请注意,那年 2 月美国时任总统克林顿才第一次在演讲中提及“知识经济”。因此,杨福家教授无疑是在国内媒体上阐述“知识经济”观点的第一人。那么,知识经济的内涵究竟是什么呢?

杨福家教授系统地研究了哈佛大学社会学家贝尔关于“后工业社会是围绕知识组织起来”的思想;未来学家托夫勒关于“在我们的第三次浪潮建设新的信息领域”的观点;奈斯比特的专著——《大趋势》的核心思考;德鲁克关于“知识生产率将日益成为一个国家、一个行业、一个公司竞争的决定因素”的理念,以及温斯洛、布拉马合著的《未来:在知识经济中把知识投入生产》等专著的思考……杨福家教授并没有因为披挂理论而故步自封,他还对知识经济的代表人物——比尔·盖茨的成功之道作了细致的剖析,尤其是 1996 年 6 月 28 日,当比尔·盖茨访问复旦大学时,作为复旦大学校长的杨福家聆听了比尔·盖茨的专题演讲，还与他就知识创造财富的经济新动向有意作了细致对话。带着对“知识经济”的探索热情，杨福家还走出校门和国门，先后拜访过美国总统科学顾问基沃思博士（1986 年），探讨了美国高等学府与国民经济的关系，研究并探讨了美国教授经商的举动，从洛斯·阿拉莫斯实验室高级研究员摩根博士创办工业计算机断层扫描公司的成功之路，分析教授当老板而引发的高新技术企业纷纷崛起的“美国现象”。1997 年 4 月杨福家出访了挪威、比利时、西班牙、瑞典，力促工业界与大学合作。1998 年 6 月，杨福家教授又赴英国实地考察，发现英国大学与工业界的结合……一系列实践与理论均展现“知识经济”已初见端倪。

此外，杨福家教授还热衷于“个案”研究，如对美国硅谷成长的分析；对芬兰诺基亚公司的研究；对人口只有 800 多万，60% 领土为沙漠的以色列成为高科技强国、农业强国等“个案”的剖析……他极有见地地向广大读者传递了关于知识经济特征与前景的一系列理念：

- 以比尔·盖茨为代表的软件知识产业的勃兴是当今世界知识经济初具框架的标志。

- 以知识作为资本发展经济，知识作为生产要素中最重要的一个组成部分。

- 在农业经济时代，“土地是财富的父亲，劳力是财富的母亲”；在工业经济时代，财富向掌握自然资源的人手中集中；在知识经济时代，财富则依赖智力与信息，白领工人人数超过蓝领工人人数，并出现了一批金领阶层。

高 等 教 育

杨福家教授对知识经济作了鞭辟入里的研究和分析，也冷静地意识到：无论你愿不愿意介入，知识经济是一场悄然兴起的无声革命,对人们既有的生产方式、生活方式、思维方式、教育教学活动、经营管理理念和决策活动都会产生重大影响。

杨福家教授饶有趣味并形象地介绍了一位日本经济学家所作的生动而形象的描述:听说山的最高峰有黄金,我们就拼命地爬,赶上了美国,到了这座被称作“追赶山”的顶峰,并未发现有很多黄金;但是,当我们抬头看时,发现旁边还有一座更高的山称作“创造山”,这下大事不妙,美国人已越过半山腰了!

不是寓言的寓言,却揭示了创新的重要性。因为知识经济时代需要的“知识”,不是一般的知识,也不需要“书橱”式的学究,倒是需要创新的知识和才干,更需要有创新意识的人才。知识靠人才,人才靠教育。由此可以推断:知识经济与教育有着天然的纽带关系。

杨福家院士(资料图片)

杨福家教授在《面向21世纪的高科技进展》一文中告诉读者:2001年2月12日人类基因组测序的柯林斯国际合作组的论文发表在英国《自然》杂志上,共68页,是美、英、日、德、法、中六个国家20个研究团队的集体贡献;温特为首的300余位作者署名的论文发表在美国《科学》杂志上,共48页。这两篇论文署名作者近千人,这已充分体现了现代科学的团队精神。可见,在知识经济大背景下,更需要人与人的合作,而这种团队精神的培养是离不开学校教育的。

为了充分说明教育(尤其是高等教育)对经济的贡献率,杨福家斩钉截铁地说:“若周围没有斯坦福、伯克利这些著名大学,就不会有硅谷;同样,美国著名的128公路旁的大片高科技企业也都离不开高校,没有哈佛,没有麻省理工学院就没有这批高科技企业。所以,现在美国人办公司、办企业,先要看距自己30分钟车程的范围内有没有大学,没有大学不要办工厂,他们是懂得依靠大学的。美国的三大科学园区(硅谷、128公路、三角地带)都与高校紧密相邻。"

同样有说服力的是以色列的科技神话,也得益于教育,以色列每三个男性公民中有一个拥有博士学位;每1万人中有140位教授、工程师!

……

雄辩的事实告诉读者:知识经济时代高等教育肩负着重任。

那么,怎样来办好中国的高等教育呢?杨福家教授集多年投入高等教育和管理的理论与实践,作为一名国际大学校长协会执行理事的著名教育家,2001年3月27日,在北京大学作了题为《新世纪的高等教育》的演讲,提纲为:

一、各发其音动人乐章

二、教书育人传道授业

三、研究探索有所创造

四、面向经济不断贡献

五、学无止境终身受教

六、学生为本因材施教

七、经济全球教育国际

八、学术自由学校自主

从学校定位到任务,从强调以学生为中心、终身受教育和高校国际化的理念,到学术自由、学校自主,体现了一名教育家的不懈追求。

而杨福家教授治校最大的特色在于:

- 不仅让学生"学知识"(learn how to know),而且要"学做事、学做人、学会与他人相处"(learn to do, learn to be, learn to live with others)。

- 强调对每一位公民发展潜力的机会不应该只有一次,应该是永恒的,是终身的。因此,终身学习尤显重要。

• 火把理论——优秀的教育必须营造一个有利于创新思维发展的环境,学生头脑不是一个要被填满的容器,而是一支需要被点燃的火把。

• 开门理论——知识经济时代,知识更新周期缩短,要教会学生怎样去主动学习,怎样去思考问题,拿着钥匙自己去开门。

• 大观园理论——培养富有创新精神的人才,一定要宽基础、宽专业,在知识大观园中畅游;一定要给高校科研人员创设宽松的环境,提供培养成果的肥田沃土。

• 钢琴理论——整个教育应当像一架钢琴,各校准确定位,各自发出不同的声音,以演奏出动人的乐章。

杨福家教授在书末深有感慨地说,过去1 000年的十大名言之一是"我有一个梦"。没有梦、没有追求,也就没有成功。杨福家教授至今依然在为中国乃至世界的科技与教育的发展作奉献,也依然默默地做着他的"梦"。

(本文曾刊于2001年第11期《群言》杂志,2002年第2期《新华文摘》全文转载)

非凡的智慧人生

1973年4月25日凌晨三时许,新华社记者顾迈男陪同当时国务院的科教领导武衡学部委员等夜访陈景润。

"陈景润,有人找你!"中科院数学所随行人员敲门说。

半晌无人答应。

"陈景润,快开门呀!"

数学家陈景润(资料图片)

来访者从门缝里看到陈景润穿着一件蓝布棉袄,趴着门缝也紧张地往外看。他觉得门外站着许多人,不禁战栗起来,前几年去"专政队"隔离的遭遇顷刻又浮现在脑海中。来者急切地敲着门,希望尽快能进入,陈景润紧张得连牙齿也打抖了。当听到门外传来"是毛主席让我们来看望你……"陈景润觉得似乎在做梦,是不是幻觉?他怎么也不敢相信。不过,实在无奈的他,还是壮着胆,用颤抖的手慢慢地打开了门。

令来访者震惊的是:这是一间仅6平方米的朝北小屋,窗玻璃用发黄的报纸严严实实地糊上了。靠墙放着一张单人床,床前放着一张三屉桌,桌上、床上到处堆满了书和稿纸,窗台上、地上随意放着破饭碗、药瓶子。

那时的陈景润身体已虚弱到了极点,中关村医院曾几次发出病危通知。天快亮了,可陈景润依然在运算,床上的铺盖还没有摊开呢!

“对不起,对不起……我……”陈景润结结巴巴地发出声响。

来访者中的中科院武衡学部委员也是一位刚获解放的“走资派”,他被眼前的景象震撼了,在所谓“知识越多越反动”的岁月,竟然还有这样拖着病躯奋不顾身为人类摘取数学皇冠上明珠的科学勇士……

其实,这次半夜突访的背景确实是新华社记者顾迈男写的两篇关于陈景润的内参与报道,引起了毛主席和周总理的重视,毛主席批示要“抢救陈景润”。武衡等领导正是当夜火速奉命落实“最高指示”而前来带陈景润去检查身体并治病的。

记得那天送陈景润去医院,他是满脸的不高兴,并倔强地表示不想住院。他的解释是:“再来了运动,你们是走资本主义道路的当权派,我是修正主义的大白旗;住医院还得花国家好多钱,是要受到批判的!”当然,陈景润的顾虑还不止这点。因为住医院会阻碍并耽搁他对哥德巴赫猜想的攻关进程,还顾虑这几年辛苦的积攒又会被拿走,因为“文革”抄家已把他的存款全抄光了!

难怪那天,护士要陈景润换上病号服,他竟死活不肯脱掉自己的棉袄与棉裤。因为他把存款单均装进一个小塑料袋,缝进了棉袄的夹层里……

上述扣人心弦的情景(真实的故事)出自当事人、新华社记者顾迈男的《非凡的智慧人生——著名科学家采访记》手稿。这部手稿作为上海教育出版社推出的本土原创的科学人文系列“科苑撷英”丛书之一,已正式出版了。全书30多万

《非凡的智慧人生》图书封面

字，收录了顾迈男女士自20世纪60年代至90年代对中外著名科学家的24篇采访记，其中包括作者亲历的全国科学大会、北京正负电子对撞机诞生的前前后后等系列报道。文稿还涉及“两弹一星元勋”邓稼先、王淦昌、钱三强、朱光亚、周光召、陈能宽等多位著名科学家为中华崛起呕心沥血的动人故事。书中细述了科学宗师严济慈、华罗庚、张文裕的“祖国中兴宏伟，此生甘愿同依”的情怀；有李四光、竺可桢的是名家自风流的记载；有对数学“怪人”陈景润如何摘取数学皇冠上明珠的细致描述；有对建筑史大师梁思成的可贵的采访笔录；也有对三位华裔诺贝尔物理学奖获得者——李政道、杨振宁、丁肇中怎样执着科研和报国情怀的散记……扣人心弦的故事涵盖了地质学、建筑史、数学、生态学、高能物理、大气物理、控制理论、航天航空等众多领域。

顾迈男在采访王淦昌院士后合影(1987)

顾迈男在北京饭店采访丁肇中院士(1988)

作为新华社高级记者，顾迈男曾对口中国科学院，故有机会聆听科学大家的心灵表白，有缘与科学大师开诚对话。资料的详细与可靠，文笔的朴实与流畅，内容的丰富与鲜见，插图的生动与多彩，都使这本集子成了不可多得的科学人文的精品力作。

这些文稿不是光写传主，也客观地记录了采访的背景和事件的来龙去脉，逼真地描述了记者眼中科学大家的风采，表现了一名记者对人物的认识，对世态炎凉的感悟。当然，也少不了讲述不少鲜为人知的科学家情感的故事。正是这些深入采访的实录与人性化描述的感人力量，在展现科学大家人文情怀的同时能让读者回到那个难忘的年代，让真实的场景得以再现。整部书稿没有说教，没有假话，有的只是温暖的故事，读来引人深思，催人奋进。同时，也折射出一名新闻工作者对事业的执著精神和兢兢业业的工作态度，诚可谓“铁肩担道义，妙手著文章”。

顾迈男在科学会堂采访华罗庚院士(1985)

假如说这部著作对传播科学知识、弘扬科学精神、崇尚科学与传承文明有裨益的话，那么，从科学技术史研究角度以及从传播学角度讲(如何采编科学新闻，如何准确、生动、到位地报道科学人物)无疑也是不可多得的素材及方法论指导。因此，《非凡的智慧人生——著名科学家采访记》很适宜作为大中学生的人生教育读本，也可兼作高校传播与新闻专业学生的采编课程的辅助读本，从中不仅可以学到不少科技知识、新闻采访和报道的艺术，还可以从科学大家百折不挠、跌宕坎坷与拼搏进取的人生真谛中，欣赏到他们的人格魅力，感悟成才之道，汲取奋发向上的智慧与勇气。

很遗憾，本书稿还仅属于用第三人称撰写的采访笔录，对科学大家自己的原话、原图像和手迹(他们的真声话语和真图像)没能用光盘或磁带保存并附在书中，否则，其史料价值就更高了。

[本书2006年9月由上海教育出版社出版，曾被列入教育部课程教育中心“2013年中小学图书馆(室)推荐书目”。本文曾以“顾迈男眼里的‘智慧人生’”为题，刊于2006年11月29日《中华读书报》，并以“非凡的智慧人生”为题被2007年2月号《群言》杂志转载，本文是笔者当年的原稿]

生命的深泉在涌流

认识汪品先先生有二十五六年了。

20世纪90年代初，为编辑《中国科学院院士自述》就与汪先生联系上了。印象特别深刻的是，他撰写的那段自述太有思想也太有特色了，不仅言语幽默，有些话仅需拜读一遍，就会过目不忘。记得他的“另类”自述是记录当年留学莫斯科大学的学习生活，其中有这样的情节：

50年代末，中国古生物学代表团访苏，斯行健院士劝汪品先他们“在国外最重要的是把外语学好”。他们问为什么，斯行健居然一语破的：“可以看原版小说啊！”当初觉得此话似乎有点离谱，但汪品先感叹：“这些话的含义之深，我是过了几十年才理解的。”

汪先生的深邃思考也常常令人觉得天马行空漫无边际，“独坐静思，其实是十分有趣且有益的。我喜欢在飞机上观赏云海变幻，真想步出机舱，在白花花的云毯上漫步；也喜欢在大雨声中凝视窗外，想象自己栖身在水晶宫的一隅……”

有意思的是，2000年初，笔者有幸参与主编《百年科技回顾与展望：中外著名学者学术报告》，又与汪先生碰面了。这是一部20世纪末世界一流学者的中英双语科学报告集，11位报告者中有美国当年的卫生部长瓦姆斯，德国科学家施瓦茨，华裔学者杨振宁、李政道、丁肇中等诺贝尔自然科学奖获得者，其中也有四位著名的中科院的本地院士，一位是时任中科院院长的路甬祥院士，他的报告是“科技百年的回眸与新世纪的展望”，属综述性的带头报告；一位是王夔院士的“从分子应答到细胞应答：走近生物系统的复杂性”；一位是胡文瑞院士的“空间科学展望”；汪品先院士的“深海研究和新世纪的地球科学”则是他主持南海大洋钻探之后的报告。由他提出的“东亚季风史在南海的记录及其全球气候意义”大洋钻探建议书,在全球专家组评审中以第一名通过,被定为ODP第184航次,于1999年初在中国南海实施,主持者当然是汪品先教授。他的报告自然就是由我国东沙和南沙三千余米水深的海底科学钻探带来的科学视野了。笔者是个“深海盲”,却被汪先生深入浅出的描述深深打动,初识了为什么“地球是一个系统,牵一发而动全身”?为什么“认识地球系统,深海研究是关键环节”?中国地球科学界的历史责任到底是什么?而且,那天汪先生报告的PPT还特别吸引人,大量从来没见过的深海照片,能让听众一睹平时根本不可能见到的地球“芳容”。至今仍深深记得汪先生说的“人类对深海的了解,还赶不上月球,甚至还不如金星和火星……”

从大洋深处考察归来的年过八旬乐呵呵的老翁——汪品先院士(汪品先提供)

以后,又有机会与汪先生不断地打交道,如代表《上海画报》作的专访,我们曾共同为新版《十万个为什么》效力等。尤其是由汪先生发起的在媒体上的多次讨论。诸如,创新的障碍究竟在哪里——致《文汇报》编辑部的公开信;汉语被挤出科学,还是科学融入汉语……都曾激发起万千受众(也包括笔者)的思考。此外,我还不时地能读到汪先生发表在各家媒体上的文章与采访文字,这些便引发笔者的职业敏感,很想为汪先生编一本海洋大家的人文思考集,把他的“头脑风暴”后的积淀端给广大受众,至少可以启发(抑或稍稍促动)传统教育理念作些变化,让一味教学生“会答”而逐步改为“会学—会思—会问”。

为此,笔者每隔一段时间会电话打扰汪先生,死死缠着要为他出一本《深蓝畅想》之类的科学人文读本。很幸运的是,汪先生很合拍地频频答应,可就是迟迟没见行动。答案固然是“忙,忙得连喘气的时间都没有……”不过,对于上了年岁的大家,我也不忍心老是去“催租逼债”吧!但每年的岁末,总会在电话贺岁之余,亮出“黄世仁穆仁智”的一面。前几年,把我逼得没耐心了,曾“最后通牒”似地说:“我也快70了,你不准备让我安心退下来?”汪先生不愠不火地答道,“快了快了,院士退休制度要实行了,我一退下来就还债,一定好好写一本……”

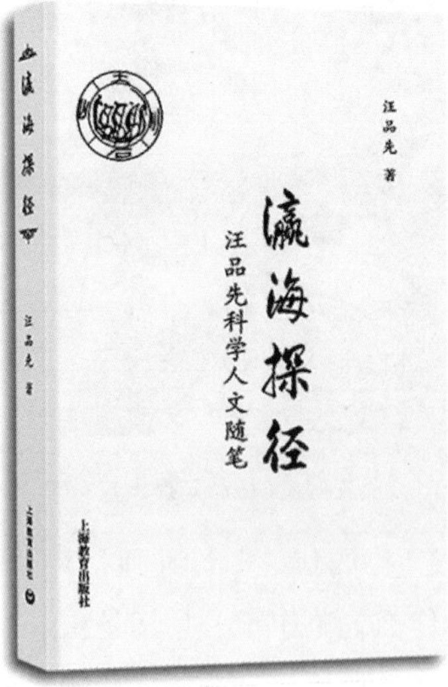

《瀛海探径》书封

2017年末,我实在急了,就说,你干脆请一位学生把你这两年在同济公选课的讲课记录整理一下,出一本集子?或者把这些年已发表的有关海洋和创新的文字或报告做一个集成?讨价还价的结果,就是2018年版的《瀛海探径——汪品先科学人文随笔》。没料到市场反应很热烈。当年8月,在上海书展配合少年儿童出版社由汪先生主编的《海洋探秘》彩绘读本共同举办一次首发活动,气氛当然很热烈。主持者安排请汪先生先做一堂深海探径的讲座,再举行签售活动,等待签名的读者队伍好似长龙,直排到报告厅门外。

由于《瀛海探径》只备了20本书,不到半小时就售罄了。汪先生有点不信,演讲后一定要亲自去我社摊位上探个究竟,确实售罄了,老人家才露出得意的微笑。当然,眼下我暂时还没有完全退出编辑队伍,因为我还在等待汪先生的公选课的笔记整理稿呢!

因为有喜欢思考与探究的癖好,又加之行动的勤快,汪先生在今年春季,依然很有兴趣地下潜深海探究竟,还很幽默地说,这是“老爱丽丝下潜深海探奇境”……

年逾八旬的汪品先院士确实是青春不老啊!

还是塞缪尔·厄尔曼说得到位:青春不是年华,而是心境;青春不是桃面、丹唇、柔膝,而是深沉的意志,恢宏的想象,炙热的情感;青春是生命的深泉在涌流。

汪品先院士与笔者合影于同济大学(上官消波摄于2020年1月)

(《瀛海探径——汪品先科学人文随笔》一书,2018年7月由上海教育出版社出版。本文2019年1月8日全文刊于《中国自然资源报》)

美丽的科学　美丽的文章

《科学是美丽的——科学艺术与人文思维》的作者沈致远先生曾是美国杜邦公司的科研人员，主业是高温超导电子学研究，写作只是一门副业。他早年毕业于浙江大学，后曾留校任教 20 年，于 1980 年应邀赴美，先在大学任教，后转入工业界。沈先生长期从事科研，学科建树颇丰，诸如几年前曾在探索球外文明(SETI)计划中，为阿瑞希博射电望远镜设计了超导滤波器以消除背景噪声；又曾出版了《高温超导微波电路》的中、英文版等多本专著。他的业余爱好也十分广泛，居首位的是博览群书、思考与写作。另外，艺术、诗词、书法、园艺、摄影乃至旅游也很在行。因此，他能以丰厚的文化积淀和科学视野去洞悉人文领域，这种沟通和联想就如他自己所说："我并非专业作家，写科学随笔与散文乃基于一种信念：真与美是统一的。"

《科学是美丽的》(从左至右)三种版本逐步演进后的相应封面

科学求真，真中涵美；文艺唯美，美不离真。他的科学随笔旨在展现科学世界的旷世奇美，使广大读者得以悠游其中，怡悦心灵。

沈先生认为：20 世纪科学与技术的进步，带动了经济的飞速发展，创造了空前的物质文明，然而也引出了不少必须正视的严重问题，如资源浪费、环境污染、人与自然不和谐相处……究其原因，皆为对人文的忽视。作为科学家，呼唤让科学发展回归到“以人为本”的正道上来是责无旁贷的。为此，他将近年来发表的一系列科学散论，用“以人为本”的思维之线，串起数学、物理、生物、环保、天文、信息、网络、经济、科学方法等颗颗珍珠，力求打通“文”“理”之隔，让广大读者既领悟前沿科学知识和科学方法，又能在充满科学美的氛围中陶冶情操，有助于心灵之全面发展。

科学预见　耐人寻味

三年前的 1999 年，沈致远先生和李训经先生曾撰写了《科学家的社会责任》一文，并发表于《科学》2000 年 1 月号上。文章告诫人们“在进行基因工程研究时，要格外小心，严防意外事故”。万一具有有害基因的微生物被传播，其后果要比放射性泄漏（如三里岛、切尔诺贝利核电站等）严重千百倍。原因是放射性元素是死物，半衰期再长，其危害性总是随时间以指数率递减的；基因是活物，在适宜条件下会以指数率迅速增长，并通过生物载体广泛传播（2020 年发生的新冠病毒的全球肆虐，便是一个明证）。他们还指出：对基因工程产品的安全性，由政府立法加以管制当然必要，更重要的是必须使公众充分了解，行使明智的选择权。在《科学家的社会责任》发表三年后，中国政府果然立了法，对转基因食品实行明显标识的措施。

科学旨在实事求是

沈致远的《师法自然》一文被收入中学语文教材中。文章认为“师法自然”就是巧用大自然在亿万年中显露的“天机”,这才是真正的巧夺天工。这个“亿万年”与地球存在已“至少50亿年”有关。前一阵子,不少中学生看了《宇宙与人》科普影片后,都对地球形成很感兴趣,尤其是地球年龄之说,认为沈先生把地球年龄“说老了”,是科学性错误。一时沸沸扬扬,在报刊上登了不少文章,教材编写组也将这些意见传到了美国。沈先生查阅了大量资料,没有给中学生泼冷水,相反对质疑学生的探索热情给予充分鼓励。接着他巧妙地将进一步的诠释在《漫谈年龄》篇中娓娓道来。从介绍放射性同位素测地球岩石说起,解释了为什么说地球年龄是50亿年的缘由。其实,由岩石放射性同位素所测出的只是地球年龄的下限,地球的绝对年龄仍然是一个待解之谜。“于是,有人打趣道:母亲地球老糊涂了,忘记了自己的年龄,人们只是从她的鸡皮鹤发加以揣测。”

多么幽默,多么风趣,又多么懂得尊重科学、尊重学生质疑的情感!

超常见解发人深省

《失败是成功之母吗》?沈先生认为未必。理由是不能缺失前提:如果承认失败,汲取教训,那么失败是成功之母;如果不承认失败,不汲取教训,那么失败就不是成功之母。因此,聪明人只是在成功之前少失败几次罢了,只有幸运儿才能一举成功。

《人定胜天吗》?曾是风行一时的豪言壮语:人工降雨成功了,人定胜天!荒山湖滩变成良田了,人定胜天!……似乎人定胜天表达了一种人与天地斗争必胜的豪迈气概与浪漫情怀。其实,一味强调“人定胜天”很可能导致不顾自然条件的盲目乱动。沈致远提出似乎该用“天人合一”加上“顺天应人”来表述更恰当。也许人们会认为“顺天应人”是封建时代皇帝吹嘘过的，是否有封建味？沈致远则旗帜鲜明地表示：如果是错的，上帝说了也不算；如果是对的，魔鬼说过也无妨。

科学是美丽的

在常人的心目中，科学是深奥的、严格的、艰难的、枯燥的；一提到科学家，眼前不由自主地会浮现出爱因斯坦的形象——白发怒张、满面皱纹。科学怎么会是美丽的？简直不可思议！沈致远饶有趣味地阐述了：科学不仅是美丽的，而且是旷世奇美，美不胜收。不是吗？试问有什么能比宇宙诞生更具震撼美？有什么比原子中“云深不知处”的电子云更具朦胧美？有什么比生命之源的叶绿素中的“绿色秘密”更具神秘感？有什么比“生命之梯”DNA回旋曲折的双螺旋更具活力美？还有什么比纳米世界中用原子砌成的纤巧结构更具精致美？……科学之美，令人赞叹！

当然，沈致远以诗一般的语言，以散文的构架来阐述科学思想，这本身也够美了。书中数十篇文稿中插入了诗词，诸如在《科学是美丽的》一文中译引了女物理学家威廉斯的《爱之力》：

物理学发现宇宙有四种力
强力弱力引力电磁力
但我发现了一种新的力凌驾一切
我谨向你提议
爱的统一理论
真是一种跨越科学与艺术的浪漫情怀！

当然，除了形式美之外，还有科学家对科研的执着，以苦作舟，锲而不舍的心灵美；孜孜以求，造福人类的情操美……这在《科学是美丽的》一书中俯拾皆是。诸如，在《她的书唤醒了世界》一文中，沈先生饱含激情赞美了环保先驱——卡森女士。要不是《寂静的春天》唤醒了世界，今天的生态环境会被糟蹋成什么样子？想起来令人不寒而栗。难怪沈先生走笔至此，心潮汹涌，不能自已，继之以诗：

赞 卡 森

你以爱人之心爱鸟
以爱鸟之心写书
你的书普救众生
却救不了自己
但愿春天从此不再寂静……

作为一名事业有成的海外赤子，沈先生为了祖国的科普事业，他随时把所见所感无保留地向同胞们袒露，如同普罗米修斯般，这种报效祖国的拳拳之心，不是也很美吗？

（《科学是美丽的——科学艺术与人文思维》2002 年 1 月由上海教育出版社出版了第一版，2007 年 8 月修订后出了第二版，2017 年 10 月大修订后出了第三版。该书获 2003 年上海市第五届优秀科普图书奖一等奖，2004 年获上海图书奖入围奖和中宣部、文化部、科技部等六部委“三个一百”入选作品，2005 年获国家新闻出版总署推荐的百种优秀图书之一，2013 年获中国科协评选的当年“公众喜爱的科普作品”——优秀科普图书奖。书中有十几篇文章曾被选入各级各类大中学校的语文教材、读本、考题。本文刊于 2002 年 3 月 29 日《文汇读书周报》）

LOGO 语 言

随着计算机朝人工智能方向的发展，多种智能化高级语言相继诞生，而在适合中小学生学习与运用的普及版智能化高级语言群中，LOGO 独辟蹊径，功能非凡，倍受国际计算机教育界的青睐，并日益显示其明晰的哲理和深蕴的潜力。

LOGO 一词源于希腊文，为“哲理”之意。用它来命名一种入门级的高级程序设计语言，正体现了设计者的匠心独具。

LOGO 不仅仅是一种计算机语言，还是一种教学哲理，体现了计算机与教育科学、人工智能间的内在联系，意在告诉人们该如何像科学家那样去思考与探索，如何用极简洁的手法去高度开发孩童的智力。作为计算机语言家族中的晚辈，它一诞生就虎虎有生，带着其前辈中佼佼者的优良气质。那么，LOGO 是怎么被创造出来的呢？

20 世纪 60 年代，世界上对中小学课程与教学改革的呼声此起彼伏，一批有远见的人工智能与认知科学的专家对眼下学校教育和学习研究曾提出了不少尖锐的批评，并开创了“学习科学”这一崭新的学术领域。美国麻省理工学院的人工智能先驱——西摩·佩珀特教授（Seymour Papert）是其中的先行者，他早早地预见到了计算机对于人类文化、知识体系、思维模式会产生深刻的影响。作为 LOGO 的主要开发者，佩珀特就从教学法、学生教育心理学两个视角入手。他认为：用计算机辅助教学，不仅仅是机械地由计算机向学生提问，让学生思考、判断以作出回答这样一种枯燥乏味的、反复强化式的教育手段，而是应该采用人机互动的启发式的教与学，应该让学生自行去寻找并开拓解决问题的道路——自己发现问题,自己寻找合理的求解方法。只有这样,方能达到让学生自行圆满地解决问题并尽可能在过程中享受到探索的乐趣。这一理念对培育人的思维能力无疑是十分前瞻且有益的,日后的实践也表明这确实是十分理智和有效的。他还认为:探索计算机与教育的关系,应该着眼于儿童完全可以成为计算机的主人,以及学习使用计算机可以改变他们学习其他知识的方式这两个方面。毕竟计算机不仅是一种工具,它对人类的心智及成长也有着根本的和深远的影响。简言之,计算机不仅能辅助中小学生乐于学习,还能有助于他们懂得该怎样学习。

由此,西摩·佩珀特认为:学习最有效的时候,就是学生占主导地位的时候。毕竟一个理想的数学头脑,最显著的特色不是逻辑,而是美感。

由佩珀特率领的麻省理工学院人工智能团队为此整理出一系列用于创造性思维并尽可能把每个思考步骤都清晰表达出来的计算机语言技术。现在我们说起来似乎很轻松,其实,为了达成上述目标,LOGO 的研发者还是颇费心机的。他们受到了海边沙滩上小海龟爬行后会在平整的沙面上留下"美妙图案"(清晰的轨迹)所触动与启示,遂将这只"绘图大师"——海龟,引入 LOGO 中,并以一个简洁的小三角形在显示屏上能灵活地移动来模拟"海龟"的运动轨迹。为此,他们还设置了色彩指令,让枯燥的编程语言插上了可爱的翅膀,让孩子们绘成的图片五彩缤纷。

LOGO 语言所有指令仅为几个极简单的英文单词,掌握了它们就可使小海龟大显身手。

作为一种计算机高级程序设计语言竟是如此简洁和直观,它的便利性给少年儿童自主操作计算机带来可能,并以可爱的形象和美丽的色彩以增添他们绘图的满足感和成就感,也带来了能像成人那样自如操纵计算机的信心。难怪广大的中小学生(甚至包括广大学龄前的儿童)都有能力,也都很乐意来用 LOGO 绘图,由此带来从小就体验到创造的乐趣。因为让海龟作图毕竟不需要像其他计算机程序设计语言(诸如我们正在中小学推广的 BASIC 语言等)那样,需要建立一整套与坐标系相关的专用语言和操作指令,这就实现了使孩童都能“跨越数学才能之障碍”去理解程序设计的思想,去解算各类复杂问题,还能直观地制作多彩的图案!正是西摩·佩珀特的上述思想和发明,改变了全世界数百万儿童的创作和学习方式,摆脱了计算机编程的繁难与枯燥,换来的是实实在在的欢乐与初尝编程成功的信心。

LOGO 语言有一个很出彩的特点,那就是数据类型的丰富。它包括数(Number)、字(Word)和表(List),尤其是采用“表”结构,可以让程序更趋简洁明了。

LOGO 语言的最大特点是带有过程的递归(Recursion)调用功能。所谓“递归”,简言之,就是过程的自我调用或循环。因此,对于一个复杂的问题,我们可以用它自身的一个简化版本来描述。这样一来,即使需要功能十分强大的看似很复杂的程序过程,其结构也会变得相当简单。目前的常用程序语言中,诸如 COBOL、FORTRAN 均是过程化的,它们都并不允许递归;BASIC 既非过程化,更何谈递归。其他较先进的高级语言,如 ALGOL、PASCAL、C、APL、LISP 等,才具有递归功能。

当然,LOGO 还有“嵌入”功能,其先进性也就不言而喻了。由于在 LOGO 语言中,生活着这只活泼的小海龟,这就使抽象的递归等概念变得十分显见,且易于被孩童们所接受,在不自觉不很明白的情景中,烙下了递归调用的印象。这也就形象地展示了“儿童是自己知识结构的建筑师,是天生的学习者。再说,学习有效的时候,就是学生占主导地位的时候。好的教育不是如何让教师教得更好,而是如

《LOGO 语言入门》书封

何提供充分的空间和机会让学习者去构建自己的知识体系——这正是计算机强大的力量所在”。

按照西摩·佩珀特的计算机教育探索的理念与实践,学习LOGO语言本身也并不是重点,重点在于用它来进行的编程活动,“用编程的思维来思考学习的问题,是一种有力和便捷的道路”。这同我国前辈学者倡导的“授之以鱼,不如授之以渔”教学理念如出一辙!传统的教育给了学生一条鱼,只能解决一时的生活所需;佩珀特及其LOGO所倡导的构建自己知识体系的学习模式在于教会学生如何去捕鱼,计算机的发展与应用,不正可以给学生配上一根很好的鱼竿了吗?

LOGO语言目前在国外已十分风行,不少微型计算机都已配有了LOGO软件,在计算机语言的入门教育中,它已完全打破了BASIC曾独霸一统的局面,人们甚至兴奋地称LOGO为孩子计算机教室里的“国王”,看来也不无道理。

由上海教育出版社前不久出版的《LOGO语言入门》及上海电视台即将开办的LOGO语言培训班,将为我国能跟上国际智能化程序设计语言教学的步伐,作出可贵的努力。

(由笔者与沈美新合作编译的《LOGO语言入门》于1985年7月出版,1版1次印了64 000册,由于这是国内首部正式出版的介绍该智能化计算机语言的教材,很快售罄又重印。图书走进了各所中小学校,甚至被引入师范院校数学系和计算机系的相关课堂。本文作为编书后的评论与介绍曾发表于1986年1月27日的《书讯报》,后被不少报刊转载。本文是当年的原稿)

第四编　科海荡舟兴致高

人类是宇宙中的“独生子”吗?

古往今来,每当人们仰望夜空,面对满天星斗,常会兴发海阔天空的遐思,编织种种美丽的神话;而当今的年轻人则热衷于探讨“不明飞行物”(UFO),做出种种猜测,引起翩翩联想……所有这一切都表达了人类在无垠的宇宙中寻求同伴的强烈愿望。

1969年7月20日,人类首次登上月球,撩开了月球的神秘面纱。原来,月球上既没有广寒宫,也没有嫦娥和玉兔,更没有吴刚和桂花树。那么,我们能否由此而断定人类就是宇宙中的“独生子”吗?

此时此刻,科学家探索地球外文明的热情非但没有收敛或消散,他们前行的步履反而更坚定了。根据目前公认的天文学理论,带有九大行星①的太阳系只不过是存在于银河系中约一千亿行星系之一,真如沧海之一粟!在浩瀚宇宙的某个角落,完全有可能存在与人类赖以生存的太阳系相类似的行星系。因此,在这些行星

① 本文写于1996年初。2006年,国际天文学会已投票决定将冥王星定位为一颗矮行星,故现在公认太阳系只有水星、金星、地球、火星、木星、土星、天王星、海王星共八大行星。

系中也就有可能存在着智慧生命体。再说,从形成生命体的有机分子角度来探索,射电望远镜的观测结果也表明:在已发现的宇宙空间的40多种星际分子中,有相当一部分含有构成生命素材的有机分子,尽管这些星际有机分子不太可能直接演化为生命体,但根据它们在宇宙中广泛分布的迹象,应该有很大可能在地球外的行星上,也诞生与人类相似的智慧生命体。至于这种生命体能否演化为高度文明,只要从人类自身演变发展状况进行剖析就可以明白了。地球诞生后约10亿年才出现原始生命,这些生命体接受了极其严酷的环境变化,出乎意料地进化成现今的人类。由此,科学家们推断,生命体一旦在某个外星球诞生,那么它们演化成高度文明的可能性也就相当大了。

探寻地球外文明的第一步

美国加利福尼亚戈尔德斯通直径64米的射电望远镜(资料图片)

人类历史上第一个以科学手段企图探寻地球外智慧生命体的研究项目是由美国天文学家——弗兰克·德雷克(Fank Drake)博士构想出来的,是他最先提出了一项"欧兹玛计划"(Project Ozma)。德雷克博士认为:氢原子发出的21厘米波长的电信号是宇宙中常见的信号,倘若智慧生命体能向其他天体发送信号的话,必定会使用这种宇宙中最普遍存在的波长。于是,他于1960年使用了位于美国西弗吉尼亚州格林班克的美国国家天文台的射电望远镜,来调查宇宙传来的波长为21厘米电信号中是否含有人造信号。德雷克博士仔细观测了波江座的天苑四和鲸鱼座的天仓五,因为据推测这两颗恒星都拥有行星。尽管德雷克博士并没有取得突破性的研究成果,但他的工作确确实实为人类探索地球外文明开了先河。

“欧兹玛计划”提出后,美国、法国、苏联等国家的科学家也都千方百计地想捕捉来自地球外文明的信号,但是到目前为止,所有的努力都没有收获。宇宙也似乎太沉默了。

面对这般无情的事实,科学家理智地认识到:人类之所以未能洞悉沉默宇宙背后的真相,很可能是因为人类寻找智慧同伴的手段还欠高明。为此,美国国家航空航天局(NASA)提出了一项更先进、更周密的“微波观测计划”。

微波观测计划

自 1992 年 10 月起付诸实施的“微波观测计划”,由“全天观测”和“标的搜寻”两部分构成。

“全天观测”是指逐渐改变天线扫射角度(极微地改变扫射角),以便无遗漏地搜寻整个天际。研究人员使用美国国家航空航天局远太空网络系统直径为 34 米的天线,以检测 10^9—10^{10} 赫频域范围内所有电波,以及 10^{10}—2.5×10^{10} 赫频域内的人造电波。与原先探索地球外文明计划相比,“微波观测计划”在扫射精度和感度上都是较高的。科学家乐观地表示,实施这项计划中,即使是沧海一粟也能搜寻出来。

“标的搜寻”是指以特定的天体为搜索对象,进行高密度观测。目标为距太阳 80 光年以内的大约 800 颗星球与若干个星团、星系,标的总数超过 1 000 个。天文学家使用位于波多黎各阿雷西波直径为 305 米的当时世界上最大的射电望远镜、美国加利福尼亚戈尔德斯通以及澳大利亚堪培拉、西班牙马德里等地的远太空网络系统大型天线进行观测与研究。他们信心满满地表示,由于这些射电望远镜感度极高,即使所能存在的外星球文明没有直接向地球发送联络信号,观察仪器也能察觉这些电波信号的存在。

寻找第二个太阳系

自“微波观测计划”实施以来不到一年的时间，科学家们所获得的观测资料已远远超出自“欧兹玛计划”提出以来30多年中所获数据的总和。但是，在对这些资料逐条详析后，他们仍然没有发现有关来自地球外智慧生命体发来的任何信号。这样，哪怕再搜寻10年，希望仍将是很渺茫的。昂贵的开销与拮据的财政，使美国政府不得不暂时中止了这项宏大的计划。但科学家们并没有气馁，而是静下心来，重新审视探索地球外文明计划的来龙去脉，适时调整研究的方向。

在评析了美国近年来所发射的探测卫星及登月舱等获得的资料，研究了导致地球文明的环境条件及演变史实后，专家们提出：地球外智慧生命体存在的第一要素是必须有一个像地球这样的行星系，并能绕类似太阳的恒星运动。

地球的半径约6 400千米，是太阳系“系内行星”中的一颗。就生物生存环境来说，地、日的位置较适中，地表平均气温为15℃，使得作为生命之源的液态水能大量存在；地球表面大气的密度虽不及金星上的大，却比火星上厚得多，其中有78%的氮气、21%的氧气，另外还有少量氩气、二氧化碳及水蒸气等。氧气是高等生物维系生命之本，在太阳系其他行星上迄今尚未发现有如此大量的氧气。由此，探索地球外文明计划的第一步必须先找到第二个太阳系。

随着天文学研究的深入，人们知道在恒星周围形成原始行星系星云的可能性很高。但是，受观测仪器的限制，所寻找的恒星只能是靠近太阳系的亮星，才能察觉它们是否带行星。要成为像地球那样有生命存在的行星，条件非常苛刻，在生命诞生与演化期间，所绕行的恒星还必须不断发光，使行星得到辐射能量。

目前,科学家已统计出在距太阳25秒差距(1秒差距为3.26光年)内有近3 000颗单体恒星,其中有些大质量恒星的寿命不过1亿年,在这么短的时间内生命很难演化成,如天琴座的织女星等周围均发现了尘埃圆盘,但它们毕竟是年龄较轻的恒星,即使尘埃圆盘中存在类似地球样的行星,也无望步入生命演化阶段。幸好这类短寿命的恒星在3 000颗单体星中所占比例较低,因此,拥有行星的待测恒星还是相当多的。除了耐着性子逐一观测外,别无他法,更无捷径。

尽管人类寻找第二个太阳系的行动面临重重困难,但各国科学家已联合起来,决心迈出这关键的一步。现在,天文学家艰辛的研究工作正得到越来越多有识之士的理解和支持,因为人们已经很理智也很坚定地以为,人类并非宇宙中的“独生子”!人们更明白,科学家探索地球外文明的努力不会是徒劳的。

算一算,宇宙中我们有多少同伴?

为什么人类会如此固执地要探寻地球外文明且锲而不舍呢?其中必然存在一种合理的逻辑推演。

早在20多年前,人类探索地球外文明的先驱、美国射电天文学家——弗兰克·德雷克博士就通过长期观察和研究,提出了一个能够表示银河系地球外文明数目的公式,即著名的“德雷克方程式”:

$$N=R_o \times f_p \times n_e \times f_l \times f_i \times f_c \times L$$

弗兰克·德雷克和他提出的“德雷克方程”

上式中,N表示可由电波检出的银河系内文明数;R_o为适合于智慧生命成长的目标恒星诞生率;f_p为恒星中拥有行星系者所占的比例;n_e为一个恒星系中适合生命诞生的行星数;f_l为适合出现生命的行星所占的比例;f_i 为存在智慧生命的行星的比例;f_c 为各文明中发展出能与其他天体进行无线电通信联系的比例;L 则为该文明向宇宙空间发出可检出电波信号的持续时间。应该说,在上述参数中,从 R_o 到 L 均有极大的不确定性。

我们不妨来估算一下:银河系每年约诞生 20 颗恒星,即 $R_o\approx20$;假设其中 5% 的恒星拥有行星,即 $f_p\approx0.05$;目前唯一确认有行星存在的太阳系中有九大行星,即 $n_e=9$;而这九大行星中具有生命存在的仅为地球,故 $f_l=1/9$;f_i 是一个很难确定的介于 0 与 1 之间的值,暂且假定 100 颗能产生生命的行星中只有 1 颗能诞生智慧生命,即 $f_i\approx0.01$;至于该生命体与其他天体的通信能力,则只能暂且假设 $f_c\approx0.3$;而 L 就毫无把握了,因为高度的文明也可毁于一旦,所以我们先不妨假设它为 10 万年,即 $L\approx10^5$。这样,

$$N\approx20\times0.05\times9\times(1/9)\times0.01\times0.3\times10^5=300。$$

这就是说,凭上述合理的主观推断,有朝一日,地球上的人类将可能与 300 个银河系内可能的地球外文明取得联系。

至于上述推算究竟有多少合理性,看来这只能由物理学(特别是天文学)的实际发现来检验。目前,许多天文学家正满怀希望地寻找地球外的智慧生命。

我们祝愿他们的努力能尽快获得成功!

(本文曾刊于 1996 年 3 月 12 日《文汇报·科技文摘》,后获得《文汇报·科技文摘》“永业杯”优秀科普文章二等奖)

用物理学原理审视体形大小对动物的影响

大千世界有形形色色的动物，它们的体形大小千差万别。

下表列出了较有代表性的 11 种动物平均的身长和体重。其中，体形最大的蓝鲸体重可达 200 多吨，几乎相当于 35 头非洲大象的体重，而大象的体重又几乎是普通人的 100 倍，人的体重又是某些小昆虫的 40 000 倍！大大小小的动物共存于地球村，生生息息，代代繁衍。与其说是动物们能适应生存的外部环境，不如说是外部世界的物质条件决定了它们的行为与体态。

为了说明这个观点，我们不妨从一个侧面，即用物理学原理来审视一下动物们体形方面的巨大差异会给它们带来的影响。

动物名称	平均身长/米	平均体重/千克
蓝鲸	25	1.5×10^5
长颈鹿	5.5(头高)	1.3×10^3
非洲象	7	6×10^3
大白鲨	4.5	3×10^3
斑马	2.8	40.5
密西西比鳄	4	70
鸵鸟	2.5(头高)	11.5
人类	1.65	60
家猫	0.55	4.5
蜂鸟	0.057	0.002
超微尖鼠	0.04	0.002

为了方便研究，我们还是采用传统物理学的研究手法——理想模型法，即假设所有动物的体形和身体结构、组成都是完全相似的，它们的不同仅仅体现在体形大小方面。

根据表面积公式和体积公式可知，若以 L 表示动物形体长（或高）的线度，那么它的身体表面积和体积（或体重）就分别与 L^2 和 L^3 成正比。举例来说，若甲动物的体长是乙动物的 10 倍，那么甲动物的体表面积和体重就应分别是乙动物的 100 倍和 1 000 倍。请大家注意，我们以后的讨论都是围绕这个理想化状态来估算和展开的。

体重与体形大小

既然动物都生活在地球上，那它们就不可避免地要受到地球重力场的影响。

人的身高为什么平均只有 1.65 米呢？我们不妨设想未来的人类能长到相当于眼下正常人的 10 倍高、10 倍宽、10 倍厚，那情况会怎样呢？

首先，有一点是显而易见的，这位巨人的体重将会是现在正常人的 1 000 倍（L^3），而他的双腿骨的截面积则与 L^2 成正比，也就是说他腿骨的横截面积仅为现在正常人的 100 倍。因此，他站着的时候，单位面积腿骨将要承受 10 倍于现在正常人的负荷！只怕他一站起来双腿就会骨折！

由此可见，体形越大的动物，为了支撑起自己的庞大身躯，它的骨骼在体内所占的比例就应该越大。这一点，我们可以找出许多实际例子来加以印证，如牛的骨骼在体内所占的比例要比鸽子大得多。

在地球的重力场中，动物们为了生存又必须劳作，虎克定律告诉我们：应力（单位截面积所受的力）与应变（受外力作用后物体的形变程度）是成正比的。

对动物来说，应变是指其肌肉在举起重物时比原来伸长或缩短的长度，而应力则是指动物举起的重量与肌肉截面积的比值。显然，动物肌肉承受重物的能力是有限度的，即应变的大小是有限度的。于是，根据“在弹性限度范围内，一定的应变就决定了相应大小的应力”这个原理，我们可以推知，若应力不变，则肌肉举起的重量与肌肉的截面积成正比。也就是说，体长 L 的动物所能举起的最大重量与 L^2 成正比。当然，从绝对值来说，体形越大的动物力气也就似乎显得越大（原因是 L 值大）。然而，由于动物的体重又与 L^3 成正比，因此，体形越大的动物的力气相对于自身的体重来说反而越小。

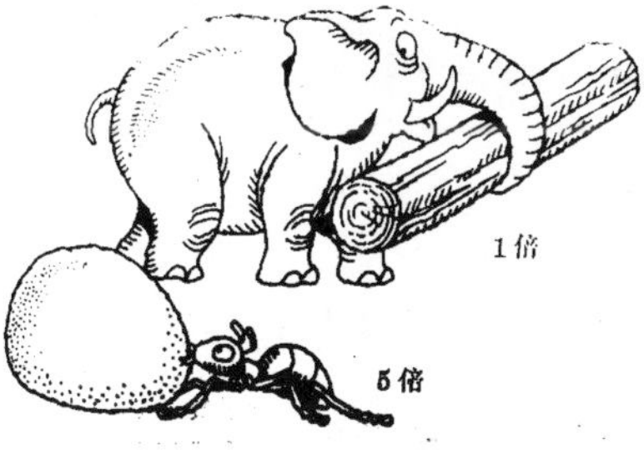

客观现实告诉我们，上述结论是绝对正确的。例如，小蚂蚁能搬动比自身体重大 5 倍的重物；猴子能背着自己的孩子轻松地攀藤越涧；而公认的大力士——大象充其量不过能搬动与自身重量相当的重物；至于蓝鲸嘛，它们若是生活在陆地上，只怕连支撑自己的庞大身躯都会很困难。

此外，体形大小对从高处摔下来的动物也会产生奇妙的影响。你也许已经注意到，那些体形很小的动物，如蜘蛛、蚱蜢等，即使从摩天大楼上摔下来，也只当是潇洒走一回，个个都安然无恙。若是换了我们人类，只怕逃脱不了粉身碎骨的后果。

这是什么原因呢？单纯地从物理学角度来看，动物在下落过程中受到的空气阻力应与其身体的截面积成正比。如果某种动物的身高、体阔（宽）都缩小到原来的 10%，那么它的体重将减至原来的 1‰，而其身体截面积却只缩小到原来的 1%，它所受到的空气阻力也随之减小到原来的 1%。也就是说，其单位体重所受到的空气阻力将增大至原体形时的 10 倍。由此可见，体形越小的动物从空中摔落时所受到的空气阻力相对来说就越大。至于那些体形极小的动物，它们所受到的空气阻力就与自身的重量相差无几了。因此，它们在空中就像是落叶一般，能慢慢地飘然而下，绝无摔伤之忧。这些现象在日常生活中到处能觉察到。

速度与体形大小

陆生动物的运动速度一般跟跨步频率与步幅之积成正比。陆地上跑得最快的猎豹瞬时速率可高达每小时 113 千米，就在平常并非追赶猎物时的速度也能达到每小时 90 千米；羚羊奔跑的速率为每小时 96 千米；鸵鸟为每小时 60 千米；大象为每小时 40 千米；我们人类可达到每小时 36 千米……可见，各类动物运动速率跟其形体大小还真有些关系。

我们可以用单摆来等效动物运动时腿的摆动状况。众所周知，单摆的摆动周期与摆长 L 的平方根（$\sqrt{L}$）成正比，单摆的摆动频率却与$\sqrt{L}$成反比。实际上，动物腿部的摆动也有其自然频率范围。若其跨步频率超过这个范围，运动时就会感到不舒适（不适应），甚至感到很别扭，因而无法持久维持这种跨步频率。假设动物腿长为 l，则步幅必然与 l 成正比，而其跨步频率则与$\sqrt{l}$成反比。那么，在单位时间内，动物移动的距离（即由跨步频率与步幅之乘积来决定的速率）必然与$\sqrt{l}$成正比。也就是说，腿部较长的动物必然运动速率较快。当然，作上述半定量分析的前提是假定所研究的动物均为相似形，仅它们的线度不一而已。在自然界中，我们可以找到许多例子来支持这一论点。

对于飞行动物来说，其飞行速率也与形体大小有关。根据空气动力学原理，飞行的最低速率跟飞行物线度的平方根成正比。譬如，现代的大飞机若比小飞机重 64 倍，那么它的最低飞行速率应该是小飞机的 8 倍。因此，大飞机是不能进行低速率飞行的，否则会掉下来。根据这一规律，人类发现，鸟类都达到了这个形体尺寸的极限。诸如，鹰隼之类的大形体飞行动物，由于其翅膀振动频率的能力会制约其飞行的速率，这也就决定了其体重与形体的大小，它们通常翱翔在一股上升气流之上，即使作滑翔时，它们的身体线度也会呈现出体形越大越困难的状况，更何况它们还要捕食。真要感谢鹰隼受到了空气动力学规律的限制，否则，若它们的形体大到似老虎，那人们还不得不时时提防它们会从天而降带来的突然袭击，这种危险就太恐怖了。

液体表面张力与体形大小

有相当大的一部分动物是采用在泥浆中打滚（俗称“洗泥澡”）来清洁体表的，但大部分动物都是用水来清洁其体表的。水的表面张力对不同大小的动物会产生不同的影响。一头水牛或大象在河中洗完澡后，由于水的表面张力，它们浑身上下会沾上一层近 0.5 毫米厚的水膜。对它们来说，这些水的质量实在算不了什么。然而，一只浑身湿透的老鼠，其毛皮中所带的水的质量就跟其自身的体重等量齐观了。而对一只苍蝇或一只蚊子来说，这薄薄的一层水的质量就要比它的自身体重大得多了。由此，我们也就明白，为什么那些小昆虫一旦浑身被水淋湿了就再也飞不起来的缘由。因此，对绝大多数昆虫而言，去水塘饮水是冒着生命危险的，若一不小心让水的表面张力逮住或被水打湿了全身，那么，它们除了遭受被淹死的命运外，只能留在原处等着太阳光把身上的水分晒干。要知道，这时候它们可是几乎没有任何防御能力的呀！

难怪“聪明”的蜻蜓只能“点”水即飞走了，这也就有了我们常说的“蜻蜓点水”这个俗语。

声音与体形大小

动物发出的声音频率与它们的体形之间也有密切的关联性。这一点，我们可以用琴弦振动来比拟。根据振动原理可知，琴弦振动的频率与琴弦的长度成反比。在单位时间内，短弦振动的次数比长弦振动的次数要多，所发出声音的音高（振动频率）自然也就比较高了，听起来会觉得挺刺耳。动物的发声器官跟琴弦类似：体形较大的动物，其“声带”一般也较长，这情形相当于长弦，而体形较小的动物，则其“声带”也较短，就相当于短弦。我们不妨回想一下，那些体形娇小的昆虫、鸟类，它们鸣叫起来的声音是不是尖尖的？而那些体形庞大的狮子、老虎、大象，它们的吼叫声是不是非常低沉？至于小孩子的声音比成年人更尖、更细、更亮，也可以用类似的理由予以解释。

食物需求与体形大小

众所周知，任何一种动物要生存下去，就必须从周围环境中获取足够的食物。这些食物经过消化后，转化成它们维持生命与活动所必需的能量。若动物的线度为 L，其食量一般与 L^3 成正比。它们所摄取的食物所转换成的能量主要用作：一部分用于活动与思考，另一部分用于维持体温。

第一，所谓“动物”，顾名思义，自然是要“动”。既然要动，必然会消耗能量。所以，相当一部分食物被用于补充动物以觅食、嬉戏等活动所消耗掉的能量。根据能量公式可知，这部分食物消耗量应与动物的体重成正比。无论动物的体形大小如何不同，因运动而消耗掉的食物量一般总与动物的体重之比基本保持不变。也就是说，若动物的线度为 L，其摄取的食物量以及因运动而消耗掉的食物量一般都与 L^3 成正比。

第二，动物除了运动外，还必须为维持体温而消耗能量。根据热交换原理，维持体温的能量消耗主要与动物体表跟外界的热交换有关。因此，这部分食物量的消耗与动物体表面积 L^2 成正比。根据前述的动物食量一般跟 L^3 成正比，而维持体温所损耗的能量仅与 L^2 成正比。将后者除以前者，所得的商越小，表明动物将所摄入的能量用于维持其体温所占的份额越少，而用于其运动等的份额较大，那就表明其生存质量相对较高。这个商是反比于动物线度 L 的，这就表明，动物体形越大，因维持体温而消耗掉的食物与其体重之比就越小。

将动物的上述两部分能量消耗合并起来作综合考虑，我们不难看出，动物的体形越大，它的食量与体重之比就显得越小（不过两者并不成严格的比例，其中还存在各类动物对能量的转化效率等因素）。一般来说，动物体形越大，所摄入的能量中用于维持其运动、思考所占的份额越大，其生存的质量也就越高（或者说食物的利用效率越高）。对于这一推论，我们也可以从自然界中找到众多例证。例如，人类每天的平均摄取的食物量约为自身体重的2%；而小老鼠摄取的食量却会与自身体重相当；至于较小的鸟类——蜂鸟，它一昼夜则要吃掉相当于自身体重近 200 倍的食物。另据对恐龙化石的科学考证发现，食草类包头龙体形接近大象，约 4 000 千克，但它每天的平均摄食量还不到 40 千克，仅占自身体重的 1%，而大象每天却要 300 千克食物呢。

（本文曾刊于 1994 年第 9 期《中学科技》杂志，插图是由蔡康飞先生绘制的。本文是当初的原稿）

战略科学家的大视野

钱伟长院士接受采访(方鸿辉摄)

2004年3月12日，钱伟长院士受中国科学院、中国工程院和中国社会科学院部分科学家的委托，给中央领导写了一封信，建议编研出版《20世纪中国知名科学家学术成就概览》系列丛书(以下简称《概览》)。其宗旨是在整理科学家学术成就的基础上，分析、总结其之所以能取得这些学术成就的情境和他们取得这些学术成就的路径，评介这些学术成就对学术发展的承前启后的贡献和影响，以及这些学术成就对学科发展以及给人类社会所带来的改变。特别是剖析这些海内外知名华人科技专家和学者之所以成才成家的内外促因，提供他们对当前科技和学术后继人才培养的独到见解，得出在科学史和方法论方面有一般性意义的结论，将科技和人文有机结合，进而对后学诸生的个人成长和科技人才培育体系的优化完善有所裨益。钱老的这项建议受到中央领导的高度重视。2006年12月，《概览》项目被立为国家“十一五”重点出版项目，获国家新闻出版总署划拨的国家重大出版项目启动资金。目前，科学出版社已成立了专门工作机构，负责整个项目的运转。鉴于《概览》对增强中华民族的凝聚力和向心力，对于传播科学、创造未来具有划时代的意义，记者于近日采访了钱伟长院士。

2008年初夏，上海天气有点潮湿闷热，但跨入上海大学绿荫包围的乐乎楼——钱伟长院士的居所，记者的心归于平静。只见九十五高龄的学界泰斗精神矍铄地坐在棋桌旁，双手各执黑、白子，全神贯注地自我对弈。

当秘书徐旭先生把我们的来意向钱老通报后，钱老非常开心，放下棋子与我们一一握手，话匣子也打开了。

“科学和人文是人类文明的两只翅膀，缺一不可。再说啊，盛世该修志。我们的国力强盛了，有条件也有必要来回顾一下20世纪中国的科学文化，溯迹先辈，凝聚国力，探索历程，瞻望未来！”

笔者因工作关系多次采访钱老，也深深体会钱老很有逻辑话语中的含义。记得钱老曾经谈起过50年前的一段往事，“20世纪50年代初，在叶企孙先生倡议下，我和王竹溪等曾苦心收集了20世纪上半叶中国人发表的物理学论文（包括国内外发表的，包括纯粹物理和应用物理），有700余篇，试图汇编目录出版。但是，鉴于当时的政情，我们的汇编成果没能问世，后来这些资料全部流失，这是一个很大的损失……”钱老当时的遗憾尤触动我的心灵。当年想从文化的角度总结半个世纪中国物理学的发展，今天又以一名战略科学家的视野提出了整理出版《概览》的建议，我们理解编写《概览》也是钱老欲圆50年前的梦。

而今，“科教兴国”有了人文导向，钱老的建议受到胡锦涛主席和其他中央领导同志的高度重视，新闻出版总署约请科技部、中科院、工程院、社科院、台办、侨办、港澳办、科学出版社等有关部门的负责同志，商量研究《概览》编研出版问题，并就编写工作达成了共识。各部门一致认为：这是一项重要的科学文化出版工程，对于团结海内外华人科学技术专家和学者，增强中华民族的凝聚力和向心力，对于传播科学、创造未来，具有重大的时代意义和科学意义，应当做而且一定要做好。

2004年11月29日，钱伟长又给财政部并新闻出版总署写了信，提请有关部门研究审核《概览》项目申报书后能划拨所需款项,以便该项目能及早正式启动。

在钱老的直接领导和不懈努力下,《概览》被列为国家新闻出版总署“十一五”国家级重大出版工程,科学出版社成立专门机构承担这项重大的科学文化出版工程。

钱老不愧是高屋建瓴的战略型大家,全面筹划的《概览》工程由纸媒、资料数据库与光盘、网络传播三大部分构成,计划5年完成。全套纸媒图书总篇幅约4 000万字,分为自然科学、工程技术科学和人文社会科学三大板块,拟由数学、力学与天文学、物理学、化学、地学、生命科学、农学、医学;机械与运载工程学、信息与电子工程学、化工冶金轻纺与材料工程学、能源与矿业工程学、土木水利与建筑工程学;以及哲学、法学、历史学、经济学、教育学、军事学、管理学和索引等21卷组成。

《概览》由钱伟长任总主编,并由他推荐德高望重的科学家任副总主编。由副总主编推荐各学科编委会的主编和副主编。总主编会同副总主编提名各编委会的编委成员。目前,工程已正式启动了8个学科。

钱老如数家珍般地说道:“我们这个项目可是一个大工程啊!我们将严格筛选出公认的、确有科学建树的国内外知名华人科学家约6 000位,除收录他们的生平、著述和专题研究的所有文献档案资料外,还将搜集他们有价值的图文资料。用数字化的技术手段对海量的科学文化信息进行合理分类、整理、存储、提取、发布、展示和输出操作(如纸媒图书的按需印刷,同步推出光盘与网络版等),我确信这项大科学基础建设工程是积累文化、造福人类的。”

这么庞大的文化建设项目,只有高瞻远瞩的战略型科学家才能勾画和组织。因此。由钱伟长院士提出编撰《概览》的工程也是必然的。钱老不是一般的纯自然科学家,他是科学与人文“两栖”的大家。出身于书香门第,自小深受父叔辈学人(诸如国学大师钱穆等)的影响,具有深厚的人文底蕴。日后又获加拿大多伦多大学博士学位,并曾任美国加利福尼亚州理工学院喷射推进研究所研究员，学成归国后又历任清华大学教授、教务长、副校长，中国科学院力学所副所长，上海工业大学校长，上海大学校长及中国管理科学研究院名誉院长……他还曾任中国力学学会副理事长，中国中文信息学会理事长，《应用数学和力学》主编，美国《应用数学进展》《国际工程科学月刊》编委，波兰科学院国外院士，还是中国民主同盟中央副主席，全国政协副主席等。钱老又绝对是出版的行家里手，他曾任《简明不列颠百科全书》的中美编审委员会的中方主席、《辞海》副主编……令人不可思议的是，一位在全球享有盛誉的工程力学大家居然还成功研制成新颖的中文编码及计算机汉字输入方案（“钱码”）。可见，钱老的学科知识是多么通透！学科间又有非凡的通感！

文理相通的知识结构，拳拳报国的赤子情怀，使年逾九旬后的耄耋老人依然能高瞻远瞩地提出编撰《概论》的周全构想。

《概览》将覆盖自然科学、社会科学与人文学科等几乎所有领域，将塑造中华民族科学家的群雕像。“我们这套信息大集成与传统的科学家传记不同，每卷的卷首有五六万字的学科发展史综述，每个分支学科也有两三万字的发展简述，让读者对学科整体发展有一个概貌性了解，从而对后续的知名科学家的学术建树才会理解更透彻。这叫既见森林，又见树木。而对科学家的介绍，重在学术成就，以展示他们的治学方略、价值观念和哲学思考，突出他们为促进中国和世界科技发展、经济和社会进步所作出的贡献，展现他们在百年内忧外患中坚韧的科学精神和爱国情怀。这样的信息勾画，我想应该能激励后人见贤思齐、知耻后勇，为我中华民族的伟大复兴而奋发有为吧！再说，20世纪学有所成的不少知名科学家都年事已高，尽快编成《概览》也是一件功德无量的好事，是对‘濒危记忆’的抢救啊！”

钱老越说越激动。

年初，在《中华读书报·人物》开栏时，笔者曾撰写过一篇署名文章——《桑榆匪晚　奔驰不息》，对钱老的科学人生作了整版介绍，现在近距离与钱老对话后，“桑榆匪晚 奔驰不息”之语就显得更鲜活了。钱老告诉我们，《概览》目前已有1 000名学者入选，召开过10多次编委会，已经收到三四百篇稿件。力争今年（2008年）底、明年初能出版地学、生物学、数学等两三种。正如今年4月钱老给科学出版社林鹏同志的信中所希望的：“使项目真正成为科技创新的基础人文平台，成为中国科学家团结奋进共建和谐的统战平台，成为记录近代中国科技历史、铭记新中国科技成就、教育和激励后人为国拼搏的励志平台。”

我们打心眼里祝福钱老健康长寿，能率领后辈学人在科学的道路上走得更稳、更快。

（本篇采访记刊于2008年6月18日《中华读书报》“人物·科学家”，题为“战略科学家的大视野”，署名余传诗、方鸿辉等）

曾溢滔夫妇和他们的牛和羊

编者按 今年(2000年)1月,上海医学遗传研究所开展的转基因牛的研究成果,被评为中国1999年十大基础研究成果,并名列榜首。此前,转基因牛"滔滔"(携带人白蛋白基因)的科学成果还荣获了"中国十大科技进展"及"上海十大重要新闻",引起传媒和广大读者的普遍关注。为此,我们特别约请正在编辑《科学对话·转基因动物与医药产业》生命科学前沿学术研讨会文集的上海教育出版社方鸿辉编审专门就该课题与曾溢滔院士作了访谈。

《转基因动物与医药产业》封面

方鸿辉(上海教育出版社编审,以下简称方):人们都说,19世纪是化学的世纪,20世纪是物理学的世纪,展望21世纪应是生物学的世纪。其实,在20世纪之末,我们已经清晰地看到了生物学世纪的曙光,尤其是您和由您领衔的科研团队在转基因工程领域的成果,令人振奋。应该说,您和您夫人——黄淑帧教授是我国转基因动物及制药领域的带头人,你们的一系列科研成果是许多创新思维的结晶,是你们带领的科研群体的智慧体现。现在人们最感兴趣的是,你们是如何走上这条创新之路的?

曾溢滔(中国工程院院士,以下简称曾):人们说21世纪是生物学世纪是有根据的。首先,生命科学的发展将会推动其他学科,诸如物理学、化学的发展;其次是生命科学的成果及其产业化将会

侃侃而谈的曾溢滔院士(方鸿辉摄)

推动国民经济的发展和世界经济的发展。

我们是从事医学遗传学研究的,我们这个所称为上海医学遗传研究所,主要是研究遗传疾病的。最初我们研究血红蛋白病,以后扩展到其他常见的遗传病;从遗传病的诊断,发展到遗传病的基因诊断,或者叫分子诊断;从对遗传病人的诊断,提前到产前诊断。凡有遗传病家族史的孕妇,其胎儿患遗传病的可能性较大。产前诊断,可以知道胎儿是否患有这种遗传病,若确诊了,就可以采取相应措施。有一类遗传病是跟性别有关的,即 X 染色体链锁遗传病,如胎儿是男性,那么其 X 染色体如果带有遗传病的基因,就会患遗传病;女孩有两个 X 染色体,即使一个 X 染色体带有遗传病基因,而另一个 X 染色体是正常的,就不一定患病。因此,对这类遗传病的产前诊断首先是判明胎儿的性别,它可作为 X 染色体遗传病基因诊断的第一步。

我们研究所的这项成果在 1984 年至 1985 年获得成功并发表,北京农学院的胡明信教授和他的妻子吴学清教授就来上海找我:"你们能对胎儿作产前性别诊别,那么对怀孕的牛,能否也能在产前作性别诊断呢?"因为对奶牛,人们一般希望其怀的也是母牛,将来可产奶;而对肉牛则希望是公牛,肉质较好。若能诊断胎牛的性别,会产生很大的经济价值。将医学分子生物学技术用于农牧业的课题也就摆在我们面前了。经思考,我们同意合作。我们一直跟踪国际分子生物学的进展。1990 年,国外发现了人类的性别决定基因——睾丸决定因子(SRY 基因),认为在染色体上有 SRY 基因就是男性,没有的则为女性。根据这个思路,我们也试图寻找牛的 SRY 基因。经过努力,我们从牛精子的 DNA 中分离出牛的 SRY 基因，测定其序列。通过寻找 SRY，来判断牛的性别，并通过这项技术，达到控制牛的性别的作用。这项成果被评为 1991 年“上海十大科技新闻”，也被评为“全国农业十大科技新闻”。

以后，我们又从奶牛发展到山羊，用这项技术来鉴定并控制羊的性别，到了这一步，迫使我们进一步思考：既然我们可以分析胎牛和胎羊的基因，那么也应该可以把我们鉴定好的胚胎移植进母体去繁殖；若在这一步之前，我们将所需要的基因打进受精卵，令这个胚胎带有我们打进去的外源基因，如人类所需的药物基因、营养蛋白基因，这种带外源基因的胚胎植入母体繁殖后所生的小羊、小牛也就带有我们人类所需要的基因，并假如这种基因能予以表达，也就是说这种羊、牛能产生带有外源基因的产物，这将能产生多大的经济效益啊！

方：在探索新的技术路线，提高转基因家畜成功率方面，你们曾遇到哪些困难，又是怎么解决，并形成自己的特色？

曾：转基因动物是将外源基因（即有经济价值的基因或人类需要的药物蛋白基因）转到家畜体中，通过整合得以表达，就会产生巨大的经济效益。英国罗斯林研究所（即做克隆羊“多莉”的研究所）与 PPL 公司合作，做成功转进 α_1-抗胰蛋白酶基因的羊（这种酶的缺乏会引起肺气肿，这种病在北美发病率较高），以前病人只能依赖于注射从人体提取的这种酶，价格相当高，现在能在羊奶中表达这种基因，即羊所分泌的奶中带有这种酶，羊奶的价格也相当高了，每升约合 6 000 美元，德国人将这头羊的奶全买下来，还觉得不够，并希望大量繁殖这种羊。正是市场需求，使罗斯林研究所想到要攻克动物克隆技术，因为克隆技术能得到大量具有这种转基因的羊，每头带有这种基因的小羊羔的市场价约为 30 万美元。

由此可见，转基因动物是昂贵的，但这项技术是相当困难的。

让外源基因整合在羊或牛的受精卵基因组中，成功地做成转基因羊或牛，一般来说只有3%—5%的整合率。也就是说，生下来的100头转基因羊或牛，只有3—5头带有这种基因，而且并不是这3—5头都能得到表达，能产生相应蛋白的一般又只有其中的50%，即1.5—2.5头吧！做转基因动物的工序相当复杂，成本相当大，再说，目前科学家还没有完全掌握其中的规律。

归纳起来，转基因技术主要有三大困难：其一是你打进去的基因，等到胚胎移植后，没有得到整合；其二是即使整合了却得不到表达，即该基因没有功能，不产生其产品；其三是打进去基因后，胚胎活了，但移进母体，怀孕率极低，一般每300头羊中还不到100头羊能最后怀孕成功。上述三者相加，成功率就更低了，兴许你做1 000头，2 000头，甚至3 000头，只能得到1头能有效表达呢！谁都知道转基因动物经济价值那么高，谁都想去做，但未必能做到，因为转基因是一项系统工程，并不如我们平时坐在研究所里做研究，条件都得有，还要控制得了。做转基因家畜，首先得有一个很大的牧场，要有三五百头牛羊，想象一下，这三五百头家畜需要饲料，需要照料。其次要有基础研究，打进去的外源基因需要构建得好，不仅能表达，还要能高效表达，这就需要加进一些调控元件，比如说启动系、增强系；还要解决表达的部位，不是全身表达，只能表达在动物乳腺中，若全身都表达了，往往会影响动物的正常生长发育、生理代谢。就拿我们曾经做的凝血因子9转基因山羊来说吧，我们打进凝血因子，希望它产生凝血因子，假如山羊全身都表达了，我们希望得到的没有得到，山羊自身却凝血了，那它就不能生长了。因此，必须加进一些调控元件，令外源基因只能在乳腺里表达，不在身体其他部位表达。因为乳腺是一种外分泌器官，它分泌的乳汁源源不断地排出体外，并不进入身体的血液中循环，哪怕表达高了，也绝不进入体内，不会影响动物的生长发育。

由此可见，这几大环节靠一个人不行，靠几个人也不行，这是一项地地道道的系统工程，确需一个有力的团队来完成。我们研究所原来是医学遗传所，进入分子生物学领域，通过奶牛胚胎的性别鉴定，再接触到胚胎工程和家畜的繁殖，现在回过头来综合利用这些不同的技术来从事动物的转基因研究。我们所有临床外科医生，手术很熟练，技术很高超，能成功地获取牛或羊的受精卵和移植胚胎；我们又有一支分子生物学研究的队伍，进行基因构建的研究；我们还有一个附属的试验场——奉新生物高科技公司的一个牧场，有 100 多头牛和 300 多头山羊。这个繁殖基地的工作人员对牛、羊进行饲养和观察，获悉它们的发情周期。只有在掌握了准确的胚胎移植时机，方能保证移植的成功率，即人为干预周期与动物生殖周期的吻合、同步。任何一个环节都不能有差错，否则胚胎再好，若与动物自身周期不同步，就不能着床，即种子进不去；同样，动物受孕了，但构建的基因不好，得不到表达，也不行。这确实是一项系统工程，也是我们的困难所在。上述三大困难中，任何一项的克服，都能大大提高转基因工程的成功率。为此，我们研究所黄淑帧教授带领课题组针对这三大困难，组织力量予以突破。

方：你们是怎样面对这三大困难并予以突破的？或者说，你们具体的创新手法又是什么呢？

曾：首先突破整合率低的难关。过去基因打进受孕羊，不知是否整合，只能等羊羔生下来，抽血做 DNA 检测来判断。这样做盲目性很大，成功率在 3%—5%。针对这一状况，我们在胚胎中先予以检测，看是否已整合了外源基因。因为基因进入胚胎不一定结合到染色体中，只有整合了，才会随细胞分裂，一个个细胞也才能均带上这种外源基因。为此，我们不急于将打进了外源基因的胚胎直接移进动物体内，而是先体外培养，直到其分裂到 64 个细胞时，取出四五个，检测是否已整合了外源基因。只有在确认整合的情况下，才将这个胚胎植入动物体内。这种经过筛选的移植，理论上能保证 100% 移入的胚胎是整合了外源基因的。

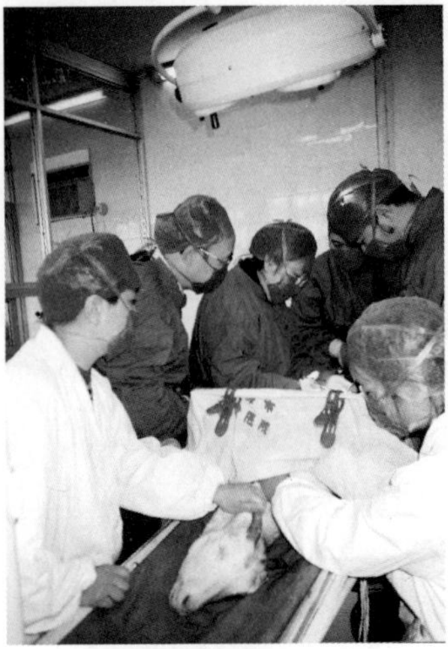

曾溢滔团队在做转基因山羊胚胎移植

第二项要攻克的难关是，由于外源基因是打进受精卵的雄源核中，也就是基因打到精子的细胞核中，而雄源核形成时间很短。过去用手术取出自然交配的受精卵，取出时往往时间超过了，雄源核已经与雌核结合了，不能打了；过早呢，雄源核还没出现，看不到，无法打。无法掌握适当的基因注射时间，故成功率低。针对这个矛盾，我们的创新手法是，通过试管羊的技术，先取出卵子，让它体外成熟后，放入精子，让它们体外受精。我们观察整个交配过程，发现雄源核最清晰时，抓住这个最佳时机，打入外源基因，使存活率大大提高。至于基因的高表达，我们先在小鼠身上试验，通过基因载体构建来提高表达，目前发现个别转基因小鼠的表达水平提高了30多倍。将这项研究成果用于羊身上，有望使转基因羊的外源基因得到较高的表达。

第三步要探索的便是对移植技术的改进。以往通过手术移植，由于受体动物的手术创伤，使怀孕率较低。黄淑帧教授探索了非手术的胚胎移植法，使受体动物基本上无损伤，这样它们的怀孕率就大大提高了。

方："863计划"开始时曾提出：利用转基因动物来生产转基因药物。这个与国际上同步的计划，在我国已经实现了利用转基因家兔生产肝炎疫苗，利用转基因羊生产药物蛋白。你们在奉新试验场培育的能治疗血友病的人凝血因子9的转基因羊已产奶了，几个月前，你们已在转基因牛——"滔滔"体内检测到人血清白蛋白基因。那么，下一步，"主角"将做什么变换？

曾:我国的“863 计划”高瞻远瞩地看到了在转基因动物的药物生产上有远大前景。目前,国际上一些技术先进国家的政府和一些大型企业都大力资助转基因动物及其制药的研究,并力促其产业化。我们已成功地培育出了带有能治疗血友病的人凝血因子9 的转基因羊,但表达水平还不高,现在我们正在寻找提高表达的方法,真的假如能像小鼠一样表达水平提高 30 多倍的话,那么这头羊将有很大的产业价值。但是,羊的产奶量毕竟仅为牛的 1/20 左右,对于需求量不大的药物,病人使用量是微克、纳克数量级的,那么利用转基因羊的产奶量就可以了;但对于有些药物(尤其是蛋白),病人需求量较大,诸如人血清白蛋白,病人使用量是以克为数量级的,那么用羊奶来生产显然满足不了需求,最好用转基因牛。根据不同的需求,采用不同的家畜,我们课题组同时在进行转基因羊和转基因牛的试验。

方:在“目的基因”选择上,你们有什么新的打算?在转基因技术线路上或策略上,会有什么更多的创新?

刚出生的转有人血清白蛋白基因的“滔滔”牛

曾:目的基因(药物基因)的选择,一般来说有两个方面考虑:一是要疗效明确,治疗效果是经得起科学检验,这样的转基因药物才有根据,才可靠;二是要市场需求量大的,病人需要连续使用的药物。转基因动物作为药物生产很自然地扩展到营养蛋白的生产。诸如白蛋白,既是药物,又是营养物质。可见,目的基因的选择,一是药物蛋白,二是营养蛋白。

在转基因技术路线上,焦点是提高整合率和表达率。现在我们重点放在提高表达率上，即在分子生物学研究上、在基础研究上，通过构建基因载体，使基因更有功效，表达更高效。

方：在利用“乳腺生物反应器”所产生的乳汁来提炼药物方面，您预测将会有些什么困难？

曾：第一方面，困难很多，但能克服。根据国外资料，应用柱层析和过滤相结合的方法，可以把乳汁中的乳蛋白和异源蛋白分离开，纯度可达到99.999%。这样，对用于人体的药物蛋白，若需求量相当小，即刚才讲的用药量为“微克”或“纳克”数量级的，其含有的动物乳蛋白量就相当少；但若用量为“克”数量级的话，那么意味着有少量的动物乳蛋白进入人体，也就有可能引起免疫反应，对身体是有害的。因此，药物的纯化审定要求是很严格的。

第二方面，要加强基础生物学研究。人体基因进入动物体内，产生的转基因蛋白对动物来说也是异源蛋白，动物是否会对这种蛋白产生反应呢？国际上的一些转基因动物公司和大学的研究所还在对此进行研究。根据现在公布的资料表明，有些问题已基本解决，从蛋白的稳定性，转基因动物产生的蛋白对人体是否伤害的临床试验结果来看，都是无害的。但是，科学强调实事求是，在没有做出最后、最准确的结论之前，我们还有一定的保留。科学就是这样，只要你提出问题，就要研究，问题解决了，科学也就发展了。但是，我们不能因为现在存在问题就停滞不前。假如这样，我们就可能会落后，因为目前世界各国都在花大力气、高投入开展这方面的研究。其实，大家也都面临同样的问题和难题。应该说，在转基因动物方面，我们目前跟先进国家处于同一起跑线上，我们必须抓住这个历史机遇，把这项前沿科研搞好。

（本文刊于2000年2月26日《科技日报》第二版“重大科技事件背景透视”专栏的整版；2000年4月号《知识经济》杂志全文转载，标题改为：访转基因牛“滔滔”之“父”）

还原一个名字

有的人死了，他还活着

2000年3月27日，是一个平凡得不能再平凡的日子，人们甚至很难从“历史上的今天”挖掘出值得纪念的事件。可是，这一天却因为一名中国学子、一名被国际顶尖生化学家们称为“非常杰出的科学家”的年轻人永远闭上疲倦的双眼而令人揪心，永远难忘。

这位年轻人叫郭申元。在他为科学献身时，年仅29岁。美国科学院院士、哈佛大学理查森教授说：“郭博士的过早逝世，令人痛惜，但是他所作出的贡献要远远超出比他活得更长的人。”年过九旬的生命科学泰斗谈家桢院士痛苦地说：“从学校送来的报纸上看到弟子郭申元不幸被病魔夺去年轻生命的噩耗，不由得老泪纵横，悲思万千……长歌当哭，我既为科学事业失去一位年轻有为的英才而痛惜，也为科学界痛失一位品格卓然的后辈而扼腕……”

一个人死了，可是人们都说他没死，没有死，没有死……

有的人活着，他已经死了；有的人死了，他还活着。

从悲痛的泪眼中，人们看到郭申元走过的科学道路，

从无尽的哀思中，人们触摸到郭申元美丽的心灵。

生命=时间+信仰

1970年6月12日，郭申元生在上海一户知识型劳动者家庭。郭申元父亲是学历史搞新闻出版的；母亲是学医学搞药剂的。诞

生在这样一户文理结合、充满求知氛围家庭中的郭申元,从小耳濡目染,激发了强烈的求知欲望与探索兴趣。父母的遗传基因在郭申元身上优化地组合起来,连父母的职业特征也在郭申元身上组装了起来。

郭申元初中就读于上海市南洋模范中学,高中就读于上海市上海中学,1988 年直升复旦大学生命科学院。

1990 年,郭申元踏上了美利坚国土,进俄亥俄州立大学生物系继续读本科,一头栽入抗癌基础理论学习。这一栽,就是整整 10 年,没喘一口气,也没回一次家。

1992 年,郭申元以各科全“A”成绩毕业于俄亥俄州立大学,并荣获“全美优秀生”殊荣。1995 年郭申元获得俄亥俄州立大学生化硕士学位,并通过了博士资格考试。作为爱弗斯教授的关门弟子,郭申元已全身披挂,朝着攻克癌症的征程进发了。

1996 年,25 岁的郭申元被选入美国历史上最悠久的学术团体——Phi Kappa Phi,并成为终身会员。也就从那年起,郭申元独立主持了学术课题,在短短的 5 年内,相继在《细胞学》《生物化学学报》《美国科学院学报》等国际权威学术刊物上连续发表了 5 篇很有震撼力的生命科学前沿成果的论文。作为年轻的“肿瘤化疗国际前沿探索者”,郭申元对生命科学的系列创新贡献,也被国际生化学界称为“郭氏理论”“郭氏猜想”,其核心部分——对 DNA 解旋酶的研究,已进入攻坚阶段,将对“不治之症”的癌症的治疗带来有望治愈的曙光,毕竟全球每年有 600 多万生灵等待获救。

可是……就在这个节骨眼上,肝癌这个顽凶却跟攻克它的猛士开了个大玩笑:这位在人类抗癌研究的赛场上成绩优异并有望向终点冲刺的科学家,却毫无防备地遭受了肝癌突如其来的无情攻击。

1999 年圣诞节的前一天,当郭申元被确诊为肝癌晚期时,他并没有被这可恶的“生命作弄”击倒,反而更理智地要与时间赛跑——在人生跑至终点前,一定要让研究项目结出丰硕的成果。

那天,他同往常一样,特别镇静地走进了实验室,为防止干扰,竟把实验室的电话线也拔掉了。那一夜,实验室的灯光一直未熄,他明白,留给自己的时间已很有限了,必须抓紧分分秒秒,这是真正意义上的"跟时间赛跑"。人痛苦到极点,心理却坚强到极点,这种对生命即将走向尽头的心理承受力非常人所能承受。郭申元就用这样的形式,送走了生命旅途中最后一个圣诞夜。

因为郭申元坚信:生命=时间+信仰。

这也是他的人生箴言,是他对29年人生旅程最深刻、最精粹的体检。

2000年1月3日,尊重美国医学专家的建议,郭申元接受了肝癌切除手术。刚能坐起来,又忍着术后的疼痛在病床上用手提电脑续写他的科研论文。术后不满两个月,又固执地要回实验室工作。母亲竭力劝阻,郭申元平静地央求:"妈妈,我只有去实验室工作,才能恢复得快些……"

至今在郭家留存一张催人泪下的照片:郭申元裹上厚厚的羽绒服,在母亲搀扶下艰难地走向实验室……这就是郭申元对"生命=时间+信仰"的最好注释,是一名科学勇士的最后冲刺。

母亲搀扶申元艰难地走向实验室(郭志坤提供)

郭申元惜时如金,为的是要尽快攻克癌症,让全球每天有上万人惨死于癌症的局面尽快得以改观,也让各种肤色的癌症患者的生存质量能得到提高。儿时他常听到在上海肿瘤医院工作的母亲讲述的癌症患者的艰难与痛苦,懂事的他早就立下了很坚定的愿望——长大了要攻克癌症。为了实现儿时的梦想,他赴美深造近10年不归,也常年不省亲,连父亲访美时带给他的衣服包裹都没时间去拆开。

郭申元临终前与父母说的最后一句话是:“妈妈、爸爸,请不要为我难过。这些年来,我从来没有浪费过一分钟。我很开心,我活得很踏实……”

带着在攻克癌症征途上的极大遗憾,郭申元走完了29年短暂的人生,用生命谱写了追求科学的辉煌篇章。郭申元生命虽短暂,精神却绵长永恒。诚如著名海洋科学家汪品先院士为纪念郭申元博士所题写的:“生命的价值,在于浓度而不在长度;在于奉献而不在获取。”

野性的学习

郭申元的家庭教育理念从来就很前沿也很艺术。他的父亲认为:丹麦教育家倡导的“野性的学习”是很人本的教学理念。所谓“野性的学习”是指能还人以原本的“天性”,少一些人设的陈规,多一些生存的自适,以开发人的潜能,调动探索新事物的主动性、创造性与适应性,同时必须充分顾及人的个性。这种“野性的学习”理念,其实是对中国传统“驯服”教育的颠覆。郭父有意识地引导儿子从小就投入“野性的学习”之中。他认为:一个人老是与所有人一起“齐步走”,往往会湮灭个性,缺乏思考、质疑与探索的热情,这又怎能期盼他将来能有创造性?在热切关注儿子智能成长的同时,也默默鼓励并悄悄保护着儿子“野性的学习”。

“人的汗水和泪水是咸的!”还是幼儿的郭申元神秘地告诉妈妈。

“你怎么知道的?”

“我尝过味道的呀!”郭申元煞有介事地回答。

“妈妈,鸡、鸭死了是闭眼睛的;鱼死了,为什么不闭眼睛呢?”

“爸爸,你知道动物会动脑筋吗?”

……

一个又一个跃出课本知识外的“为什么”与“怎么办”，在童年的申元脑际盘旋，做父母的常常是笑而不答，而是鼓励他自己从课外读物或从日常生活的观察与思考中去寻找答案。爱阅读、肯动手、勤思考、善提问的少年郭申元果然长进很快。正是这种“野性的学习”构筑起郭申元思考与质疑的金色桥梁。

有人提问：为什么稻谷成熟了，会有坚硬的芒刺？小申元会脱口而出：“这是植物自卫能力的表现，使鸟类对稻谷不敢轻易下手呗！”

有人提问：为什么植物叶子总是扁平的？小申元也会肯定地说：“这是光合作用的适应性决定的，它能够以最大的理想面积来接受太阳光线的照射。”

有人提问：成语中的“急中生智”该怎么理解？小申元会若有所思地娓娓道来：“当紧张事件出现时，人的心脏收缩会加快，血液循环会加强，输送给大脑的氧气也会大增，这样就使大量神经细胞被激活，让它们处于息息相通的状态，大脑分析有了丰富的信息基础，思考能力自然就强咯！”

难怪周围人都爱称少年郭申元为“小科学家”“小博士”了。

善于“野性的学习”，使郭申元早就不满足于教材中那点知识，观察与实践已成了他获取知识的最好途径。还在读小学的时候，出于好奇，他就仔细地观察起蚂蚁的社会行为，写出了生动又逼真的习作《蚂蚁搬家》。由于有生活、有观察、有内容，必然能描述得很生动，得到师生一致好评。他常煞有介事地对妈妈说：“不要以为老师布置的题目才算作业，自然课上老师要我仔细观察动物、植

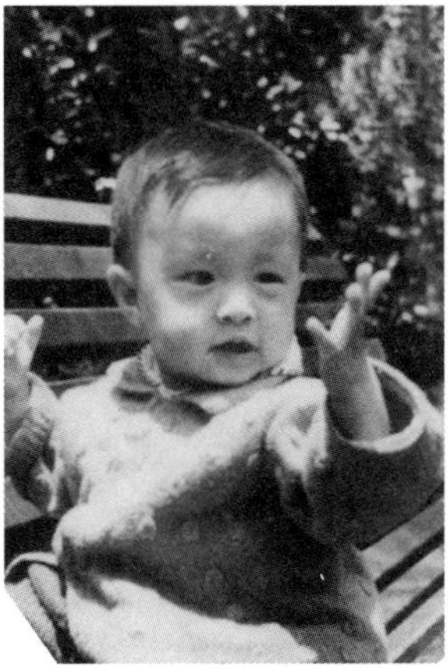

幼儿郭申元爱用手指学数数
（郭志坤提供）

物，这也是作业呀！”对周边事物的兴趣成了他探索未知的动力，以后他还饲养了蚂蚁，揭了蚂蚁窝，并通过请教专家、查核《十万个为什么》等科普图书，对蚂蚁的观察与研究入了迷，成了“小专家”。

“妈妈，你在肿瘤医院工作，你说说，蚂蚁身上分泌的抗生素真有那么大的作用？能提高机体免疫力，还含有丰富的蛋白质？那它能否用于治疗癌症呢？”小小年纪的他已思考得这么深刻。这也为他日后钟情于“生化抗癌”播下了种子呢！

在整个初中阶段，除了学好南洋模范中学规定的书本知识，少年申元的课余时间几乎全都沉浸于我行我素的“野性的学习”之中：研究知了，观察蛇类，饲养蚂蚁……最有趣的是，小学毕业前，由于蟑螂咬坏了他的课本，引起他对蟑螂的憎恶，并在捕杀蟑螂过程中引发了观察和研究的兴趣。以后，连续四年的寒暑假，都在孜孜以求地观察研究蟑螂并分析它们的习性及繁殖规律，在大量统计数据基础上，写出了《上海的蟑螂数量将和纽约不相上下》的科研论文。发表在 1989 年第 1 期《自然与人》杂志上的这篇论文还荣获了上海市第三届优秀科普作品佳作奖，并得到生命科学泰斗谈家桢院士的褒奖：“一名中学生长年坚持观察蟑螂的习性，在捕杀的同时分析和研究蟑螂，这种探索和钻研精神极为可贵。此事告诉我们，中学生在向科学家挑战。”

青少年时代的郭申元向科学“挑战”的故事还多着呢！

在上海市上海中学读高中时，郭申元在紧张的学习生活之余就在《中学科技》杂志上发表《我设计的一个航天飞机上的实验》科研小论文，提出在失重状态下研究油水混合物的课题和设想，连美国科学家都认为，这是一项很有创新思想的实验课题。为了解决油和水的混合问题，郭申元竟然将家里的小厨房当作实验室，向烧得滚烫的油锅中浇水。结果可想而知，油花四溅，让妈妈足足忙活了一个下午才收拾干净。但郭妈妈没有怨言，只是心痛地提醒他“以后要多留意安全哟！”多么宽容，多么理解儿子的探索精神。若父母对郭申元的探索举动横加阻挠甚至训斥，很可能就此浇灭了他的求索勇气和热情,日后的求知欲望兴许荡然无存。

那年头,上海中学的班主任获悉郭申元在如此紧张的学习生活中,依然"不务正业"地偷偷搞科研,也并没有给予任何指责,倒是予以默认,甚至"纵容"。可见,上海中学教师的素养确实不同寻常,他们也是一批敬业的"伯乐"。正是大环境的"宽容",日后郭申元才有机会作为品学兼优生被保送复旦大学生命科学院。联想到眼下不少市重点中学为确保名校录取率,对高中学生课外生活强作安排,数、理、化非做两万题不可的"疲劳轰炸",近乎笨拙与残忍,眼光也太短浅,其背后的推手就是功利!

其实,在整个高中学段与大学的最初一年,郭申元都曾忙里偷闲地为《世界科学》杂志等报刊译写文章,并发表了二十余篇最新学术动态的科普或者学术小论文,甚至成了《世界科学》年龄最小的特约译者。郭申元的父亲回忆:"元元读中学时,不喜欢多做习题,却爱对习题作归纳。他认为,多做习题是重复劳动,浪费时间。他腾出了大量时间读科普书,寻找想象的钥匙。"

正是这种"野性的学习",让郭申元从小就热情地去拥抱大自然,去本能地感悟大自然,不仅熟悉了大自然的语言,还熟悉大自然的思维方式,为日后与大自然的对话打下了坚实的基础。

心中有"以人为本"的太阳

听书法家说书道之深,着实莫测。历代权贵们为装点门面,都喜欢舞文弄墨,附庸风雅,他们花一辈子功夫,把"功、名、利、禄"几个字练得龙飞凤舞,而那个最简单的"人"字,却大都写得歪歪扭扭。而今,郭申元为我们写了一个大大正正的"人"字,他用行动诠释了中国人的为人之道,奉献了一颗科学家的美丽心灵。

事业有成的人都有一种崇高的信仰,而支撑信仰的要靠"以人为本"的仁爱情怀。郭申元说:"人是要有信仰的,而'信仰'两字都是人字旁,这就决定了信仰的宗旨是为人类服务。"

受家庭和周边浓浓人文环境的熏陶，郭申元从小就懂得要有爱心。小学四年级，父母欲激励他逻辑推理和空间想象能力的发展，为他请了一位数学辅导老师，仅仅两个月的辅导，点拨了他的思维，数学成绩就上升为班里第一名。郭申元也跟这位教学有方的老师成了“忘年交”。初中毕业那年暑假，郭申元去看望这位数学老师，知道老师生了胃癌，焦急的他一定要妈妈答应为老师请肿瘤医院最好的医生。然而，无情的病魔还是夺走了老师的性命。追悼会上，郭申元的双眼哭得像两只红灯笼。当晚，小小少年的心灵怎么也平静不了，翻身起床，在日记本上写道：“可恨的癌症无情地夺走了我敬爱的老师。癌症这一恶疾每年要夺走世界上几百万人的生命，真是个可恨的魔鬼！从现在起，我一定要好好读书，将来要付出全部精力去攻克癌症。”少年立下的志向，竟成了他一生的追求。

倔强的郭申元立下志向后，义无反顾。1988 年，被保送到复旦大学生命科学院后，他毅然选择生化系，还暗暗下决心日后要发奋为中国摘取一项诺贝尔自然科学奖。1990 年 9 月有机会赴美国俄亥俄州立大学读本科，他依然选择生化系，专事抗癌基础理论的学习。谁知道，在俄亥俄州立大学听的第一堂课，给他来了个下马威。老师开门见山地说：“要吃这碗饭，把命交出来！”

怎么，搞生化竟有这么危险？

伴随学习的深入，郭申元才体会到老师说的确实如此。生化是一门交叉学科，进入这门学科必须要有拓荒者的勇气。别的学科也许较快能出点成果，可搞生化一年半载，甚至三年五年出不了成果是常有的事。搞生化的人注定要在单调、孤寂、清贫的实验室里苦挨，甚至一辈子搞不出大的“名堂”。这一切都还算不上最可怕的，也还不至于要“把命交出来”。其实，面对剧毒物质的渗出，被病毒感染……确实是性命攸关的。生化实验室是一个“人为强化”了的环境，科研人员稍有不慎，很可能被感染。做解剖实验，一不小心划破手指，病毒就可能侵入。谁能保证一辈子没有一丁点儿的闪失？俗话说：“常在河边走，哪有不湿鞋。”只要你步入实验室,死亡之神就与你为伴了。但郭申元并没有被吓退。一旦选择了这项他认为是能拯救癌症病人性命的事业,就义无反顾地甘冒风险,一干就是 10 年。要不是英年早逝,他还会在这“把命交出来”的实验室中继续干下去。因为全世界每天都有上万人死于可恶的癌症。人等岁月,岁月可不等人。“攻克癌症”刻不容缓。

郭申元临危不惧地天天与杀人魔鬼的肿瘤组织打交道:提取它们的病变细胞,培植它们,观察它们,分析它们,信心十足,乐此不疲。因为郭申元心中有着美好的憧憬,他深信科学的真理,更确信神话终究会被打破。在攻克癌症的征途上,照亮郭申元前程的永远是“以人为本”的科学太阳!

当妈妈年复一年地在肿瘤病房目睹癌魔施虐逞威时,儿子却与一批世界上最杰出的科学家一道日日夜夜地在生化实验室奋战,在寻求癌症发生的机理,为锻造制服癌细胞的利器而攻关不息。因此,当郭申元函告父母“爸妈,你们不要希望儿子在美国赚钱”时,父母是完全能理解的:只要郭申元对人类社会作出哪怕点滴贡献,也是对家庭的最好回报了。

“学成归国”,立此存照(郭志坤提供)

为了实现这个伟大的承诺,郭申元有这样的自勉格言:

时间是金,时间是力量。

生命=时间+信仰。

中华是我根,

哺育我长大的是中华大地。

人在万里之外,祖国在我心中。

人人都有一次生命,这当然是一笔相当巨大的财富。当郭申元真切地理解到时间是生命的载体和人生的旅途后,他睿智的重心转向了:怎样精细地用好这笔属于自己的财富,怎样使这笔财富中的每一部分创造出最大的价值。他把华罗庚的“天才在于积累,聪明全在勤奋”作为座右铭,争分夺秒,勤奋努力。

话题拉回1988年5月,郭申元被保送复旦大学。这年暑期理应好好休息一下,为大学新生活做些思想和体能上的铺垫。周围的人都劝他去远足,可对于惜时如金的郭申元来说,这样打发时间未免太奢侈了。于是抓紧这段宝贵的时间,编译一本关于美国人养生的书稿,既学习了英语,也熟悉了相关生化方面的基础知识,还锻炼了中文表达能力。老成的申元就是这样惜时如金。为了这本科普译著,他冒着酷暑多次跑图书馆,请教各位专家……很充实地度过了中学时代最后一个暑期。这本书稿就是1990年9月出版的《美国人养生五百忌》。以后,这本书相继被台湾出版商买下了中文繁体字版权,还被德国贝塔斯曼集团买了版权。留美期间,申元的博士生导师和同事们看了这本书,都认为申元“为中美文化交流做了一件有意义的事”,甚至恭维他“是中美文化交流的使者”。

赴美留学后,19岁的郭申元为了适应快节奏的留学生涯,也为了早日实现“攻克癌症”造福人类的夙愿,他把生命的时钟拨得更准。在他的人生辞典里清晰地诠释:人最值钱、最宝贵的是时间,节省时间就是延长生命。

生命消灭了死亡

郭申元走了,他已付出够多够多了。他的生命价值不是常人的十倍、百倍所能衡量。

郭申元走了,他的不可估量的精神乃至科学的财富是不会被带走的,只会随着时间的延续而增殖,再增殖。

当年,理查森教授诚邀郭申元加盟哈佛大学医学院生化实验室,就是由于郭申元在DNA复制机制研究方面所取得的骄人成果以及他的研究潜力和人格魅力。理查森教授的评价是:

郭申元在俄亥俄州立大学的工作主要集中在对遗传物质基本构成材料,即脱氧核糖核酸的关键酶之一。加盟我的实验室后,郭先生的计划(对协调 DNA 复制这一复杂过程的酶和分子的机制进行的研究)将会深入。我预测,他的研究不仅能揭示分子复制机制的真相,还有可能揭示病毒和肿瘤细胞绕开它的宿主的控制,而以失控的方式进行繁殖的过程。只有了解了这些过程,我们才有望研制出能控制这种反常过程的治疗方法。我认为,郭申元是一位罕见的适合进行此项研究的人才。

郭申元果然不负理查森和同事们所望,一步一个创新脚印,将科研工作推进得令人瞩目。因为郭申元在进入哈佛以前,在俄亥俄州立大学爱弗斯教授指导下,已成功地利用一个从嗜酸乳杆菌中提取的细菌酶的复制品,建立了一个模型——转入人体的酸是如何工作的。郭申元发现了细菌的脱氧胞啶酶和脱氧鸟苷酶的差别只在于三个氨基酸的不同。对这项"开创性的重大发现",同行们是这样评论的:

毋庸置疑,郭申元研制出的酶的模型将为进一步加强人类的医疗保健工作作出不可估量的贡献。郭先生目前从事的工作将为发现治疗折磨着成千上万美国人和全人类的恶性肿瘤的药物开发开拓了一条有望成功的道路。

郭申元与博士后导师查尔斯·理查森教授在实验室留影(郭志坤提供)

郭申元的超强能力和重大贡献,也赢得了同行专家的称赞和认可。为了保持美国在癌症研究领域的先进地位,美国生化学界的专家们竭力挽留郭申元能继续在美国从事他的研究,断言"郭申元是在癌症化疗研究方面的前沿科学家之一",并找来律师艾琳·常先生为郭申元申请在美永久居住权,律师从六个方面来证明郭申元是“杰出的特殊人才”：

一、郭申元持有高学历；二、郭申元因在生物化学领域内的杰出贡献和成就多次荣获美国和国际奖项和荣誉；三、郭申元在享有盛名且富权威的前沿科技杂志上发表了具有开拓性的论文；四、郭申元作为一名生物化学界知名专家，尤其在癌症化疗研究方面，他的突破性的研究成果不断被领域内的其他科学家们引用；五、郭申元在生物化学领域，特别是在癌症治疗研究方面的突破性发现和发展等成果，已由该领域专家和专业会议上得到了展示；六、郭申元卓越的技能和理论突破得到了同仁和业界的承认与赞扬。

哈佛大学医学院查尔斯·理查森教授说：“我认为郭申元在此以前所接受的学术训练，所作出的突破性的研究贡献以及将来的职业规划都远远超出了美国国家利益豁免条件……”

为了祖国的荣誉和科学地位，郭申元却对“申请在美永久居住权”无动于衷。

郭申元进入哈佛医学院博士后科研的主攻方向是DNA解旋酶的结构和功能，即通过“燃烧”细胞产生的高能分子，将双螺旋解开，如同拉开一条拉链，令肿瘤细胞再也不能复制。

多美的构想！

当然，这是一个世界性难题，至今没有人成功，也极少有现成的经验可借鉴，只能摸着石头过河。凭着郭申元的学术功底，凭着他美好的梦想——早日“攻克癌症”，以造福人类的人文关怀精神，将研究很快地向前推进，一连攻克了实验室多年来没有解决的一系列难题，鉴定出了起到解旋酶功能的蛋白质部分，导致解旋酶晶体的制备得以成功，并测定了解旋酶晶体的三维结构，还阐述了解旋酶和引发酶这两种重要复制酶的功能区，以及它们相互作用的连接位点。

这些成功都是连续几十天没吃上一餐像样的饭，睡上一个安稳的觉所换来的。在获悉郭申元得了癌症后，悲痛欲绝的母亲从牙缝里迸出四个字“积劳成疾”。

在实验室中，郭申元是经常干到凌晨两三点才回家的，他却说："我早回来，就说明我的实验失败了；我回家晚，就说明我的实验在继续，就有成功的希望。妈妈，你希望我早点回家还是晚点回家？"

妈妈痛惜儿子的身体，当然也希望儿子的科研项目也能早日成功。就连回上海这个家，郭申元都是很晚，很晚——整整过了10年，回来才3天，这位才华横溢、胸怀全人类的年轻科学家就带着对事业的执着，带着对生活的深深眷恋而永远离开了热爱他的人们。

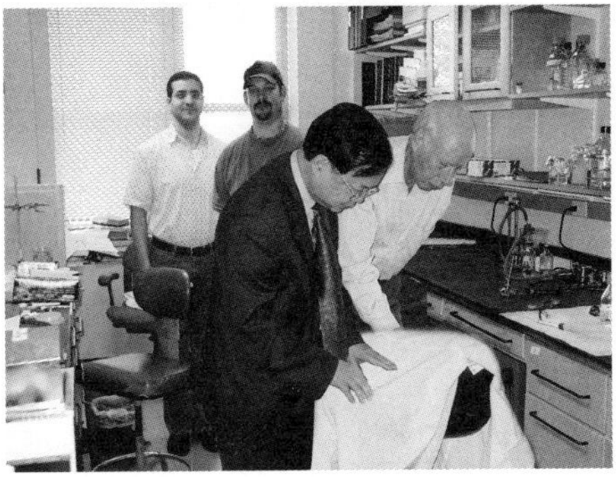

郭申元的导师说："郭申元还在实验室，他的座位还热的……"（郭志坤提供）

哈佛的同事们说："郭申元的实验室还亮着灯；还醒着不屈的魂。郭申元没有走，他的座位还是温热的。"

1953年发现DNA双螺旋模型的时候，诺贝尔奖得主沃森只有25岁，克里克也不过37岁。

29岁本该是意气风发的年龄，对前程似锦的郭申元来说，刚展开辉煌的人生，却结束得如此令人扼腕。DNA分子宛如一架通向解开生命奥秘的螺旋滑梯，数十年来，多少风流才俊在螺旋滑梯中激情冲浪，成就了英名。郭申元的激情冲浪短暂而辉煌，他渐渐远去的身影，已经与之滑行在DNA上的解旋酶融为一体了。

郭申元的英年早逝令人痛惜。这样一位风华正茂、才气横溢的科学家，一位令美国同行都折服的征服癌症的猛士，在与癌魔的残酷较量中，竟被对手夺去年轻的生命。耄耋的科学泰斗为郭申元的英灵老泪纵横，无数相识的与不相识的人们为郭申元的逝世悲惜长泣。人们不得不再次联想起研究放射性元素的居里夫人被击倒的悲剧。由此,更让人体悟到“为科学献青春”的真谛和“为科学献生命”的悲壮。

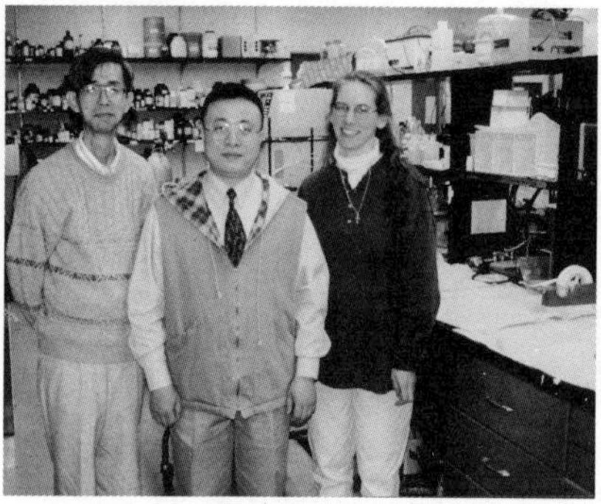
郭申元与实验室同伴合影(郭志坤提供)

追悼会上,郭申元的导师、同事及校友们都发来唁电:

“安息吧,郭申元博士,你的导师、同事们、校友们、朋友们虽然远隔万里,不能亲自为你送行,但我们正在大洋彼岸为你祈祷,为你赞颂,为你升华。”

追悼会上,送别郭申元播放的是《常回家看看》,这是郭申元的诚挚愿望,更是被撕心裂肺的父母的热切期盼——

找点儿时间,找点儿空闲,陪同爱人,常回家看看。

带上笑容,带上祝愿,领着孩子,常回家看看。

妈妈准备了一些唠叨,爸爸张罗了一桌好饭。

……

带着浓浓的乡愁,带着滚烫的亲情,儿子在大洋彼岸拼搏了整整10年,父母亲望眼欲穿呵,郭申元回来得确实迟了,可只待了3天,却永远走了……

《人民日报》《新华每日电讯》《新华文摘》《光明日报》《波士顿纪事报》《生化学报》(美国)等国内外数十家报刊都发了长篇通讯和纪实文学作品。中国科学院及中国工程院130多名院士见了报道纷纷为郭申元题了词,郭申元的母校——上海市南洋模范中学、上海市上海中学、复旦大学都举行了感人肺腑的郭申元事迹报告会,并相继授予他“优秀校友”“模范校友”等荣誉称号。

南洋模范中学一位高二的同学深情地写道:

一篇篇“学习郭申元”的体会文章,一次次使我眼眶湿润;一句句肺腑之言,一遍遍让我心潮汹涌。同学们具有很强穿透力的目光,不仅看到了楷模的足迹与砥砺,更看到了生命的价值和意义。他们撰写的文章充满激情而又富含哲理,既是一篇篇对郭申元的赞美诗,更是在郭申元事迹的激励下打开人生崭新一页的冲锋号。

我让元元妈妈读读这些体会文章,想让她多听听人家对郭申元高度评价,有助她尽早从极度悲痛的漩涡中解脱出来。不料,元元妈妈每看一篇就哭一场。后来,我不忍心让她再看下去了,为了减少她痛哭的次数,就把一些文章的“摘编”给她看。

她看后更是伤心。这天,她痛哭了。哭,就让她尽情地哭吧,这也是一种情绪宣泄。

一场痛哭之后,她深情地对我说:“元元在天国有知,能有这么多的同学在赞美他、学习他,也是对他的告慰。”

随后,又自言自语地说:“元元在天国,还是在实验室里做实验,他很忙,若是给他看,摘编不宜太长,不要让他太累了!”元元妈妈始终认为元元还在天国做“攻克癌症”的专题实验。

我满口答应道:“好的,大家都很忙,我没有把千余篇的体会和文稿都摘编,仅是其中的40篇。”

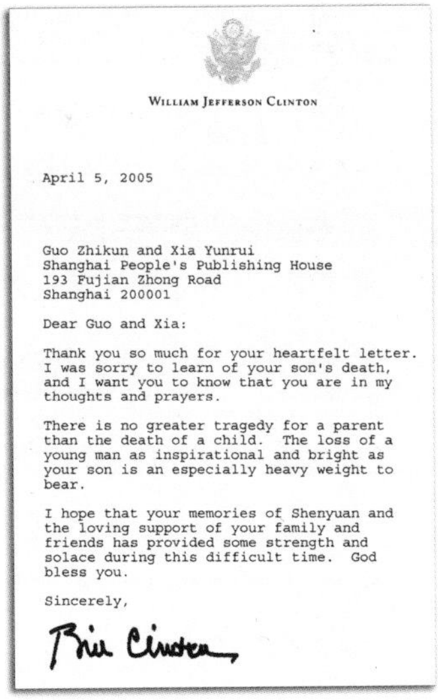
WILLIAM JEFFERSON CLINTON

April 5, 2005

Guo Zhikun and Xia Yunrui
Shanghai People's Publishing House
193 Fujian Zhong Road
Shanghai 200001

Dear Guo and Xia:

Thank you so much for your heartfelt letter. I was sorry to learn of your son's death, and I want you to know that you are in my thoughts and prayers.

There is no greater tragedy for a parent than the death of a child. The loss of a young man as inspirational and bright as your son is an especially heavy weight to bear.

I hope that your memories of Shenyuan and the loving support of your family and friends has provided some strength and solace during this difficult time. God bless you.

Sincerely,

美国前总统克林顿来信(郭志坤提供)

白发人送黑发人的悲痛欲绝古今中外都一样,可郭申元实在是太杰出太优秀了,更增添了他父母和周遭熟识他的人们深深的悲痛。就连美国前总统克林顿闻讯后,也于2005年4月5日从大洋彼岸向郭申元父母表达了深深的悲痛和充满人性的关爱:

获悉你们爱子的不幸去世,我感到非常惋惜,希望你们知道我也在想念你们,并为你们祈祷。

对父母而言,世间没有比丧子更悲痛了。尤其是你们失去的儿子是一位如此富有天赋而又聪明有为的年轻人，更是一个让人难以承受的生命之重。

我真诚地希望你们在这段艰难困苦的岁月，通过对申元往事的回忆，以及来自亲朋好友的关爱支持，能给你们带来一些力量与安慰。愿上帝保佑你们！

郭申元去世后的2001年3月28日，美国《生物化学学报》杂志就郭申元的突破性研究成果发表了哈佛大学医学院理查森等6位专家学者的《抗生素T7引发酶、解旋酶和DNA聚合酶的复合物为药物采用指明了方向》长篇论文，题记写明：“谨以此篇论文纪念郭申元博士。”题记还声明：“此文系宣传启事，受到美国国家健康协会以及国家能源部的授权支持。”此时，正值郭申元逝世一周年之际，医学院视此文作为郭申元逝世的周年祭文。

2003年5月15日，哈佛大学校长劳伦斯·萨默斯(克林顿政府时的美国财政部长)代表哈佛大学致函郭申元父母，称：“郭申元是一位无私奉献的杰出科学家，深得哈佛同事们的尊敬和爱戴。郭申元博士所遗留下来的精神将会伴随着他的伟大成就以及他对科学界所作出的重要贡献而永存人世。”

2003年9月17日，郭申元的博士后导师理查森对访美的郭申元父亲说：“郭博士始终没有离开我们，他一直在实验室做实验。郭氏理论是实践性的成果，对全人类来说是伟大的贡献，它一直为同行所用，并日益显现其作用。”至今，哈佛大学的郭申元实验室依然如郭申元生前那样保留着……

2004年3月29日，郭申元父亲又一次收到哈佛大学萨默斯校长回信：“请接受我迟到的谢意，对您的来信，未能及时回复，甚感抱歉。关于在复旦大学与包括哈佛大学在内的美国大学之间，为促进学生交流而建立郭申元基金的构想，我非常赞赏您为此所做出的努力。这样做，将是对您儿子以及他为教育事业所作贡献的一个多么美好的纪念方式啊！目前，哈佛尽管不与其他大学签署正式的交流学生项目协议。但是,我们十分欢迎来自世界各地像郭申元一样优秀的学生。您筹集的基金将会帮助那些或许根本没有能力到国外留学的学生,能有进入像哈佛这样的大学学习的机会。”

郭申元走了,郭申元的名字留下了,郭申元的科研成果留下了,郭申元的美丽心灵留下了。

还原一个名字

为了让我们的社会更和谐,为了让科学与艺术的春风吹拂每个人的心田,催生出一派盎然的生机,诗人大卫吟诵了一首心曲——《还原一个名字》(节选),旨在让人们不要忘记雷锋,让英雄天天都生活在我们中间。

如果一枚绿叶可以擦掉一场大雪
那么,这个比绿叶还要绿叶的名字
足以把整个冬天擦去
其实,那只是一个普通得不能再普通的名字
流转的岁月让它成为钻石
作为春天的另一种叫法
相信他既有许多形而上的想法
也有许多形而下的苦恼——
为何这么多年过去了
还有那么多的人需要向他学习
……
我们纪念他,是因为
他做的好事太多,还是因为
我们做的好事太少
我们学习他
是为了成为他

还是为了仅仅在行为上像他

……

他肯定希望有一天人们不再学习他

甚至彻底地忘记他

因为生活中到处都是他

一个他变成了无数个他

诗人发聋振聩的设问，让每个人陷入深深思考：学习雷锋究竟学什么？如果没有这个名字，是不是盲人就得独自过马路？迷路的孩子永远没人送回家？丢失的钱币怎么也找不到主人和警察叔叔？五保户的家里，会一直缺少一缸水……学习雷锋，是不是仅仅为了让他的名字从名词变成一些像“让”“帮”“搀”“扶”一类的动词？

诗人大卫的“还原”，旨在让雷锋走下神坛，来到人们中间。雷锋应该成为我们中间的某一位，他也会死去活来地爱上一位女孩，失恋了他比我们还会摔茶杯、跺楼梯、喝闷酒，比我们还会对着天空唱不成调的歌；他也会为出国深造日夜苦读英语，考试考砸了会彻夜不眠，对着电脑像狼一样吼叫，将键盘敲得“格格”响；为筹措出国路费，甚至会去股市“捞一把”……

要是雷锋活着，诗人猜想，他也并不想成为所有人的榜样，甚至一部分人的偶像，他只想成为他自己；成为他自己的眼泪、自己的欢笑、自己的惆怅、自己的忧郁；成为对打了补丁的书包、卷了边的日记、戴旧了的手套的回忆。他肯定希望有一天人们不再学习他，甚至彻底地忘记他——因为生活中到处都是他，一个变成了无数个他。

不管眼下的“克隆”，是否已成功地复制了无数个他，但毕竟时代进步了，由封闭走向开放，由保守趋于解放，由局域走向全球化，由计划走向市场。知识经济浪潮冲刷下的开放社会，时代青年的偶像光有“让”“帮”“搀”“扶”，总显得苍白和贫乏。在人类“后基因组计划”的科研前沿应该有雷锋；在救治艾滋病患者的志愿者队伍中会有他的身影;在地震、海啸、火灾、泥石流等灾害中,冲在前沿的也会是他;在国际反恐战场的弥漫硝烟里,更会有各种肤色舍生忘死的他……时代青年的榜样应该带着"全球化"与"知识经济"的光鲜。这,也是雷锋精神的与时俱进。因此,时代呼唤着"还原一个名字",一个鲜活的新时代的雷锋,才不至于让人们"像事先约好一般,只在每年三月才把他的名字拿出来擦拭一次"。

这也是我们试图"还原"的。其实,今天,有这种境界,有这般光鲜,也有这份璀璨的青年偶像,郭申元是当之无愧的。

郭申元胸怀博大,实事求是,为拯救全球癌症病人,"明知山有虎,偏向虎山行",是真的猛士;郭申元拼命工作,追求事业,敢与时间赛跑,是觉醒的中华雄狮。郭申元锐意进取,淡泊名利,视富贵为浮云;郭申元有为全人类作贡献的良知,而不图安逸和享乐;郭申元有品德、有修养、有知识,更有文化,而且不懈地追求人类文明的不断演化。

郭申元的科学人生是短暂的,却是那么辉煌。在科学的道路上,从来就没有鲜花和掌声,选择科学的道路就理智地意识到来到了地狱的入口处,要用生命谱写造福人类的颂歌,他为全球青年树立了成才的榜样。郭申元明白:科学方法与知识虽没有国界,但科学家是有祖国的,面对优裕的物质诱惑和名利地位,他毫不心动,只盼早日为祖国摘取科学的明珠。郭申元顾伦理、讲德行,又不忘科研拼搏,既有科学精神,又充溢人文关怀,心中装着让整个人类能高质量生存的幸福观,唯独没有自己。郭申元有"利他"的奉献精神,更有一颗善良而美丽的爱心……

再说,郭申元儿时就是雷锋的崇拜者,他的行为处处闪耀出雷锋精神的光辉,并能顺应时势地在科研前沿将此发扬光大。因此,我们可以确切地说,郭申元的精神就是知识经济时代的雷锋精神;郭申元是"地球村"优秀青年最光辉的典范,也是我们时代千呼万唤的伟大灵魂。

郭申元，这个闪耀着知识经济时代光芒的名字，不应该只是让我们在读此文的每一个人熟悉起来，应该让千千万万年轻朋友们，让各种肤色的地球村的村民们都熟悉起来。毕竟他的精神是人类共同的财富。我们要还原的就是这样一个21世纪雷锋的名字——郭申元。在阳光下背诵，在风雨中默念，让我们这个世界因为有了郭申元的精神而更加风和日丽。

（本文曾刊于《上海画报》2004年第12期，2005年3月20日出版的第6期《新华文摘》予以全文转载。以后又被上海教育出版社2006年4月出版的《感动人类　感动天地——郭申元科学人生》一书收入。上述文字是当年的原稿）

青春联想

几年前,笔者从《瞭望》杂志上读到了似乎名不见经传的美国作家塞缪尔·厄尔曼著于20世纪初的警世之作——《青春》,心灵为之震撼,当即将它珍藏于书桌的玻璃板下。现全文摘抄,与《科学生活》广大读者共享。

青春不是年华,而是心境;青春不是桃面、丹唇、柔膝,而是深沉的意志、恢宏的想象、炽热的情感;青春是生命的深泉在涌流。

青春气贯长虹,勇锐盖过怯弱,进取压倒苟安。如此锐气,二十后生有之,六旬男子则更多见。年岁有加,并非垂老;理想丢弃,方堕暮年。

岁月悠悠,衰微只及肌肤;热忱抛却,颓唐必致灵魂。忧郁、惶恐、丧失自信,定使心灵扭曲,意气如灰。

无论年届花甲,抑或二八芳龄,心中皆有生命之欢乐,奇迹之诱惑,孩童般天真久盛不衰。人人心中皆有一台天线,只要你从天上人间接受美好、希望、欢乐、勇气和力量的信号,你就青春永驻、风华常存。一旦天线降下,锐气便被冰雪覆盖,玩世不恭、自暴自弃油然而生,即便年方二十,实已垂垂老矣;然则只要竖起天线,捕捉乐观信号,你就有望在八十高龄告别尘寰时仍觉年轻。

本文作者塞缪尔·厄尔曼(Samuel Ullman,1840—1924)是生于德国的美国作家。儿时随家人移居美国,曾参加过美国的南北战争,之后定居于亚拉巴马州的伯明翰,虽经营五金杂货,却热心公益且数十年如一日。年逾七十开始写作,作品中知名度最高当数这篇散文《青春》。在厄尔曼生前的最后几年,他曾将所获得的著述版税数万美元,悉数捐赠给亚拉巴马州立大学作为奖学基金。

《青春》一文作者塞缪尔·厄尔曼

《青春》一文虽只有短短三百多字,但历经近百年,依然魅力不减当年。其优美的语词、深刻的哲思和高扬的神采,成了我国不少英语学习者必背的范文,并以其深刻的青春理念成为很多人的座右铭,且争相传颂,令人倾倒。当然,《青春》一文也因美国麦克阿瑟将军的推崇而广为传颂。连日本松下电器的创始人——松下幸之助先生也一直将其作为自己的座右铭。

有这么一件趣事足以证明《青春》的魅力。一天,美国影片销售协会主席罗森菲尔德参加日本实业界的聚会,晚宴之前的谈话,他随意说了一句:"《青春》的作者,就是我的祖父。"一语刚出,就引来在座的各位实业界领袖惊讶声一片,其中有一位一边激动地说"我一直随身带着它呢!",一边从口袋里掏出了《青春》,当即朗诵了起来。

《青春》的汉译有多种精彩的版本,但笔者以为还是本文所引用的由著名翻译家、外语教育家王佐良教授所译的更信达雅。

《青春》言简意赅,富含哲理,品味再三,总觉得意味无穷。它是对古今中外永葆青春者的礼赞;是对"失晨之鸡,思补更鸣"者的鼓励;更是对"莫等闲,白了少年头,空悲切"的警策。

生理年龄的青春,诚然可贵。大凡功垂千秋的伟人,流芳百世的名贤都抓住了青春,勤奋好学,打下了扎实的基础。晋陶渊明曾疾呼:"盛年不重来,一日难再晨。及时当勉励,岁月不待人。"

1980年,当时的意大利总统德罗·佩尔蒂尼访华时,曾对北京大学的学生们说:"我在青年面前算不得什么。如果你们能给我青春,我宁愿把总统的职务交给你们。"言之真切,道出了人生短暂,青春无价之真谛。

然而,能永葆精神境界之青春,就更难能可贵了。厄尔曼《青春》一文所指的“青春”真是这种哲理上的青春。那些青春永驻、风华常存的人们,虽然肌肤衰微,但对事业的执著和热忱丝毫不减。

笔者在编纂《中国科学院院士自述》和《中国工程院院士自述》中,有幸采访并结识了不少中国科技界的泰斗和精英,他们中不少人都已到了耄耋之年,理应颐享祖孙亲子的天伦之乐,然而他们依然老骥伏枥,志在千里,仍不辞辛劳,兢兢业业地为中华科学与技术的崛起充满锐气。为此,他们全年无休地到研究所,去实验室,为研究生授课,去各国科坛交流与演讲……因为他们深感“生命是如此短暂,我有许多事要做,必须争分夺秒!”有这颗进取之心,有这股勇锐之气,不正是青春永驻,风华常存的写照吗?

作为同济大学名誉校长的两院院士李国豪教授已八四高龄,除继续从事桥梁空间理论分析,桥梁稳定与防振研究,还热心投入大量的社会工作。李老身健笔健,著作甚丰,今年还有诸如《中国桥梁》等鸿篇巨制问世。

著名材料科学泰斗、两院院士严东生也已八十高寿,还承担不少重要的学术领导与社会工作,既担任了中国科学院的特邀顾问、多项国际大科学协作项目的管理、《中国科学》的主编,还担任上海硅酸盐研究所名誉所长(依然带着六名博士生和博士后),并作为国家攀登计划“纳米材料科学”首席科学家和“长江三角洲社会经济可持续发展若干重要问题”咨询课题组组长,同时还承担全国欧美同学会副会长兼留美分会会长的重任……这就让这样一位八旬老人常常要

严东生院士在办公室向笔者介绍他领导的大科学项目

奔波于北京、美国和上海。尽管忙得马不停蹄，然而酷爱运动的严老仍不忘抓紧时间锻炼身体，尤其在网球场上，我们还能目睹这位老科学家的风采依旧和不凡的身手。

谢希德院士在寓所的客厅留影

德高望重的著名物理学家和教育家谢希德院士，尽管青年时股关节结核给她留下了终身残疾，而且 1958 年和 1966 年的肾结石和乳腺癌两次大手术又给她身体造成很大的损伤，然而，这一切并没有使这位生活的强者丧失科研的勇气和积极的人生。如今她已七六高龄。虽已从第一线退下来，但科研和社会工作依然十分繁忙。她曾跟笔者如数家珍般地讲到自己充实的生活和快捷的节奏："我现在虽然不从事第一线的行政工作，可我还是复旦大学物理系教授，还带着几位博士研究生，当然主要还是由我的同事们帮我主持对研究生的日常指导工作，但在讨论方向或论文定稿时，我还是参与的。同时，我还有一些社会活动，如世界银行贷款的一个重点学科的项目，有一个专家咨询组，我是组长，这个项目今年要结束，要写终期报告；宝钢教育基金会我是顾问；霍英东教育基金会我也是顾问，每一两年都有评审工作和发展工作探讨。另外，我还是上海欧美同学会的会长和上海'政协之友'的理事长，也有一些社会事务……"在不少重要的学术报告会上，我们总能见到这位满头银发可敬可亲老太太的身影，总能聆听到激情满怀发自肺腑的诚挚话语。

今年（1997 年）11 月 27 日将是我国神经生物学泰斗张香桐院士的九十华诞。作为中科院上海脑研究所名誉所长的张香老几乎天天上午（除身体偶有不适）准时出现在脑所的办公室里。即使在家里，他也闲不住，搞研究、会友人，或写出访记、回忆录，或审读自选集的清样，忙得不亦乐乎。我们热切期待张香老的文集早日问世。

写到这里，笔者记起了，今年重阳节前一天，即10月9日，是全国政协副主席，蜚声中外的大科学家钱伟长院士的八五华诞。钱老在从事力学等诸领域研究的同时，还担任上海大学校长，校内外重大事情都要他亲自筹划、把关。前几个月，老人家还作为友好使者出访澳大利亚，发表重要演说，为发展中澳友谊铺路架桥……

其实，两院院士中大多数都已年过七旬，然而他们老当益壮，依然在为“科教兴国”谱写生命的青春篇。

钱伟长院士的风采（资料图片）

吴孟超院士看门诊（资料图片）

诗人歌德曾赞叹：“这些人是不平凡的天才，他们在经历一种第二届青春，至于旁人，则只有一届青春而已。”生命的深泉在院士们的身心涌流，青春对这些学界泰斗而言是永存的，因为他们有“深沉的意志，恢宏的想象，炽热的情感”。对科学创造的执着追求和永无休止的奋斗精神是他们青春风貌的最好写照。他们就是厄尔曼所盛赞的永葆青春的典范。

我又不由得联想起裴多菲著名诗篇《冬天的晚上》有这么几段话语，不妨引摘，兴许也能勾起读者的联想：

“离开生活边境不很远的人们，不喜欢向前看，只顾向后看。”

“年轻的一对，他们并不谈到过去。生活，在他们前面不在后面。对于过去，他们何必考虑？他们的灵魂漫流到未来的边际。”

“一堆大大小小的孩子们在一起……他们追赶着幸福的现在的蝴蝶，他们忘了昨天，也不想明天。”

这几段话语是就不同年龄段的人们对时间、对人生旅途漫不经心的描述。确实，有不少老年人感到人生道路快走到尽头，便沉湎于回首往事，颐享天年，甚至无所事事，意气消沉。更有不少年轻人或因沉湎于享受生活的甜蜜，或因生活的沉负而让自己宝贵的时光白白流逝，韶华空度，做一天和尚撞一天钟，虽处于黄金般人生年华，却理想丢弃，如堕暮年。至于部分青少年，更由于对时光流逝的迟钝而整天嬉笑游闹，则潜伏着“少壮不努力，老大徒伤悲”的危机。这些浑浑噩噩打发日子，贪图苟安不意进取的人们则与《青春》所赞颂的奋发进取之精神又是何等相悖啊。

读《青春》如听晨钟，如闻暮鼓，令人朝朝夕夕自警自策；读《青春》更祝愿我国的两院院士、学界泰斗以及所有可敬的长辈们都青春永驻。

要使中华民族昂首于世界民族之林，我们每个人切莫意志消沉，切莫自暴自弃，更不能将时间的支票簿乱撕乱扔，而应时时竖起“接受美好、希望、欢乐、勇气和力量”信号的天线。

（本文曾以“第二届青春”为题刊于《科学生活》1997年第10期。上述文字是当年的原稿）

蛋白质合成与人生箴言

1981年盛夏的一天，绿荫覆盖下的上海西区岳阳路上的中国科学院上海生理生化研究所像往常一样静谧，所长王应睐先生坐在自己的办公室里，拆开一封由美国中西部州立大学协会举办的“世界知名科学家巡回讲学”的邀请信。

该派谁去讲学呢？

龚岳亭在中科院生化所办公室与笔者谈做人与做事（2008，方鸿辉摄）

原本的邀请该由北京大学校长周培源教授提名的，但德高望重的老校长认为，应该让中国科学院上海生理生化研究所派科学家前往。因为他们早在20世纪60年代中期就以“大兵团作战”的集体智慧，在世界上首次人工合成了蛋白质——结晶牛胰岛素，这项科研创新的成果曾震惊了全球生命科学界，但由于1965年下半年才正式对外发布的这项人工合成蛋白质的重大成果，受紧随其后而爆发的“文化大革命”的冲击，一直未能很好地在国际学术论坛上作过交流；国际科学界也一直迫切地想了解中国科学家团队在生命体合成方面的研究与进展。应该说，能带着人工全合成结晶牛胰岛素项目去作巡回讲学，不仅有利于加强我国与国际生化学界的交流与合作，也能向世界展示新中国科学事业的崭新面貌。中国科学家能在如此简陋条件下做出举世惊叹的创新成果，确实可以提高我国生命科学研究在国际上的地位和影响力。

对参加集体攻关的每一位科学家，王应睐先生都了如指掌，在这一世界前沿研究领域中，他们都是杰出的、有风采有魅力的，无论派谁都堪当此任。但是，他还是在龚岳亭①的名字上画了圈。

霍奇金教授（诺贝尔奖获得者，前右二）在参观中科院上海生化所时与王应睐（前左一）、曹天钦（前右一）、张友尚（后左二）、龚岳亭（后右二）合影

---

① 龚岳亭 生物化学家。1928年4月5日生于上海，2014年12月27日逝于上海。1949年毕业于上海圣约翰大学化学系。中科院上海生命科学研究院生物化学与细胞生物学研究所研究员，曾任上海市计划生育科学研究所所长、名誉所长，中科院上海分院图书馆馆长。是我国多肽激素合成与应用、结构与功能关系研究领域的开拓者之一，也是1965年在全世界第一个用人工方法合成结晶牛胰岛素的工作中，任胰岛素B链合成的主要负责人之一，首次用实验的途径证明一级结构决定高级结构的理论。这一重大成就曾获1978年全国科学大会重大成果奖与1982年国家自然科学奖一等奖。还开展了多肽激素（下丘脑、肠胃道激素）化学合成和结构功能等方面的研究，人工合成促性腺释放素（LH—RH）及其高效类似物等方面的研究。曾任上海市第七届、第八届政协常委，上海市第八届人大代表。1993年当选中国科学院学部委员（院士）。

治学与处世箴言

龚岳亭圣约翰大学毕业照(1949)

龚岳亭先生1949年毕业于上海圣约翰大学化学系,1950年进入中国科学院上海生理生化研究所任助理研究员。圣约翰大学是美国教会在120多年前创办的一所大学,中西文化结合,对学生进行能经得起考验和有效的教学,并有良好的校风与学风。该校化学系主任是我国老一辈化学家——程有庆教授,他不仅深得西方科学与技术的真谛,同时恪守中国儒家文化修身处世的准则,强调严谨治学和仁义礼智信,对龚岳亭的影响很大。在程教授介绍他进入生理生化所后,龚岳亭又有幸师从温良恭俭让的化学家沈昭文教授(亦是圣约翰毕业生),从事氨基酸与蛋白质的代谢研究。沈先生也是学贯中西的大家,道德修养高尚,科研作风严谨,强调对学生要身教重于言教,做学问要持之以恒,且晓之以理、导之以行、动之以情。

深受良好的家教,又幸获良师的循循善诱,使刚步入科学殿堂的龚岳亭养成规范与良好的科研素养和人文素养,逐步建立起受用终身的"人生五C"之治学与处世箴言,即融事业(Career)、聪悟(Cleverness)、奉献(Contribution)、协作与合作(Coordination & Collaboration)、纯洁天良问心无愧(Clear Conscience)五位于一体,以此格物致知,励志报国。

中科院上海生化所是我国生物化学科研的大本营,在德高望重的王应睐所长主持下,荟萃了我国一大批杰出的生化科学大家。说他们杰出,不光是学术根底深厚,人文学养也同样深厚。生活再清贫，只要有必要的科研环境和条件，就足够受用了，人生也心满意足了。有什么能比事业和奉献更让他们动心的呢？

受浓郁科学与人文氛围的熏陶，青年龚岳亭如鱼得水；厚实的学养与踏实的为人处世，促使他很快全身心地投入生化科研之中。

事业与奉献

1958 年是中国历史上一个令人难忘的年头。迫切期望摆脱几个世纪以来贫穷落后帽子的中国人，用豪言壮语设定了许多令人难以置信的雄伟目标。中国科学家也热切希望作出举世瞩目的科学成就。正因为整个社会涌动起一种向上的激情，必然使生化所上上下下也积聚起一种“敢想敢说”的氛围，敢于打破任何束缚思想的藩篱，才提出了“人工全合成结晶牛胰岛素”的大胆设想。面对这一前无古人的异想天开式的“天方夜谭”，竟然能获得“纯洁天良问心无愧”的科研工作者们一致首肯。因为大家都知道蛋白质与核酸两类生物大分子是生命体的物质基础，蛋白质还是生命活动的主要承担者，能调节生长、发育、繁殖、代谢和行为等生命过程。如果能够解决人工合成蛋白质乃至创造出不存于自然界的蛋白质“变种”，不仅对深入了解生命现象与活动规律有重大意义，还可以为人类的生产实践开辟崭新的天地，并在生命科学研究的漫长道路上竖立起一座重要的里程碑。

在那个年代谈蛋白质的人工合成还是有相当神秘感的，无疑也是当年一项前所未有的惊人科学壮举。这个想法居然赢得了科学院领导的支持，并且得到此项目得以进行的充足经费。当然，这在很大程度上还应追源于恩格斯说过的一句话：“蛋白质是生命的存在形式”，合成了蛋白质就是在合成生命的道路上迈进了一大步。这对科学探索者们的诱惑该有多神圣！

之所以选择胰岛素作为当时人工合成蛋白质的对象，也是有其科学缘由的。胰岛素是由动物胰脏分泌以调节血糖水平的蛋白质激素，至今在临床上还一直作为治疗糖尿病的特效药物。由于胰岛素只有51个氨基酸，分子虽小但“五脏俱全”，是一个典型的蛋白质分子，也是当时唯一已知一级序列的蛋白质，其一级序列的测定工作1955年刚由英国科学家桑格教授（F. Sanger）完成，他也因此获得了诺贝尔化学奖。

龚岳亭向笔者解释：胰岛素是一条由21个氨基酸残基组成的A-肽链和另一条由30个氨基酸残基组成的B-肽链，通过两个硫—硫桥键连接成双链的蛋白质单体分子。A-肽链自身还有一个链内的硫—硫环。胰岛素也是一个典型的球状蛋白质，有突出的结构特征——特殊的空间构象，氨基酸残基排列成不同的花样：有的呈α-螺旋结构，较为紧密；有的则呈β-转角，使肽链的走向转折；有的又处于较伸展的状态，富于柔性。这些结构特征称为二级结构单元。进而肽链又按一定的方式折叠或卷曲成特殊形状的完整分子，称为三级结构。不仅如此，单体的胰岛素分子在一定的条件下尚能聚集成二体或六体，称为四级结构。如果上述的特定构象遭到破坏，蛋白质就会变性，随之丧失生物活性。因此，人工合成胰岛素不仅要完成肽链的延伸，还要按一定氨基酸顺序相接的肽链能够自然地折叠卷曲成具有α-螺旋、β-转角、硫—硫键正确配对，形成与天然胰岛素同样构象的生物活性分子，并获结晶，以表现相同的活力。

人工全合成结晶牛胰岛素确实是一项科学意义重大、难度也很大的基础研究课题。1956年，在颁发诺贝尔化学奖给桑格时，英国权威杂志《自然》的评论文章曾断言：“人工合成胰岛素还不是近期所能做到的。”在1958年，有关蛋白质研究领域仍集中于它们的生物功能和物化性质，对结构—功能之间的关系了解是不够深入的，对化学合成具有高级结构的蛋白质则更是知之甚少，确实充满着“神秘色彩”。因此，选定胰岛素作为人工合成蛋白质的对象时:第一,要解决三个硫—硫键能否正确配对;第二,多肽合成在当时国外的最高水平,也仅有 α-促黑激素(α-MSH)由瑞士 Robert Schwyzer 研究合成的实例,国内只有初步合成催产素的经验,美国科学家 Du Vigneaud 因合成催产素(9 肽)而获诺贝尔化学奖;第三,合成工作中需要大量氨基酸原料和化学试剂,我国尚不能自给,要花大量外汇采购;第四,还要建立一整套蛋白质、多肽纯化和分析技术。

面对上述主要困难和合成过程中还难以预料的许许多多未知的艰难险阻,参与合作攻关的科学家们心里都是明白的,但他们并没有被吓倒。团队协作、众志成城、严谨科研、不断创新,使他们获得极大的动力。其中很关键的还有当时中科院生化所和中科院上海分院的领导都给予鼎力支持,充分尊重并努力营造让科学家们能百家争鸣的科学氛围,倡导科学家勇于创新的科学精神,发挥他们不断进取的积极性、聪明才智和创新才华。除组建好团队,还及时有效地在上海和北京两地先后召开了几次协作会议,举行了一系列学术报告会,以一步一个脚印地推进研发工作。

现在冷静地回过头来分析,当时项目团队的年轻科研人员,都没有任何思想束缚与名利羁绊,都能在导师(往往也是院所的领导)的指引下,刻苦学习,脚踏实地,大胆设想,充分讨论,无所畏惧地直面艰苦的科研工作,这一切都是保证科研成功的大好氛围。以致条件再简陋,任务再艰巨,谁也没有半步退缩,总觉得有一种巨大的力量在推动着前行,更不曾有任何人会计较个人得失,总能以“五 C”之人生箴言,始终怀抱着一种相互切磋、共同提高、群策群力、力求早日达成目标之信念与文化气息。这种严谨与淳朴的科学风格也实在太让令人羡慕与钦佩了!这本质上就是诚实科学家做人做事与做学问的写照。

经过科学论证,研究团队制定了五路进军的具体措施,即以天然胰岛素的硫—硫键拆合和氨基酸生产作先行;多肽化学合成为主力;同时建立与改善肽的分离、纯化与分析技术;并探索肽的激活(磷酸化)与酶促转肽等生化途径。总的精神是:全面准备,多路探索,上下并举,重点突破。

从1958年开始,由中国科学院上海生物化学研究所、中国科学院上海有机化学研究所和北京大学化学系三个单位联合,以钮经义为首,由龚岳亭、邹承鲁、杜雨苍、季爱雪、邢其毅、汪猷、徐杰诚等科研人员共同组成一个协作组,进行集体攻关。当时的分工是:由王应睐所长挂帅,曹天钦副所长学术指导,分成三个研究组,分别由生化所邹承鲁主持AB-肽链拆合组,钮经义和龚岳亭主持B-肽链合成组,有机所汪猷和北京大学邢其毅主持A-肽链合成组。在钮经义教授带领下,龚岳亭全身心投入B-肽链的研究与合成中。

巧妇难为无米之炊。作为合成工作的前提,得有大量的氨基酸等生化试剂。胰岛素有A和B链,共由51个氨基酸组成,约有17种不同的氨基酸,当时国内只能生产纯度不高的甘、精、谷3种氨基酸,其余14种需要进口。由于西方世界对新中国的封锁与禁运,生化试剂需要从香港转口进入内地,除了要花费昂贵的外汇,而且进口流程及耗时均很长,对科研有种远水不解近渴之感。为此,自1959年初,逼着生化所走自力更生白手起家的生化试剂研发道路,由钮经义、沈昭义、龚岳亭等几位组织有关人员,夜以继日,在较短时间内结束了国内不能自制整套生化试剂与氨基酸的历史,保证了胰岛素合成工作能顺利开展,而且从此创办了生化所东风厂,除保证本所实验外还能供应全国(包括氨基酸在内)的生化试剂。初战告捷,鼓舞了整个团队的士气。

在前人对胰岛素结构和肽链合成方法研究的基础上,协作组开始探索用化学方法合成胰岛素。经过缜密研究,他们确立了合成牛胰岛素的程序。合成工作是分三步完成的:第一步,先把天然胰岛素拆成A、B两条肽链,再把它们重新合成为胰岛素,并于

1959年突破了这一难题，重新合成的胰岛素是同原来活力一致、形状一样的结晶。这一步成了整个项目获得成功的先声。第二步，在合成了胰岛素的A、B两条肽链后，用人工合成的B-链同天然的A-链相连接。这种牛胰岛素的半合成在1964年获得成功。接着用人工合成的A-链同天然的B-链结合成半合成胰岛素，也都相继成功。这都极大地鼓舞了整个团队的士气。第三步，把经过考验的全合成的A-链与B-链相结合。这就是在1965年9月17日完成的结晶牛胰岛素的全合成。

现在描述起来似乎很轻松，其实整个合成程序要涉及几百个步骤，而且每一步都必须适时作出鉴定，诚可谓"小心翼翼，如履薄冰"。若在某一细小环节哪怕有半点误差，到后来其累积效应就会放大，甚至前功尽弃。回过头来检视，当时的科学家们确实是脚踏实地，没有半点急功近利的浮躁，有的只是严谨再严谨的作风。他们实实在在地一心只想"奉献"，强调每一个成员的认真负责，严守每一个步骤的科学性，即百折不扣地体现"协作与合作"的精神，这就是真正的科学精神。

龚岳亭在实验室设计合成GnRH类似物的情景

从1958年末到1966年初的8年时间里，作为研究组副组长，龚岳亭将整个身心沉浸在实验之中。当时，他不仅要做肽分离、肽库、转肽、合成等方面的工作，同时还要开展检测试剂和原料氨基酸的生产。这些，在大家的协同努力下，他都一一做到了。

B-链的合成，在同所的拆合组的协助下，进展相对要快一些。到1963年，他们已陆续发表了十几篇论文，都是中外文一起发表的，成为预报重大收获降临的先声。B-链的合成以及由人工合成的B-链与天然的A-链构建成胰岛素又首先获得成功,其结果也于1964年发表了,而A-链的合成却遇到一些麻烦,因此龚岳亭又不计辛劳地加入上海有机化学研究所的小组中,帮助分析并解决问题。

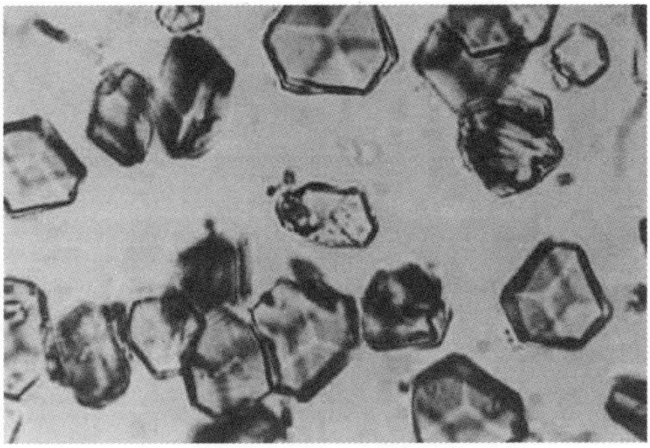

人工合成的结晶牛胰岛素图片

1964年,他们将合成的A、B两链分别与天然的B、A链重组,可达到4%的胰岛素活力,超过当时国际先进水平。成果在当年召开的北京科学讨论会上披露后,使第三世界科技同行们深受鼓舞,并引以为豪。1965年,三个组协同进行最后冲刺,即进行合成肽段的高效组合,产生全部活力与结晶,并获得圆满成功。1966年,严谨的科学家们又进一步重复了1965年的实验并获成功,在增加了更多的科研鉴定数据的基础上,才负责任地向世界公开宣告:中国首次全合成活性蛋白质(牛胰岛素)获得成功。经过严格鉴定,它的结构、生物活力、物理化学性质、结晶形状都和天然的牛胰岛素完全一致。这是世界上第一个人工合成的蛋白质。这项成果后来(1982年)获得了中国自然科学奖一等奖。

日后,邹承鲁院士曾回忆:"当我们通过小白鼠惊厥实验以证明纯化的人工合成胰岛素确实具有与天然胰岛素相同的活性时,那一刻真是令人终身难忘。这个最后进行的实验是在1965年的一个清晨进行的,只有与这个实验直接有关的人员才允许观察小白鼠经受第一个人工合成蛋白质处理的反应,而其他关注此事的人只能在另一间屋子里焦急地等待结果。当注射了合成胰岛素的小白鼠惊厥实验宣布成功时,那实在是一个无法用语言形容的激动人心的时刻……"

1965年在人工合成胰岛素完成时的实验鼠惊厥反应获得成功的场景(右一为徐杰诚,右二为杜雨苍,右三为龚岳亭)

胰岛素全合成工作是第一次有效地完成了由两条肽链组合成硫—硫键正确配对的蛋白质。这一实验强有力地证明,只要氨基酸排列对头,在很大程度上会自然形成α-螺旋、β-转角等结构以及盘曲折叠成具有生物活力的蛋白质。这项工作对“蛋白质的高级结构在很大程度上由一级结构所决定”的概念提供了一个新的证据。也就是说,蛋白质的一级结构在很大程度上可以决定其特定的空间结构,这是有深远科学意义的。由于蛋白质和核酸两类生物大分子在生命现象中所起的主导作用,人工合成了第一个具有生物活力的蛋白质,便突破了从一般有机化合物领域到信息量集中的生物大分子领域之间的界限,标志着人类在认识生命、探索生命奥秘的征途中迈出了关键性的一步,促进了生命科学的发展,开辟了人工合成蛋白质的时代,对我国乃至世界基础科学研究,尤其是在生物化学的发展史上都是有巨大意义与影响的。

特别要指出的是,在我国多肽化学原有基础比较薄弱的情况下,这项工作却迅速超越了当时美国、西德而取得领先地位。应该说,我国科学家在研究方案的制订、合成路线的设计、保护基因及溶剂的选择、组合条件的控制、纯化方法的研究和有关的微量分离分析技术的建立诸方面,均有独到的创新之处。

全合成胰岛素工作的简报发表于1965年《中国科学》(*Scientia Sinica*),详述全文发表于1966年《中国科学》上,并出了专集,发表于当年的《科学通报》上。

在1978年12月11日中科院召开的胰岛素全合成总评会上的汇报中,中国科学院上海生物化学研究所时任办公室主任、党支部书记王芷涯曾说:“龚岳亭在肽段合成方案的制订和调整人力的具体安排方面起了主要作用。他大胆地选用了8肽固体叠氮物与侧链保护的C端自由14肽,借用唯一不引起消旋的叠氮法合成了B链22肽,并选用了叔丁基(当时刚见到国外报道)保护谷氨酸的r-羧基,从而完全避免了22肽皂化所遇到的困难。这是一个很关键问题。他为人工合成B链的成功作出主要贡献。他和葛麟俊等参加合成的肽段有C端8肽、10肽、14肽、22肽和B链30肽。他们还曾到有机所帮助建立A链的合成方法,在A链的7篇论文中有一篇有龚的署名。”

由于龚岳亭在肽链合成中作出的一系列创新贡献,于1966年4月在王应睐、邹承鲁教授带领下,有机会参加在波兰华沙举行的欧洲生化学会联谊会第三次会议。年仅38岁的龚岳亭在全体会议上,宣读了《结晶牛胰岛素的合成》论文,理直气壮地介绍了中国科研集体的智慧,群策群力完成了人类第一次合成活性蛋白质的创新成果。中国科学家的这一工作成为所有与会学者谈论的中心议题,包括美国、英国、法国、意大利、荷兰、比利时、挪威、瑞典、芬兰、奥地利等国的著名科学家,大家都兴奋地祝贺中国科学家取得的成果。曾因首先阐明胰岛素化学结构而获得诺贝尔奖的英国生化学泰斗桑格教授亲临会场,听罢报告,热情地祝贺中国科学家所取得的成绩,并深深感慨:“你们这一工作的完成是一项重大的事情,亦释放了我思想上的负担,因有人报道牛胰岛素的化学结构在某一顺序上与我的方案不符,你们的成果是最有力的证据……”日后他曾慕名到中科院生化所参观访问,表示了对中国生化学家工作的高度赞赏,这当然是后话了。

“国际生化协会会长 Ochoa 教授(美国科学家,诺贝尔奖获得者)曾不止一次地向我们表示祝贺,认为这是非常重要的贡献。荷兰阿姆斯特丹大学的 Slater 教授说‘这是伟大的贡献’,并向同行广为推荐我们的工作,扩大了影响。法国生化学会负责人 Courtois 教授、意大利比萨大学 Rossi 教授、奥地利维也纳大学 Hofmann-Ostenhof 教授也都祝贺并表示钦佩,认为‘这是一件了不起的工作’。曾任肯尼迪总统科学顾问的匹兹堡大学生物物理所所长 Chance 教授说‘这是最令人兴奋的新闻’。印尼学者说‘这是中国的胜利’,他作为东方人也感到骄傲,并表示中国与印尼的关系恶化是暂时的,将来必定会改变的。加纳学者对这样重大的科研成果由中国科学家做出来感到特别高兴。一位日本学者对新华社记者说,这是一项很重大的贡献,她感到很高兴。当时苏联与东欧诸国与我国关系较紧张,但苏联科学院分子生物学研究所所长 Engelhardt 院士和匈牙利院士 Straub 也都向我们表示祝贺,在不同场合多次表示‘胰岛素全合成是一项非常突出的工作’……”龚岳亭至今还能如数家珍般兴奋地回忆起首次在国际场合公开披露有关研究情况而受到世界著名科学家赞扬的场景。

从 20 世纪 70 年代末到 80 年代初,龚岳亭曾多次受到国外高校与科研院所的邀请,分别在西德亚琛参加了第二次国际胰岛素会议,在奥地利维也纳参加了第十次国际糖尿病会议,在法国巴黎、尼斯等地进行多肽化学及家鱼人工繁殖的讲学和交流,在美国参加了国际蛋白质与多肽化学合成会议……他均能以一名中国科学家良好的素养和流利的英语,出色地发挥“交流使者”的作用。

也正因为如此,才有了本文起首所讲述的:王应睐决定再次选派龚岳亭去一个更大的国际讲坛为祖国争光。

协作与合作

龚岳亭领受了这项系国家与集体的荣誉于一身,向世界报告中国科学家“人工全合成胰岛素”成果的不同寻常的任务。他的心既平静又激动,他要说什么呢?那就是珍藏在心里的“人生五C”三箴言,这不仅是龚岳亭坚守的人生信念,同时也是他们整个科研团队共同遵循并坚守的做人做事与做学问的准则。他们正是抱着强烈的为国争光的事业心,带着中国科技工作者的聪明和智慧,以团结一致、无私协作的精神,以对祖国、对人民、对科学的一片忠诚,才摘取了世界生化领域桂冠上的明珠的。同时,龚岳亭还要让世界知道,人类在科学上从来就有共同的语言。人工结晶牛胰岛素在中国成功合成的消息宣布后,中外科学家纷纷来电、来函祝贺,包括许多国际知名的生物化学家。诺贝尔奖获得者瑞典的蒂茜力欧斯教授说:“中国人工合成胰岛素成功,比原子弹爆炸对我的震动还大……”

就创新的视角来剖析,蒂茜力欧斯教授的话是很有见地的。中国的“两弹一星”确实很了不起,但在中国研制之前,美国、苏联、英国等已经造出来了,证明这条研发道路是走得通的,不必考虑其可能性,只需考虑该如何走的问题;而人工全合成结晶牛胰岛素的工作是中国科学家领先于国外的,而且是人类第一次的创新与突破,这项非凡的成就是完完全全由中国科学家来证明这条路是可行的,是走通了一条人类没有先例的独创之路。

难怪诺贝尔奖获得者杨振宁教授在1973年11月16日,从纽约大学石溪分校致函中科院郭沫若院长:诺贝尔奖评选委员会要他提名1974年诺贝尔化学奖候选人(在1974年1月底以前提名手续必须完成)。授予该奖项每年不能超过三个人。中科院生化所、有机化学所和北京大学合作于1965年首次合成结晶牛胰岛素,是化学界之重大进展,他准备提名上述三研究机构之代表工作者（各一人）合得 1974 年诺贝尔化学奖（他在信中举例，如龚岳亭、徐杰诚、陆德培），但不知确切地该是哪几位代表人物，可否请郭院长提出关于此事之意见？

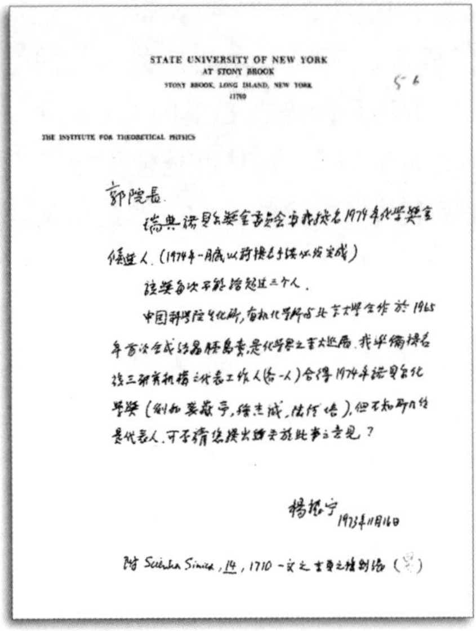
STATE UNIVERSITY OF NEW YORK
AT STONY BROOK
STONY BROOK, LONG ISLAND, NEW YORK
11790

5-6

THE INSTITUTE FOR THEORETICAL PHYSICS

郭院長：

瑞典諾貝爾獎金委員會要我提名1974年化學獎金候選人。（1974年一月底以前提名才[illegible]）

該獎每次不能給超過三個人。

中國科學院生化所，有機化學所與北京大學合作於1965年首次合成結晶胰島素，是化學界之重大[illegible]。我準備提名該三研究機構之代表工作人（各一人）合得1974年諾貝爾化學獎（例如龔岳亭，徐杰誠，陸德培），但不知那幾位是代表人，可否請您提出關於此事之意見？

楊振寧
1973年11月16日

附 Scientia Sinica, 14, 1710 一文之[illegible]（[illegible]）

1973 年 11 月 16 日杨振宁给郭沫若院长的信

应该说，那是一项千人攻关项目，诸侯各路，尤其是在“无产阶级文化大革命”尚在进展之时来提诺奖推荐之事，最终国家最高决策层只能以“该奖系资本主义国家颁发，我们不宜接受”的名义，断然谢绝了中国科学家最接近诺奖的召唤之旅。现在看来，失之交臂确实太可惜了，而当初这种提法也实在太荒唐了。但那毕竟是历史的真实，必须承受。有人还急切地期望诺奖评选委员会能在 50 年后公开“中国科学家 20 世纪 60 年代全合成结晶牛胰岛素为什么没能获得诺贝尔自然科学奖”之谜，若除杨振宁之外无人曾推荐过的话，那就无谜可揭了。

对中国科技事业发展作出卓越贡献的聂荣臻元帅，1967 年曾专门接见了全国从事重大科研课题研究的代表，龚岳亭有幸作为上海生化所的代表出席。聂帅拉他坐在身边并叮咛：“胰岛素人工合成的工作是可以在国内外讲几句的，你们花费有限的财物，创造了令人振奋的成绩，为祖国争了光……”直到今天，世界仍在广泛关注着这一科学大事件。

龚岳亭的巡回演讲，在美国和国际生化学界引起很大反响，加深了世人对中国在新兴科学领域研究水平的了解。历时一个月的演讲一结束，日本大学医学会立即发出邀请，请他在日本全国内分泌大会以及东京大学、大阪大学讲学。在日本，龚岳亭同样受到隆重接待，还接受了东京大学授予他的科学奖章。之前，该类奖章只授予诺贝尔奖的获得者，这次能授予龚岳亭，充分表达了日本科学界对中国从事人工合成胰岛素的科学家的认知与崇敬。

巡讲载誉归来不久，美国索尔克研究所就向龚岳亭发来邀请，希望他前往工作。该所分子神经内分泌学室主任是美国著名生物化学家、诺贝尔奖获得者吉尔曼。龚岳亭在美期间曾前往访问，彼此都有良好印象，吉尔曼许以高薪聘请他合作研究，但由于国内科研需要，他未能答应。接着，又有美国、法国、瑞士等国的研究机构多次向龚岳亭发出邀请，他也均以国内科研需要而一一婉拒。与此同时，加拿大蒙特利尔临床医学研究所也向龚岳亭频发邀请，该所所长克雷斯蒂安教授不仅是国际著名科学家，也是后来任加拿大总理的克雷斯蒂安的胞弟。与众不同的是他非常有耐心，从1981 年至 1985 年，连续五年不间断地发来邀请，龚岳亭终于被感动了，在征得所里同意后，答应前往工作一年。

1985 年秋季，龚岳亭到加拿大蒙特利尔，进入临床医学研究所工作，主要进行多肽的合成和应用研究，如对脑肽等生物合成与作用原理的研究，并与克雷斯蒂安教授结下了深厚的友情。他对龚岳亭的工作评价很高，概括起来也正是龚岳亭的“人生五 C”之箴言。克雷斯蒂安称龚岳亭是他“最好的合作伙伴”。因此，希望龚岳亭能长期留在加拿大工作，若不能长期，至少能延长在加拿大的科研年限。龚岳亭向他解释：中国人一向是看重信用的，自己既然与所里有约在先，只能工作一年，决不能拖延。失信于人，那是非常难堪的。好在克雷斯蒂安教授能理解中国科学家的“为人之道”。出于合作研究的互信，龚岳亭答应将自己最得力的学生送到该所工作。这下，他才不再坚持执意留下龚岳亭的初衷了。

1986 年 9 月，龚岳亭提前回到了上海，没顾得上享受一个月的休假，第二天就到实验室上班。事后，龚岳亭严守承诺，将自己得力的学生介绍给克雷斯蒂安，去做神经肽的合成，并帮助他培养博士生,还建立了一个多肽合成实验室。

“任重而道远,好在后起之秀已成长起来了。我想,能融事业、聪悟、奉献、协作与合作、纯洁天良问心无愧于一体去格物致知、励志报国的箴言,也会镌刻在年轻一代的心里,并化成他们的行动准则。”龚岳亭满怀信心地说。

科学与宗教

天有不测风云,人有旦夕祸福。

长期沉重的科研和行政担子,还是把龚岳亭压垮了。2010年,他被诊断为前列腺癌。在与病魔抗争的岁月,他依然在科研第一线劳作。2014年初,又被查出患了胃癌,接受了胃大部切除术,这下全身的免疫能力降到了谷底。同年8月14日,他手术康复后,约笔者到生化细胞所见面。那天下午正好下大雨,他依然很守约,当乘坐的轿车在大楼前停下,打开车门,从车里跨下的龚岳亭先生瘦得只剩皮包骨头,令我大吃一惊。

这几年为了撰写《院士怎样做人与做事》书稿,我曾多次到他胶州路寓所访谈,但几乎每次登门,总见他或是在抄写《论语》,或是在诵读佛经。几本方格稿子本上,龚先生用纯蓝墨水抄写的《论语》和佛教经典,字迹是那样工整,字体是那样秀气,版面是那样规范,完全可以作为硬笔书法的摹本。他也总对我说,“那是我给外孙的留念,希望他懂得做人的道理……”这就引起了我极大的兴趣。

研究《论语》、诵读佛经与科学研究,究竟有什么关系?恐怕是“科学与宗教”的跨学科问题吧?2014年8月18日,我便鼓起勇气,写了一封信,向龚先生求教:

尊敬的龚院士:好!

很高兴又见到您老人家,是那样的神采奕奕,小辈深感欣慰。

8月14日当天拍摄的一些相片已刻盘,呈上,请多包涵。

我总心存一个问题想讨教您,您也可以保持沉默——不回答我。

据我了解,您多年来阅读了大量中国典籍,包括研究佛教经典,抄写《论语》等。我感兴趣的是:您曾阅读过哪些经典?为什么要阅读这些经典?您是以怎样一种方式阅读或实践的?您的心态同当年的牛顿“上帝论”有什么异同?

我曾拜读过爱因斯坦不少关于科学与宗教的名言,诸如:

“我认为宇宙宗教感情是科学研究的最强有力、最高尚的动机。只有那些作出了巨大努力,尤其是表现出热忱献身(要是没有这种热忱,就不能在理论科学的开辟性工作中取得成就)的人,才会理解这样一种感情的力量;唯有这种力量,才能做出那种确实是远离直接现实生活的工作。”

“尽管宗教的和科学的领域本身彼此是界线分明的,可是两者之间还是存在着牢固的相互关系和依存性。虽然宗教可以决定目标,但它还是从最广义的科学学到了用什么样的手段可以达到自己所建立起来的目标。可是,科学只能由那些全心全意追求真理和向往理解事物的人来创造。然而这种感情的源泉却来自宗教的领域。同样属于这个源泉的是这样一种信仰:相信那对于现存世界有效的规律能够是合乎理性的,也就是说可以由理性来理解的。我不能设想一位真正科学家会没有这样深挚的信仰。这情况可以用这样一个形象来比喻:科学没有宗教就像瘸子,宗教没有科学就像瞎子。”

总之,人类精神愈是向前演进,就愈可以肯定地说:通向真正宗教感情的道路,不是对生和死的恐惧,也不是盲目的信仰,而是对理性知识的追求。从这个意义上说,一个人如果愿意公正地对待他的崇高的教育使命,他就必须成为一名导师。

上述摘录仅是我的理解,权供参考。祝您健康。

晚辈　方鸿辉　敬启

2014—08—18 晨

信发出后，我没指望他老人家会回复。不料，他一收到信就在8月20日下午6点，就笔者关于他多年来研究佛经一事的提问，用电话予以回答，我当即将他的话语速记了下来。没过几天，我就把速记文字整理成一封信，又回寄龚先生，请他费神确认，以匡正我的误记误解。

2014年9月27日，龚先生又回复了。他说，他极其仔细地审读了我的速记，除了指出错漏，还增补了不少话语。下面，就是龚先生的电话回复及信函所补充的内容。

两三年前，我的科研生涯走到了边缘，疾病让我没有把握能再走多远，心想只能靠老天爷了。你知道有个叫南怀瑾的老先生，他是我极其敬佩的学者，好像是温岭人吧？他是我国台湾的国学大师。

你问我看了哪些佛经，我主要是研读了《心经》《金刚经》。由于我母亲是一位虔诚的佛教徒，我7岁时就跟着她念《心经》，全称《般若波罗蜜多心经》，260个字。现在我还能背得出来。这部经讲的是人生的哲理，我觉得它讲得非常深刻。这段日子我静下心来读经，还专门找了南怀瑾先生的著作《中国佛教发展史》和赵朴初先生的《佛学常识》来看。释迦牟尼在历史上是确有其人的。

我还读了陕西出版社出版的关于弘一法师的传记。像李叔同这样的大法师在世上也是少见的，他的才学很少有人能比肩，无论诗书画，还是音乐。后来，他步入佛门，成了一位苦行僧。丰子恺也是他的学生。

《金刚经》全称《能断金刚般若波罗蜜经》。《金刚经》不是释迦牟尼亲自编写的，而是其弟子阿难台集1 250名高僧，由佛的十大弟子之一——长老须菩提（年高德劭、至善睿智）向佛跪拜提问，释迦牟尼答复讲道，集思广益，编辑而成的佛教经典。原著为梵文，译成中文者为姚秦三藏法师鸠摩罗什，龟兹国人。鸠摩罗什十一二岁就悟道，三十多岁入中国，适逢晋南北朝衰乱时代。《金刚经》分成三十二品（章），则由信佛的梁武帝之昭明太子编辑。

经中最关键的词为“善护念”。《金刚经》很长，我背不下来。我觉得，人为人类而生存，就要有学问，要懂得付出，因此一定要有好的心态。《金刚经》非常深奥，没有高尚的道德基础，是不能学透《金刚经》的。

至于你问到我对科学与宗教关系的看法，它们都是讲哲理的。如我们在求学时代，从小就被鼓励学习一些“四书五经”之类的古文，就是《大学》《中庸》《论语》《孟子》。我在八十一岁病时，才开始阅读南怀瑾先生著述的《易经系传别讲》一书，体会到《易经》确系经中之首。近些年，我还读了复旦大学出版社出版的南怀瑾一系列著作，这是记录老先生在太湖边开的大学堂的讲课内容，他招了许多美国学者来学习中国文化。

最近，生化所新领导邀请我们这些老学究开会研讨科学创新及体制改革等事宜，如我这样的时代落伍者仅能反省自己了：

我的佛缘不深，佛法不行，身心尘俗未沉净，难能心无置疑，怎度一切苦厄！是以善护念，少烦恼，勿自扰。

格物致知，乐天知命故不忧的孔儒之教未学透，何以成大器？是以学而时习之，不亦说（悦）乎？有朋自远方来，不亦乐乎？人不知而不愠，不亦君子乎？

老子出世又入世的玄妙之道未彻悟，岂可逍遥自在，处无为之事，行不言之教？是以尽可能慈意俭，不敢争先，亦步亦趋上善若水，顺其自然。我对儒教乐天思忧理解不够，心中总放不下科学，放不下我曾长期从事的事业，也放不下我的家人。你信中所说的爱因斯坦的话是很有道理的——科学没有宗教就像瘸子，宗教没有科学就像瞎子……

最近去年度体检，又去崇明与资深院士（本所）沟通思想，健康情况每况愈下，对人生的感触亦越深。随着时间的推延，空间的扩展，叠加起来，形成一股势力，不可阻挡，回天乏术。时代的趋势须认清，乐天知命故不忧。

片言碎语，请勿在意。感谢君之关怀。

科学要研究天体怎样运行，而宗教要确定怎样上天堂。这看似互不相关，但自康德之后，在科学与宗教之间还是达成了一种妥协，形成了一种各司其职和相互补充的关系：科学研究自然界，主要解决人的物质生活；宗教引导道德情感，主要解决人的精神生活。两者既不像古希腊时那样合二为一，也不像中世纪和启蒙运动时期那样相互对立，而是尽可能保持一种共存的关系。尤其自生物进化论在社会上的地位被确立后，教会作出了妥协，认为上帝既是信仰之源，又是理性之源。面对20世纪科学的社会地位急剧提升，教会又宣称宗教与科学的一致性，表示不干预科学事务，并在1992年10月31日（农历十月初六）正式为伽利略平反。

人类对自然界研究得越深，就越会发现，科学与宗教既有相互背离、彼此冲突与排斥的一面，又有相互依存、彼此促进与合作的一面。随着科学的发展，大量的已知问题得到解决，对自然的认识进一步增强。然而，人们又迷惘地发现：一些新的自然之问又摆在了人类面前，从某种角度讲，越是高深的科学理论与概念反而越接近宗教之哲理？

培根曾说过："所有哲学运动的意义就在于经过认识而认识造物主。"当年，哥白尼、伽利略、莱布尼兹、牛顿等科学家都是受这种观念推动而走上科研道路的。毕竟，科学与宗教的最终目标都是要给人类带来福祉。

当科学极大改善人类物质生活，人们对科学充满了感激乃至崇拜时，极易产生"科学至上"论。在"技术双刃效应"的呈现，自然并非温顺绵羊的事实前，人们才清醒：科学只能提供智慧和力量，但不能提供道德与价值观，确有局限性。于是，重又想到了宗教，想到了人文。诚如当代科学家贾斯特罗曾感叹的："科学家已经攀越许多'无知'的山脉，即将征服那最高的顶峰，正当他们扒着最后一块岩石攀身而上时，迎面而来的是一群神学家，原来在几个世纪前他们早已经在那里等待了。"

1997年“人工合成牛胰岛素”项目获求是杰出科技成就集体奖，获奖集体与颁奖人查刘璧如女士（左五）合影：龚岳亭（右一）、陆德培（右三）、徐杰诚（右四）、邹承鲁（右五）；邢其毅（左一）、杜雨苍（左三）

作为科学家，龚岳亭明白：科学是一种知识，宗教是一种信仰。人生既需要知识，也需要信仰，而且两者都体现一种精神。作为完美的人生绝不是仅求物质的享受舒适，还需要精神的愉悦和心灵的宁静，两者是互为相容和相补的。龚先生一辈子的劳作是科学——对上帝作品的研究，当然是很高尚的，尤其是能够在发现蛋白质人工合成的道路上，采撷了一系列美丽的花朵，心绪当然也是快乐的。在生命行将走向终端时，他必然会思考许许多多人生终极意义的哲学命题。于是，他企望从人文与宗教中寻找到贴切的答案，他悟出的便是“科学没有宗教就像瘸子，宗教没有科学就像瞎子”“善护念，少烦恼，勿自扰”“格物致知，乐天知命故不忧的孔儒之教未学透，何以成大器？是以学而时习之，不亦说（悦）乎？有朋自远方来，不亦乐乎？人不知而不愠，不亦君子乎？”……其实，他奉行了一辈子的“融事业、聪悟、奉献、协作、纯洁天良问心无愧”为一体的人生真谛，不是已经很好地诠释了他的科学与宗教的情感了吗？

（本文曾刊于上海科学技术文献出版社2016年版的《院士怎样做人与做事》，上述文稿是经龚院士审定的原稿）

邓稼先与杨振宁及邓先生最后的声音

核物理学家邓稼先(资料图片)

1964年10月16日下午3时,中国第一颗原子弹在我国新疆罗布泊爆炸成功。1967年6月17日8时,中国第一颗氢弹在我国西部地区上空又成功爆炸。这"两弹"的成功爆炸,震惊了全世界。

1964年在美国,同样很关注中国第一颗原子弹爆炸成功的还有一位叫杨振宁的华裔科学家(1956年他与李政道合作,提出"弱相互作用中宇称不守恒理论",共同获得1957年诺贝尔物理学奖)。为什么呢?除了他是华裔,还因为他料想自己的"发小"邓稼先①是参与其中的,为他骄傲与祝福。

20世纪30年代,在北京崇德中学求学的杨振宁与邓稼先就是好伙伴,从在清华园打玻璃球到爬树逮知了,各种游戏与玩耍无

① 邓稼先 核物理学家。1924年6月25日出生于安徽怀宁,1945年毕业于国立西南联合大学。1950年获美国普渡大学博士学位。1980年当选中国科学院学部委员(院士)。曾任核工业部第九研究院副院长、院长,核工业部科技委副主任,国防科工委科技委副主任等职。1958年以来组织并领导开展了爆轰物理、流体力学、状态方程、中子输运等基础理论研究,对原子弹的物理过程进行了大量模拟计算和分析,从而迈开了中国独立研究设计核武器的第一步。领导完成了中国第一颗原子弹的理论方案并参与指导核试验前的爆轰模拟试验。还组织领导了氢弹设计原理、选定技术途径的研究,组织领导并亲自参与了1967年中国第一颗氢弹的研制与试验工作。20世纪70年代初以来,在组织领导与规划中国新的核武器工作中作出了重要贡献。

不见他俩顽皮的身影。毕竟他俩是小同乡,都是安徽人。1922 年 10 月 1 日杨振宁生于安徽合肥,1924 年 6 月 25 日邓稼先生于安徽怀宁,他比杨振宁小 2 岁。他俩从小又都生性好动,兴趣也相似。更重要的是邓稼先的父亲邓以蛰与杨振宁的父亲杨武之都是清华大学的教授,他俩从小也都生活在清华园,两家同住清华西院宿舍,分别是 9 号与 11 号,真的是同乡加近邻。邓以蛰教美术史,杨武之教数学,两位学者都有强烈的民族责任感与正直进取的精神,可谓性格相融。邓稼先的母亲与杨振宁的母亲又都是贤妻良母式的家庭妇女,关系也很好。邓、杨两家确实属世交。抗战时他俩又都曾先后考入位于昆明的国立西南联合大学求学,只不过在中学时,杨振宁曾跳了一级,这样进入大学后,杨振宁要比邓稼先高了三级,就更像是一位大哥哥了。

凡熟识的人也都知道,清华大学数学系的杨武之教授与哲学系的邓以蛰教授都有一位淘气的宝贝儿子。

邓稼先与杨振宁挚友的幸福会面(资料图片)

1945 年,杨振宁得到庚子赔款奖学金去了美国,就读于芝加哥大学。1947 年,邓稼先考上了赴美公费研究生,但须自己联系学校,他的择校问题也就请杨振宁费神了。杨振宁那时在读的芝加哥大学学费较贵,他就帮邓稼先联系了离芝加哥市很近的以理工农见长的美国名校——普渡大学,这样他们日后的往来就很方便了。于是,1948 年邓稼先到美国普渡大学去攻读博士。两年后,他获得了博士学位。同年,邓稼先告别了继续留在美国做研究的杨振宁,回到了祖国。令邓稼先没有想到的是,他与杨振宁的再次会面,却是在 21 年后的北京。

1964 年中国第一颗原子弹成功爆炸后，当时美国报纸就刊登了中国研究人员的名单，尽管是英文音译，但是杨振宁一看就认定其中一人肯定就是邓稼先。毕竟是情同手足的发小，这些年来杨振宁一直在追寻着邓稼先的踪迹与消息，却杳无音讯。

于是，1971 年杨振宁首次回中国时所定的一份要见的亲朋好友名单中，第一位便是邓稼先。

作为北京医科大学教授、邓稼先的夫人许鹿希说："1971 年是杨振宁先生留学美国后第一次回中国。杨先生与稼先聊了好多事，什么都聊了，就是没聊到稼先的工作。最后送杨先生回去时，过了栅栏，杨先生要上飞机了。突然，他回过头来问稼先：'稼先，我在美国听说，中国的原子弹有美国科学家帮忙，是不是真的？'"

因为杨振宁脑子里一直有一个谜，是不是有美国人帮了中国科学家的忙，直到登机前，忍不住还是问了。

邓稼先一时语塞，不知该怎么回答，紧张地将嘴唇抿紧，急中生智地将话题扯开："你先上飞机吧！"

送走客人，邓稼先迅速将这一切向周恩来总理办公室汇报。当天午夜 12 点，邓稼先家里的红色电话机的铃声就响了。

许鹿希回忆："那天夜里很晚了，我估计大概快到 12 点了吧？红机子响了，电话那端是周总理办公室的人，说：'总理说了，让邓稼先如实地告诉杨振宁先生，中国的原子弹、氢弹没有一个外国人参加，全都是自己干的。'这句话让稼先听了非常激动。当时，他马上起床了，就在这张桌子上写起信来。写完了以后，第二天一早，我看大概也就六点多，信使就来了。"

这封信以最快的速度送达上海。杨振宁正在上海大厦参加上海市"革委会"为他举行的欢迎宴会。杨振宁接到信后当场拆开，看到是邓稼先熟识的笔迹，读到"中国的原子弹、氢弹没有一个外国人参加，全都是自己干的"时，杨振宁激动的双手颤抖了，泪水夺眶而出。他急忙跑到洗手间去擦干激动的泪水。

许多年后,杨振宁是这样回忆的:“此封短短的信给了我极大的震撼,一时热泪满眶,不得不去洗手间整容。事后回想,我为什么会有那么大的感情振荡,为了民族自豪?为了稼先而感到骄傲?我始终想不清楚……”

杨振宁很明白,中国研制核武器是极端机密的大事,既然已经断定好友邓稼先参与其中,就不要为难他了,以后有关这个敏感话题,只字不提。每次回国,凡与稼先有碰面的机会,也总是杨振宁口若悬河地讲,邓稼先只是细细地听。因为杨振宁了解全世界最前沿的研究进展,什么都是公开的;而邓稼先恰好相反,什么都是保密的。邓稼先不得不谨慎开口,生怕泄漏任何一点“天机”。所以,往往是邓稼先好奇地问,杨振宁则不厌其烦地答。

邓稼先为中国核武器的研究,耗尽了一生的精力。他的夫人许鹿希曾向记者说起过:中国的核试验尽管是很成功的,但也曾有过几次失败,而且事故很严重。那种情况下到事故现场去,邓稼先总是冲在前头。有一次空投预试,氢弹从飞机上下来,降落伞没有打开,直接掉在地上,幸好没有爆炸,但是摔碎了。这是一次后果难以预测的严重事故,核弹非得找回来不可。因为没有准确的下落点定位,出动了一百多位防化兵都没能找到。邓稼先就亲自去了,核弹居然被他找到了。他双手捧起碎弹片,自身却受到了极严重的核辐射伤害。

1985 年,邓稼先果然被查出患了直肠癌,病魔将他折磨得很憔悴也很虚弱。毕竟邓稼先长期从事核武器试验工作,骨髓曾多次遭受严重的核辐射损伤,一做化疗,白血球和血小板立刻大幅下降,全身大出血,背上的出血瘢有洗脸盆那么大,嘴里全是血,耳朵里也是血,非常痛苦,更难挽救。

第二年的 5 月 30 日下午,杨振宁去医院看望手术后的邓稼先。那次他们再也没有聊孩童时的欢乐,依然是邓稼先静静地听杨振宁聊世界科技前沿的进展,听得全身出了一阵虚汗,他巴不得立即回研究所。两周后的 6 月 13 日,是杨振宁要离开北京回美国的日子，他郑重地捧了一大束鲜花来向50多年友情的同伴告别，当两双书写物理学史巨匠的双手紧紧握在一起而舍不得分开时，周围的人都被深深地感动了，所有人的泪都只能往心里涌流，大家明白：这可是真正的"告别"。

我们不妨来读一下刊载于1996年出版的《中国科学院院士自述》，书中由许鹿希教授根据当年录音整理的有关时任副总理李鹏到邓稼先病床前颁发全国劳动模范奖章和证书时，邓稼先所发出的最后声音："核武器事业是成千上万人的努力才能取得成功的。我只不过做了一部分应该做的工作，只能作为一个代表而已。"

这就是一位真正的科学大家的精神境界和人格魅力。

在邓稼先去世前12天，也就是1986年7月17日，时任副总理李鹏代表国务院去邓稼先病床边为他授予全国劳动模范的证书和奖章。

其实在两天前，时任代总理的万里在探望邓稼先时，已告知了国务院的这个决定。此时，邓稼先的病情已很危重，经常疼得满身大汗；他的骨髓造血机能已被破坏，极为消瘦与虚弱；加以放疗性膀胱炎，日夜插着导尿管，行动也不方便。医院已发出了随时有生命危险的病情报告。但是，邓稼先全然不顾这一切，认为受奖是一件大事，说明国家领导对九院（现称"中国工程物理研究院"）的重视。在输完血后，他强忍着病痛挣扎到桌旁，坐在橡皮气垫圈上写了一篇发言稿，这就留下了邓稼先最后的心声。

那天下午，邓稼先用了加倍的止痛药，并把导尿管夹住，忍着憋尿的痛苦，换了一身整齐的灰色中山服，静坐等候。下午3点多钟，李鹏副总理和罗干（代表全国总工会）、蒋心雄（代表核工业部）、朱光亚（代表国防科工委）等四位同志来到病房。这就有了以下的对话（由许鹿希根据现场录音整理，曾刊于中国科学院学部联合办公室编的《中国科学院院士自述》之中）。

李鹏：你精神很好呀！

邓稼先：您这么忙还来。

李鹏：应该的。万里同志和启立同志看望后回来说起你病了。我们好像见过面？

邓稼先：见过，上次领奖时见过面（指 1986 年 5 月 15 日全国科学技术奖励大会）。

李鹏：是在中南海，我们见过，照过相。

邓稼先：照过相。

李鹏：党和国家非常感谢你这几十年来在核工业、核武器方面所作出的贡献。

邓稼先：核武器事业是千百万人的事业，我只不过做了其中的一小部分，只能作为一个代表而已。

李鹏：你说的这个也对。当然是千百万人的事业，是很大的队伍，许多的科学家，大家共同的配合。但是，我们也充分评价你在这个核武器事业中所作出的贡献。

邓稼先：谢谢！

李鹏：这件事情是很有意义的，这意义应该是很大的。因为我们国家的经济条件有限，不可能搞很多，但是搞了一点以后，这一点核力量应该说是成为一支保卫世界和平的力量和保卫我们祖国安全的力量。虽然只有一点，但是就是这一点起了很大的作用。我们今后还要继续发展高技术，其目的也是在于有一点。有一点和没有一点大不一样，在世界舞台上就有我们的发言权，就会受到人家的重视。当然，我们国家的条件差，搞很多不行。因此，党中央、国务院和全国人民对于凡是在核战线上作过贡献的人（朱光亚插话："稼先同志是最早参加的人、是元勋。"）都是不会忘记的。我想今天借这个机会通知你一件事情：国务院研究了你的事迹以后，根据总工会和核工业部的提议，决定授予你全国劳动模范这样一个光荣称号。在第七个五年计划期间，你是第一个被授予全国劳动模范称号的。

邓稼先：谢谢，谢谢。

李鹏：我现在代表国务院，向你颁发奖章和证书，并向你祝贺！

邓稼先：谢谢！

李鹏：戴上吧。

邓稼先：我说两句话。15日万里代总理来医院看望我，今天李鹏副总理又亲临医院授予我全国劳动模范称号，我感到万分激动。核武器事业是成千上万人的努力才能取得成功的。我只不过做了一部分应该做的工作，只能作为一个代表而已。但是，党和国家就给我这样高的荣誉，这足以说明党和国家对尖端武器事业的重视。回想解放前，我国连简单的物理仪器都造不出来，哪里有可能造尖端武器。只有在毛主席和共产党领导下解放了的新中国，才可能使科学事业蓬勃地开展起来。敬爱的周总理亲自领导并主持中央专门委员会，集中全国的精锐力量来搞尖端武器事业。陈毅副总理说，搞出原子弹来，外交上说话就有力量。邓小平同志说，你们大胆去搞，搞对了是你们的，搞错了是我们中央书记处的。聂荣臻元帅、张爱萍等领导同志亲临现场主持试验。这说明核武器事业完全是在党的领导下取得的。我今天虽然患病，但我要和疾病作顽强的斗争，争取早日恢复健康，早日做些力所能及的科研工作，和同志们一起在高技术方面尽量地做一些工作，以不辜负党对我的希望。谢谢大家。

邓稼先获奖后与妻子许鹿希合影（资料图片）

李鹏:你们当年搞原子弹的时候就是在很困难的条件下搞的,你现在和疾病作斗争,又是和另一种困难作斗争。你的年纪还是很轻的,你比我大 5 岁吧? 我今年 57 岁,你才 62 岁,还是正在壮年时期嘛。前一段时间,我们对广大科技人员,特别是在“三线”工作的同志照顾得不够,病发现得晚了一点,是很可惜的事。现在主要依靠你的毅力来战胜疾病,药物和治疗都是辅助。女儿回来探望是应该的,可以给你一些安慰,使你心情更愉快些。回国后,你也再没有出去过?

邓稼先:没有。

朱光亚:他回国以后,再也没有出去过。这条战线是出不去的战线。

李鹏:(问朱光亚)你也没出去过?

朱光亚:作为人大代表出去过一次。现在这条战线上,蒋部长(指蒋心雄)他们安排比较年轻一些的同志走出去,如参加会议。还是可以想法创造条件,让第一代那些人出去看一看。

李鹏:这还是很需要的。另外,我们还可以吸收一些在国外学习的人回来参加这部分工作。我们现在在国外的留学生,特别是在美国的很多。我们也经常讲,当然回来以后应该给他们创造一些更好的工作条件和生活条件。可是,毕竟我们国家就是这样一个水平,太高了不可能呀。所以说,要强调一点:要学习老一辈过去在国外的专家、学者,像他们这样的,回来以后艰苦创业。如果没有这一条,完全从待遇上、各方面来比,那他怎么也满足不了要求。就拿部长的生活、副总理的生活来说,也不一定赶得上美国一个工程师、教授。所以从物质条件上不能比。还是要从热爱祖国这一条来启发他们的爱国热情和工作热情。像你们都是很好的榜样。

罗干:我代表总工会向你祝贺,祝贺你荣获全国劳动模范的称号。我们现在的总工会和过去不大一样。知识分子是工人阶级的一部分,工会要更好地关心知识分子。我们看到了你的事迹,你不计名利,献身国防现代化的精神,很值得广大职工学习。你为发展国家战略武器作出了巨大的贡献。希望你尽快战胜疾病,重新回到科研岗位上,为发展我国的高技术作出更大的贡献。

蒋心雄:邓院长是我们核工业战线的优秀代表,对我们国家发展核武器作出了卓越的贡献。今天党和国家给你很大的关怀,授予全国劳动模范的光荣称号,你是当之无愧的。我向你表示祝贺。

邓稼先:谢谢。

蒋心雄:这也体现中央、科工委、总工会对我们核工业战线广大科技人员、职工的关怀。祝你早日恢复健康。

邓稼先的夫人许鹿希痛苦地回忆:“那天,稼先疼极了,疼极了。当时用了很大量的止痛药,一共坚持了半个小时。稼先留下了最后的笔记,也是他最后的一段声音……”

1986年7月29日,邓稼先逝世了。

1996年7月29日,中国进行了最后一次核试验。当天,中国政府郑重地向世人宣告:中国开始暂停核试验。

可是,许多人并不知道,选择这一天,正是为了纪念邓稼先逝世10周年。

[本文初稿完成于2019年5月27日,作为中国科学院《学部通讯》特约稿件,刊于该刊2019年第6期(总第238期)。2019年12月11日《中国科学院院刊》编辑张帆来函,要求将此文转载于《中国科学院院刊》上,以飨更多读者。本次发表略作文字改动]

国际科学大合作的开拓者

作为一名世界知名的材料科学大家，严东生①院士“格物致知究天理”的抱负不仅立足于国内，还要造福于全人类。

谈笑风生的严东生院士（2011，方正怡摄）

1982 年，诺贝尔物理学奖获得者、实验物理学家丁肇中教授在北京找到了中国科学院时任常务副院长的严东生院士。当时，丁肇中正在欧洲核子研究中心负责建造大型正负电子对撞机中的一个探测器——L3，他准备采用新型锗酸铋闪烁晶体（BGO）做探测器中的电磁量能器，进行高能物理实验研究。一见面，

① 严东生 材料科学家。1918 年 2 月 10 日生于上海，2016 年 9 月 18 日逝于上海，原籍浙江杭州。1941 年毕业于燕京大学，获硕士学位；1949 年在美国伊利诺伊大学获博士学位。1950 年回国后历任中国科学院冶金陶瓷研究所研究员，上海硅酸盐研究所所长，国家高性能陶瓷重点实验室主任、名誉主任；中国科学院副院长，中国科学院化学学部主任，中国化学学会理事长，中国硅酸盐学会理事长，《中国科学》与《科学通报》主编及其他五份国际刊物的主编或编委。直至去世一直担任中国科学院特邀顾问，上海硅酸盐研究所研究员、名誉所长。1980 年当选中国科学院学部委员（院士），1994 年被选聘为中国工程院院士。先后当选美国纽约科学院院士、第三世界科学院院士、国际陶瓷科学院创始院士，亚洲各国科学院联合会主席，并获日本陶瓷学会百年国际奖、美国陶瓷学会“杰出终身会员”等称号。作为我国无机材料科学技术的奠基人和开拓者之一，长期致力于材料科学研究和国际大科学合作项目，研究成功高温熔烧及扩散涂层、碳纤维增强陶瓷复合材料等，均成功地应用于飞机发动机、人造卫星和远程运载火箭等领域。

丁肇中就开门见山地问严东生:“你们能不能做BGO？尺寸要很大很长。”

丁肇中和严东生院士在向方毅介绍将要送到空间站的阿尔法质谱仪(1982,严东生提供)

思维明澈如晶体的严东生敏锐地捕捉丁肇中话语中的含义,意识到参与这项举世瞩目的科学大工程所具有的重要科学意义,当即接受了丁肇中的请求。严东生的这种学术气魄,除了要有学术底气,更在意的是让中国科学技术人员也能参与国际前沿大科学合作项目中,以严谨的创新和求实的拼搏精神来缩短中外学术上的差距。

其实,当年硅酸盐研究所确有一组科研人员在生长晶体,BGO也生长,但都长得很小,他们主要是模仿天然晶体,一个长云母,另一个长水晶,还有一个长金刚石,毕竟还只是在实验室里刚刚长出小尺寸晶体的样品,若要生长大尺寸、高质量的晶体,所面临的困难和风险是可想而知的。而当时法国和美国已有两家厂商能生产这样的晶体了。对严东生团队日后提供的样品,丁肇中经过性价比分析,尤其是性能考察,发现严东生团队是有明显优势的,最终决定请上海硅酸盐研究所提供上万根高质量的BGO晶体。起初硅酸盐研究所实验组采用长云母的方法,经过一年努力才长出了10多厘米的晶体,且成功率仅百分之二三十。严东生带领团队不断攻关,终于生长

严东生与殷之文院士在察看生长的晶体(2004,方鸿辉摄)

出了符合丁肇中需求的 23 厘米长的大尺寸高性能的晶体，在与美、法、日等国的竞争中获胜，并提前一年圆满地完成了瑞士正负电子对撞机 L3 探测器上所需要的 12 000 根 BGO 晶体的供货合同。

在生长 BGO 的同时，严东生科研团队还开发了一套新的生长工艺，建立了包括铂坩埚熔炼加工、晶体生长、晶体加工和晶体性能测试在内的生产流水线，也培养和锻炼了一支能打硬仗的科研队伍。

1985 年，美国国家科学基金会对各国的 BGO 产品进行综评时，给上海硅酸盐研究所的产品打了唯一的满分。严东生科研团队也在国际高能物理学界树立了很好的形象。以后，丁肇中逢人便说："(谁)要 BGO 晶体，就到中国科学院上海硅酸盐研究所找严东生！"

严东生(右二)与丁肇中(右三)及其两位学生合影(1986，严东生提供)

这一年，在欧洲核子研究中心召开的一次有数百名来自世界各国的科学家参加的 L3 工程实验组全体大会上，应丁肇中的邀请，严东生院士做了近一个小时的演讲，全面介绍了上海硅酸盐研究所研发 BGO 晶体取得的成就与对 L3 工程所作的贡献。他的演讲博得了阵阵掌声，使国外科技界对中国材料学所取得的成就刮目相看，为国家赢得了荣誉，也为我国无机闪烁晶体的国际地位争了光。

后来，BGO 又转入医用仪器设备——PET(正电子扫描探测仪)的运用。严东生带领的科研团队跟 GE 公司合作，将晶体切成小条，做成三个一组的阵列，装入整机。GE 公司生产的 PET 所采用的探测晶体 85% 以上是由上海硅酸盐研究所提供的，这是晶体材料为人类健康服务的一个侧面。当然,硅酸盐研究所也由此获得了不错的经济效益。

严东生带领的科研团队研发的第二代闪烁晶体是碘化铯(CsI),出光量很高,主要是同美国斯坦福大学和日本的高能研究所合作的,这是在20世纪90年代后期,大致合作到1998年。

紧接着是研发第三代晶体——钨酸铅(PWO)。除去与美国马里兰的一个小型探测器合作外,基本上是为欧洲核子中心在建的世界上最大的强子对撞机——LHC(Large Hadron Collider)的CMS径迹探测器(Compact Muon Solenoid)所配的钨酸铅晶体。

CMS是LHC上两大探测器之一(另一个是ATLAS)。这是一个紧凑μ子螺线管探测器,要在很高的对撞率和很大的能量范围下,通过鉴别和精确测量μ子、电子和光子,来清晰地探测各种新物理图像,它除了研究质子-质子对撞之外,还能进行重离子对撞研究。CMS径迹探测器、电磁量能器和内部强子量能器全都装在超导螺线管内。围绕中央径迹探测器的电磁部分核心部件就是由严东生团队研制的钨酸铅晶体做成的。

大型强子对撞机LHC工程坐落于法国与瑞士两国边境侏罗山地下100米深处,拥有一条周长达27千米的环形隧道。科学家希望借此揭开包括宇宙起源之奥秘等在内的科学谜团。过去几十年来,物理学家不断地在细节上加深对构成宇宙的基本粒子及其相互作用的了解。当然,这种不断加深的了解,让粒子物理学的“标准模型”变得更为丰满,但这个模型中仍存在缝隙,以至于我们无法绘制一幅完整的图景。说得更明白一点:质量的起源是什么?为什么微小粒子拥有质量,其他一些粒子却没有这种“待遇”?早在1964年,苏格兰物理学家彼得·希格斯(Peter Higgs)便提出了一个理论模型——“希格斯机制”。在这个模型中,质量是通过电子与中微子相互交换的弱同位旋对称性的破缺而自发产生的。如果这个想法是对的,在我们的世界中就一定存在一种标量粒子——希格斯粒子(Higgs Particle),但我们无法算出它的质量。

从空中俯瞰 LHC（白色环线是另外画在照片上的，资料图片）

LHC 管道示意图（资料图片）

根据希格斯机制，有些基本粒子因为与遍布于宇宙的希格斯场彼此相互作用而获得质量，同时也会出现副产品——希格斯玻色子。看来，这种玻色子是希格斯机制的必然后果，也成了物理学家长久以来寻觅的对象。假若实验能证实希格斯玻色子的存在，就能给予希格斯机制以极大的肯定，特别是由此而作出对"为什么有些基本粒子具有质量"这一问题的解释，也可以由此而判定"标准模型"基本无误。

1988 年，诺贝尔物理学奖获得者利昂·莱德曼（Leon Max Lederman）无意中为希格斯玻色子起了个"该死的上帝粒子"的名称。莱德曼撰写了一本科普图书，原书名叫《该死的粒子》（Goddamn Particle），表示了对希格斯玻色子难以找到的无奈。但是，出版商认为这般描述不妥，遂改成"上帝粒子"。然而，许多科学家并不喜欢将希格斯玻色子冠

利昂·莱德曼教授（资料图片）

以“上帝”的称呼,认为过分强调这种粒子的重要性,也太宗教化了。连希格斯本人也并不喜欢这一称呼。

莱德曼在与泰雷西合著的《上帝粒子:假如宇宙是答案,究竟什么是问题?》一书之结尾部分,充分流露出物理学家们对终极破译的渴望,他写道:“天空中出现了一道炫目的光芒,一束光亮照亮了我们这位沙滩主人。在巴赫 B 小调弥撒曲庄严、高潮的和弦配乐下,也可能是在斯特拉·温斯基的短笛独奏《春之祭》中,天空中的光慢慢地变成了上帝的脸,微笑着,但带着极度甜蜜的悲伤表情。”

可见,科学家是多么渴望寻找到希格斯玻色子啊！它的存在成了构建整个“标准模型”的基石。

为了帮助科学家揭示粒子物理学上这些关键性的未解之谜,需要大量实验数据予以支持,大型强子对撞机 LHC 便担负起“数据提供者”的角色,期望能找到这种难于捉摸的粒子存在的迹象。

CMS 探测器(资料图片)

大型强子对撞机的基本工作原理是,将两束质子加速到空前的能量状态,在以光速穿行并经过对撞点时,碰撞出光电“火花”。作为新一代“粒子神探”的钨酸铅闪烁晶体(PWO),在受到高能粒子轰击时,能在几纳秒内迅速发光,还能不停地捕捉并分辨各种高能粒子。因此,带有钨酸铅闪烁晶体的电磁量能器便成了寻找希格斯玻色子的极其关键的探测设备。这台大型强子对撞机中的探测器,需要几万根大尺度的新型钨酸铅闪烁晶体来制造其“心脏”部件——电磁量能器。

鉴于中科院上海硅酸盐研究所在国际高能物理界的声誉,欧洲核子研究中心又找到了严东生,希望他们研究所也能研发钨酸铅(PWO)晶体。由于PWO结构的复杂性,生长十分困难,且极易开裂,再加上CMS径迹探测器要求又极高,特别是对晶体抗辐照性能的要求极为苛刻,承接这个项目确实需要极大的魄力。PWO是一种崭新的闪烁晶体,人们对它的研究很少,更谈不上掌握大尺寸晶体生产的工艺技术。

出于政治原因,2000年欧洲核子研究中心只与俄罗斯签订了供货协议。严东生团队对此并没有抱怨和放弃,而是埋头研发各类前沿的晶体材料,并不断改进工艺,提高晶体质量。这就是严东生一贯的"预则立,不预则废"做人与做学问的技巧和素养。不料,2003年年底,欧洲核子研究中心与俄方的合作出现了麻烦,调过头来希望能与严东生团队继续合作,并要求在2008年3月底前将晶体提供完毕。

严东生赴北京贺杨振宁八十华诞时与朱棣文亲切交谈(2002,资料图片)

像晶体一般无任何杂念的严东生首先意识到:LHC是当代国际上备受关注的一项造福人类的重大基础科研工程,能参与这项工程的建设,是我国跻身于国际科技前列的又一个极好的契机,对于发展我国的晶体材料科学与技术、巩固和提高我国的国际声誉也都具有极大的意义。因此,他不计前嫌地决定与欧洲核子研究中心CMS探测器组就钨酸铅晶体的研究开展合作。在这种形势下,严东生首先想到的是作为一名科学家的责任与使命,不仅要为国际大科学工程作贡献,更顾及的是国家的荣誉与实力展现,使我国材料科学在国际科学界中占有一席之地。同时,他也有底气接下这单极苛刻的"质量严、数量大、时间紧"之要求的订单。

为此,已耄耋之年的严东生直接承担起PWO晶体课题组的研发重任，从制订方案到解决工作中出现的各种难题，都亲力亲为，这也实实在在地体现了严老长期造就的科学求实与严谨的风格。

生长晶体需要纯度极高的原料，而有一段时间生长 PWO 晶体用的原料质量不稳定，影响所生长晶体的质量。严老不放心，就亲自跑到位于江苏昆山的原料生产工厂，向工厂领导和师傅们说明这个项目的重要国际意义，以引起他们对原料质量的充分重视，并深入车间现场察看生产情况，与技术人员共同分析引起原料质量不稳定的原因，探讨提高原料质量的各种方案，最终使晶体的质量达到相当高的水平。

2004 年，预生产的 250 根钨酸铅晶体在欧洲核子中心、意大利、美国等地分别进行性能检测。检测的结论是：晶体发光量比俄罗斯的高 20%—40%，综合性能也更佳。这批中国生产的晶体受到国际同行的广泛赞誉。德国吉森大学雷纳·诺沃特尼教授说：“它所获得的分辨率，据目前所知，在所有经过测试的晶体中是最棒的！”这种赞誉既是给中国材料科学界的，更是对严东生院士人格的极高评价——无任何杂质的明澈的晶体。

丁肇中夫妇去严东生家中作客（2007，严东生提供）

2008 年 3 月，上海硅酸盐研究所根据合同向欧洲核子研究中心成功交付了 5 000 多根高质量大尺寸的 PWO 闪烁晶体。

2009 年 11 月，世界上迄今规模最大的科学计划——欧洲核子研究中心大型强子对撞机(LHC)正式运行，开始了人类揭示宇宙起源和寻找质量之源的征程。为感谢中国科学家们作出的重大贡献，欧洲核子研究中心特地于 2008 年 4 月向上海硅酸盐研究所颁发了欧洲核子研究中心 CMS(Content Management System)晶体奖。

2012 年，寻找希格斯玻色子的努力似乎有了回报。就在这一年，科学家们在大型强子对撞机产生的海量信息中发现了一种未知粒子留下的踪迹，其各项特征与标准模型预言的希格斯玻色子相吻合。2013 年 3 月 14 日，欧洲核子研究组织终于对外发了新闻稿：先前探测到的新粒子就是希格斯玻色子。这一消息，尽管连提出这一预测的彼得·希格斯本人也表示“难以置信”，但是 2013 年诺贝尔物理学奖还是授予彼得·希格斯和弗朗索瓦·恩格勒，以表彰他们对希格斯玻色子(亦称“上帝粒子”)所作的预测。

由此，我们也清晰地看到由严东生领衔的中国科学家所从事的国际大科学合作项目，已经与世界科学最前沿的科研密切相关了，成果中就有他们的辛劳与合作。令人不可思议的是，在国内外媒体大容量大篇幅报道这项人类前沿科学的研究成果时，却只字未提这项国际大科学合作项目中严东生团队所发挥的关键性作用，以及中国科学家团队的杰出贡献，这就太难以让人理解了！是技术理解上的障碍，还是不知实情？与科学家的严谨相比，至少媒体人的科学素养缺失与不够踏实的作风实在是令国人失望。

我国首颗暗物质粒子探测卫星“悟空”(资料图片)

其实，严东生团队研发的各类晶体不仅参与了多项国际大科学合作,也为我国的基础理论研究和技术创新屡屡作出新贡献。2015 年 12 月 17 日我国成功发射的首颗暗物质粒子探测卫星“悟空”,就携带了由他们研发的高质量 BGO 晶体所构建的粒子探测器——BGO 量能器,这是“悟空”最核心的组成部分,它既能测量粒子能量,又能区分粒子的种类,也是迄今国际上已知观测能段最宽和分辨率最优的空间探测器。其核心载荷是由 14 层(每层 22 根)共计 308 根尺寸为 25 毫米×25 毫米×600 毫米的 BGO 晶体构成的。每根 600 毫米长 BGO 晶体的两端各耦合 1 只光电倍增管以形成 1 个探测单元,616 个探测单元形成了辐射探测矩阵。卫星“悟空”的有效载荷为 1 410 千克,其中 BGO 晶体竟重达 824 千克,约占了整个有效载荷量的 59%,也可以说“悟空”是地地道道的“BGO 晶体卫星”。BGO 晶体毕竟是能与暗物质粒子湮灭产物(主要为高能电子和伽马射线)作用的直接媒介。

要强调的是,此前国际上已报道最长的 BGO 晶体仅为 400 毫米,因而 600 毫米长的 BGO 晶体的成功研制及运用,也创造了生长 BGO 晶体长度的世界纪录。这颗暗物质探测卫星的大名叫“悟空”,理当有火眼金睛,如果把 BGO 量能器比作探测暗物质的火眼金睛,那么 600 毫米长的 BGO 晶体则是“悟空”探测暗物质的“视网膜”,能灵敏地捕捉到暗物质的踪影。

前不久,我国暗物质粒子探测卫星首席科学家常进研究员在《“悟空”为什么要到天上去》的演讲中透露:迄今为止,“悟空”的各项性能及工作均正常,它在粒子鉴别上,信号与本底之比为50∶1(本底只占 2%),达到世界同类探测器的最高水平,比日本的 CALET 大概要高 10 倍。经过标定后,在包括粒子的能量、方向、电荷等鉴别方面,也均达到世界最高水平。“悟空”每天约探测到 500 万个高能粒子,累积已收集到了 30 亿个高能粒子。围绕整个天区已不辞劳苦地扫描了三次。“悟空”有望打开宇宙 TeV(1 000 GeV)能量的窗口,这也是人类至今能量测量的世界最高水平,我们热切地期盼在不远的将来,中国人能在天上找到暗物质粒子。

科学家认为:暗物质和暗能量是“笼罩在21世纪物理学上的两朵乌云”。为什么会有暗物质,它们呈什么形态,有何种规律……一系列谜正待揭开。这项伟大的探索应该是继哥白尼的日心说、牛顿的万有引力定律、爱因斯坦的相对论以及量子力学之后,人们认识自然规律的又一次重大飞跃,它甚至可能颠覆人类对已有基本的物质构成与规律之认识。

尽管BGO晶体已在核医学、粒子物理、核物理、天体物理和石油测井等辐射探测领域得到了广泛应用,不过硅酸盐研究所科研人员为“悟空”提供的数百根高质量600毫米长的锗酸铋(BGO)晶体,还是经受了一次全新的挑战,因为晶体生长的尺寸越大,其技术难度也越大,而且是按指数倍率增大的。BGO研发组的科研人员历时两年持续研究与不断尝试,解决了原料处理、生长设备、生长工艺、加工工艺以及性能表征等一系列关键技术与科学问题,才成功制备与量产了这么长的晶体。这也充分彰显了严东生对科研新人培育的成功。眼下,上海硅酸盐研究所已成为全球能研制并量产600毫米长度BGO晶体的唯一供应商,并保持着生长BGO晶体长度的世界纪录。

自1982年开展的国际大科学合作项目,至今已过去30多年了。严东生院士曾一直在思考能否提高钨酸铅晶体的出光量,用在下一代的PET上,其造价比锗酸铋便宜近一半,因为钨和铅要比锗和铋价廉,后者毕竟是稀有金属。

(本文曾以“明澈的晶体——严东生的材料科学人生”为题,刊载于中国科学院《学部通讯》2014年第2期,文稿写就后传严东生院士审定,本文就是经严院士审定的原稿)

沙滩上的孩子

我要说的故事不是在沙滩上挖沟筑城玩耍的孩子，而是两位科学大师——吴孟超①与牛顿。

2016年3月，国际医学杂志《肝脏病学》(*Hepatology*)上发表了我国“肝胆医学之父”吴孟超与同道刘允怡院士，以及他的学生杨田、张汉、沈锋联名发表的《肝脏外科医生就像救鱼的小孩》的文章。

大海退潮后，海边沙滩上留下很多被搁浅的小鱼，在烈日下等待它们的似乎只有死亡。但有一个孩子却不辞劳苦地一次次弯腰，把一条条捡起的小鱼利索地扔进大海。旁边有位成年人对他说：“那么多小鱼你捡得过来吗？一条小鱼而已，有谁会在乎呢？”孩子却不停地弯腰捡起小鱼扔进大海，口中喃喃说道：“你看，这一条在乎，那一条也在乎！”

---

① 吴孟超 肝胆医学家、医学教育家和医院管理专家。1922年8月31日生于福建闽清，2021年5月22日逝于上海。1949年毕业于同济大学医学院，同年投身华东人民医学院(第二军医大学前身)，成了一名人民军医。1986年起任第二军医大学副校长。1991年当选中国科学院学部委员。至2019年2月前一直担任第二军医大学附属东方肝胆外科医院院长、东方肝胆外科研究所所长。曾兼任中华医学会副会长、中国癌症基金会副主席、国家和中央军委保健委员会委员、军队医学科学技术委员会常务委员、中德医学协会副理事长、中日消化道外科学会中方主席等学术职务。20世纪50年代投入对肝脏解剖等基础理论探究，开拓并建立了肝胆基础理论与临床技术体系。97岁高龄依然能娴熟地进行高难度肝癌切除手术，确属前无古人。创新科研和人才培养模式，相继组建国际上规模最大的肝脏外科专业研究所和肝胆外科医院、国家肝癌科学中心，并取得一系列具有领先水准的科研成果。先后发表中外文学术论文1 600多篇，以及*Primary Liver Cancer*等专著38部。相继荣获包括国家最高科学技术奖在内的国家和省部级一等奖10多项。还先后荣获中央军委“模范医学专家”、中央电视台“感动中国”的十大人物之一等荣誉近80项，被授予军功(包括一等功)10项。

诗一般的画面，朴实又理性的话语，说的是肝胆外科医生对肝癌患者救治的无奈现实。搁浅的小鱼如同患了肝癌的病人，外科医生要做的就是尽可能多地为尚有“手术可能”的病人切除肿瘤，让他们至少延长生命，改善生存质量，甚至幸运地被治愈。那位执着地在海滩上救鱼的小孩就是肝脏外科医生的生动写照。为了能从死神手中拉回更多鲜活的宝贵生命，再苦再累在所不惜，努力拼搏旨在抢救更多的肝癌患者。他们心里明白：尽管能够救起的小鱼数量有限，再说即使已经回到大海的小鱼仍有再次遭搁浅（如术后复发或转移）的可能，然而不可否认的是，他们中确有一部分幸运者就此重获新生！而这份幸运，正是肝脏外科医生所能获得的自我满足和职业成就。

儒雅的吴孟超院士（吴孟超办公室提供）

难怪已是97岁高龄的吴孟超院士，至今仍高高地扬起生命的风帆，只要身体条件允许，不时地进“开刀房”（吴孟超惯用语），亲自主刀高难度的肝癌切除手术。要不是笔者亲眼所见，可能会怀疑其真实性。只要老人家一进手术室，整个“救死扶伤”的气场就变得特别强大。他稳稳地跨上脚凳，在无影灯照射下，手术就有条不紊地开始了。从打开腹腔、间隙阻断、剥离肿瘤直到最后的缝合，全程都亲手操作，麻醉师、手术助手与器械护士等，整个团队配合默契，高度紧张。只见老人家动作之利索，手术之干净，如行云流水，一气呵成。

其实，与我有同样疑惑的大有人在。吴孟超的秘书刘随意告诉我一个真实的故事：2016年6月，吴老赴京参加院士大会。一天上午会议结束后，在秘书陪同下吴老去京西宾馆食堂用午餐，在电梯口遇到一位熟识的老院士，便单刀直入地询问：“吴老，你现在还在手术啊？”吴老回答：“是啊，我现在还在开刀。”

那位老院士就直言相告“我肯定不信”，并重复说着“我肯定不信”。吴老听了无奈地微笑，刘秘书忍不住就在旁边解释，“改天请院士到我们医院来指导参观，亲自到我们医院来看看……”那位院士依然固执地回答“你跟我说我也不信”。对那年已 94 岁的吴老依然能上台做肝癌切除手术这件事，他持有非常“坚定的怀疑”，认为这么大年纪还能做这么高难度的肝癌切除手术根本就是天方夜谭，要么就是为了宣传需要，穿上手术袍进开刀房摆摆姿态而已。刘秘书说：很巧的是，那天下午开大会，“我记得是刘延东做报告，报告还挺长。吴老坐在靠近走廊偏右的第三排，恰巧坐在那位老院士旁边，我坐在吴老另一边。很有意思的是，那位质疑的老院士虽然讲话很利索，可是参会没多久，就已经睡着了……而吴老在这么长的会议中没打过一会儿盹，精神一直很好，关注着报告者的神情，聆听着信息量很大的话语。吴老一贯很尊重报告者，尤其是参加重大会议，他从不会轻易离场，哪怕有时候小便很急，他都会憋着……”这就说明吴老虽年逾九旬依然精神抖擞。不得不说这也确实是他有一种顽强的精神在支撑着他的体健。

从 2016 年年底在宜宾“李庄同济医院”开院式后，笔者亲眼见到老人家为一位七旬女病人切除 10 厘米线度肝癌的示教手术；到 2017 年初在福州医科大学“孟超肝胆医院”揭牌后，为该市一位神经内科主任摘除如火龙果般的巨大肝脏肿瘤。两次手术的整个过程都不超过一个半小时，病人术后也都恢复得很快很好。2018 年大年刚过，吴老又不辞劳苦地进手术室操作了，要知道那年吴老已 96 岁。他很朴实地表示：“只要能做一天手术，我就要继续做下去，为尽可能多的患者解除痛苦。”为了写《吴孟超》一书，我经常有机会拜访他老人家，便随口问他“您老累不累？”他像老顽童般地回答：“我越做越快了，熟能生巧么！”

说不累是假的，但口中喃喃念叨着：“这一条在乎，那一条也在乎”倒是真的，毕竟他要“把病人一个一个都背过河去”。

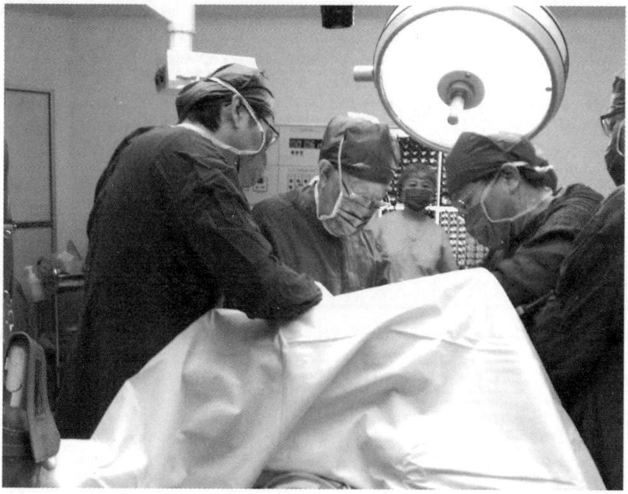

2018 年 2 月吴孟超(中)在主刀肝癌切除手术(吴孟超办公室提供)

若按照欧洲和美国肝病学会所推荐的"巴塞罗那分期标准"的肝癌治疗指南,是并不希望为那些中晚期肝癌患者进行外科手术治疗的。不过,在手术条件大大改善、手术技术大大进步和术后并发症能明显抑制的今天,全球肝脏外科界普遍冲破这种"禁锢",坚持在为"非理想手术人群"做切除手术,这些患者的术后 5 年生存率超过 30%,这一结果大大优于同期采用别的治疗方案的肝癌患者人群。更令人惊讶的是,这部分人群竟然占到了所有手术人群的将近 70%!我国是乙肝患者的大国(约有 1.2 亿人),因此也成了肝癌大国,每年新发现的肝癌患者占了全世界的一半以上,而且在确诊时大多数均为中晚期,还往往伴有肝硬化。眼下在对付实体癌症的化疗、放疗、中医中药等诸多治疗手段和方案中,外科手术仍不失最佳方案。长期与肝癌抗争的过程表明,吴孟超们已积累了丰富的临床经验,肝癌外科治疗水平毫不比西方国家逊色,甚至在应对术前三维影像重建的辅助诊断、风险评估、手术技巧、手术难度、术后代谢方略诸方面都更胜一筹。然而,现实又残酷地表明,肝癌患者在做了"根治性"切除术后,依然有相当高的复发率和转移率。也就可以形象地说,海滩上的小鱼会晒死一批又一批。最好的办法,恐怕要在沙滩前端筑起一道防波堤坝,让浅滩消失,那么小鱼也就不会被搁浅了。这道能够不断向前推进堤坝的建成,其实质就是要对癌症生成机理的研究能尽早予以突破。

吴孟超清醒地意识到:我一台手术只能挽救一位患者,若能从本底上弄清楚癌症的来龙去脉,人们可以不得或者少得癌症,那岂不是最理想了么?为此,从20世纪80年代初,他就前瞻性地建立起全军肝癌研究中心,在与“众病之王”癌症对弈的棋盘上,除手术外,他还精心设置了基础研究的各项策略,布下了相应的棋子。他还脚踏实地地以“院所结合”的组织形式创建了东方肝胆外科医院与东方肝胆外科研究所,也就是人们常说的“研究型医院”。譬如,让他的爱徒王红阳院士等专攻信号转导(期望破译癌变的密码),以及超早期小肝癌的诊断。王红阳团队果然不负众望,历年来已硕果累累,在揭示癌症形成机理、治疗策略以及超早期肿瘤诊断等的科研环节上步步推进,尤其在超早期癌症的检测上已取得瞩目的成果。同时,还让他的学生钱其军教授等采用以集成创新和众筹的方式,从癌症的细胞免疫治疗切入,在安亭建立了“上海吴孟超联合诺贝尔奖获得者医疗科技创新中心”,并建成了国际一流的现代化医院——孟超肿瘤医院,推进以细胞免疫治疗为核心的肿瘤治疗方向,并已突破了多项细胞免疫治疗的核心技术……吴老还指导学生精心勾画了治愈癌症的“白泽计划”,以有效对付癌症,造福广大患者。

吴老在身体力行地从事理论和临床科研与实践的同时,踏准学科创新与人才培养的节拍,不辞辛苦地组建起一个又一个新的治疗和科研大平台,连同安亭新院施行的“大专科小综合”的策略,目前东方肝胆外科医院的总床位数已达1 800多张,每年肝胆肿瘤的手术量已远超万台。这些新平台的作用既能从死神手中拉回更多肝癌患者的性命,也能培养更多研究性医学人才。

下小雨了,患者慕名找到吴老下榻的福州宾馆餐厅,只能在室外走廊坐诊(2017,方鸿辉摄)

毕竟“治愈肝癌”这个大目标的实现还有很长的路要走,所以在不辞劳苦地弯腰捡起被搁浅小鱼并扔进大海的同时,耄耋老人对破译癌症密码的基础理论探索方面也马不停蹄地做着忘龄的拼搏。

眼下,肝癌的治疗依然是所有实体肿瘤中最为复杂和艰难的,只要有手术可能,毫无疑问,手术切除还是最有效的方式。这也常常是外科医生和肝病学家之间经常为采取何种治疗方式而争论不休的问题。如果我们换个角度重新思考:如果哪一天,我们也成了那些不幸被搁浅的小鱼之一,我们是不是也期盼能幸运地成为被沙滩上这位小孩解救下的那一条呢?为此,吴孟超呼吁:“请不要有意轻视那些肝脏外科医生的努力,也不要妄图用指南的形式来压制肝切除手术的意义和价值,就像嘲笑那位沙滩捡鱼的小孩,因为这位孩子笃信这样的执着——这一条在乎,那一条也在乎!”

这就是吴孟超的人文情怀!也是我们天天在呼唤着的“医学伦理”的精粹——仁者爱人,医本仁术。

“海滩上扔鱼孩子”的形象,使我下意识地联想起300多年前英格兰大科学家牛顿(Isaac Newton,1643—1727)的一段脍炙人口的话:

我不知道世人怎样看我,但我自以为我不过像一个在海边玩耍的孩子,不时为发现比寻常更为美丽的一块卵石或一片贝壳而沾沾自喜,至于展现在我面前浩瀚的真理海洋,却全然没有发现。①

① I do not know what I may seem to the world, but as to myself, I seem to have been only like a boy playing on the sea shore, and diverting myself in now and then finding a smoother pebble or a prettier shell than ordinary, whilst the great ocean of truth lay all undiscovered before me.

物理学家艾萨克·牛顿(资料图片)

众所周知,牛顿曾提出过万有引力定律、牛顿运动定律,发明了反射式望远镜和光的色散原理,并与莱布尼茨各自独立发明了微积分,等等。因此,他被公认为“近代物理学之父”。诗人亚历山大·波普曾为牛顿写下墓志铭:自然与自然的定律,都隐藏在黑暗之中。上帝说“让牛顿来吧!”于是,一切变为光明。

在物理学和数学上曾作出这么多贡献的大科学家,牛顿还是把自己比作只是在海滩上为捡拾到美丽的贝壳而沾沾自喜的孩子。可见,自然多博大,奥秘何其多,科学探索是永无止境的。

一位是海滩上捡贝壳的牛顿,一位是海滩上扔小鱼的吴孟超。

牛顿一直认为自己对真理的认识是肤浅的——真理如同浩瀚的海洋,永远也无法穷尽,因此始终抱着一份对自然的好奇,不辞劳苦地专注于揭示其奥秘以造福人类。

吴孟超为人类战胜肝癌,几乎拼尽了一生,耄耋老人依然如同海边扔小鱼的孩子,口中喃喃念叨“这一条在乎,那一条也在乎”,不辞艰辛地努力着。因为他怀揣着要“攻克癌症”的坚定信念,也不辞劳苦地投身于揭示人类自身这个复杂的巨系统。当然,这也是他老人家有着忘龄地为患者拼尽全力的仁爱精神——要“把病人一个一个都背过河去”的医学信仰使然,毕竟人类对癌症机理的认识还是那么肤浅与无奈!

多可爱的沙滩上的孩子!

(本文曾刊于2018年5月号《生命新知》,2019年11月29日文汇App予以转载)

银色的“鹦鹉螺”

神奇的上海光源

鸟瞰上海光源(资料图片)

位于东海之滨的上海浦东这块开发的热土上,这几年长出了一只犹如一座万人体育场般硕大无朋的“鹦鹉螺”,在阳光下发出耀眼的银光。

是从外星球降下的飞行器?还是从东海打捞出来的自然之宝?

答案都是“不”。

这只银色的“鹦鹉螺”乃是中国科学院和上海市合作共建的国家大科学装置——“上海光源”。这个现代化的大科学实验设施位于浦东张江高科技园区的张衡路旁。光听这些名称,科学元素就已扑面而来。望文识义,“上海光源”是否就是承担为整个上海提供环境照明的呢?

带着疑惑,笔者实地参观并讨教了相关的专家,心中的疑惑才渐渐解开。

“上海光源”进门处的巨石上镌刻着“上海同步辐射光源”八个大字(Shanghai Synchrotron Radiation Facility)。

这只银色的“鹦鹉螺”不是用于提供环境照明的，它提供的是从红外光到硬X射线的各种同步辐射光。所谓“同步辐射光”，是指当电子在真空中做接近光速的圆轨道运动时，沿轨道切线方向抛出的电磁辐射。由于这种物理现象最早是1947年在高能物理实验用的同步加速器上发现的，因而被命名为同步辐射(synchrotron radiation)。

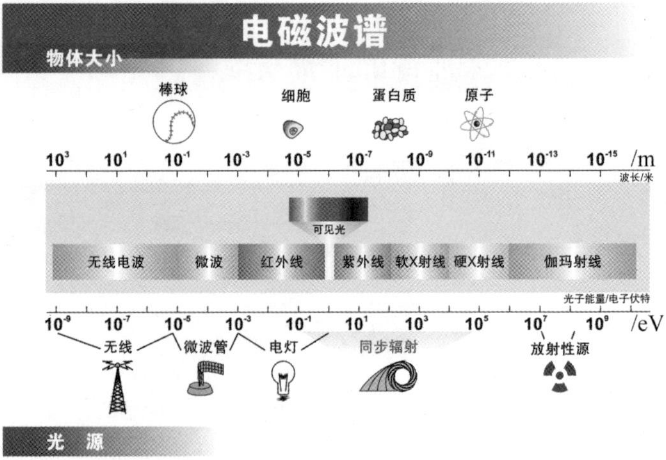

光谱图(资料图片)

我们日常接触到的可见光、X光、微波等也都属于电磁辐射。同步辐射是一种神奇的电磁辐射，具有波长范围宽、强度大、亮度高、准直性强、高偏振与准相干性、可准确计算、稳定性高等一系列比其他人工光源更优异的特性。因此，同步辐射光源被科学家视作继电光源、X光和激光后，第四种推动人类文明进展的人造新光源，是人类探索微观世界的一种新的“科学利器”。

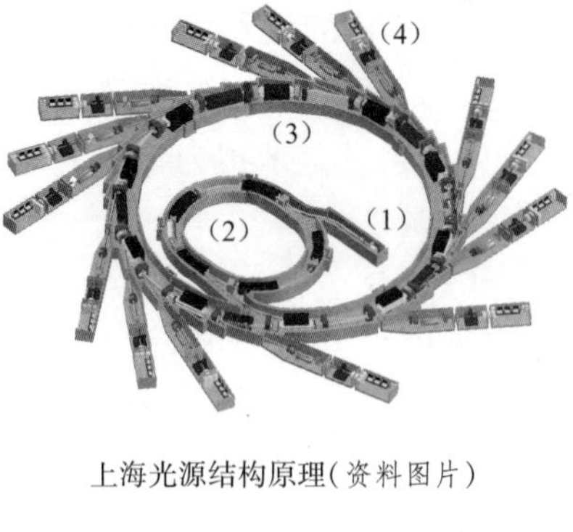

上海光源结构原理(资料图片)

为了弄明白上海光源的工作原理，还得从它的结构说起。

上海光源的“螺壳”内部主要有四部分构成：(1)“螺心”是一根23米长的直线——电子直线加速器；(2)与直线加速器相连的内圈是180米周长的小环——增强器；(3)最外圈为432米周长的大环——储存环；(4)沿着储存环切线方向分布着一条条直线——光束线实验站。

直线加速器(方鸿辉摄)

增强器(方鸿辉摄)

储存环(方鸿辉摄)

光束线实验站(方鸿辉摄)

电子在“直线加速器—增强器—储存环”构成的既有直道又有弯道的“光电隧道”中加速升能、储存运行，然后沿储存环外围将同步辐射光切向引出，通过光束线实验站构成不同的科学实验平台。

上海光源出光的具体过程是这样的：扣动直线加速器的“电子枪”以发出电子，电子在直线隧道的真空电磁场中疾行，吸收能量不断加速，当能量达到150兆电子伏后，这股低能光束便偏转进入内圈小隧道环的增强器中，电子束在增强器中以接近光速"转圈",240 毫秒内回转 40 万圈后,运动电子的能量被迅速提升了约 23 倍,达到 35 亿电子伏,最后被注入外圈大隧道环的储存环中,这个大环隧道比标准体育场的 400 米跑道还要长。电子束在其中昼夜不停地高速穿行、转圈,并在运动方向偏转时放出同步辐射光。这些光被引到光束线站中,通过真空环境下的一套精密光学系统进行分光、准直、聚焦等处理,将实验需要的光送入实验站。

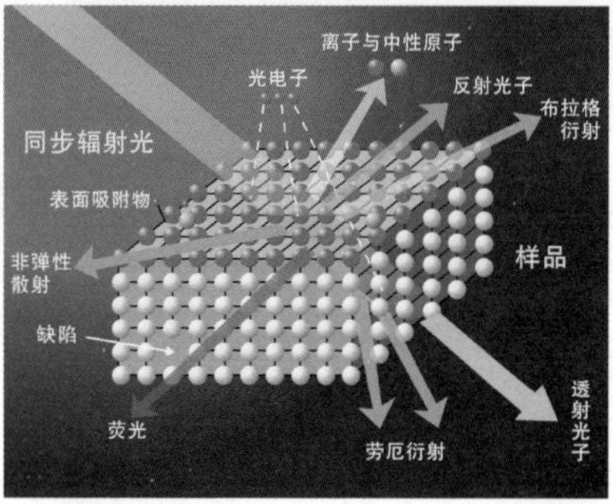

利用同步辐射光与样品相互作用,以探索微观世界(资料图片)

在实验站上,同步辐射光照射到需要探测的样品上,会产生衍射、散射、折射、投射、吸收等现象,与物体相互作用后引发的荧光、光电子,产生的电离和碎裂等结果所携带的信息,成了帮助科学家探索物质之未知奥秘的钥匙。

科学家亲切地把上海光源比作是一台多用户的"超级显微镜"。按设计,其 432 米周长的储存环周围最多可以建造 60 多条光束线站、上百个实验室,给用户的供光机时是很充裕的。首批已经建成的 7 条光束线站分别是:生物大分子晶体学线站、XAFS 线站、硬 X 射线微聚焦及应用线站、X 射线成像与生物医学应用线站、软 X 射线谱学显微线站、衍射线站和 X 射线小角散射线站等。

开放共享是大科学装置的显著特点。在上海光源上,将汇聚成百上千名来自不同单位、不同领域的中外科学家和工程师,同时在各自的光束线站上开展前沿科学研究和高新技术开发应用。由此,它将为提升我国的综合科技实力作出不可替代的重要贡献。而且这种特有的大平台科研氛围,将为不同学科间的学术交流提供天然的优良条件。

同步辐射实验设施(资料图片)

照亮微观世界的神奇之光

那么,上海光源的神奇之光究竟与百姓的生活有什么关系呢?

应该说,同步辐射光源与人们的日常生活是密切相关的。譬如,对人体肿瘤的早期诊断,传统的目测能力大概可以顾及5个毫米,红外成像也需要等病情发展到一定程度方能检测出来,这些手段对肿瘤的“早发现早治疗”都有很大的局限性,而上海光源有可能观察到1毫米的早期肿瘤,甚至能检测出小于1毫米的肿瘤,真正达到“早发现早治疗”的目的。也就是说,能在上海光源上建设一条采用一种特殊的成像方法——X射线相衬成像法,成像效果会比常用的X射线成像更好。采用同步辐射X射线的造影技术还能实现安全且高清晰的心血管成像,也为心血管疾病的早期诊断提供快速且理想的手段。上海光源对外开放的X射线成像及生物医学应用线站,甚至能为一只活体蚂蚱拍X光照片,包括蚂蚱触角里面的微细管道等都可一览无遗,这些都是传统X光拍摄所望尘莫及的。

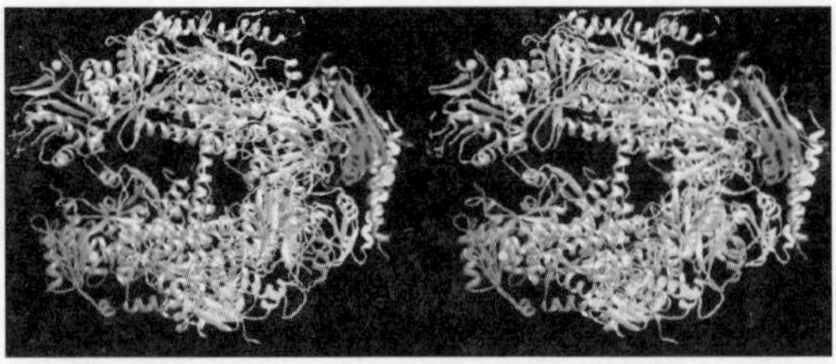

蛋白质三维结构(资料图片)

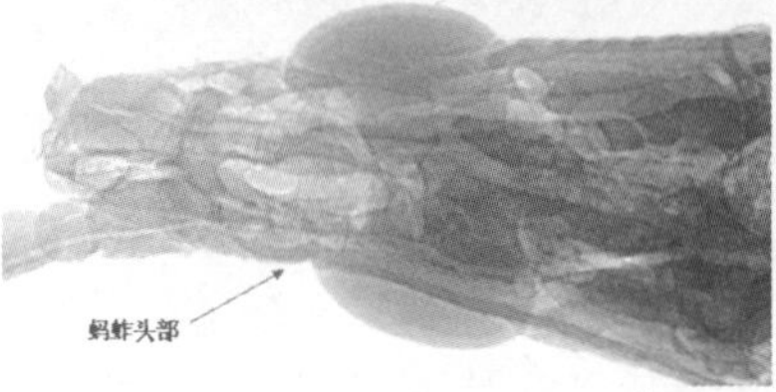

蚂蚱头部相位衬度成像(资料图片)

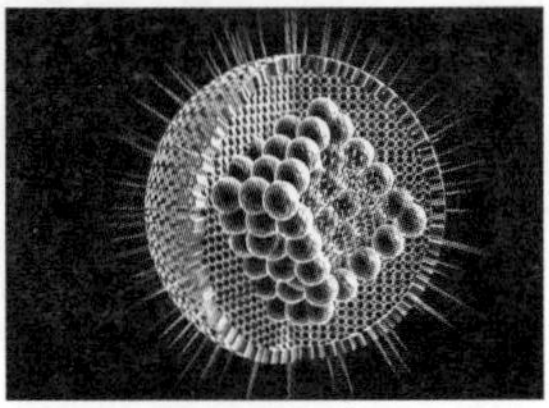

疱疹病毒结构(资料图片)

再如,同步辐射X射线衍射方法是当前测定生物大分子结构的最有力手段,也是研究生命现象与生物过程的利器。拥有这一利器可加速新药的开发。自从有了同步辐射X射线衍射方法,国际上很多制药公司已经从传统的药性实验方法,转向有明确目标的药物分子结构的设计,即在分子生物化学水平上进行研究,它比传统方法至少缩短3—4年研制时间,使研发成本大大降低。因为利用高能量和高亮度的同步辐射光,科学家可以很清晰地“看见”生物大分子(如蛋白质、病毒等)的三维结构,掌握它们在生化反应过程中,结构随时间变化的动态过程,分析辐射对细胞的作用,并对含水量多的活体生物样品(如细胞)的动态过程进行显微观察,从而能专门针对致病分子设计出新药。利用这种方法,科学家已经成功地研制出用于治疗艾滋病的药物,对降低艾滋病的死亡率起到很好的作用。2003年出现SARS疫情后,我国科学家也曾利用同步辐射光,成功测定了SARS病毒主蛋白酶的结构,为研制抵御SARS病毒的药物提供了重要的信息。其实,以蛋白质结构和功能研究为主要目标的结构基因组学的研究,目前也有八成以上的工作需要在第三代同步辐射光源上进行。

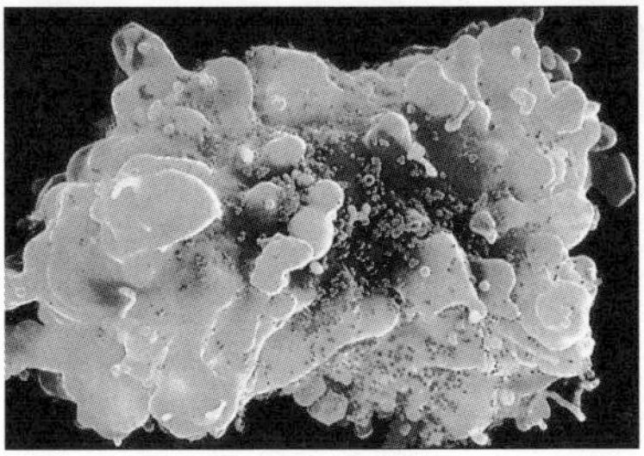

侵入人体细胞核的艾滋病毒（资料图片）

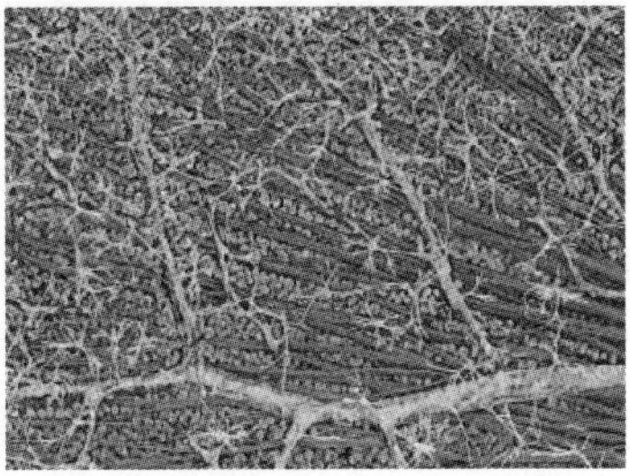

老鼠视网膜（资料图片）

当然，同步辐射光还有其他许多用途。譬如，在材料科学领域中，利用高亮度同步辐射光，可以揭示材料中原子的精细构造，得到有价值的电磁结构参数，成了理解材料性能的"科学钥匙"，也隐含发明新材料的原理。在地球科学领域中，利用X射线作为微探针，能深入了解地壳深处和地幔中矿物的演变和转化，对于矿床地质、矿物、岩石、探矿以及地球化学研究有重要作用。在微细加工技术领域中，利用X射线深度刻蚀技术，可以使线宽在纳米级的"极限间距"集成电路研制成为现实；可以制造肉眼难以看清的微型马达、微型齿轮、微型阀门、电子开关、传感器、医用器械、光纤耦合接插件和微电子器件接插件等三维微型装置，并可进而制成高度智能化、集成化的微型电子—机械系统，如微型仪器、微型机器人等，它们将在航天、医学、国防、自动化诸领域中有广阔的应用天地。

微型马达（资料图片）

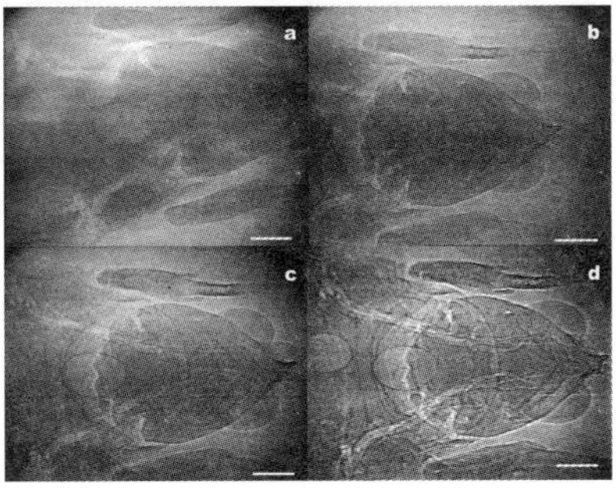

小动物的动态同步辐射相衬（资料图片）

在化学及石化工业领域中,同步辐射光源可以研究催化机理和催化剂的特性,有助于发明新型催化剂,直接影响到石油化工的效率和产出。在产品研发与检测方面,可进行飞机发动机和航天器疲劳测试、铁轨磨损情况的X射线衍射分析、纸浆无氯漂白工艺改进、化妆品效果分析……总之,上海光源产生的高强度、高亮度、高稳定性光束可在凝聚态物理、原子物理、分子物理、核物理、化学、光化学、结构生物学、生命科学、材料科学、环境科学、医学、药学等多学科的前沿性基础研究方面大显身手,也可做微电子、制药、石油化工、辐射治疗及医疗诊断等高技术的开发应用的实验研究。难怪有科学家说,上海光源是多学科前沿研究和高技术开发应用的一种既先进又不可替代的工具。

近年来,各国科学家曾借助同步辐射光源,在探索物质微观机理及技术创新方面捷报频传。

英国剑桥MRC分子生物实验室的约翰·沃克(John E. Walker)教授因"在英国SRS同步辐射装置上完成了晶体结构测定,完满解释了ATP合成的机制"而获得1997年诺贝尔化学奖。

沃克教授 麦金农教授 科恩伯格教授(均为资料图片)

美国洛克菲勒大学分子神经生物学和生物物理学教授罗德里克·麦金农(Roderick MacKinnon)因"利用同步辐射蛋白质晶体学方法成功测定了钾离子通道蛋白的三维结构,清楚地揭示了它对离子的选择性透过机理"而获得2003年诺贝尔化学奖。

美国斯坦福大学医学院的生物化学家罗杰·大卫·科恩伯格(Roger D. Kornberg)教授因"借助基于同步辐射的X射线晶体学

方法，获得了聚合酶Ⅱ转录复合物的高分辨结构信息，清晰地描绘出真核转录的分子基础”而获得2006年诺贝尔化学奖。

高水平的技术集成与创新能力

随着2009年3月首批最后一条光束线站调试成功，从2004年12月25日开工建设的上海光源国家重大科学工程已完成全部建设任务。只要回顾一下上海光源的建设历程，就可看出它对创立国家知识创新体系的重要性及工程本身所体现的高水平的技术集成与创新能力。

2004年12月25日，举行上海光源工程开工典礼。

2006年4月28日，主体建筑钢结构吊装合龙。

2006年10月15日，35 kV电站正式受电，开始试运行。

2007年10月5日，增强器调束实现3.5GeV电子束升能。

2008年5月12日，首批光束线站第一条——小角散射线站（BL16B1）调试成功。

2008年9月30日，储存环达能量3.5 GeV、电流≥200 mA、束流寿命≥10小时的设计指标。

2009年3月7日，首批光束线站最后一条——生物大分子晶体学光束线站（BL17U1）首轮调试成功。

2009年4月29日，上海光源工程竣工典礼在实验大厅举行。

上海光源的建设成功，诚如中科院常务副院长白春礼所说，是“一个有历史意义的日子”，这不仅在于上海光源是我国迄今最大的大科学装置和大科学平台，更主要的是上海光源的竣工“表明中国在建设国际先进水平的大型科学实验装置方面具备了高水平的技术集成与创新能力，已进入国际先进行列”。

自从发现同步辐射具有高准直性、高极化性、高相干性、宽频谱范围、高光谱亮度和高光子通量等特性后，发达国家纷纷开展了同步辐射的应用研究，在几乎所有的高能电子加速器上也建造了同步辐射线站。随着技术的不断进步,同步辐射光源经历了第一、第二、第三代的演进。如我国的北京光源就是寄生于北京正负电子对撞机的第一代同步辐射光源;而我国合肥国家同步辐射实验室基于同步辐射专用储存环的光源属于第二代同步辐射光源;而上海光源则是性能更高的中能第三代同步辐射光源。

据统计,至2008年底,全球已建成第一代同步辐射光源17台,第二代同步辐射光源23台,正在建造和设计中的第三代同步辐射光源有10台。上海光源不仅是我国目前最大的科学装置,性能也达到同能区现有的第三代同步辐射光源的先进水平,它将与我国台湾地区以及日本、韩国、印度的第三代同步辐射光源一起,形成堪与美欧媲美的亚洲光源群。

建设上海光源是一项技术和工艺均很复杂的高难度大科学工程,涉及电子加速器、光束线站及建筑安装等诸多关键技术。上海光源工程的创新点主要体现在两个方面:(1)从装置到建筑均为我国自己设计和技术集成,具有很高的科技含量,属于系统集成创新的典范;(2)鉴于工程队伍与人员的严重不足,上海光源工程经理部创造性地实现矩阵管理新模式,注重技术与工艺细节,严格把好质量关,诸如综合信号系统多达10万个信号点,没有接错一根信号电缆。上海光源解决了项目实施过程中加速器、光束线站及建设安装方面的众多关键技术难题,形成新的技术生长点。

要问建设上海光源有多难,可举一个例子来直观表明。为保持光束的高度稳定,电子束轨道的垂直稳定度须控制在1微米以内。上海处于软土层,再加上各种不可测干扰因素又不少,诸如地基的不均匀

压弯机构安装(资料图片)

沉降，储存环隧道和实验大厅地板的形变，储存环隧道内空气温度以及冷却水温度的变化，还有各种意料之中或意料之外的振动源……任何一个细节出问题，都无法保证实现这个“1 微米以内”的目标。

首台真空波荡器自主研制获得成功（资料图片）

从 2004 年 12 月 25 日破土动工至 2009 年 4 月 29 日项目竣工的 52 个月中，上海光源的研发队伍通过不断的技术创新和管理创新，解决并发展了光源加速器的各项关键技术，诸如超高真空、数字化高频低电平控制、高精度数字化电源、无氧铜高 Q 次谐波聚束腔、高性能插入件……形成了新的技术生长点，并直接带动了我国相关的高性能加速器、先进电工技术、超高真空技术、高精密机械加工、X 射线光学、快电子学、超大系统自动控制技术及高稳定建筑等先进技术和工业的发展。我们不妨举一个例子：以波荡器和扭摆器两种插入件为主的发光器件是第三代同步辐射光源的一大特点。真空内波荡器是近十年来世界上发展起来的最先进的光源技术之一，它可使中能电子束产生高亮度高能光子。由于技术难度大、工期紧迫，我国又从未研制过真空内波荡器，工程经理部在 2006 年底就通过全球招标，将订单下给了一家国外公司，定下于 2008 年年中交货，后外方提出延迟到 2009 年 6 月以后交货，而整个上海光源工程按计划应在 2009 年 4 月就完成。2008 年 3 月，工程经理部迅速决定紧急启动自主研发程序，克服了设计、试制模型、小段样机、组装试验、磁场测量与垫补等多个环节中的重重困难，仅用了11个月就成功研制了国内第一台真空内波荡器，其磁场性能达到国际先进水平。整个上海光源至少需要十几台这样的真空内波荡器。自主研制和建造不仅降低了造价，项目的自主研制还培养了人才，并使我国波荡器技术在国际上占有了一席之地。此外，上海应用物理研究所还自主成功研制了中国首台椭圆极化波荡器，性能也达到国际先进水平。在上海光源首批7条光束线中使用的5个插入件，也全部实现了国产化。

上述成功仅是“前奏”。随着上海光源的对外开放，以后将有更多看点。在这个大平台上进行的多种实验，每一项实验都可能给我们带来意想不到的惊喜。

我们期盼上海光源这束神奇之光照亮科技创新之路。

（感谢上海应用物理研究所提供了部分资料与图片）

（本文曾刊于2009年第2期《上海科坛》，标题为“同步辐射　上海光源”；同年7月《上海画报》以“神奇的上海光源”为标题，予以转载）

第五编　前言也要搭后语

中国科学院院士自述

中国科学院院士(1994 年前称学部委员)是国家在科学技术方面设立的最高学术称号,具有崇高的荣誉和学术上的权威性,代表中华民族当今科技队伍的水平和声誉。中国科学院院士无疑是我国科技队伍中出类拔萃的人才。

那么,作为国家最高层次的科技智囊团的中国科学院院士的阵容怎样呢?是怎样的时空条件造就了这样一批杰出的人才呢?院士们各自走过了怎样一条成才之路呢?他们执着追求科学事业的动因是什么呢?他们又都以怎样的姿态为开创科技伟业和培养科技英才作贡献的呢?……

为了回答上述问题,新闻出版界已向社会奉献了大量有关院士的传记、报告文学等作品。出自文学家和记者笔下的院士形象虽神采奕奕、栩栩如生,而对他们怎样成才以及执着追求科技事业原动力的描述,读来总难免有些雾天观景的朦胧感,尤其是对院士的心迹往往难能准确地把握。因为,这些传记也好,报告文学作品也好,毕竟出自他人对院士的描述。

随着“科学技术是第一生产力”的思想日益深入人心和“科教

《中国科学院院士自述》书封

兴国”伟大战略的实施，正确地宣传科学和科学家是中国科学院和上海教育出版社的共同心愿和使命。《中国科学院院士自述》就是我们合作的结果。

为了逼真地展现中国科学院院士的风貌，本书编纂中怎样努力求真、求新、求深、求广，成了一个很有价值的课题。

本书编纂刻意追求的是真。也就是说，一改传统的由他人撰稿的名人介绍，每篇文稿的中心部分都由院士自己撰稿。凡收入文稿的对象均为中国科学院院士，他们深邃的思想、渊博的学识、辉煌的成就令世人关注，尤其是不少德高望重的资深院士是有口皆碑的学界泰斗，有足够资历传于后世。通过院士们富含哲理的自述，以褒扬中国科学界的优秀风范，并激励后辈科学工作者，也望借此为中国乃至世界科学技术发展史的研究留下珍贵的史料。

1993 年 9 月编委会成立后，我们就向各位院士寄发征稿文件和样稿，对已谢世的院士则向其家属或生前工作人员征稿。在以后的几次学部会议上，也多次提请院士撰稿。凡健在的院士大都相继完成了各具个性的自述文稿，不少已谢世的院士也有其亲属或学生等从院士生前亲笔撰写的业务自传或公开发表的文章中节选出自述文稿。所有文稿经编辑加工后，再返回院士（或其家属）确认、定稿。毋庸置疑，本书所录文稿都是真人、真事、真思想。

令我们十分感动的是，不少院士年事已高，在科研和行政事务的百忙之中，仍挤时间亲自撰稿；有的院士患病住院，在病榻上完稿，甚至一边输液一边口授，由家属笔录……这一切都给本书的编纂以极大的支持和关照。诚如 1982 年 4 月胡耀邦同志给华罗庚院士信中所说：“几十年来，你给人们认识自然界的东西，毕竟超过了自然界赋予你的东西。如果自然界能宽限你更多的日子，我希望你能把你一生为科学而奋斗的动人经历，以回忆录的形式写下来，留给年轻人。你那些被劫走失散的手稿中的一些最重要的观点和创见，能不能夹在其中叙述呢？完成了它，我认为就是你在科学上的超额贡献了。”

追求风格和形式的创新是本书编纂上的匠心所在。要在一本书稿中体现数百名院士的思想风貌，借用辞书的条目形式来编纂是比较合理的。载体形式确立后，体现手法和行文格律当然也要创新。我们认为，采用科学专科类中以自述性词条表现的人名词典形式，无疑是较理想的手法，至少目前在国内是鲜见的。它当然不同于传统的人名辞典，后者往往并非由所收词条的名人自己撰稿，而是由编纂者撰稿。本书创新的核心在于由所收词条的名人均自己撰稿。严格地说，这是一本自述性自然科学家的名人辞典。

本书目前的体例为：(1)以院士签名为篇名(词目)；(2)300字左右的院士学术成就简介(这部分文字大都由院士亲笔撰写，有的由编委会成员根据院士业务材料整理)；(3)3 000字左右的院士自述文稿。

本书的结构框架为：以中国科学院的五大学部编排；每一学部内以院士姓名汉字笔画排序；书后编有以作自述院士的姓名之汉字笔画顺序及汉语拼音顺序编排的两种索引；并编有历届当选的中国科学院院士的附录。

院士的自述文稿能体现出较深刻的思想意境，是我们的愿望，也就是所谓“求深”的初衷吧！在一篇篇充满哲理和情感的自述中，流露出院士们做学问时的勤奋刻苦。他们都能滔滔雄辩地谈自己的学术，而往往对父母妻儿深抱愧意。院士们的个人命运始终与时代脉搏息息相通，爱国奉献是他们一生的主旋律。自述的字里行间涌动着一颗颗赤子的拳拳报国心，喷发出一股股爱我中华的浓浓肺腑情。

本书编纂的另一个思想是：能让院士们表现各自的个性与学

科特色，摄入角度应尽可能广，以避免千人一面，也就是所谓的“求广”吧！

院士们既可记学术成就，也可叙生活态度；既可忆成才的坎坷程途，也可述怀师友之厚谊，以明示人生之哲理；记一事可，写数事亦可；谈人生可，述学科亦可。以小见大，独立成篇，唯求神形俱肖，声情并茂，以期砥砺风操，嘉惠后学。

展现在读者面前的这本《中国科学院院士自述》中，有的院士述及了本人对某一学科领域所作的贡献，特别是讲述了一些重要的科学史实，以恢复历史的本来面目；有的院士对学科作了充满激情的展望，对学术界寄予殷切的期望，尤其是对后辈学者的谆谆嘱托；有的院士结合个人成长的经历，语重心长地告诫人们事业成功的必备条件；有的院士饶有趣味地回忆了科学探索中难忘的事件，侃侃而谈科学研究中的方法与艺术；还有的院士论述了人生格言、业余爱好及对成才起决定作用的书籍或报告等；当然，也有不少院士深情地写了个人业务小传……读着这一篇篇各具风采的自述，宛如在跟院士们作面对面的交谈。

本书的出版究竟有没有文化积累价值？究竟有没有“抢救”意义？对科学史研究有没有帮助？是不是一本爱国主义教育的素材？……我们姑且不作结论，相信读者自有公论。

经过整整两个寒暑的编纂，本书终于面世了，除了编委会全体成员、出版社策划编辑及有关工作人员的努力外，我们衷心地感谢每一位健在的院士和谢世院士的亲属们，没有他们的鼎力支持与帮助，要编纂院士们的自述只能是一种奢望。

遗憾的是，我们未能将中国科学院建立以来所有院士的自述收齐，也许是因为有的院士谢世较早；有的院士长期在国外考察或讲学；有的院士由于健康的原因；也有的院士回避宣传……不过，我们理当继续努力，愿再版时，能收录更多院士的自述。

钱三强院士在为《居里夫人》一书再版时写的序言中说道：“科学不是为了个人荣誉，不是为了私利，而是为了人类谋幸福。”

其实,宣传科学与科学家也只是一个目的——为了人类谋幸福。

愿读者与我们有共识。

中国科学院院士自述
编辑委员会
1995 年 12 月

[《中国科学院院士自述》1996 年 5 月初版,当年 12 月第 2 次印刷。1997 年第 3 次印刷。1997 年被中共中央宣传部评为第六届精神文明“五个一工程”一本好书奖,还获 1996 年度(首届)上海市科普优秀作品奖(“四个一工程”奖)。1996 年 9 月出版了青少年版《中国科学院院士自述》,以后多次重版,并出版了“中学生文库”精选版等多种版本,先后印了近 20 万册。1998 年出版了配套的《中国工程院院士自述》,也相继评为 1998 年度上海市科普优秀作品奖(“四个一工程”奖)及上海市优秀图书(1997.11—1999.10)二等奖。1998 年同步出版了《中国工程院院士自述》的青少年版。《中国科学院院士自述》与《中国工程院院士自述》两书于 1999 年被评为上海市科学技术进步奖三等奖。本文是笔者受编委会委托写就的,遵嘱以“编者的话”置于《中国科学院院士自述》书前代前言,后被多家报刊转载]

青春永驻的科学人生

除夕夜，在编好最后一篇文稿——戴尅戎院士的《下好人生这盘棋》时，新年的钟声敲响了。顿时，窗外鞭炮声此起彼伏，我们的心潮也此起彼伏，不能平静。

《科学人生——院士的故事》书封

《科学人生——院士的故事》选文的41位院士能有今日的辉煌业绩，除了他们非凡的智慧、脚踏实地的努力外，他们都能顽强地面对人生的挑战与考验，都能正确地作出一次又一次正确的人生抉择。他们所下的人生之棋，着实步步高明。他们之所以有这般清醒和睿智，是因为他们始终有一个明确的目标——为中华崛起而努力。诚如杨福家院士所道："中国是我心中的世界开始的地方。"正是这种强烈的使命感，他们才能把握人生的真谛，才有开阔的视野和全局的胸怀，才会面对机遇能及时捕捉的勇气，也才有"棋子不变，棋盘不变，却要盘盘下出新意"（戴尅戎语）的创新精神。

41位院士科学人生的叙述，是41首科学哲理的诗篇，为读者解密了科学人才的成功之道：无论遭遇多大的挫折与风险，都能清醒地意识到"在科学的大门口就像在地狱门前一样，在这儿一切怯懦、畏惧、迟疑必须去得干干净净"。（马克思语）既然选择了科学道路，那就要有长期吃苦的打算。虽然科学家未必都是苦行僧，但科研征途上有意想不到的困难与苦恼倒是必然的，自我牺牲精神也是必须具备的。因为“科学的美丽只向对她虔诚的、孜孜以求的人展示”。（沈学础语）

因此，在“文化大革命”的动乱年月，有人颓唐了，有人逍遥了，可沈文庆等学者却分秒必争地在自学。他们明白：凡成大业者，无不是依靠孜孜不倦的自学；自学能获得前所未有的知识，自学能使人变得聪明起来，自学也会让人长出翱翔的双翅。在那种“知识越多越反动”口号甚嚣尘上的年月，要能坚持自学，得克服外界多大的压力！战胜自我，不怕任何困难，方能创新有成。杨雄里院士在“文化大革命”时期，也义无反顾地钻研学问，并在所谓“清理阶级队伍”的斗争展开之后，开始了第四门外语——法语的自学。“当我被变相隔离时，在我的地铺枕下放着的是一本法语课本。”（杨雄里语）

也就在不少人“停顿”的时候，他们没有中断艰难的跋涉，他们走到前面去了，怀揣为国为民的理念，有刻意创新的追求，跨着坚实的脚步，朝科学的殿堂迈进。这一步步人生之棋下得多好！

看来，“追求确实是成功之舵”。（尹文英语）

41 位院士科学人生的叙述，展现了名家的人格魅力和做人的风范。科学家首先应当做一个堂堂正正的人，一个有丰富文化底蕴的人。他们虽然从事的是自然科学研究，然而对人文学科也都有浓厚的兴趣。哲学的魅力、文学的魅力、历史的魅力和艺术的魅力，一如科学的魅力，整合了他们的知识结构，丰富了他们的知识营养，让他们成为 41 位人格高尚的、有个性的大写的人。他们不是“书呆子”，而是极富人文学养的科学家。他们有通透的理性、渊博的学识、深厚的文化，而不是那些除了自己的研究领域之外，再也没有什么可谈的“鸿儒”。诚如杨雄里院士所说：“如果我们能与德国的同行谈黑格尔，谈马克思，谈贝多芬，谈卡拉扬；与英国的同行谈莎士比亚，谈狄更斯；与法国的同行谈雨果，谈德彪西，谈肖邦;与俄国的同行谈普希金,谈莱蒙托夫,谈柴可夫斯基……那样,我们不是更能展现中国科学家的风采?"

这41位院士都已过了法定退休年龄,其中不少已进入耄耋之年,理应颐享天伦之乐了,然而他们老骥伏枥,志在千里,依然不辞辛劳,兢兢业业,充满青春之锐气。"青春不是年华,而是心境;青春不是桃面、丹唇、柔膝,而是深沉的意志、恢宏的想象、炽热的情感;青春是生命的深泉在涌流。"(塞缪尔·厄尔曼语)生理年龄的青春诚然可贵,而能永葆心理年龄的青春,就更难能可贵了。

那些青春永驻、风华常存的院士们虽然肌肤衰老,但对科学事业的执着与热情依然不减当年。因为他们明白:岁月悠悠,衰微只及肌肤;热忱抛却,颓唐必致灵魂。忧烦、惶恐、丧失自信,定使心灵扭曲,意气如灰。生命又是如此短促,"还有许多事情要做,必须争分夺秒!"(刘新垣语)令他们充溢勇锐之气。

又成功完成一台手术后的吴孟超院士

2006年国家科学技术最高奖荣获者的吴孟超院士已是八十四高龄了,还几乎天天操刀手术,有时一个上午连续做两三台大手术。因为他始终将恩师裘法祖院士的教诲铭记在心:必须尽最大努力"将病人一个个背过河去",而不顾自身的年岁、精力与荣辱得失。这是怎样一种大家的风范?吴孟超心中坚挺地竖起了一根与病人与科研"肝胆相照"的天线,从天上人间接收着美好、希望、欢乐、勇气和力量的信号,以致他娴熟地操刀一如当年,真可谓"青春永驻,风华常存"。

九十八高龄的张香桐院士依然天天笔耕不辍

诞生于1907年的我国神经生理学泰斗——张香桐院士，至今仍天天上午（除偶有不适外）出现在上海生命科学院神经科学研究所的办公室，读论文、会友人，或写出访随笔，或写科普文稿，或编往事回想……忙得不亦乐乎，生活得有滋有味。虽然年届百岁，心中仍充满生命之欢乐，事业之诱惑；有诗人般的激情，有童稚般的纯真。诚如诗人歌德所赞叹的："这些人是不平凡的天才，他们在经历一种第二届青春……"

儒雅的谈家桢院士

生命的源泉在我们的院士身上涌流，青春对于他们是永存的，因为他们有"深沉的意志、恢宏的想象、炽热的情感"。

前不久，当我们将上海科普作家协会首批荣誉会员证书送至九十六高龄的谈家桢院士手中时，他兴奋地在签收本上挥就了"科学人生"四个遒劲的大字。

多么耐人寻味啊！

编　者

丙戌年正月初一拂晓

（由方正怡、方鸿辉编的《科学人生——院士的故事》2006年4月由上海教育出版社出版。本文为编者撰写的"代后记"）

格物致知与创新思维

物理学是研究物质运动普遍规律和物质基本结构的学科。物理学的发展以及物理学自身的研究特点都决定了它是一门以实验为基础的学科,即特别强调研究物质组构及其运动规律的实践活动。

实验是科学认识的基础,是判断认识是否具有真理性的标准,也是理论与实践相互作用的表现形式之一。物理学的实验可以纯化、简化或强化和再现物理学研究的对象,延缓或加速自然过程,为理论概括准备充分的、可靠的客观依据;物理实验也可以超越现实生产所及的范围,缩短人们的认识周期。因此,物理实验是物理学理论的直接基础,既验证理论,又可证伪,还可探索新的领域,发现新的规律,其重要性也就不言而喻了。

复旦大学原校长华中一教授曾指出:科学发展到今天,观察世界已经不能单单依靠自然发生的现象,而绝大多数需要用实验的方法来观察。然而,实验是需要一定条件的,有些还要求严格的环境和精密的仪器,这在一般青少年对知识的学习或技能的训练中,并不随处可得。因此,如何尽可能用易于获得的条件来进行实验,以提高青少年物理学习的兴趣,使他们愿意来观察和思考,从而学到科学知识,理解科学概念,提高科学素养,传播科学理念,鼓励科学创新,开发科学潜能,这些都对其成才很有意义。

我国传统教育培养出来的学生或学者往往具有令人叹服的演绎推理能力、解题思维能力和精湛的语言表达能力,但一进入实验室,又往往明显地暴露出动手操作能力和创造性思维能力的欠缺。著名学者丁肇中教授在这方面曾有深深感慨:“我是受传统教育长大的。到美国进大学念物理的时候,起先以为只要很‘用功’,什么都遵照老师的指导,就可以一帆风顺了。但是,事实并不这样。一开始做研究便马上发现不能光靠老师,需要自己作主张、出主意。当时因为事先没有准备,不知吃了多少苦。最使我彷徨恐慌的是,当时的唯一办法——以埋头读书应付一切,但这对于实际的需要毫无帮助。”

目前,我国物理教学中也确实存在一些薄弱环节:较注重对学生演绎推理和解题分析能力的培养,而忽视对学生独立工作能力,尤其是物理实验操作能力、实验方法以及创造性思维能力的培养。受应试指挥棒影响,有的学校还会培养学生以纸上实验题目的解答技巧来应付考题;也有的学校限于学时紧张,明明有充裕的器材与设施,却终年不让学生进实验室。形成这一局面的最主要原因恐怕还是功利地追求“考分”而将物理实验弃之一边,变实验性科目的物理教学活动为单纯的思辨性解题活动。

公元前400年的“四书”之一的《大学》就曾告诫人们:教育要“格物”和“致知”。也就是说,从探察物体中得到知识。用“格物致知”这个词来描述现代科学技术的发展规律和研究方法仍是很贴切到位的。毕竟现代物理学的基础就是探察,当然也包括我们常说的物理实验。《大学》中告示的“格物致知”,旨在使人达到诚意、正心、修身、齐家和治国的境地,从而追求“平天下”的最高理想。其实,真正的“格物”尔后“致知”的精神旨在了解自然界,了解社会,使人类能与自然界、与社会和谐相处。这种精神不但在学术研究中不可或缺,就是应对极具挑战性的知识经济和数字时代的社会生活的方方面面也是不可缺少的。

既然物理实验也是物理教学中极为重要的组成部分,那么只有把物理实验操作与理论讲授相结合,才有利于每一位学生能深入理解物理学的概念与原理;也只有通过学生自己动手操作,仔细观察实验现象,独立思考实验结论,进一步提出大胆设想,亲自动手操作,这样形成的概念才是生动的,所习得的知识才是一辈子不会忘记的。这也是物理教学中“格物致知”思想的体现。

当前,我们的教育改革已深入,要努力做到培养学生学会求知、学会生存、学会发展、学会审美、学会创新,其核心乃是造就学生的质疑求新的创新精神。而学生具有良好的实验素养当然也是创新的重要一环。要养成学生有一种“对客观世界怀疑求真”的质疑态度,通过实践来发现事物的真相,以体会两千年前《大学》中所述的“格物致知”的真正意义:寻求真理的最佳途径是对事物的客观探索,而探索的过程不是消极的袖手旁观,而是有想象力的、有计划的、充满创造力的探索。“格物致知”的实验素养的造就,应该是我们教育所追求的目标之一,也应该是中华文化的重要组成部分。

“科教兴国”这一重大国策最本质的、最核心的问题是培养人才,要培养具有创新精神的人才,而创造性物理实验恰恰就是直接为培养学生创造性思维服务的重要途径之一。学生动手动脑,根据已知探索未知,教也好,学也好,做也好,均为了学会求知;在得到现有结论后继续思考,敢于质疑并努力寻求新思路新方法,以科学求真的精神去学会发展与合作;在实验和整个学习过程中追求一种“出于蓝而胜于蓝”的创新开拓精神。

奉献给广大师生的这本《创新物理实验》就是本着上述思考编著的。笔者期盼本书所提供的创造性物理实验范例,能激发广大师生的创新冲动并点燃创新思维的火花。这些实验绝大部分是围绕中学阶段物理教学的各个知识点,以实验为主线,通过力学、声学、热学、电磁学和光学各个范畴,协同展示现阶段中学物理的教学体系。当然,从内容与技巧诸方面都有了较深较广的拓展。本书所介绍的这些实验操作简便,最大特色在于取材容易,其中很大部分器材可通过学生自己动手制作,以“化废为宝”的途径来实现。

1999 年版的《创造性物理实验》书封

2007 年版的《创新物理实验》书封

应该说，制作实验器材本身也是培养学生发散思维、联想思维和创新思维的过程。不少成功的实验物理学家都曾提倡用简易器材来做实验。诸如，著名核物理学家、“两弹元勋”钱三强院士在追忆当年受到一代宗师吴有训、萨本栋先生用简易器材来做演示实验的吸引与熏陶，使其学习兴趣转向了物理学。他曾有下述一段精彩的叙述：

他们（指吴有训、萨本栋先生——编者注）授课不照本宣科，对于基本概念和难懂的关节点重复地讲解，还边讲边演示，使初学者听得清晰，记得牢。一次，吴先生讲“振动与共振”，他在讲堂中横拉了一根长绳，在等距离地方垂下一根根短线，短线上系着几节用过的大号干电池，共挂了八节。他演示时，先在横绳垂直方向推动了第一节电池，第一节电池便开始做单摆运动，不一会儿摆动逐渐减弱，而第二节电池则开始自动摆动起来，以后各节电池也依次摆动起来。这些用最简易实验器材作的形象表演，非常生动地显示了简谐运动和共振现象。在刚学力学时，简谐运动和共振现象都是比较难懂的概念，但经吴先生讲解和演示后，道理就比较容易懂了。这样，我的学习兴趣又渐渐转向了物理学。

用简易器材做物理实验几乎是大物理学家一以贯之地予以推崇的。因为这类实验往往是描绘物理图景最直观、最“原汁原味”的。也正是这种用简易器材的实验把一位极富创造力的人才——钱三强先生吸引到物理学领域中来了，他给以后中国的原子核物理的发展以极大推动。

其实，用一些极其简易的器材来做物理实验，除了从就地取材和化废为宝的经济角度出发，也考虑到简易器材搭配与制作更有利于放手让学生在课外自己动手，通过做中学，提高独立思考与实验的能力，让他们能充分参与实验的全过程，从而能细细体察知识发生、发展的来龙去脉，反复品味其中所蕴含的物理学原理。所以，大凡有经验的物理教育工作者都认为：小实验能揭示深奥的大道理。再说，对初涉物理学的中学生来说，复杂的仪器装置只有专门实验室才具备，而且常常会因此而令他们紧张地注视复杂的仪器结构及繁复的操作过程，反而容易疏忽了对重要实验现象的留意与观察。

只要对实验有兴趣的学生都来做有心人，自己设计，自己动手，日积月累，就可以设计并制成一系列“原生态”的基本仪器和设备，充分利用这些简易条件，可经常动手动脑，逐步养成能像物理学家那样的思维方式和操作技能：自己提出课题，自己设计实验来验证，自己观察与分析，自己作实验报告，自己提出新的思路，自己总结实验结论并上升为理性认识。

随着科学技术的突飞猛进，目前中学物理实验器材和手段也日益先进，如多媒体模拟演示、数字化信息系统（Digital Information System，简称 DIS）等，但我们认为，究竟采用什么器材与手段，还应从实验能展现物理学图景的真实性、可实现性、经济性、地域性诸方面作综合考虑。我们还认为，对实验器材的要求应该以“合适”为原则，并不是手段越“先进”、设备越“高级”就越能使学生建立可靠的物理图景。一个严酷的现实是，随着实验仪器的日益先进，学生动手能力却日益“退化”，这不能不引起教育界充分重视。我们编写此书的另一目的，是真诚地希望在中学物理教学中多嵌入一些“原生态”的实验，多重视对物理实验有返璞归真的追求。

本书所提供的200多例实验，只是给对物理实验有兴趣的师生提供可作参考的创新物理实验操作范例。我们并不希望广大读者仅仅采用像对待教科书那样的方式依葫芦画瓢式地重复去做，而是热切地期望读者能通过这些范例获得对自己有益的启示，从而激发创新的冲动，提出新问题，自己用实验来验证或发现某些原理、规律，并通过操作、观察、分析，以建立明晰的物理模型和图景，从而确立牢固的物理思想。知识面拓宽了，动手操作能力增强了，既开发了聪明的才智，激发了无尽的创造潜能，也加深了对“格物致知”理念的认识。倘能朝这个目标跨出哪怕一小步，就是我们最大的愿望了。

是为序。

2006年12月

（本文是2007年2月由上海教育出版社出版的《创新物理实验》一书的代序，该书是上海科学普及出版社1999年2月出版的《创造性物理实验》的大修订本）

蔚蓝的思维 清澈的理性

人类近代史上曾发生过两次标志性科学革命:一次是17世纪以牛顿力学体系的建立为标志的科学革命;另一次是20世纪初以爱因斯坦和普朗克为代表的相对论和量子论为标志的科学革命。

这两次革命的科学大师都站到了巨人的肩上。牛顿不仅站在伽利略、哥白尼的肩上,也站在阿基米德和托勒玫的肩上,用微积分的数学工具,初步地、闭合地、确定性地回答了人类曾苦苦思索了两千年的问题:物体是怎么运动的?而爱因斯坦和普朗克则站到了牛顿等大师的肩上,他们的视野更开阔,看到了以经典力学为代表的科学革命的局限性,用近世的数学工具,描绘了一个更接近"真实"的、开放的、动态的世界,并无情地击碎了第一次科学革命给人们带来的基于经典时空观的"确定性"理念。相对论摧毁了经典的时空观;量子论推翻了经典的确定论。人们不由得开始追问理性思考的合理性在哪里?伴随着自然科学各分支领域不断深入的探索和进展,拨开了层层迷雾,给迷惑、沮丧和彷徨中的人们打开了一扇扇窥视未知世界的窗口。

应该说,这两次标志性科学革命最深刻的意义在于对神权的冲击和极大地推动了人类文明的演进,并引起了一系列技术的突飞猛进。无论是核能技术的利用,还是激光技术的进展;无论是微电子技术的迅猛发展,还是通信技术的日益提高;无论是信息网络的联通,还是人工智能的开发;无论是"人类基因组"揭秘,还是"意识是什么"的探索……这一切都给人类社会的现代文明带来巨大的发展契机。但是,这两次标志性科学革命以及后续一系列技术的进步,在给人类带来恩惠的同时,也给善于思考的人类提出一系列考问，即非得引起重视，也非得给出回答的有关技术之价值判断的人文考问。尤其是在爆发了采用现代科学与技术手段的两次残酷的世界大战和一系列地区冲突的血淋淋事实前，在广岛笼罩的蘑菇云和切尔诺贝利核冬天的凄怆前，在生物工程与生化武器一旦失控可以毁灭地球文明的发聋振聩的警示前……技术的利刃在斩妖劈魔的同时，也实实在在地高悬在文明人类的头上，人们方才理智地认识到：技术行善可以造福人类，作恶将使人类遭受灭顶之灾。然而，技术的进步使人在自然面前又似乎日益显示其“主人”的地位和“主导”的才能。

直面霸权的失控、战争的残酷、环境的恶化、生态的破坏、资源的枯竭、人口的爆炸、生存的困难……人们从心底里本能地呼唤：我们需要“科学的春天”，绝不该陷入“寂静的春天”。

其实，反对或节制技术作恶的不可或缺的武器乃是人文。科学技术与人文应该是人类不可分离的双生子；科学技术只有遵循“以人为本”才找到了自身发展的“本源”。这种警醒本身也标示着人类文明的一大进步。

自文艺复兴以来，人类似乎一直固执地坚持着一种错误：让人文与科学分道扬镳；形成了科学与人文“鸡犬之声相闻，老死不相往来”的局面。诚如薛定谔发表于 1944 年的《生命是什么》序言中所说的：

我们从先辈那里继承了对于统一的、无所不包的知识的强烈渴望。最高学府——大学(“大学”一词在英文中与“普遍性”同字根)这个名称使我们想起了从古到今多少世纪以来，只有“普遍性”才是唯一可打满分的。可是近一百多年来，知识的各种分支在广度和深度上的扩展使我们陷入了一种奇异的两难境地。我们清楚地感到，一方面我们现在还只是刚刚开始获得某些可靠的资料，试图把所有已知的知识综合成为一个统一的整体；另一方面，一个人想要驾驭比一个狭小的专门领域再多一点的知识，几乎已经是不可能了。

1959年，英国物理学家和小说家查尔斯·斯诺(Charles Percy Snow,1905—1980)在剑桥大学作了《两种文化与科学革命》的里德演讲(The Rede Lecture)，他指出在我们的社会中存在“两种文化”：一种是人文知识分子代表的人文文化；另一种是自然科学家所代表的科学文化。两者间存在互不理解的鸿沟。斯诺形象地说：

30年前，两种文化之间早已停止了对话，但至少在鸿沟两侧还能勉强保持一副冷淡的笑脸。而今礼貌不讲了，相互只做鬼脸。

斯诺所揭开的人类社会这块“文明疮疤”终于引起整个世界的震动，并引发了一场极其广泛、深刻而持久的争论，这在近代人类文化史上是异乎寻常的。斯诺旗帜鲜明地反对文化精英对科学的傲慢与偏见，提倡科学文化应有人文关怀的精神。人类通过反省重大历史事件，逐渐主动地融合起“两种文化”，而从事“两种文化”职业的人们也日益互重起来。

纵观近代文明史，人类社会确实走过了一段由“轻视科学”转而“重理轻文”的道路，眼下正朝着“文理并重”做着交融性努力。

剖析文化的演进历程，我们还可以看到，其实早先人类并没有将学问分为自然与社会，或者科学、人文与艺术诸学科。中国古代学圣孔子所传授的六艺(礼、乐、射、御、书、数)，不但包括今人所说的数、理、化、天、地、生，还包括音、体、美，甚至打仗和马术。对于西方文艺复兴时期造就的杰出人才——达·芬奇，若用现在学科划分的眼光看，他既是画家、艺术理论家，又是力学家、工程师、发明家和解剖学家。那个时代由于艺术和科学的密合交融，携手共进，曾造就了不少文理兼通的大师级人才。然而，随着文明的演进，知识的积累，为了应对知识的增殖并方便学问的研究，也为了传道、授业、解惑的需要，人们才逐渐将学问细分为文学、音乐、物理学、数学、天文学、哲学、军事学、经济学……应该说，在人类文明演进的漫长岁月中，这种文化的分科现象只是文化发展史上短暂的一瞬，随着学科交叉、融合，以及人类对世界认识的逐渐深化，文化的“大统一”已成为一种必然趋势。因此,科学与人文的融合也顺应了人类文化发展的“大趋势”。

还是福楼拜说得好:

越往前走,艺术越是要科学化,同时科学也要艺术化。两人从山麓分手,又在山顶会合。

学术界常将语言学、文学、历史学、哲学、考古学、艺术史、艺术批评等视作人文学科。人文是研究人本身的,诸如语言学是人类思维的工具,文学是人类幻想的结晶,历史学是人类记忆的写实,哲学则是人类思维的火花……因此,人文学科也是最贴近人、最关怀人的。而自然科学包括数学、物理学、化学、天文学、地理学、生物学等,则是研究物质世界组成、运动、发展和演变规律的学科,是有助于提高人类对自然的认知并提高生活质量的。

自然科学与人文学科从表层看似乎是风马牛不相及的,但是学科背后的“理”与“道”是相同或相通的。其相同或相通的根源,就在于对真、善、美的追求:科学求真,真中涵美;文艺崇美,美不离真;人文尚善,真善美一。

从治学角度看,时代要求培养通识之才,修炼通人之学,即横跨学科,博学多艺;对于学问,不仅要明其学,且能通其道;为学求通是关键,将“理”与“道”贯通,将不同学术领域打通。

现代学术将学科细密分类,虽有助于研究,但也给通识通学带来屏障。不过,学科间的相关性和互渗性倒给善于思考、乐于求知的人类带来打通的“金钥匙”。

社会发展不光要有科学与技术的力量,还要有道德与精神的力量。人文是解决价值观、人生观、世界观问题的,它提供方法论和对人生的终极关怀。没有正确的人文精神,发展的科学所造就的技术,非但不能为人类造福,甚至会走向反面——危害人类。

有人说:科学好比一艘在茫茫雾海中夜航的巨轮,需要人文来导航。技术越先进,航船会越大,速度也会越快,如果缺乏正确的航向，就更容易触礁。为免触礁，就得由人文来导航。问题在于寻找怎样的人文来导航，如果是“以人为本”的人文，那么就可以与技术相辅相成，造福人类，让科学之舟驶向金色的彼岸；如果是“以物为本”的人文，那么，只有触礁沉舟的厄运。

目前，我们所面临的是：一方面科学思想匮乏，科学精神不振；另一方面是道德滑坡，人文精神缺失。为改变这种现状，必须理智地意识到：科学技术应该与自然、与人、与社会更加协调地发展。任继愈教授指出：我国历史性的任务是要脱贫，同时还要脱愚。贫而愚，会落后挨打，会倒行逆施；富而愚，其危险性并不低于贫而愚。

这种很有见地的意识启示我们：从教育着手无疑是一种明智的选择，让我们的莘莘学子能有清澈的理性和蔚蓝的思维。为此，应该让他们了解科学家（尤其是科学大师）对人文想了些什么，说了些什么，做了些什么，这将有利于开拓他们的视野，知道人类文化整合的必要性，从而有意无意地为开创科学与人文相互沟通、相互敬重的健康格局去努力。

前不久，读到了刘燕敏写的《25年前的预言》一文，深有感慨。

1979年6月，中国曾派了一个访问团去美国考察初级教育，回国后写了一份三万字的报告，在见闻部分有这样一段文字：

美国学生无论品德优劣、能力高低，无不趾高气扬，踌躇满志，大有“我因我之为我而不同凡响”的意味。小学二年级的学生大字不识一斗，加减法还在掰着手指头，就整天奢谈发明创造。在他们眼里，让地球掉个个儿好像都易如反掌。重“音体美”而轻“数理化”，无论是公立还是私立学校，音体美活动无不如火如荼，而数理化则乏人问津。课堂几乎处于失控状态，学生或挤眉弄眼，或谈天说地……

中国访问团的结论：美国的基础教育已病入膏肓。可以预言，再过20年，中国的科技和文化必将赶上并超过这个所谓的超级大国。

作为互访，同一年，美国也派了一个考察团来中国。他们在看了北京、上海、西安的几所学校后也写了一份报告，在见闻录部分也有一段文字：

中国的小学生在上课时喜欢把手放在胸前，除非老师发问举起右手，否则轻易不改变；幼儿园的学生则喜欢把胳臂放在身后，室外活动除外。中国的学生喜欢早起，7 点前在中国的大街上见到最多的是学生，并且他们喜欢边走边吃早点。中国学生有一种叫“家庭作业”的课余劳作，据一位中国教师的解释，它是“学校作业在家庭中的延续”。中国把考试分数最高的学生称为学习最优秀的学生，他们在学期结束时，一般会得到一张证书，其他人则没有。

美国访问团的结论：中国的学生是世界上最勤奋的，也是世界上起得最早、睡得最晚的人。他们的学习成绩与任何一个国家同年级学生相比都是最好的。可以预测，再用 20 年时间，中国在科技和文化方面，必将把美国远远甩在后面。

25 年过去了。仅仅在 1979 年至 1999 年的 20 年间，“病入膏肓”的美国教育制度共培育了四十多位诺贝尔奖获得者和近二百位知识型亿万富翁。光 2004 年度所产生的 12 名诺贝尔奖获得者，美国占了 7 名。与此同时，美国的科学与技术遥遥领先，而中国的经济以一枝独秀的骄人成绩也成了世界的奇迹。

事实表明：中、美两个代表团分别作了两份惊人相似的错误预言，其错误根源之一恐怕都全然没有留意（或者是忽视了）教育中人文精神的作用。而这两份见闻所描述的学生现状都是十分真实的，它们客观地道出了中、美教育思想的强烈反差。美国教育重视培育学生的自信、能力；重视对学生创造欲的激发；在课程设置上，视人文（精神）底蕴重于知识驾驭；还让学生个性充分张扬。中国教育很重视成绩与分数，甚至唯考试是重；过于沉重的课业，剥夺了学生质疑思考和创造性能力的培育；视知识驾驭重于人文（精神）底蕴的铺垫以打下坚实的基础；还彻底泯灭了学生的个性。若进一步比较两国在杰出人才培育上的成败得失，很关键的一点还在于对科学与人文交融上的重视程度。这一切都是很值得深深回味的。

今年早春，就在我们选编工作快告段落时，《文汇报》载文《语文教改难觅上乘科普范文》，说的是“二期课改”语文新教材选文时的尴尬。其实，这种尴尬局面正是对传统教育造成“两种文化”隔阂的一种回声。但愿教育界能对文理相融的必要性有更深刻的思考和更实在的举措，能更重视学生科学与人文精神相融合的培育，以造就更多时代呼唤的“通才”。那么，在不远的将来，我们的科学传播领域将会百花齐放，人才造就所呈现的这种尴尬也定会荡然无存。

王蒙先生在《科学人文未来》一文中言辞恳切地说：

我希望文学界的同行们同样能以极大的热情学习科学，普及科学，领会科学的庄严、丰富、阔大、缜密；领会用科学的眼光看待，将得到一个怎样美丽、神妙和精微的世界；领会科学已经怎样使人变成了巨人，科学将为人类创造怎样崭新的未来。同时，用科学的实证、理性、计算来取代偏见和唯意志论，取代文学的自恋与自我膨胀，取代那些想当然的咄咄逼人与大言欺世，更不要以文学的手段传播愚昧和迷信。同时我希望全民的人文素养会有所提高，珍视公认的价值体系，而这与科学知识的普及，科学方法的提倡，科学精神及科学态度的认同，不应该是矛盾的。

（自然）科学与人文，只能双赢，不能零和。为了发展中国的人文教育，为了科教兴国，为了国人与全人类的福祉，为了最终地去除我们这块土地上的迷信与愚昧，让科学家与文学家携起手来，互相学习，取长补短，创造一个更加文明、更加有知识有教养的中国吧。

科学人文读本《蔚蓝的思维》分“科学畅想”“科学人生”“科学历程”和“科学伦理”四部分，《清澈的理性》分“科学人文”“科学艺术”和“科学情怀”三部分。作为“科苑撷英”丛书中的这两本读本，分别选文四十余篇，其中包括脍炙人口的大家名篇，诸如爱因斯坦的《自述》《悼念玛丽·居里》《科学与宗教》《宗教与科学》，斯诺的《两种文化》，因费尔德的《回忆爱因斯坦》，卡尔·萨根的《在时间里航行》《搜寻外星人》，凯恩斯的《牛顿其人》，梁衡的《跨越百年的美丽》，詹克明的《敬畏自然》《裸猿〈道德篇〉——自然·人类·科学》，李政道的《寻求真理的普遍性》，杨振宁的《美与物理学》，吴冠中的《比翼连理》，盖尔曼的《夸克与美洲豹》等，选编这些值得反复诵读的经典名篇，其着眼点也是"人"，而不是单纯地传播知识。通过名家的散文、随笔、报告文学等不同体裁的思想力作，旨在体现科学家的人文情怀和人格魅力。但愿这两本学生的拓展读本，能起到从对知识的传承转化为对人的素养熏陶的作用。

是为序。

科学人文读本《蔚蓝的思维》和《清澈的理性》不同版本的书封

（2004 年 5 月，《蔚蓝的思维——科学人文读本》和《清澈的理性——科学人文读本》由上海教育出版社出版，初版各印 5 000 册，很快售罄，多次重印。2012 年 8 月，出版了修订本。2015 年 2 月又重印。2021 年大修订后出版了精装本。本文为这两本书初版时所撰之代序，2004 年 12 月 31 日被《南方日报》全文转载，2005 年第 4 期《群言》杂志又全文转载）

金色的想象　通透的思考

（一）

王国维的《人间词话》开宗明义："词以境界为最上。有境界，则自成高格，自有名句。"

同理，选编科学人文读本，也应以精诣为上。笃求精诣，则自备高标眼光，自有名篇入籍，以飨读者。

遵循这种理念，两年前我们选编了《蔚蓝的思维——科学人文读本》和《清澈的理性——科学人文读本》，期盼选本能为推动广大读者对知识的传承转化为对人的素养的熏陶能起一点作用。

市场是严酷的，读者的眼光是挑剔的。我们的初衷能否实现，图书出版后，我们真有些惶然不知所措。

好在市场很快有了反应。这两本书上柜不到半年，首印的各5 000册居然都告售罄，立即重印。不少学校将其作为选修课读本。以后又相继被上海市2005年读书活动作为推荐书目，并荣获第14届上海市中小学优秀图书一等奖；2006年国家新闻出版署从全国686种图书中遴选出100种优秀图书向全国青少年推荐，这两本书也有幸忝列其中。在《科学网》上发表的署名宋花的标题文章——《蔚蓝的思维》科学对人文说：不能没有你——倒是反映了读者的一种心境：

"科苑撷英"丛书中的《蔚蓝的思维——科学人文读本》，作为一本学生的拓展读本（文集），编者希望它能起到从对知识的传承转化为对人的素养熏陶的作用。本书达到了这一效果。不论是科学畅想、科学人生还是科学历程、科学伦理，这四部分中的每一篇文章无不渗透着人文思考和人文情怀，语言优美、华丽，而又不失涵养，科学的影子也处处可见。幻想似乎是人文学者的专利，《蔚蓝的思维》告诉你，科学同样需要幻想。科学家的人生永远都那么神秘和刺激，引来无数人的好奇和向往，《蔚蓝的思维》将为你解开科学家生活和工作的奥秘。科学同样有其诞生、成长和成熟的历程，《蔚蓝的思维》虽然不能全部呈现，还是从侧面通过重大的科学事件将每个阶段展示了出来。科学引发了种种伦理问题，这一点成为科学需要人文的最重要的理由。宇宙的中心是人类吗？科学如何在发展中保持人类与自然的协调和持续？《蔚蓝的思维》虽然不能给出所有的观点和最后的定论，也还是为我们提供了一些思考和借鉴，从而激发起科学家、人文学者对科学伦理问题的共同关注。通观全书，不免有这样一种感觉：科学已离不开人文。

（二）

是啊，科学离不开人文。

近百年科学的一系列伟大发现，推动了技术的突飞猛进，科学用探究的精神、求实的态度取代了神话。然而，受到技术恩惠的人们在尊崇科学的同时，又误解了科学，将科学与技术混为一谈，误以为科学也是一柄双刃剑。冤得很，科学为恶性的技术膨胀背上了沉重的黑锅。其实，人们遗忘了科学的本质精神是探究批判的、怀疑求实的；科学与人文是人类文明须臾不可分离的孪生兄弟。

科学旨在探索未知世界（包括物质本源、生命奥秘和自我意识等），寻找自然界演化的规律，从而使人类更自觉地与自然和社会和谐相处。为此，科学家能幸运地抚摸造物主的脉搏，感受从费米尺度的基本粒子、纳米尺度的分子原子到亿万光年的宏观天体，追溯从大爆炸的时间原点到150亿年物质的进化时序。在科学进展的脚步中，科学家同时也在用心谛听着人类博爱之心的跳动，感受到人性的温暖。科学的魅力不只是令科学家对光怪陆离的自然规律的破解深感好奇,以致不能自拔;还在于科学家心灵中普遍具有的、揭开宇宙奥秘的冲动与关爱人类、造福人类的激情。这些才是科学家愿毕其一生去追求科学之美,破解“我们是谁?来自何方?意欲何往?”的永恒之谜的人文动力。

(三)

让受众理解科学,激发其探索科学的热情,应该是传播界的任务。其中也包括让受众(尤其是广大青少年)了解科学精神与人文精神,这是一项很有意义的工作。可是,当前的科学普及工作步履艰难,连不少有价值的科普读物也滞销。其原因固然是多方面的:对广大青少年读者来说,倾全力于“题海”搏杀而耗去了极其宝贵的阅读时光恐怕是主要的;另外,媒体的阅读导向有些偏差,以及存在着泛娱乐化的低俗误导等。当然,根本的原因也许出自科普读物自身,诸如内容越来越远离读者可意识的感性尺度(如很玄乎的超炫理论、超对称理论、大统一理论等),使读者误以为当今科学家已成了“对越来越少的问题知道得越来越多”的超人与怪人,而科普读物的思维方式和语言又往往远离读者的直觉、远离读者可理解的意象(如抽象的12维时空等)。因此,在快节奏的生活中,广大读者与其阅读“沉重”,不如寻找“轻松”。另外,读者普遍受到“科学深奥论”等前观念的误导,还受到传播界自身科学素养的局限和图书选题与市场需求间严重脱离状况的影响,也受到周遭假话、假书、假货、假概念充斥坊间等的环境干扰,科普图书遭冷落似乎也在情理之中。看来,科普图书的编辑必须更新思维,寻找新的选题视角。

（四）

是科学发展的必然，还是人类无意制造的教育偏差，“两种文化”的长期对峙使人类思想的有机体被无情地割裂。《蔚蓝的思维——科学人文读本》和《清澈的理性——科学人文读本》能受广大读者的青睐或厚爱，让我们深受鼓舞，也感到有责任为进一步弥合科学文化与人文文化间的鸿沟尽绵薄之力。为此，我们又从浩瀚的科学人文宝库中采撷了近百篇名家名作，依两年前出版的科学人文读本《蔚蓝的思维》和《清澈的理性》的体例，编辑成《金色的想象——科学人文读本》和《通透的思考——科学人文读本》。

科学人文读本《金色的想象》和《通透的思考》不同版本的书封

这两本读本的选文大抵都能从人文的角度论科学，或者从科学的视野述人文，以体现文中有理，理中求文，文理交织，融会贯通。读本不专注于科学精神与人文精神的理论探讨，而着意于从科学的视角去探索人对自然规律认识的价值和意义。毕竟科学研究是人的活动领域，其社会作用不可能离开人和人的活动。因此，力图关注科学活动中的人文精神，理解自然科学的人文底蕴，探索技术发展的价值取向，方有可能协调人与自然、人与社会、人与人之间的关系，从而努力去追求科学与价值之间的和谐。读本中不少值得反复诵读的经典名篇其着眼点是人,而不是单纯传播知识。通过名家的散文、随笔、报告文学等不同体裁的思想力作,旨在体现科学家的人文情怀和人格魅力。无论是科学大家论述中的人文追求,抑或人文学者阐述中对科学精神的渴求,都体现出科学的人本与人道、科学的文明与文化,都强调科学活动中应突出人的主体地位、人的需求和保障、人的情感和意志等价值性内容。简而言之,选文都明显地带有科学人文的元素或基质。应该说,这些都是人类文明进程中的思想光斑,尽管只是某一局部,甚至显得零碎,但若将这些思想"碎片"拾起来,并有机地整理与拼接,那么这四本读本中所采撷的近 200 篇美文,也应该能看出一些科学人文精神的端倪,一幅文理交融的和谐图景。

作为学生的拓展读本,《金色的想象——科学人文读本》和《通透的思考——科学人文读本》能让我们的莘莘学子了解科学家(尤其是科学大师)对人文想了些什么,说了些什么,做了些什么,有利于开阔视野,知道人类文化整合的必要性。以这种视角去普及科学,为开创科学与人文相互沟通、相互敬重的健康格局作些努力,兴许是编辑对选题的一种新思维和新策略。选本中的文章都探讨了科学的社会角色以及社会责任,传递科学在造福人类的同时肩负人文关怀的重任。科学大家们思想深邃,语言质朴,没有虚伪的说教,充溢着科学精神和人文情怀,让读者易读易理解,使貌似深奥的科学人文精神更通透,更有格调。

对广大学生来说,科学素养与人文素养都是必不可少的。自然科学与人文学科从表层看似乎是风马牛不相及的,但是学科背后蕴含的"理"与"道"是相同或相通的。其相同或相通的根源,就在于对真、善、美的追求。尽管科学家重在探索客观世界的真,力求反映自然界是怎样的,而人文学者更多地试图反映我们所生存的这个世界应该是怎样的,着眼于价值判断;但是,现代科学与技术的发展毕竟已极大地施恩于人,价值取向的人文光芒也已普照到生活的每个角落。

不过,迄今为止人类对宇宙的神秘感并没有消失,“创世”的秘密也并没有完全破译。说到底,科学和人文的发展都是建立在对世界神秘性的探索之中。人类固有的好奇心不时地会迸发出创新的灵感,而且无论是科学界还是人文学界,也都在孜孜矻矻地寻找着和谐——人与自然的和谐、人与社会的和谐。再说,融合“两种文化”是人类文化大统一的必然趋势,也是明智的人们心头挥之不去的情结。

对广大学生来说,人才的知识营养必须全面,知识架构必须丰富多彩,还要养成有通透思考的习惯,能鞭辟入里地洞悉学科间千丝万缕的交织与浑然一体的内在关联,进而展开想象的双翅去翱翔天宇,方能鹏程万里。学生的知识根基如同金字塔的塔基,基础越宽,越能建成巍峨的高塔,而浇筑坚实基础的应该是“以人为本”多元文化的“钢筋”骨架与知识交融文理贯通的“混凝”。

(五)

作为“科苑撷英”丛书的《金色的想象——科学人文读本》和《通透的思考——科学人文读本》,选文依然首先关照科苑中的美文,当然要有科学思想,要坚持科学与人文贯通。否则,纯粹选言辞华丽的美文而远离科学,是不符合我们的初衷的;若虽有丰富的科学内涵,却言之无文,读来味同嚼蜡,又怎能打动读者,以播扬科学人文精神?“科苑撷英”丛书的编辑意图是原创性的跨文化对话,为沟通“两种文化”尽微力,也希望成为文理交汇的涓涓细流。同时,这两本选文还努力尝试着去匡正当今教育界一味重视培养学生有像爱因斯坦那样智慧的大脑,而忽略了培育学生更应具有像爱因斯坦那样有关爱人类的美丽心灵和博大胸怀。

受到课时的限制,目前学生的语文教材中不可能编入大容量的体现科学人文精神的范文,科学人文读本《金色的想象》和《通透的思考》连同两年前出版的《蔚蓝的思维》和《清澈的理性》正是以课外读本的形式，让学生在有兴味的阅读中了解人类文明的进程，感悟生命，感悟人情，也感悟对自然的敬畏，更应感受科学大爱精神的人性光芒，从而自觉或不自觉地去探真、求善、向美。

《金色的想象》分“科学畅想”“科学人生”“科学历程”“科学伦理”四部分。《通透的思考》分“科学人文”“科学艺术”“科学情怀”三部分。选编者还是衷心希望这几部科学人文的拓展读本，能起到从对知识的传承转化为对人的素养熏陶的推动作用；更期盼通过阅读能激发读者有通透思考的欲望，能展开想象的金色翅膀，让思维发散，知识碰撞，以击出创新的火花。若能试着将自己有关科学与人文的思想碎片也来整理一下，兴许思考空间会更宽广。

是为序。

（2006年5月，《金色的想象——科学人文读本》和《通透的思考——科学人文读本》由上海教育出版社出版，初版各印5 000册，后又多次重印。2012年8月，出版了修订本。2015年2月又重印。2021年大修订后出版了精装本。本文为这两书初版时所撰之代序，被2007年6月号《群言》杂志全文转载）

大写的人

学生时代谈到科学家(尤其是大科学家),总不免产生一些误解,因为曾读过牛顿将手表投入锅里煮、陈景润走路都在思考以致撞上电线杆等“怪事”……以为科学家就是这样性格怪僻、行为怪诞的“怪人”。一提到科学家,眼前也总浮现白发怒张、额头有深深皱纹的爱因斯坦沉思的形象。

思考中的爱因斯坦

《院士怎样做人与做事》书封

科学家果真是这样的吗?自从20世纪90年代初开始着手策划并编辑《中国科学院院士自述》起,我终于有机会近距离地观察起大科学家。这些年,随着不断地与我国的两院院士等大科学家的频繁接触,相继编辑出版了《中国工程院院士自述》《严济慈文选》《中国科学院院士画册》《百年科技回顾与展望》《中国科学技术前沿》《转基因动物与医药产业》《院士怎样读书》《科学的道路》《探索脑科学的英才》《肝胆相照——吴孟超传》《博学笃志 切问近思——杨福家院士的科学与人文思考》《莺啼梦晓——科研方法与成才之路》《瀛海探径——汪品先科学人文随笔》以及“科苑撷英”丛书等，并且于1998年起在《上海画报》上开设了整整15年“名人自述”专栏，走访了不少院士，聆听他们的人生故事，摄录了他们的风采。这一系列工作，让我跟科学家，尤其是不少两院院士交上了朋友，也分享了他们的喜、怒、哀、乐，洞悉了院士坎坷的成才之路，以及怎样做人做事与做学问的人生之路。

院士并非都是天才少年

两院院士是中国科学技术界最高的学术称号，他们的学术成就体现了当今中国科学与技术的水准。对于这样一个出类拔萃的人才群体，人们往往想当然地认为他们都是由天才少年成长起来的，也有人以为他们都出自书香门第，或祖传家学或由名师带教而成的。院士是否都一定有很优越的学习环境呢？答案显然是否定的。

院士中不乏像蒋锡夔那样出身于有名望的民族资产阶级家庭的；也有像钱三强（钱玄同之子）、钱锺韩（钱锺书之堂弟）那样出身于书香门第的；当然还有像戴复东（戴安澜将军之子）那样出身于高级将领家庭的。但是，院士中的绝大多数人乃出身于普通百姓家庭，相当多的院士还出身于贫苦的农家，像从放牛娃到院士的黄荣辉、贫农儿子曾庆存等。他们能成为院士，除了受到良好的教育并抓住了稍纵即逝的机遇，最本质的成因是他们自身的努力与汗水。剖析大多数院士坎坷的人生与成才的经历，几乎同我们常人没有什么两样，而且他们中绝大多数人也并不是什么“尖子生”“小天才”“理科班学员”或“创新班学生”……不少院士在青少年时代还是典型的调皮捣蛋鬼。但一旦有“悟”，他们便分外努力，这倒是不少院士的共性。我们不妨听一听杨奇逊院士的话：

核物理学家钱三强院士(以下均为资料图片)

热物理学家钱锺韩院士

建筑学家戴复东院士

气象学家黄荣辉院士

大气动力学家曾庆存院士

现在许多父母望子成“龙”，但由于过分的从“严”要求而忽略了启发孩子求学向上的自觉性，结果往往适得其反。于是开始埋怨孩子，后果则是进一步打击了他们的自信心。我小时候的一段故事也许可以给这些家庭某些启迪。

我在小学一直是班上的“弱小民族”，常常被人欺侮，老师也不喜欢我，常常指着我的鼻子骂“你笨得像头驴”。到了初中，我更是贪玩，上课不听讲，学习成绩很差，直至初二上学期，我拿到的成绩报告单上竟然达到了九门课不及格！

当我战战兢兢地把这份报告单交给妈妈时，我准备着“过关”（也就是挨一顿骂或挨一顿打），出乎意外的是，妈妈一句话也没说，但是我看见了她眼里的泪花。

这一天晚上，我一夜没睡着，我听得见我妈妈也一直没睡着，她不时地翻身，这牵动了我的心。这一夜，我想了许多许多，暗下决心，一定要为妈妈读好书。

我开始变了，妈妈的笑容，老师的赞许，更加速了我的进步。

杨奇逊院士在作报告

现在我还在想，如果那天晚上妈妈狠狠地骂我一番或打我一顿，我也许会觉得很平衡，第二天还会高高兴兴的……

多么鲜活，多么中肯，多么具有人情味！这对治疗当前的育人之“疾”，恐怕也是一帖很好的药方。

个性鲜明 实事求是

科学的本质是求真、求实，旨在探索自然与社会之“未知”，寻找客观世界之“规律”。其实“真”与“实”是难求的，需要科学家从小养成一种实事求是、锲而不舍的素养。院士们执着造就的这种人格素养，往往也被虔诚地平移到了求生存与为人处世的方方面面，这就不免常常碰壁，带来极大的痛苦甚至难愈的创伤。

2002年国家自然科学奖一等奖获得者——蒋锡夔院士就是一位很执着，又很有个性的有机化学大家。他曾说：

1955年底回国，去北京化学所工作后不久，我便懂得要说：“我的家庭出身很坏。”但我始终不接受下述观点，即“出身坏者的思想品质也一定会坏”。记得1964年我奉命去上海嘉定外冈社会主义学院学习近一年，被要求天天彻底否定父母亲和自己，把他们和自己都说成是坏人。我因为不能全部接受这种可悲的观点而好几次与“指导员”展开了激烈的争辩。当时，我承认自己确实受到资产阶级家庭的有害影响，应该通过学习而改进，但我始终认为我的父母和自己都是很正派的好人，我们未做过违背自己良心的事。因此，当最后几百位学员被要求每人交上一份好多页的学员总结时，我拒绝交上这样一份符合他们要求的总结。

为什么我会这么做？因为我尊重事实，敬爱我善良的父母。

而在“批林批孔”时期，因蒋锡夔曾得罪过“四人帮”在上海的爪牙，便成为中国科学院有机化学研究所高级研究员中唯一被批斗的重点对象。工宣队想搞一个“内外爆炸”，要求蒋锡夔课题组对他彻底予以批判。尽管施了“高压”，整个课题组却没有一个人愿说蒋锡夔一句坏话。同时，工宣队大头目找蒋锡夔个别谈话三小时，要他彻底检讨自己，承认做基础研究的错误，但倔强的蒋锡夔寸步不让，不但不认错，反而理直气壮地告知：“我做基础研究是祖国的需要，是要为祖国争光！”

在“文化大革命”时期，一名“臭老九”敢于这样顶撞，那该有多大的勇气！要不是蒋锡夔有这么执着的毅力和倔强的个性，有冒死也敢顶逆流的风格，又怎能率领他的团队在“物理有机化学前沿领域两个重要方面——有机分子簇集和自由基化学的研究”上摘到2002年国家自然科学奖一等奖的桂冠？要知道，这个奖项已连续空缺好多年了。

化学家蒋锡夔院士（方鸿辉摄）

说到执着与个性，刘新垣院士是

又一个典型的鲜活形象。这位院士中率先“下海”的勇士——上海华新生物高技术有限公司的总裁,是一位极有个性的科学大家。1988年,由于有关方面的调整等原因,他的γ-干扰素攻关等大部分项目被取消了,一个研究组没有课题经费不就完蛋了吗?当时,急得刘新垣“心绞痛”。结果由于所做的研究取得了很好的成果(1990年获中国科学院十大科技新闻之一,还获中国科学院科技进步奖一等奖等荣誉),才恢复了γ-干扰素的攻关资格。事后,刘新垣心有余悸地说:“如果当时不能及时做出成果,我这一辈子还不知会落得什么样的下场。”另一件令刘新垣说来就“心痛”的事是:他把华新公司当成亲生儿子,为它的发展花费很大的心血,当华新事业红红火火的时候,公司内部很有心计的人却提出要为他塑一尊铜像,然后把他“请”出公司。这下,刘新垣的“心绞痛”又发作了,不得不住进医院。

好痛心啊!但我刚正不屈,请求领导帮助,给科委、副市长写了信,还给徐匡迪市长写了信。我若不坚强点,也许要跳黄浦江。多难不屈,奋争不止,我挺过来了!

刘新垣院士在指导博士生实验研究(资料图片)

在当年围歼SARS的战役中,γ-干扰素功不可没啊!但又有谁知道作为研发人员的院士身上所发生的“心绞痛”的故事?

鲜花与掌声背后的院士们的苦恼,人们往往并不了解。由此也可理解,不论是蒋锡夔,还是刘新垣,连院士们为坚持实事求是的精神所处的境遇尚且如此,更何况常人!

事业执着 情感丰富

常人往往误解院士，认为院士们事业执着无可否认，而缺乏“人情”或不近情理，兴许是通病。

然而，事实是对偏见最好的诠释。

在审读院士自述的文稿时，我常常能读到催人泪下的情感故事。略举两例，读者兴许能有所体会。

中科院上海光机所“神光Ⅱ”和“神光Ⅲ”的总工程师范滇元院士的情感故事是很感人的。

范滇元院士在神光实验室(2004，方鸿辉摄)

前几年，在SARS期间，我才有机会“抓住”范滇元。那天，在他家里听他聊“神光Ⅱ”大型激光装置研制的故事：

1997年，按原订合同，已近“神光Ⅱ”正式交付使用期限，几千万元的研究经费将用尽，但“神光Ⅱ”还没有达标。用户天天跟在屁股后面催：啥时好用？全体研制人员心急如焚。可是，屋漏偏逢连夜雨，在此关键时刻，我国激光核聚变项目的创始人王淦昌院士病倒了；共同为“神光Ⅱ”拼搏的项目负责人邓锡铭院士患癌症住院。91岁的王淦昌每逢有人去探望，都要仔细打听“神光Ⅱ”的进展，不久邓锡铭也在对“神光Ⅱ”的牵挂中离世。

最令范滇元激起感情波澜的是爱妻的离世。

研制人员加班加点是寻常事，那时我也无法常回家，住在嘉定单位宿舍。上小学的女儿只能寄托在妹妹家，我妻子祝秀凤长期患病独居在家，我俩每日靠上午电话联系。1998年5月那天，是周四，下午我要到市区出席市政协会议。周三晚上，我与妻子通电话：“明天下午开完会回家。”不料周四上午实验又出了故障,我中午上车前,按惯例往家里挂电话,想告诉她,会后不回家了,因实验室离不开。可电话那头铃响无人接。下午开完会已是四点多,返嘉定途中再打电话,还是无人接。“也许去散步了?”到了嘉定,晚上七点多再打电话回家,还是无人接。我的心悬了起来,想:“出事了?”

心惊肉跳地急速回家,只见我妻子已倒在床下,我用手轻抚其面颊,她微微睁眼,轻轻地说:“叫救护车。”想不到这竟是妻子留给我的最后一句话。随后她就陷入深度昏迷。10 天后,就走了,才 50 岁呀。医生诊断,妻子是突发脑溢血,我回家前,她至少已在地上坚持了八九个小时,她听到我的电话铃响却无法接啊!

两眼闪着泪花的范滇元院士回首往事,苦不堪言。

物理学家、教育家谢希德院士

写到这里,不由得不追忆起令人崇敬的谢希德院士。

谢希德自幼体弱多病,中学毕业后得了股关节结核,休学四年,并留下终身残疾。以后又经受了不少折磨与考验(包括患乳腺癌),但对她打击最大的乃是丈夫曹天钦院士当年的患病住院。

当我由于股关节结核卧病在床时,是他的信给了我无限温暖和鼓励,使我能满怀信心,克服病痛。在我们成长的道路上,最关键的时刻是他作出了正确的抉择。回忆在 1951 年,当我俩相继在英国和美国获得博士学位后,由于当时美国政府阻止学理工科的中国留学生和学者返回新中国,他放弃了原来去美国工作一段时间再回国的念头,坚决要我去英国结婚后立即回国……不幸的是从 1987 年 8 月底起,天钦却一病不起,而且病情每况愈下。这个无情的打击带给我的痛苦是任何文字或语言所不能表达的。有数年我显然听不到他的声音,只能从他默默的眼神中体会到他对我的鼓励。

曹天钦患病期间，谢希德担任着复旦大学校长、上海市政协主席、中科院学部主席团成员、上海市科协主席、上海市欧美同学会副会长等大量行政和社会工作，还指导着博士研究生，其繁忙程度可想而知，但她雷打不动、风雨无阻，天天去曹天钦的病房料理，并协助医院做他的康复工作……

生物化学家曹天钦院士

1996 年，《中国科学院院士自述》一书出版后，上海《新民晚报 · 十日谈》曾连载 18 天，以后戛然而止，这是因为受了下述事件的影响：当时晚报“夜光杯”编辑部对谢老自述的文稿，重点摘录了她期望医学上能出现奇迹，使处于植物人状态的曹天钦康复的期盼。谢老的文稿写于 1994 年，曹天钦院士于 1995 年 1 月谢世。书稿中已提供了这个信息，但报摘信息不完整，专栏又未指出文稿的出处，也未加释文，导致不少好心的读者误以为谢老还在为丈夫曹天钦的康复而奔波。因此，大量读者来信雪片似地飘进了谢老的信箱。有的读者表示自己下岗了，能有时间协助护理曹天钦；有的读者表示可以提供进口药物；也有的表示愿意提供经济上的帮助……弄得谢老一时不知所措。记得那天她确实有点火，打电话责问我：“怎么搞的，把不完整的信息捅到晚报上去了？我天天收到这么一大堆信……真没办法！”当时我只能作些于事无补的解释，并表示希望她能授权让我替她复函。这件事与其说是增添了谢老的麻烦，不如说是勾起了她对丈夫无尽思念所带来的痛苦。事后，谢老并没有将信转我处理，而是自己一一函复了，这给谢老平添了很大的痛苦，只能乞求她老人家的原谅。

为了不再重蹈信息缺损而误导读者的覆辙，1999 年 11 月，谢老在最后一次住进医院前，将发表于 2000 年 2 月号《上海画

报·名人自述》专栏上的文稿做了一个小小的改动——删去了最后一句:“我怀着这个信念,在人生旅途中继续向前。”而增补了:

不幸的是,我的这个希望在 1995 年 1 月 8 日破灭了,他离开了我们一家而默默地走了。天钦去世后,由于朋友和同事们的鼓励,我怀着无限的哀思,在人生旅途中继续向前。1998 年夏宿疾复发,又动了一次大手术,目前仍在康复中。

谁知道上述文字竟成了谢老的绝笔。2000 年 3 月 4 日,谢老永远地离开了热爱她的人们。

院士的情感故事,又岂止这些。院士同我们常人一样,也有丰富的情感生活,他们确实是我们时代最有情感的知识群体。

学养深厚 兴趣广泛

水利水电与土木工程学家潘家铮院士

院士一般外语都很棒,懂几国文字是很普遍的,而他们的人文学养也都很丰厚。出身名门的院士也许是受到家庭氛围的影响和熏染,如钱三强、钱锺韩、潘家铮等,他们所写的文章如同出自文学家之手,他们所作的报告逻辑性强而不失幽默和风趣。

其实,院士们都明白,光有自然科学一翼,而没有人文学科的另一翼,要展翅高飞是不可能的。因此,他们在成长中都自觉地注意提高自己的人文学养。较典型的例子是数学家王梓坤院士。

“文化大革命”中,作为数学家的王梓坤却躲在 9 平方米朝北的小房间,不顾毛巾结冰、被子凝霜、手指冻烂,笔端却纵横驰骋,从自然科学到人文学科,从宏观到微观,海阔天空,论古道今。三易其稿而写就的《科学发现纵横谈》,展露了他作为数学家的人文底蕴。这本发表于“科学春天”的小册子,令我国无数学子爱不释手,因为他们从中领略到了“认识一种天才的研究方法,对科学进步的作用并不比发现本身小”的哲理。但读者也许想不到这本书的作者不是文学家,不是哲学家,也不是历史学家,而是一位数学家。这本小册子在当年印了几十万册,仍供不应求,一时洛阳纸贵。

杨叔子院士主张文理兼通(侯艺兵摄)

另一位科学与人文贯通的学者典型恐怕要数机械工程学家杨叔子院士。他是首先在华中科技大学构造“讲座—交流—读书”三位一体工程的校长。他创导理工科学生每年必须拿人文学科 2 个学分,因为“传统经典里面有许多至理名言,不修身无法调动人的主观能动性;不讲德育,科学技术不会自动转化为精神文明”。他每年要在全国各地做几十场倡导科学与人文贯通的演讲,以传播“人文管灵魂,管塑造人格”的理念。他一再强调人文是开放性思维,是自然科学原创性得以突破的基础,因为“逻辑思维是正确的基础,形象思维是创新的源泉”。听他报告的人,都感到心灵震撼。杨叔子大声呼吁:“寻找人文精神要追溯原点,到中华民族的经典著作中找。我赞成青年人读《道德经》《论语》……”

从 1998 年起,杨叔子规定自己带的工科硕士生、博士生都必须背诵《道德经》;1999 年又要求背诵 6 至 7 篇《论语》。学生为难啊,反映“背不下来”。杨叔子则固执地表示背不下来不给学位,“我 63 岁开始背《道德经》,既当校长又搞科研,事情还那么多,我能背下来,你们为什么不行?”杨叔子很清楚:人文知识缺损的理工科硕士、博士是“残疾”的人才。

至于说到院士的情趣和业余爱好,那更是丰富多彩。严东生院士的网球、袁隆平院士的小提琴、闻玉梅院士的京剧、秦伯益院士的藏书、吴良镛院士的书艺……能弹一手漂亮钢琴的院士更是不胜枚举,而醉心于交响乐欣赏的也不在少数,难怪现在科学院开各类学术会议前,往往都播放交响乐。

袁隆平院士在小提琴独奏

京剧票友闻玉梅院士

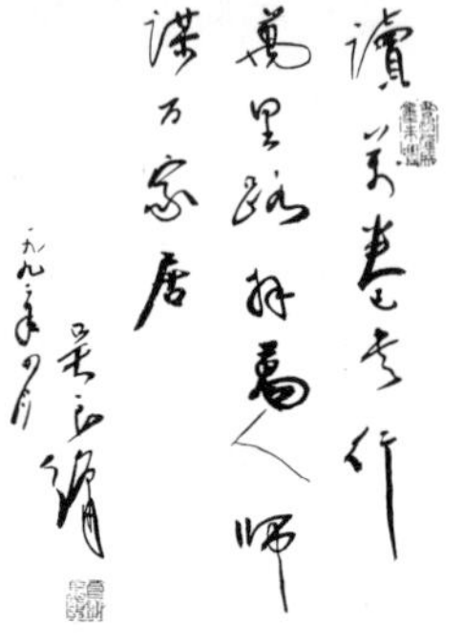

吴良镛院士的书艺

敢想敢说 维护科学道德

院士是维护科学真理和科学道德的中坚力量,实事求是是他们终身的追求,敢于思考、善于创新是他们的基本素养。

严东生院士永远难忘1977年8月,他有幸参加邓小平在人民大会堂召集的30人座谈会,其场景就像纪实片《邓小平》中记述的那样。九个半天的会议中,大家将憋在心里达10年之久的话倾吐出来,其中有一个半天是严东生作了中心发言。内容涉及高等教育、研究生培养、出国深造、科技发展诸方面。也就是在这次座谈会上,邓小平当机立断,作出了1978年3月召开“全国科学大会”、1977年恢复全国高考、1978年起高教部和中科院开始向国外派遣访问学者和留学生等重要决定。严东生同许多科学家和教育家一样，怀着一颗赤子报国的拳拳之心，敢于思考民族生计，敢于吐露爱国心声，得到了祖国和人民的信任。直至晚年严东生依然在为国际大科学合作项目奔波尽力。他曾坦言：

回首几十年的科学生涯，从30年代的"科学报国"到90年代的"科教兴国"，其间尽管有不少起伏，但觉得有一条主线，即为国民经济发展，为国家的强盛服务，是我毕生的责任和动力。

这是严东生为人处世的心声，也是广大院士的心声。

邹承鲁院士是一位眼里容不得半粒沙子的极认真的科学家。数十年来，他同其他院士一起高擎科学道德的大旗，以自己的榜样力量，与违背科学的行为作无情的斗争。他一生学识渊博，淡泊名利，勇于维护科学尊严，挺身反对不正之风，是一位"刚直不阿的斗士"。早在1957年，34岁的邹承鲁就提出"应该由科学家管理科学院"。在那个年代敢作如此大胆的表述，需要有多么大的勇气啊！

1981年，当选中科院学部委员不久，58岁的邹承鲁便首次在科学界提出"科研道德"问题：

科学研究来不得半点虚假，可是有的人会弄虚作假，用于追逐名利。个别人甚至不择手段剽窃他人成果，就更令人不能容忍。

自此，邹承鲁的声名开始从学术领域扩展到公众空间，他将严厉的道德目光投向科学界的学术腐败，以院士之视野自揭学术界家丑，批判不良之学风。什么"基因皇后"、什么"功能无限"的核酸……都在邹承鲁的质疑下露出"马脚"。

邹承鲁院士与李林院士夫妇在花园合影

他曾直面一系列可笑的潜规则，大声疾呼：

最可恶的是仗势署名。我当这个实验室主任，这个实验室所有的文章都得把我的名字写上，不管你同意不同意，并且写在最显著的位置，仗势霸道，这是一种欺人的方式。

难怪不少正直的科学家会说，在讨论中国学术界不良风气时，邹承鲁这些人的存在，就说明中国科学界好的传统仍然在继续。这些院士正气凛然，捍卫科学尊严，维护科学道德，令人敬重。

……

说实在的，作为普通人，院士很平凡；作为科学家，院士不平凡。“多奉献少索取”成了他们为人处世的共性，并能在学术上支撑起民族的脊梁，这些就够得上是大写的人。

（本文原题“鲜为人知的院士故事”，刊于2003年8月号《科学生活》杂志，后被2004年第4期《新华文摘》全文转载，2004年4月8日至13日又被香港《文汇报》分六天连载。2011年改名“大写的人”作上海教育出版社初版《院士怎样做人与做事》一书之代序）

好奇、好学、好思、好问

古今中外谈名人读书的出版物浩如烟海，而专集中国科学院和中国工程院院士们如何读书与做学问的倒是鲜见。由于院士们都是在科学技术方面作出过重大贡献的成功人士，研读他们的读书经历和治学之道应该是颇有启示与兴味的。

《院士怎样读书与做学问》既集了院士们亲身经历的故事，也展现了他们认为该怎样读书与做学问的感悟。有的院士讲述青少年时代贪婪地阅读了大量看似与日后所从事的专业毫不相关的人文读本的经历；有的侃侃而谈艰难成长程途中没有正常求学机会，只能靠日后持续自学以成才的体验；有的甚至少小淘气，考试屡屡不及格，而一旦懂事便奋起直追而有所作为的故事……

怎样读书与做学问，说到底就是怎样求学与治学。求学，既要探讨方法，但又不能限于方法，也应该探讨一下为学之动力，即为什么而学，或者说得功利一点，学好了派什么用场，哪怕是“为读而读”。前辈们的求学之道一般都认为要照顾兴趣，有了兴趣才有克服困难的勇气与毅力，毕竟是学自己所喜欢的学问么。至于怎样治学，也并非仅是简单的方法论探求，缺乏目标必然失之动力。

求学讲究博，方能立志成才，诚可谓“博学而笃志”；治学讲究严，更要养成善问与深思的方法与精神，“切问而近思”。这两条确实是古代书院乃至今日大学求学治学所追求的目标，甚至被立为校训。

丘成桐先生曾讲过一段很有感悟的话：做学问首先要有兴趣，有了兴趣才能发现科学的美，有了兴趣就没有克服不了的困难。但是，人文学者梁启超先生却对学问与趣味特别有思辨，他认为：

我们在求学时代,应该“暂且把趣味放在一旁”,该耐着性子接受教育的纪律,把自己锻炼成为坚实的材料。学问的趣味,留在将来慢慢享受,一点也不迟。(我们将梁先生这篇有意思的短文《学问与趣味》特附于本文末,供思考)

本书中院士们的讲述,既非文学创作,也非应用性写作,只是兴之所至的自我回顾或有感而发的随笔,他们并不想说教,自然也没有任何功利。其中不少故事是他们受邀为勉励学生成才而作的科学人文演讲。书中的选文既有他们偶然在一本好书、一位恩师的指点或引导下走上了科学道路的难忘回忆;也有从自身的求学和治学中悟出的经验与体会……这些有感而发的话语,是有血有肉的真情流泻,既真切从容,又透彻醇厚。

要说明的是,学问的范围何其之广,而人生之旅却如此短暂,真的“吾生也有涯,而知也无涯”。要想有所作为,就必须尽可能多地继承和发扬人类千百年来所积累的思想财富,其聪明之道便是成为一名多读书、读好书的终身学习者。当今的知识更新很快,死守学校中获得的那一点,终会被淘汰。院士们从自身的成长历程来深深地诠释:人的精神风貌的振奋、人的素养的提高、人的气质的高贵、人的创新才能的开凿……总之,人的和谐发展,都有待于人的总体学养的提高,而学养提高的最佳途径恐怕还是好读书。读书不是为了“黄金屋”“颜如玉”,读书本身就是一种目的、一种享受。只有吸收了古今中外的知识信息与方法技巧,方能使精神不再贫乏,生命不再孤独。毕竟一个人的精神发育史就是他的阅读史。这也正如国家最高科学技术奖获得者——叶笃正院士所朴实表白的:“读书是一切脑力劳动者的基本生活状态,什么时候都离不开书。”

真正的人才,首先应该是一名一辈子爱读书的终身阅读者。毕竟人类精神文明的成果在很大程度上是以书籍形式保存下来的,而读书就是享用这些成果,能将其据为已有并予以创新的最简洁的过程,既陶冶了情操和品格,又成就了一个文明人。因此,读书成了院士们终身的嗜好，成了他们日常生活与科研生涯中不可须臾离开的组成部分，几天不读书就会手足无措、寝食不安。这种好读的惯性，使他们浑身舒坦，激发了天性中的好奇心与求知欲，开启了科技创新的顿悟与灵感，这才是他们读书的最大收获。当然，他们会有选择地在书海中选择自己钟爱的书来读。作为一名成功的学者，读什么当然全凭兴趣，不会被媒体牵着鼻子，花大量时间去读那些畅销书或时尚书。因为他们明白：只有扎根于人类文明之精神土壤上的人，才是真正的文明人。也就是说，作为成熟的终身阅读者，他们都具有敏锐的思考力、判断力、选择力与鉴赏力，哪怕读武侠小说，他们也会挑选一些较有品位的来读。他们明白读书并不在于批发知识，而在于提高人格。对照院士成才的轨迹，可以明白：一个人在青少年时代若没有养成良好的读书习惯，以后期盼成才就比较困难了。

从院士讲述的读书故事中我们还发现，他们都花大量时间既读“正书”也读“闲书”。尤其是读“闲书”能使疲劳的大脑得到积极的休息，常能在不经意间收获“柳暗花明又一村”的喜悦。毕竟在自己的专业里院士们是精的，就从这“精一”始，经过博的陶冶，从而达到“一览众山小”的境界。这里所谓的“闲书”也是经过挑选的人类文化精品，只不过不是自己专业领域的著述而已。说到这点倒让我联想起顾颉刚先生（1893—1980），他曾告诫我们：“研究学问，应当备两面镜子：一面是显微镜，另一面是望远镜。显微镜是对自己专门研究一科用的，望远镜是对其他各科用的。我们要对自己研究的一科极尽精微，又要对别人研究的各科略知一二，这并不是贪多务博，只因为任何一门学问都不是独立的缘故。”值得一提的是，当今的网络阅读也是一种博览的好途径。随着技术的进步与网民素养的提高，网络上也确有不少精品，值得一读。再说网络阅读的参与性令读者感到“零距离”，能实现“阅读、表达与分享的一体化”。但这点，在我们所选编的院士文稿中暂时没能体现。

《院士怎样读书与做学问》书封

当然，除了阅读有文字的古今中外名著外，院士们还留意阅读实践和社会这部活的大书。读万卷书，行万里路么！

院士们的学生时代，大多数都属于既是“学好”的学生，又培养了“好学”的素养。“学好”与“好学”，看似仅是两字的顺序不同，却是两种不同的“学”之境界——被动接受抑或主动探索。“学好”只是对学习已有知识的一种度量，而“好学”则更是对学习未来知识的一种态度；“学好”是为了掌握知识，而“好学”是为了探索问题；“学好”得到的是答案，而“好学”是对真理的追求。提倡“好奇、好学、好思、好问”的风气，是我们选编本书的最大立意。

可是，当下我们的学生还是在为升学或就业，迫使自己一味地读一些味同嚼蜡的教辅，为能有漂亮的卷面分数而拼命追求表面光鲜的“学好”。这种功利阅读，必然心气浮躁，且不说效率低下，连读书的“胃口”也会倒掉。最令人心痛的还是让宝贵的青春年华白白地流逝了。当然，读者也不该跟着媒体转，把宝贵的光阴浪费在读那些乱七八糟的流行读物上。因为媒体的着眼点往往是文化消费，有时是受出版商商业利益驱动的，畅销书中不乏畅销的垃圾。为此，不妨对照院士所讲的读书故事，静心思考一下，该怎样选书，怎样将自己的读书目标从“学好”升格为“好学”。

书读多了，总会有模模糊糊光亮照耀的感受，而且还会在人生之路的跋涉中，伴随阅读觉得眼前越走越亮堂，天地越走越宽广——这才是真正有心阅读带来的切肤感受。能感受到光亮，心也就不会坠入黑暗。

从院士们讲述的故事中，我们还能体会到既要“仰望天空”，更要“脚踏实地”，这其实是理想与现实的关系，也反映在读书与做学问的有机联系之中。读书是做学问的铺垫，但读书不等于做学问。做学问应当有各自的气度、风格和面貌，否则会流于形式，甚至滑入只想“书中自有黄金屋”的名利争夺之中，那样的学问必然覆上铜臭。清朝的书画大家郑板桥（1693—1765）对学问很有见地：“学问二字，须拆开看，学是学，问是问。今人有学而无问，虽读万卷书，只是一条钝汉尔……读书好问，一问不得，不妨再三问，问一人不得，不妨问数十人，要使疑窦释然，精理并露。故其落笔晶明洞彻，如观火观水也。”这同《论语》中的“学而不思则罔，思而不学则殆”有异曲同工之妙。

学问之道就在于“有学有问”。会学不一定会问，只有会问方能发现问题、解决问题，也才能有所创新、有所突破。学问的着眼点就是“学以致问”，否则虽满腹经纶，只是一座会走路的书橱而已。做学问不是走小道，玩小技巧，需要有多方面的支撑，有丰富内涵的气质，否则是断然不行的。那么，该向谁问？当然是向上，向下，向里，向外，向专家，向老师，向同学，向书本，也向网络……广泛地问，深刻地问，于广大处、细微处、关键处，刨根究底地问。问且又思，必长学问。

做人要正直，做事要认真，做学问要勤奋。因此，惜时、专心、苦读成了做学问的通式；能耐得住寂寞和清贫，是做学问的平和心态；不急于求成，不为名利所累，更是做学问的风格。王国维先生（1877—1927）在《人间词话》中说：古今之成大事业、大学问者，必经过三种境界——“昨夜西风凋碧树，独上高楼，望尽天涯路”此为第一境也；“衣带渐宽终不悔，为伊消得人憔悴”此为第二境也；“众里寻他千百度，蓦然回首，那人却在，灯火阑珊处”此为第三境也。本书中我们处处可寻到“三境界”的踪影。

作为一名学问者，要高瞻远瞩地认清前人所走的路，把总结和学习前人的经验作为做学问的起点；要深思熟虑，就像热恋中的情人那样不惜一切地追求自己的目标；没有千百度的上下求索，不会有瞬间的顿悟和理解。只有在学习和苦苦钻研的基础上，才能功到自然成，一朝顿悟，便发前人所未发之秘，辟前人所未辟之境。

诚如读书，做学问也是要有些技巧的，但一味追逐技巧而又容易失缺人文内涵，也很容易滑入歪门邪道。本书中，院士们都没有把做学问看作是雕虫小技，在他们所讲述的故事中，往往都呈现出拳拳报国心背后的人文情怀。这种人文是指他们所受到的祖国传统文化的陶冶、品行的修炼、全球的眼光、科学的跨界。诚因如此，他们的读书与治学才是这样的工稳，有内涵且有品位。毕竟他们的学问之道是在涵养自身的同时，能更好地去“判天地之美而析万物之理”。因此，他们的人生也都充满书卷气，展现大气候；也才能劳而有获，修成正果。

不是吗？不少院士埋头学问几十年，人不知而不愠，平心静气地生活在自己的科苑中。可以说，他们把毕生的精力都花在科学事业上了，尤其是那些搞“两弹一星”的科学家，隐姓埋名，就像入定的修行者，为中华民族能自立于世界民族之林，皓首穷经，大力协作，严格要求，精益求精。至于社会对他们有什么评价，全然顾不上了。正因为他们能耐得住寂寞，才成就了大气候。这种为中华崛起，为“两弹一星”修成正果的“定力”，才是一种做学问的自信。这样的故事在本书不少篇目中都得到了展现。

《院士怎样读书与做学问》与《院士怎样做人与做事》是姊妹篇，后者是整理采访笔记和图片，以第三者的口吻讲述院士为人处世的故事。若以这种方式来采写院士们求学治学的故事，恐怕工作量会大得惊人，且不说许多泰斗级大家都已谢世，无从采访；就是健在的，他们的求学治学方法各异，要能较完整地勾勒这个群体的思想与理念，实在是我们力所难及的。在苦苦思考之际，我们有幸读到了不少院士们关于求学与治学的一些报告、对话、随笔和讲述的有趣故事，这就给我们的创意带来了柳暗花明。采用院士自述文稿理应更有说服力，更真实生动，而且还能钩沉已故院士当年的精彩思考,使本书的涵盖面更广,还能把求学治学与做人做事相沟通。凡健在的院士,我们将整理好的文稿连同学术简历,呈他们本人审改确认并授权,而已故院士的文稿尽可能采用二十多年前所选编的院士自述中的相关文字,当年也是经过他们审定的。因此《院士怎样读书与做学问》与《院士怎样做人与做事》应该是相得益彰的,能勾画出院士怎样做人做事做学问的初步轮廓。

《院士怎样读书与做学问》收入了 60 多位院士近 70 篇文章,全书以院士姓名的汉语拼音排序。接受出版社内行的建议,从读者方便阅读出发,我们将书稿编成上下两册。要在这样两本书稿中道尽院士的求学与治学之道,限于我们的学识和阅读面,肯定是做不到的,至多也是挂一漏万。本书仅能作为一个"引子",我们恳请有志于传播院士科学思想、科学精神、科学方法和科学风貌的读者给予指正,提供选文线索,让本书再版时能收入更多更精彩的院士怎样读书与做学问的故事。当然,若读者能对其中某位院士的话语感兴趣,从而更深入地将他们作为学习、仿效,甚至赶超的对象,那就更有意义了。这也许是我们幼稚的奢望吧。

附

学问与趣味

梁实秋

前辈学者常以学问的趣味来启迪后生,因为他们自己实在是得到了学问的趣味,故不惜现身说法,诱导后学,使他们也在愉快的心情之下走进学问的大门。例如,梁任公(梁启超)先生就说过:"我是个主张趣味主义的人,倘若用化学化分'梁启超'这件东西,把里头所含一种元素名叫'趣味'的抽出来,只怕所剩下的仅有个零了。"任公先生注重趣味,学问甚是渊博,而并不存有任何外在的动机,只是"无所为而为",故能有他那样的成就。一个人在学问上果能感觉到趣味,有时真会像是着了魔一般,真能废寝忘食,真能不知老之将至,苦苦钻研,锲而不舍,在学问上焉能不有收获?

不过我常想,以任公先生而论,他后期的著述如历史研究法,先秦政治思想史,以及有关墨子、佛学、陶渊明的作品,都可说是他的一点"趣味"在驱使着他,可是在他年轻的时候,从师受业,诵读典籍,那时节也全然是趣味么?作八股文,做试帖诗,莫非也是趣味么?我想未必。大概趣味云云,是指年长之后自动做学问之时而言,在年轻时候为学问打根底之际恐怕不能过分重视趣味。学问没有根底,趣味也很难滋生。任公先生的学问之所以那样的博大精深,涉笔成趣,左右逢源,不能不说一大部分得力于他的学问根底之打得坚固。

我曾见许多青年朋友,聪明用功,成绩优异,而语文程度不足以达意,甚至写一封信亦难得通顺,问其故,则曰其兴趣不在语文方面。又有一些朋友,执笔为文,斐然可诵,而视数理科目如仇雠,勉强才能及格,问其故则曰,其情趣不在数理方面,而且他们觉得某些科目没有趣味,便撇在一旁视如敝屣,怡然自得,振振有词,并无愧色,好像这就是发扬趣味主义。殊不知天下没有无趣味的学问,端视吾人如何挖掘其趣味,如果在良师指导之下按部就班地循序而进,一步一步地发现新天地,当然乐在其中,如果浅尝辄止,甚至躐等躁进,当然味同嚼蜡,自讨没趣。一个有中上天资的人,对于普通的基本的文理科目,都同样的有学习的能力,绝不会本能的长于此而拙于彼。只有懒惰与任性,才能使一个人自甘暴弃的在"趣味"的掩护之下败退。

自小学到中学,所修习的无非是一些普通的基本知识。就是大学四年,所授课业也还是相当粗浅的学识。世人常称大学为"最高学府",这名称易滋误解,好像过此以上即无学问可言。大学的研究所在才是初步研究学问的所在,在这里做学问也只能算是粗涉藩篱,注重的是研究学问的方法与实习。学无止境,一生的时间都嫌太短，所以古人皓首穷经，头发白了还是在继续研究，不过在这样的研究中确是有浓厚趣味的。

在初学的阶段，由小学至大学，我们与其倡言趣味，不如偏重纪律。一个合理编列的课程表，犹如一个营养均衡的食谱，里面各个项目都是有意而必需的，不可偏废，不可再有选择。所谓选修科目，也只是在某一项目范围内略有挑拣选择余地而已。一个受过良好教育的人，犹如一个科班出身的戏剧演员，在坐科的时候他是要服从严格纪律的，唱功做工武把子都要认真学习，各种角色的戏都要完全谙通，学成之后才能各按其趣味而单独发展其所长。学问要有根底，根底要打得平整坚实，以后永远受用。初学阶段的科目之最重要的莫过于语文与数学。语文是阅读达意的工具，国文不通便很难表达自己，外国文不通便很难吸取外来的新知。数学是思想条理之最好的训练。其他科目也各有各的用处，其重要性很难强分轩轾，例如体育，从另一方面看也是重要得无以加复。总之，我们在求学时代，应该暂且把趣味放在一旁，耐着性子接受教育的纪律，把自己锻炼成为坚实的材料。学问的趣味，留在将来慢慢享受，一点也不迟。

（本文为《院士怎样读书与做学问》的代后记，该书 2017 年由上海科学技术文献出版社出版，2018 年成为由国家新闻出版署公布的“向全国青少年推荐的百种优秀出版物”之一）

播种人类健康之希望

可以预见,在往后的日子里,我国科学技术的发展一定会高潮迭起,硕果累累。因此,适时地回顾各门学科所走过道路,细察我国科学文明的脚印,尤其是系统地整理各门学科的史料,让创新与传承融合,意义十分重大。这项工作也能为社会后续发展,更为当下年轻人很好地继承老一辈志士能人的精神气魄、人格魅力、科学思想与学术成就,对推动整个社会的产业转型与升级,对学科的不断创新发展以及文化积累,既是一种良策,也是一种有见地的举措。因此,我们确实该以只争朝夕的精神去"抢救性"地做好这件大事。

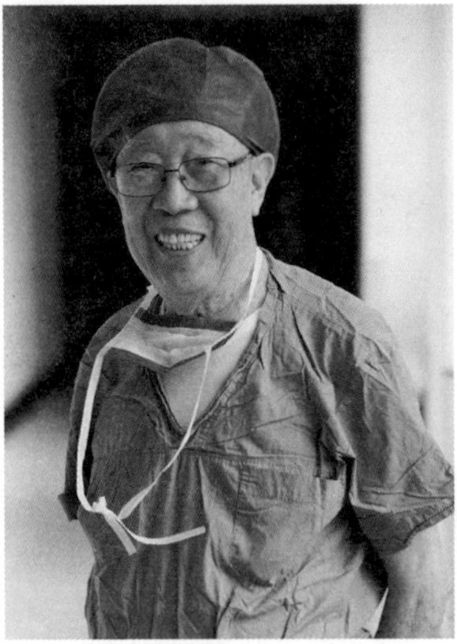

96岁吴老正神采奕奕地要去做手术(资料图片)

在我国肝胆医学的发展史上,吴孟超绝对是无可争辩的伟大开拓者与很有建树的独特创新者。梳理吴老在肝胆医学学科上的奋斗史料,记录吴老在科研、临床、教学与管理上的足迹,整理吴老这么多年与癌症博弈的经验与创新理念,无疑也是事关人类健康生存的功德无量之大事。

要做好这件大事,从书稿创作伊始,各位专家就抛出了这样几个问题:要表达什么主题或精神?该覆盖怎样的读者群?是写成自述还是他述？需采用怎样独特的表现手法？

记得在2016年9月3日，有吴孟超、吴玲、李捷玮、钱其军、刘随意和笔者参加的选题漫谈中，大家各抒己见，大胆创想，小心论证。在充分酝酿与讨论后，在倾听并尊重吴老真知灼见的前提下，达成这样的共识：新撰的这部书稿，主要应该表达吴老“要把病人一个个都背过河去”的博大情怀，以及怎样为实现“攻克癌症”的鸿鹄之志，脚踏实地不辞劳苦地构建起肝胆学科的基础理论体系、临床技术体系，不间断地培育优秀人才、搭建“院所合一”之大平台的。读者对象主要是各类医学院校的学生和年轻的医生朋友们，以及对肝胆医学有兴趣的读者，当然要兼顾医学科学史的研究工作者们。至于叙述方式，吴老更倾向于用他述，但可以兼及自述，也就是基本用第三人称讲述，但将吴老的原话用楷体嵌入文本之中，这就形成自述与他述相结合的表达方式（本书稿中凡吴老的自述均采用楷体排字）。因为吴老毕竟是一位特别有建树的著名医学家、中国科学院院士，因此在表现手法上，还是该以他的学术发展脉络为主线展开，以科学与人文相谐和的手法来呈现。吴老一辈子在兢兢业业地做基础理论研究，不间断地做临床工作，培育了大量杰出人才，还忘乎年龄地为年轻人搭建了一系列平台，高效合理地进行着头绪繁多的医学科学管理工作……因此，假如脱离学术地光写他的人文精神，不实在；而光写他的学术工作，又会失去科学家人文底蕴的光泽。书稿表述上应尽可能详细，真实而不拔高；该诠释的地方不粗枝大叶，细致而不啰唆。不在乎书稿有多长，只要故事叙述确有需要，甚至可以分成卷上与卷下。全书采用全彩色特精装形式，版本可适当放大，以典雅大气为上，并可创新地尝试将吴老宝贵的视频资料，用二维码扫一扫的技术手段，让读者一睹吴老的风采，也不啻是对自然科学家传记文学带来一缕新风。

记不起是谁曾说过这样一句话：一个国家没有纪实文学作品，就如同一个家庭没有相册。这话说得很形象，也蛮到位的。

纪实的本意就是要“真”与“实”，这在当下的人文环境中确实是不易的。至少要有敢讲真话的勇气，能冲破人性的虚伪与丑陋，甚至刺破贪婪与诡谲、荒唐与愚蠢，让读者真真切切地感受人性的光辉与温暖。为此，必须毫无悬念地原原本本地记录吴老九十多年的坎坷与跌宕，他的所见、所闻、所思、所做，以此来客观地呈现老人家成长为一名精诚大医的喜怒哀乐和心路历程，给读者一种透明的真实，一种耐人咀嚼与思考的文化。

在笔者接受创作任务之前，根本没有料到吴老的科研历程竟然是这么精彩纷呈又艰难坎坷；相关的图片、影视及日记材料又这么丰赡。真的投入后，才发现了“阿里巴巴”芝麻开门后的璀璨与惊叹！

苦于笔者才疏学浅、笔秃词穷，又先天不足地不懂医学，生怕误了大事，只能向原第二军医大学的李捷玮副校长直言相告“怕误大事，无力承担”，请准予尽快辞退，希望重新找“对的”作者。岂料李副校长动之以情，晓之以理，对笔者的请辞念头予以断然否决，并主动为笔者营造了良好的调研与写作的环境，适时地召开多次协调会，让医院各位教授与专家群策群力，从各个方面给予通力合作。譬如，让吴老的秘书刘随意给予日常统筹，让医教部的宗晓娜老师不辞辛劳地提供访谈的便利及访谈笔记的整理（宗老师还协助吴老大女儿吴玲主任整理并扫描吴老尚存的所有照片材料，归类各种视频资料，供本书稿使用），这就保证了对写作很关键的访谈活动得以顺利进行，让笔者有可能相继对吴老的亲人、同事、学生与患者进行了系列访谈，并将现场录音材料整理成文字后让被访者审改与确认签字。就这样，我们曾先后对吴孟超院士本人、吴玲主任、王红阳院士、刘允怡院士、仲剑平教授、郭亚军教授、杨甲梅教授、李捷玮教授、沈锋教授、钱其军教授、周伟平教授、张柏和教授、丛文铭教授、严以群教授、施乐华教授、卫立辛教授、裘华徕教授、叶志霞护士长、程月娥护士长、邢茂迎主任、陈磊研究员、闫亮教授、杨田副主任、刘随意主任、邱福建主任、肖飞教授、刘景丰教授、潘人健主任、朱荣国教授、吴文权教授、任孝安教授、冯天雷书记、洪万康先生、唐金喜先生、吴孟钟先生、郑亨光先生以及患者费新根先生等数十位较熟悉吴老的人员，分别做了详细的访谈，积累了不少有价值的素材。

更令人感动的是吴老对笔者的信任，竟然将自己这么多年珍贵的日记本让我阅读，这就给我提供了最可靠与最权威的资料。借此，笔者能洞悉老人家的心路历程，哪怕大多数文字只是日常工作的"流水账"，至少能准确把握并核准相关事件的时间地点与来龙去脉，尤其对整理"吴孟超年表"实在是一把不可多得的"准尺"，让吴老科学人生的步履变得更清晰、更丰满，也更准确。要说明的是，由于"文化大革命"运动，老人家以前多年的宝贵日记与工作笔记都在抄家时被没收了，连落实政策时也没能发还，不得不令吴老及医学科学史研究工作者们感到心痛。毕竟这些文字都真真切切地记录了吴老这么多年的做人与行医的心得，也毫无顾忌地记录了这些年的人生感悟。以致在"科学的春天"来临后的好长一段岁月，他都不敢再用文字记录每天的感悟并做工作笔记了。这种坚实的"提防"心理带来的直接后果，便使我们这部《吴孟超》书稿中凡发生于20世纪80年代之前的故事和年表，都明显地单薄、粗糙与模糊，连图片资料都显得匮乏，这不能不令人深感遗憾。而20世纪90年代以后，由于日记等可考查的史料相当丰富，以致在正文中难以一一陈述，只能"有所述，有所不述"。当然也限于书稿篇幅，只能割舍了大量的史实描述，有的移入年表中，而且将相关的有说服力的代表性图片也一并移入年表中，以便于读者形象地理解，这下倒让年表带上了"读图时代"的痕迹，虽不属于创新，但还是作为正文的副本而相得益彰。

除了有大量访谈与日记阅读的铺垫，吴老还为笔者提供了深入他工作与生活方方面面的机遇，诸如提供各种机会让我跟随老人家门诊、查房、手术、学术会议……甚至在2016年11月跟随他去了四川宜宾的李庄，实地踏勘了抗日战争期间吴老求学的故土，

《吴孟超》书封与书函

参观了吴老夫妇年轻时所崇拜的梁思成与林徽因当年设在月亮田的“中国营造学社”的旧址……还于2017年1月跟随吴老去了他的福建老家闽清,参加了福建医科大学附属孟超肝胆医院的揭牌仪式……笔者幸运地掌握了他人无法获得的“独门”素材,给写作提供了极大的便利,也才能力免笔下的肤浅与不着边际。

科学家纪实作品的灵魂(或者说必须始终坚守的原则)无非是“真实”两字。朱光潜先生说过:美的东西是没有功利的。科学家传记必须讲究真善美,若不真,那就不可能善;若不真不善,那就不是美。

毋庸讳言,笔者在文学研究、医学研究诸方面是一位地地道道的外行。可有时候,外行也有外行的“好处”,站在圈外朝圈内观察,反而视野更大,而且只要脚勤、口勤、手勤,勤于讨教,勤于阅读,敢于打破砂锅纹(问)到底,倒也会收获不少,还常有豁然开朗之感受。而且,正因为是外行,不会有圈内人士“固执”的定见,也不为陈规陋习所束缚,往往能思无拘束又相对较容易发生惊奇,产生兴趣。再说,笔者曾学过一点物理学,接受过一点逻辑思维的训练,多多少少还有一点学术的敏感性与逻辑判断的合理性,也常会带三分质疑的眼光去思考。这些都会逼着自己去寻根刨底,甚至去寻找原始资料。受吴老工作作风的熏陶,笔者自认为创作态度还是严谨的,不敢有懈怠;工作也算是细致的,并尽可能拓宽历史视野,多读书,不懂就虚心求教东方肝胆外科医院的各位专家与老师,鞭策自己做到在握有翔实史料的基础上,试图力求还原一位真实的肝胆医学大家吴老的襟怀、视野、决心与创造力。

有时，笔者的小心求证之做法确实是傻乎乎的，倒能给读者带来意想不到的严密与可信；文辞虽笨拙，材料却可信，这对科学家传记追求的“真”与“实”，倒是贴合的。书稿若能对后人研究这段肝胆学科发展史有一点参考价值，这就甚感欣慰了。

笔者一直对这么丰赡的材料该如何分类与处理感到焦灼。既然是科学家的传记，当然得学术领先，按传主学术思想发展的时间来排序，这是很合理的。若期盼以“创新”或所谓的“增添可读性”来打破这种格局，笔者以为是不可取的。当然，为了事件叙述的合理性和阅读的便利性，有的事件的后延效应会适当前置，这绝不是要打破时间排序的常规，而是为了方便读者理解，也符合事件发展叙述逻辑上的合理性。当然，有时也会穿插一些有关时代背景或学术背景的介绍，它们至多只是起些铺垫、比照或提供资料的作用，这是因为考虑到当今的年轻读者未必会了解当年的这些人与事，这种看似多余的文字，恰恰旨在让读者更好地理解导致吴老思想与行为演变的客观原因。

本书不是严格意义上的报告文学，少有情节的描述，也少有作者的主观评述，力主多铺陈材料，多提供史料，尤其是吴老科研进程中的挫折或顿悟，学术交流中的争辩或启迪，社会环境中的非科学因素的激励或干扰，甚至一些忌讳或苦恼。

眼下，书稿中插入大量的彩色图片与视频，也都旨在让历史说话，以史实明理，力求逼真地反映肝胆学科发展史实的一些细节，相信会有一些学科文化留存的价值，同时也让读者一睹吴老的学术风采。

笔者坚信，只有史料扎实，才能形成史观，才能做到论从史出。一个民族要有自己的记忆，中国的这段肝胆学科发展历史绝对不能被遗忘。再说，我们所研究并录下的是一位极不平凡的人，是一位干了一辈子伟大的事，留住了人类肝胆医学开拓者深深脚印的人——吴孟超。因此，在下笔的时候，始终对那段医学科学史抱有敬畏之心，如履薄冰。在历史与现实之间，毕竟还存在一种有趣的张力。观古今于须臾，抚四海于一瞬。既要有历史观，也要有现实感，更要有紧迫感。这样，纪实文字的写作才能有丰富的灵气，有较深刻的见地，让读者享有回味与思考的充分空间，也才能较逼真地展现吴老的真情实感。

总之，笔者的愿望是：史料要可靠，记录要真实，对历史要负责。这种认识上的坚定，落笔时只能痛苦地收回信马由缰的想象或翩翩联想，但由此带来的最大益处，恐怕就是少有主观，多留客观，起到能实在地还原科学家“本真”之效果；没有“高大上”的泡沫（为吴孟超这样的大家写作，是很容易滑入我们长期所接受的那种思维定式的），但见货真价实的史料（有些原始凭据干脆以插图形式呈现），而让评述留给读者在质疑与思考后自己去做，结论也自己去下吧！这倒不是笔者有意要这么去“引而不发”或者“为难”读者，写着写着自然地就这么做了，这样反而少了心理负担，多了求真的踏实。

摆在笔者面前很大的一个难题，还是吴老一生有太多的华彩篇章都该呈现。那么，如何从丰赡的素材中选择最具代表意义的事件，如何让这部有限容量的著述包容尽可能多的信息，从而一展真实可感又能抵达人心的大医形象？为解决这道难题，笔者还真是动了一番脑筋的。首先一条原则是，大事件尽可能予以反映，有些事件只能割爱，放入年表中予以表述（也就是“有所述，有所不述”）。其二是能用图片表述的，尽可能少用文字。话又说回来，毕竟出版是有规矩的，“思考可自由，宣传有纪律”，为此，对吴老在各个时间段与几乎所有国家领导人的合影，只能割爱。其三是吴老大量可贵的视频资料能与文字结合起来，相信感染力会更强。本书稿尝试用手机扫一扫，以二维码解读的形式，让有兴趣的读者自行采撷，以便细细欣赏，也能反复播放。这种“半数字化”的自然科学家纪实读本形式，至少在目前国内图书市场上尚未见到过，这也该属于一项小小的创新吧！毕竟视频囊括了光、影、色、声，外加字幕（或旁白）的众人劳作，对感官的刺激比白纸黑字的二维文字更强烈。再说，纵然笔者有生花之妙笔，在吴老的光辉形象前，都会显得苍白无力。由此，也更印证了笔者一贯强调的：《吴孟超》书稿是一部“千人稿”，笔者只是做了收集与整合而已。

为此，除了要深深感谢吴老，感谢上述提及的访谈学者和患者，还要感谢为本书提供视频的中央电视台及“大家”“朗读者”“当代军人”“和平年代”等栏目、山东电视台“数风流人物”栏目、四川宜宾电视台、上海电视台、上海教育电视台、上海东方电影频道、上影集团科教电影制片厂、上海永乐文化传播有限公司、海军军医大学政治部、东方肝胆外科医院、“生命新知”医学高端论坛等机构和组织。还要感谢在整个创作过程中出过大力的各位领导、各方面的专家、摄影师、资料提供者、编辑与印刷方面的各位专家，尤其是汤钊猷院士、徐建中院士、沈文庆院士、闻玉梅院士、顾建人院士、杨胜利院士、郑树森院士等，以及胡国强、吴智仁、吴玲、吴珉、吴瑛、刘国勤、李炳生、陈戎、姚晓平、吴伯文、李国强、张鹏、曹希、刘蕴兰、钱武东、严巧灵、陈泓钧、乔德彪、白蕊、钱莹洁、杜建一、缪宏才、何勇、徐建飞、周怡、金一哲、黄修远、王俊芳、林峰、王蓓、王文力、朱艺荣、宗建宝、郝清顺，等等。

扫一扫
看视频

2011感动中国年度人物

2011年，吴孟超院士作为中国医务界的杰出代表被评为“感动中国年度人物”。在耄耋之年，以他的仁心仁术依然在科研、临床、教学和管理第一线不知疲倦地“要把病人一个个都背过河去”。老人家所点燃的爱的火把，带给人们前行的力量。

当然，还要感谢笔者的家人——妻子和女儿，她们是我作品的第一阅读者和评论者，她们常常会无情地批评、质疑、挑剔与斧正。写作累了，生病了，是她们给予悉心照料。平时，她们甚至协助笔者编辑、录入文稿、寻找资料……因此，她们是整部书稿真正的“共同完成人”。

吴孟超与方鸿辉在虹桥机场候机室(2017 年,曹希摄)

最该感谢的还是吴老。除了不厌其烦地接受笔者的请教,老人家还先后对全部文稿逐字逐句地认真审改并逐章确认后签字。

还要特别感谢的是第二军医大学原副校长李捷玮教授,他是这个选题的策划者,又是整部书稿的审定者,在全稿成文后主动承担了细致的审读与把关,提出了大量有见地的建议和意见,现已逐条体现在书稿中。

这下,也让笔者有了信心,敢于把文稿交付出版了。

吴老是大海,这部书稿只是取了一瓢,若能从中体会海水的清澈和蔚蓝,那就十分欣慰了。

最后,还要向读者补充交代的是本书的书名。

坊间有关吴老的图文类传记读本不下十数部,书名都很达意,诸如《生命卫士——模范医学专家吴孟超》《吴孟超传》《肝胆相照——吴孟超传》《闽清人吴孟超》《肝胆春秋——吴孟超院士的精彩人生》《吴孟超画传》《肝胆春秋——当代知识分子的楷模吴孟超》《吴孟超——游刃肝胆写春秋》《医本仁术——吴孟超传》……都能从不同视角描述吴老的一生坎坷,一路辉煌。在东方肝胆外科医院召开的数次创作协调工作会议上,也有专家提出:拟用吴老的“四勇(永)精神”作书名,用“爱党爱国爱民的大医”作书名……在创作之前和创作之中,笔者又相继发现除了图书以外的不少有关吴老的影视、舞台剧等作品的相继涌现,诸如《吁命》《报国之路》《我是医生》……应当说,各位编创人员都紧扣主题,经过深思熟虑,凝练出很切题意的名字,而且都很夺人眼球,这些确实都是成功的典范。这倒让笔者有点纠结,该起什么书名更贴切?

有这样一段插曲不时在耳畔响起:2018 年初,笔者曾赴香港中文大学，采访和声书院院长、中国科学院院士刘允怡教授。他用带有广东口音的普通话讲了这么一段话：

我真的看到，吴老在很多病人的心中就是一个"神"。我看到的，他是个神啊！他真的救了很多人。我们中国人不是说"救人一命，胜造七级浮屠"嘛？而且他老人家的谦虚令人感动。其实，我跟吴老学到的，远比我教他学生的多得多，所以我就问他："可不可以叫你老师？"吴老很坚定地说："不行！我们都是裘法祖的弟子，我是大师兄，你是小师弟。"

刘院士一边在白纸上用蓝墨水笔勾勒一座神庙的草图，一边说着：

刘允怡的写意与希腊神庙的遗迹

我有一门课，专门研究怎样才算一个好的临床中心。我认为东方肝胆外科医院肯定是一个好的临床中心。我的这门课是这样讲的：这好像是一座神庙，神庙的根基是最根本的。首先，一家好医院的根本是医德，这是最基础的；其次，就是要有好的临床，临床水平不达标就免谈了。这两点是好医院的基础。光有基础还不够，还要有四根结实的柱子，才能支撑起这家好的医院。其中最重要的是医院管理，是从上到下的，没有好的领导就没有好的医院，这体现在医院管理上。第二是医院的临床科研要做得好，否则只能永远停留在一个水准上。当然只有好的管理才会重视临床研究，不断有临床研究成果，医院才会办得更好。第三是医生的培训，这是直接造就下一代医学人才的，医院发展才会有后劲。第四是一般医院往往最缺乏的，就是医院的人文关怀精神——医学人文，就是一定要重视病人，他们应该是受尊重的人，这也是《希波克拉底宣言》与孙思邈的《大医精诚》一再告诫的。医学人文跟医德有密切联系。

每家医院一定有自己的传统，我建立这家医院的原本目的是什么，这家医院对有贡献的人该怎样，认同什么样的人，该作什么贡献，最终指向就是怎么重视病人。

其实，吴老在这些方面都做得非常非常好，他是一位地地道道的人文医学家。他说：医本仁学，医本人学。他一直强调要做一个好的肝癌切除，但是要收费最便宜的，普通人都可以承受的。这就是人文关怀！你看，吴老每个方面都有贡献。你可以细细想一想啊，这些柱子跟这些基础（他用笔尖比画着），我所看到的，吴老是做得最好的。通常来说，一座希腊神庙就是这样建立起来的。你看看每个方面，吴老都做得非常好，医德没有问题，非常好；医疗水平，吴老不用说了；管理啊，他做得很科学，不光推临床研究，基础研究也使劲推，东方肝胆外科医院的基础研究很成功；培训他做得非常好，一代一代，人才不断，而且都很优秀；人文学科他做得更好了，特别关怀那些穷人。我见过好多次，病人家属一见到他，必然“吴老求求你，你自己开刀救我丈夫吧！”“你要救救我儿子喔！”……在很多人的心目中，吴老就是神，不是一名普通的外科医生，是下凡的神。他自己可能不知道。你那本书的书名啊，不妨叫“神殿上的外科医生”？不过，他自己肯定不会答应，他肯定不会答应的……

刘允怡院士不愧是国际肝胆胰协会的主席，见多识广，说得在理，但不宜采用。医学科学毕竟不是神学，医学科学家是存在于现实社会中的，他们的事业是整个社会构建的一部分，带有鲜明的时代烙印。吴老这一代顽强拼搏，为攻克癌症不懈努力的老科学家，是勇敢地站立于创新潮头上的有魄力的勇士，他们对我们时代的进步，对医学文化的积累所作贡献的意义，相信读者自有公认，历史也将会评说,笔者真的无力、无能、也无望去结论。为此,我想就用老人家的大名“吴孟超”作书名,似乎更贴切。再说,“吴孟超”三个字本身就是巍峨的高山,就是浩瀚的大海,更是仁爱精神的丰碑。

一个屹立不倒的民族能有吴孟超这样播种人类健康之希望的大医,是中国的大幸!

人类医学能有吴孟超这样锲而不舍勇战癌魔的大医,是世界的大幸!

(2019年5月《吴孟超》一书由上海教育出版社出版,2020年获上海市优秀科普图书奖。本文写于2018年10月作为代后记刊于书末)

附录1 历年来已发表的文字

论文与报告

1992—10 方鸿辉 《做好书稿编辑的后期工作》 教育出版理论与实践 广西教育出版社 1992年10月(1991年8月在河南郑州召开的"全国第一届教育出版科学学术报告会"报告的书面稿)

1993—07 方鸿辉 《物理教学的美学思考》 '93桂林中外物理教师学术交流会(1993年7月31日至8月3日)上的报告 《广西物理》杂志第15卷 第2、第3期合刊(第42至49页)

1996—10 方鸿辉 《中国台湾地区的"物理资优教育计划"》 物理教师杂志 1996年第10期(后被收入由曹磊 谭树杰 主编的《各国物理教学改革剖析》 上海教育出版社 1996年10月)

1998—02 方鸿辉 《以邓小平理论指导精品图书出版——〈中国科学院院士自述〉编辑思想》 编辑学刊 1998年第2期(总第58期,第64至68页;后又被收入学林出版社《精品图书的诞生》,2000年11月第1版)

1999—03 方鸿辉 《中学物理教育中的美育》 中学物理教育学(第七章) 上海教育出版社 1999年3月

1999—04 方鸿辉 《中学物理教育中的美育》 课程·教材·教法杂志 1999年第4期

1999—06 方鸿辉 《从〈院士自述〉说选题创新》 编辑之友杂志 1999年第6期(总第86期,第52至55页)

1999—09 方鸿辉 《记〈中国科学院院士自述〉的诞生》 我与上海出版 学林出版社 1999年9月1版1次

2000—01 方鸿辉 《浅论选题创新——兼谈〈中国科学院院士自述〉的策划

实践》 中国出版理论与实务(中国人民大学研究生教材) 中国书籍出版社 2000 年 1 月

2000—02 方鸿辉 《浅论“编辑感觉”》 (中国科学院)科学新闻·学术专刊 2002 年第 2 期(总第 125 期,第 20 至 21 页)

2000—10 方鸿辉 《以创新意识策划〈中国科学院院士自述〉》 精品图书的策划与创意 中国书籍出版社 2000 年 10 月(第 89 至 95 页)

2001—11 方鸿辉 《物理学科双语教学与教材建设》 中国物理学会第七届教学委员会第二次全体扩大会议暨学术研讨会上报告(浙江湖州) 2001 年 11 月

2002—02 方鸿辉 《中国是我心中世界开始的地方》 新华文摘 2002 年第 2 期(第 209 至 211 页,摘自《群言》杂志 2001 年第 11 期)

2002—03 方鸿辉 《学科双语教学与教材建设》 中华读书报·新论 2002 年 3 月 13 日

2002—06 方鸿辉 《科技传播的生态思考》 编辑学刊 2002 年第 6 期(总第 86 期,第 24 至 27 页)

2002—10 方鸿辉 《科技传播的人文思考与本土化思考》 中国科技新闻学会第七次学术年会暨第五届全国科技传播研讨会上报告(获中国科技新闻学会论文二等奖) 北京 中国科技馆

2004—02 方鸿辉 《鲜为人知的院士故事》 新华文摘 2004 年第 4 期(第 94 至 98 页;摘自《科学生活》杂志 2003 年 8 月号,后又被香港《文汇报》4 月 8 日至 4 月 13 日分六天连载)

2004—04 方鸿辉 《关于学科双语教学的思考》 第一届全国双语教学研讨会演讲稿 2004 年 4 月 30 日,上海 华东师范大学

2004—09 方鸿辉 《倡导保护文化生态的本土化原创性科普》 在第 11 届国际出版学研讨会上的报告[后被收入《第 11 届国际出版学研讨会论文集·2004》 湖北人民出版社 2005 年 11 月(中文 第 99 至 102 页,英文 第 411 至 417 页)]

2005—03 方鸿辉 《还原一个名字》 新华文摘 2005 年第 6 期(第 104 至 107 页,摘自《上海画报》2004 年第 12 期)

2005—02 方鸿辉 《保护文化生态——倡导本土原创性科普》 编辑学刊 2005 年第 2 期(第 12 至 14 页)

2006—10 方鸿辉 《读好人生这部大书》 新华文摘 2006 年第 20 期(第

135至136页,摘自《群言》杂志 2006年第7期)

2006—12 方正怡 方鸿辉 《科学与艺术的汇合——李政道的艺术情》 自然杂志 2006年12月第6期(第28卷 总第257期,第366至369页)

2008—01 方鸿辉 方正怡 《严东生——国际科学大合作的开拓者》 (中国科学院)学部通讯 2008年第1期(第52至61页)

2009—04 方鸿辉 《假如我是他——曾溢滔院士的科学道路》 自然杂志 2009年4月号(第31卷,总第271期第120至123页)

2009—10 方鸿辉 《真理令人获得自由——谈家桢的科学人生》 自然杂志 2009年10月号(第31卷总第274期,第306至310页)

2010—02 方鸿辉 《数字出版大趋势》 编辑学刊 2010年第2期(第6至11页)

2010—05 方鸿辉 《科普出版新潮流——兼论数字出版大趋势》 "第三届海峡两岸科普论坛"上的报告 (2010年5月21日至30日) 中国台北(后被收入《第三届海峡两岸科普高层论坛论文集》)

2010—08 方鸿辉 《数字出版大趋势》 今日向何方——上海编辑优秀论文集(2010) 上海锦绣文章出版社 2010年8月(第175至183页)

2011—01 方鸿辉 《人生几何学几何——谷超豪的诗性数学人生》 自然杂志 2011年1月号(第33卷,总第282期,第58至62页)

2012—02 方鸿辉 《肝胆相照——吴孟超院士的人生选择与事业追求》 自然杂志 2012年2月号(第34卷,总第288期,第59至62页)

2012—10 方鸿辉 《科学与艺术的会合》 (中国科学院)学部通讯 2012年第10期(第44至56页)

2014—07 方鸿辉 《20世纪中国知名科学家学术成就概览·天文学卷·第二分册·朱能鸿词条》(良好的家教与刻苦的学习,造化弄人的"望天之路",一米五六观星芒,科学决策与民主管理,我们又一次站在打开宇宙大门的面前,主要论著等,第434至446页) 北京科学出版社 2014年7月1版1次

2014—09 方鸿辉 《跨文化传播》 2014年上海科普编创论文集 上海科技文献出版社 2014年9月(第16至34页)

2014—09 方鸿辉 《大医为人吴孟超》 中国科学报 2014年9月26日

第 10 版(整版)

2014—11　方鸿辉　《追逐梦想的医学遗传学家——记中国工程院院士曾溢滔》　中国医学院士文库·曾溢滔院士集　北京人民军医出版社　2014 年 11 月 1 版 1 次(第 3 至 12 页)

2015—01　方鸿辉　《蛋白质合成与人生箴言——龚岳亭院士的科学人生》　上海科坛　2015 年第 1 期(总第 66 期,第 42 至 53 页)

2015—01　方鸿辉　《20 世纪中国知名科学家学术成就概览·医学卷·基础医学与预防医学分册·曾溢滔词条》(成长历程,科学道路,成功的启示,主要论著等,第 451 至 460 页)　北京　科学出版社　2015 年 1 月 1 版 1 次

2016—11　方鸿辉　方正怡　《展双翅翱翔》　积微集——李大潜文选　复旦大学出版社,2016 年 11 月第 1 版第 1 次印刷(第 15 至 22 页)

2017—01　方鸿辉　《吴孟超:大医为人》　跨越时代的百位科学家　中国科学技术出版社　2017 年 1 月(第 205 至 216 页)

2018—05　方鸿辉　方正怡　《科学与艺术的会合——李政道的艺术情》　第七届海峡两岸科普论坛　(2014 年 9 月 12 日　南京)的报告(后被收入福建省科协闽台科技智库丛书《海峡两岸优秀科普论文集》　海峡出版社,第 268 至 287 页)

2019—06　方鸿辉　《邓稼先与杨振宁及邓先生最后的声音》　(中国科学院)学部通讯　2019 年第 6 期(总第 238 期,后被《中国科学院院报》全文转载)

2020—06　方鸿辉　《努力传播科学家精神——科学家传记〈吴孟超〉创作谈》　科普研究(季刊)　2020 年第 2 期(第 76 至 84 页)

2020—09　方鸿辉　《吴孟超——肝胆医学创始人的创新灵感》　科学家精神·创新篇　科学技术文献出版社　2020 年 9 月版(第 105 至 113 页)

2020—11　方鸿辉　《吴孟超:创新者的风采》　(中国科学院)学部通讯　2020 年第 11 期(总第 255 期,第 58 至 66 页)

2020—12　方鸿辉　《关于〈中国科学院院士自述〉出版的回忆》　新闻出版博物馆(总第 37 期,第 19 至 41 页)

编著的图书

1. 方鸿辉 沈美新编译 《LOGO 语言入门》 上海教育出版社 1985 年 7 月(1 版 1 次印刷 64 000 册)
2. 方鸿辉 沈美新编著 《·微电脑·BASIC 语言·趣味程序》 浙江科学技术出版社 1985 年 10 月(1986 年获华东地区优秀科技图书二等奖)
3. 方鸿辉 刘贵兴编著 《创造性物理实验》 上海科学普及出版社 1999 年 2 月
4. 方鸿辉编著 《新英汉学科词汇·物理》 复旦大学出版社 2002 年
5. 刘贵兴 方鸿辉 倪闽景编著 《创新物理实验》 上海教育出版社 2007 年
6. 方鸿辉 执行主编(主要撰稿者) 《科学梦与成才路——院士的故事》 上海教育出版社 2008 年
7. 方鸿辉汉译改写(德国 KPK 高中新物理教程)《电磁学》 上海教育出版社 2009 年
8. 方正怡 方鸿辉著 《院士怎样做人与做事》 上海教育出版社 2011 年(获国家科技部颁发的“2014 年全国优秀科普作品奖”)
9. 方鸿辉著 《肝胆相照——吴孟超传》 上海交通大学出版社 2013 年
10. 方鸿辉译(英汉双语 GCSE 读本)《牛津中学物理》 上海教育出版社 2013 年
11. 方鸿辉 方正怡 吴月明著 《春天在布拉格》 上海科技文献出版社 2015 年
12. 方鸿辉 陈建新选编 《博学笃志 切问近思——杨福家院士的科学与人文思考》 上海教育出版社 2016 年
13. 方鸿辉 方正怡编 《院士怎样读书与做学问》(上下卷) 上海科学技术文献出版社 2016 年(2018 年由新闻出版署向全国青少年推荐)
14. 方鸿辉 方正怡著 《院士怎样做人与做事》(上下卷) 上海科学技术文献出版社 2016 年
15. 方鸿辉著 《吴孟超》 上海教育出版社 2019 年 5 月 1 版 1 次印刷 10 050部(上下两册为一部),同年 6 月 1 版 2 次印刷 1 000 部(共计印刷

11 050 套,22 100 册)

16. 方鸿辉编 《蔚蓝的思维》《清澈的理智》《金色的想象》《通透的思考》四部科学人文读本 上海教育出版社 2021 年

17. 路甬祥主编 方鸿辉 孟辉副主编 《百年科技回顾与展望》 上海教育出版社 2000 年(曾获 1999 至 2001 年上海优秀图书二等奖)

18. 方鸿辉主编 新英汉学科词汇系列丛书(共五册)《数学》《物理学》《化学》《生命科学》《信息技术》 复旦大学出版社 2002 年(其中《物理学》由方鸿辉撰稿)

19. 方鸿辉注释 《中学生写作新视野》(英文版)第二册 上海教育出版社 2003 年 1 月 1 版 1 次印刷了 7 100 册,以后连年重印

20. 徐钟主编 方鸿辉 蒋秉章副主编 《英语基础词汇宝典》 北京 外文出版社 2004 年 3 月

21. 方正怡 方鸿辉 毓明主编 《科学人生——院士的故事》 上海教育出版社 2006 年

22. 杨敬东主编 方鸿辉副主编 《三湘院士科学人生自述集》湖南科技出版社 2009 年

随笔、书评与科普文章

1983—02 方鸿辉 《电子科苑中的新蕾——介绍〈业余无线电〉丛刊》 书讯报 1983 年 2 月 25 日

1983—05 方鸿辉 《验证地球自转的实验》 小学科技 上海教育出版社 1983 年第 5 期

1983—07 方鸿辉 《双通道前置放大集成电路 LA3220》 业余无线电丛书 上海教育出版社 第 2 辑 1983 年 7 月

1984—01 方鸿辉 《青年无线电工程师》 业余无线电丛书 上海教育出版社 第 4 辑 1984 年 1 月

1984—01 方鸿辉 《塑料特性的由来》 科普文摘 上海科学技术出版社 1984 年第 1 期(署名 方杨)

1984—04 方鸿辉 《电子计算机与算法语言(1)》 小学科技 上海教育出版社 1984 年第 4 期

1984—05 方鸿辉 《冬冬抛球》 小学科技 1984年第5期

1984—05 方鸿辉 《电子计算机与算法语言(2)》 小学科技 上海教育出版社 1984年第5期

1984—05 方鸿辉 《通过同样的距离,为什么骑自行车比跑步省力》 上海物理报 1984年5月号

1984—05 方鸿辉 《三端集成稳压块的应用》 中学科技 上海教育出版社 1984年第5期

1984—05 方鸿辉 《质量和重量》 科普文摘 上海科学技术出版社 1984年第5期(署名 方杨)

1984—06 方鸿辉 《电子计算机与算法语言(3)》 小学科技 上海教育出版社 1984年第6期

1984—07 方鸿辉 《频率响应与失真》 业余无线电丛书 上海教育出版社 第6辑 1984年7月

1984—07 方鸿辉 《音箱集成电路系列与品种(1)》 业余无线电丛书 上海教育出版社 第6辑 1984年7月

1985—01 方鸿辉 《数学测验》 小学科技 上海教育出版社 1985年第1期

1985—01 方鸿辉 《古印第安人的日历》 科普文摘 上海科学技术出版社 1985年第1期(署名 方杨)

1985—01 方鸿辉 《电子计算机与算法语言(4)》 小学科技 上海教育出版社 1985年第1期

1985—01 方鸿辉 《音箱集成电路系列与品种(2)》 业余无线电丛书 上海教育出版社 第8辑 1985年1月

1985—04 方鸿辉 《音箱集成电路系列与品种(3)》 业余无线电丛书 上海教育出版社 第9辑 1985年4月

1985—05 方鸿辉 《学习电视技术》 书讯报 1985年5月25日(署名 万江)

1985—07 方鸿辉 《音箱集成电路系列与品种(4)》 业余无线电丛书 上海教育出版社 第10辑 1985年7月

1985—08 方鸿辉 《智能化高级语言——LOGO》 电子技术 第11辑 1985年第8期

1985—10 方鸿辉 《音箱集成电路系列与品种(5)》 业余无线电丛书

上海教育出版社　第11辑　1985年10月

1985—10　方鸿辉　《APPLE Ⅱ微电脑浅述》　业余无线电丛书　上海教育出版社　第11辑　1985年10月

1985—10　方鸿辉　《音频功率放大集成电路ULN－2283》　业余无线电丛书　上海教育出版社　第11辑　1985年10月

1985—11　方鸿辉　《单片集成电路收音机的制作》　现代通信　1985年第11期

1986—01　方鸿辉　《LOGO语言》　书讯报　1986年1月27日(署名　吴月明)

1986—06　方鸿辉　《立体声调频/调幅收音机的制作(上)》　现代通信　1986年第6期

1986—07　方鸿辉　《立体声调频/调幅收音机的制作(下)》　现代通信　1986年第7期

1986—08　方鸿辉　《为数字钟配上"嘀嗒"声》　现代通信　1986年第8期

1986—08　方鸿辉　《前世的先声与后世的余音——读〈物理学史〉》　书讯报　1986年8月25日

1986—09　方鸿辉　《电冰箱开门报警器的制作》　现代通信　1986年第9期

1986—09　方鸿辉　《简易晶体管测试仪》　现代通信　1986年第9期

1986—09　方鸿辉　《智力开发的助手——LOGO语言》　少年科学　少年儿童出版社　1986年第9期

1986—11　方鸿辉　《神机妙算变"方阵"》　电子与电脑　1986年第11期

1987—01　方鸿辉　《爱因斯坦解数学题》　电子与电脑　1987年第1期

1987—01　方鸿辉　《移动64个圆盘需要5 800亿年》　电子与电脑　1987年第1期

1987—02　方鸿辉　《"韩信点兵"问题》　电子与电脑　1987年第2期

1987—02　方鸿辉　《APPLE Ⅱ微电脑浅述》　业余无线电　上海科技教育出版社　1987年第2期

1987—03　方鸿辉　《运动学中的图像》　上海物理报　1987年3月20日

1987—05　方鸿辉　《日本电子元器件的识别(一)》　电子技术　1987年第5期

1987—06　方鸿辉　《日本电子元器件的识别(二)》　电子技术　1987年第

6 期

1987—06 方鸿辉 《神奇的彩色转盘》 小学科技 上海科技教育出版社 1987 年第 6 期(署名 袁奇)

1987—07 方鸿辉 《日本电子元器件的识别(三)》 电子技术 1987 年第 7 期

1987—08 方鸿辉 《各国主要厂商集成电路型号命名意义(一)》 电子技术 1987 年第 8 期

1987—09 方鸿辉 《各国主要厂商集成电路型号命名意义(二)》 电子技术 1987 年第 9 期

1987—09 方鸿辉 《狒狒的雨伞》 妈妈讲(幼儿园益智故事) 北京科普出版社 1987 年 9 月出版

1987—10 方鸿辉 《各国主要厂商集成电路型号命名意义(三)》 电子技术 1987 年第 10 期

1987—10 方鸿辉 《袖珍调频调幅立体声收音机的制作》 现代通信 1987 年第 10 期

1987—11 方鸿辉 《神机妙算变"方阵"》 电子与电脑 1987 年第 11 期

1987—11 方鸿辉 《英语句型惯用法袖珍卡》 书讯报 1987 年 11 月 2 日(署名 吴明)

1988—02 方鸿辉 《简易晶体管测试仪》 电子技术 1988 年第 2 期

1988—02 方鸿辉 《为学生着想 为教育服务——谈〈数理化生学习大全〉编辑思想》 教育书讯 上海教育出版社 1988 年第 2 期

1988—02 方鸿辉 《母鸡和苹果树》 有趣的图画故事(附磁带) 上海教育出版社 1988 年 2 月出版

1988—03 方鸿辉 《给学习物理学同学的礼物——介绍〈中学物理助读〉》 教育书讯 上海教育出版社 1988 年第 3 期

1988—05 方鸿辉 《一本学习"数据结构"的好书》 书讯报 1988 年 5 月 2 日(署名 吴国城)

1988—08 方鸿辉 《低温与超导》 中学生园地 上海教育出版社 1988 年第 8 期

1989—04 方鸿辉 《狒狒的雨伞》 语言(学前班读本) 上海科技教育出版社 1989 年 4 月出版

1989—06 方鸿辉 《英语学习的实用教材——介绍〈留美实用口语〉》 书

讯报　1989年6月26日

1989—08　方鸿辉　《分享20世纪物理学的惊人成就——介绍〈宇宙密码〉》　第二届全国图书展特刊　1989年8月10日

1989—09　方鸿辉　《献给电视机爱好者的入门读本——介绍〈初级集成电路彩色电视接收机〉》　书讯报　1989年9月18日

1989—10　方鸿辉　《诱人的宇宙密码》　解放日报·读书栏目　第94期　1989年10月28日

1989—11　方鸿辉　《TDA2040功放集成电路的应用》　现代通信　1989年第11期

1989—11　方鸿辉　《相当不错的一套书——推荐〈新概念英语词汇详解〉》　书讯报　1989年11月6日

1990—02　方鸿辉　《母鸡和苹果树》　幼儿园《语言》教材　上海教育出版社　1990年2月出版

1990—03　方鸿辉　《音频功放集成电路的应用》　现代通信　1990年第3期

1990—05　方鸿辉　《掌握大纲要求　取得学习主动权——介绍〈数理化生学习大全〉》　书讯报　1990年5月28日(署名　万江)

1990—06　方鸿辉　《音频功放集成电路TDA1102的应用》　现代通信　1990年第6期

1990—09　方鸿辉　《艰难的"阵痛"——写在〈袖珍英汉双解电脑词典〉出版后》　书讯报　1990年9月10日

1991—01　方鸿辉　《凡尔纳的写作公司》　书友杂志　1991年第1期(署名　方扬)

1991—02　方鸿辉　《具有时代气息的美国口语培训教材——介绍〈留美实用口语〉》　书友杂志　1991年第2期(署名　正怡)

1991—02　方鸿辉　《和谐的大自然——谈名人博览群书》　书友杂志　1991年第2期(署名　正怡)

1991—02　方鸿辉　《进行国防教育的良好教材》　书友杂志　1991年第2期(署名　万江)

1991—02　方鸿辉　《介绍"国防教育丛书"》　上海电视台·科技之窗　解说词　1991年2月播出

1991—03　方鸿辉　《英美语言的"接口"读本——介绍〈从"剑桥第一证书"

到“托福”〉》 书友杂志 1991年第3期(署名 方扬)

1991—03 方鸿辉 《教育改革与电化教学——介绍〈课堂电化教学的理论与实践〉》 书友杂志 1991年第3期

1991—04 方鸿辉 《床底下有条大鳄鱼》 看图说话 上海教育出版社 1991年第4期

1991—08 方鸿辉 《小明的地毯》 看图说话 上海教育出版社 1991年第8期

1992—01 方鸿辉 《怎样正确使用英语——介绍〈英语用法指南〉》 书友杂志 1992年第1期(署名 正怡)

1992—03 方鸿辉 《试析“溜溜球”的力学原理》 中学科技 上海科技教育出版社 1992年第3期

1992—07 方鸿辉 《演示楞茨定律的新方法》 物理教学 1992年第7期

1992—07 方鸿辉 《埃尔斯和来自火星上的猫》 看图说话 上海教育出版社 1992年第7期

1992—09 方鸿辉 《人造“神探”——生物感测器》 文汇报 1992年9月12日

1992—09 方鸿辉 《三只小鸭去散步》 看图说话 上海教育出版社 1992年第9期

1992—10 方鸿辉 《外国人看中国物理教育》 物理教学 1992年第10期

1992—11 方鸿辉 《白兔》 看图说话 上海教育出版社 1992年第11期

1993—01 方鸿辉 《聚名师智慧 集名校特长——介绍〈新编高中各科总复习〉》 书友杂志 1993年第1期

1993—01 方鸿辉 《介绍爱因斯坦关于 $E=mc^2$ 的推导》 物理教师 1993年第1期

1993—01 方鸿辉 《趣味物理》 中学科技 上海科技教育出版社 1993年第1期

1993—02 方鸿辉 《发展学生判断能力的对照性习题》 物理教学 1993年第2期

1993—02 方鸿辉 《动物怎样保暖》 看图说话 上海教育出版社 1993年第2期

1993—02 方鸿辉 《床底下有条大鳄鱼》 彩图故事100集 少年儿童出版社 1993年2月出版

1993—02　方鸿辉　《名师授课录(中学物理)》　物理教学　1993年第2期

1993—03　方鸿辉　《教育改革与电化教学》　书友杂志　1993年第3期

1993—05　方鸿辉　《钟面上的数学》　少年科学　少年儿童出版社　1993年第5期

1993—08　方鸿辉　《超导鸟》　中学科技　上海科技教育出版社　1993年第8期

1993—09　方鸿辉　《研究设想试验专栏五篇》　中学科技　上海科技教育出版社　1993年第9期

1993—09　方鸿辉　《微型AM/FM立体声收音机的制作》　中学科技　上海科技教育出版社　1993年第9期

1993—10　方鸿辉　《物理教学的美学思考》　教学月刊　1993年第10期

1993—11　方鸿辉　《人类是宇宙中的独生子吗》　中学科技　上海科技教育出版社　1993年第11期

1993—12　方鸿辉　《模拟气垫船　手指上的火焰》　中学科技　上海科技教育出版社　1993年第12期

1994—01　方鸿辉　《奇妙的六边形纸环》　小学科技　上海科技教育出版社　1994年第1期

1994—02　方鸿辉　《单片集成电路调幅收音机的制作》　中学科技　上海科技教育出版社　1994年第2期

1994—04　方鸿辉　《连等式与运算环》　小学数学教师　上海教育出版社　1994年第4期

1994—05　方鸿辉　《物理教学的美学思考》　物理教学　1994年第5期

1994—06　方鸿辉　《识别手语的电子手套》　解放日报　1994年6月30日(署名　吴月明)

1994—09　方鸿辉　《用物理学原理审视体形大小对动物的影响》　中学科技　上海科技教育出版社　1994年第9期(署名　蒋善达)

1995—01　方鸿辉　《调频/调幅集成电路收音机》　中学科技　上海科技教育出版社　1995年第1期

1995—04　方鸿辉　《人类能与海豚相互沟通吗》　中学科技　上海科技教育出版社　1995年第4期

1995—08　方鸿辉　《扶摇直上的水“火箭”》　中学科技　上海科技教育出版社　1995年第8期

1995—08 方鸿辉 《拳拳报国心 爱我中华情——介绍〈中国科学院院士自述〉》 读者导报 1995年8月28日

1995—09 方鸿辉 《开启孩子智慧之门的金钥匙——〈生活科学百科〉》 读者导报 1995年9月18日

1995—11 方鸿辉 《应用人体力学研制新型汽车》 文汇报 1995年11月18日

1995—12 方鸿辉 《抢在人生的春天播种》 文汇报 1995年12月2日

1996—01 方鸿辉 《拳拳报国心 浓浓中华情》 上海新书目 1996年1月19日

1996—02 方鸿辉 《口服蛋白质抑制自身免疫——探索治疗自身免疫性疾病的新途径》 文汇报 1996年2月6日

1996—03 方鸿辉 《人类是宇宙中的“独生子”吗》 文汇报 1996年3月12日(曾获“永业杯”科普征文二等奖)

1996—03 方鸿辉 《算一算,宇宙中我们有多少同伴》 文汇报 1996年3月12日

(上述两篇天文科普文稿后被收录上海科学技术出版社的《火星生命、疯牛病和互联网络》)

1996—05 方鸿辉 《〈中国科学院院士自述〉编者的话》 上海教育出版社 1版1次 1996年5月

1996—05 方鸿辉 《高高兴兴进入音乐殿堂》 上海科技报 1996年5月24日

1996—07 方鸿辉 《科学家的心曲——记〈中国科学院院士自述〉首发式》 读者导报 1996年7月1日(署名 正怡)

1996—07 方鸿辉 《在科学上的超额贡献——〈中国科学院院士自述〉出版》 上海科技报 1996年7月5日

1996—08 方鸿辉 《科学家的心曲——〈中国科学院院士自述(青少年版)〉》 上海新书目 1996年8月29日

1996—09 方鸿辉 《〈中国科学院院士自述(青少年版)〉编者的话》 上海教育出版社 1版1次 1996年9月

1996—09 方鸿辉 《拳拳爱国心 谆谆教诲情——推介〈院士对青少年说〉》 读者导报(第727期) 1996年9月16日(署名 正怡)

1996—09 方鸿辉 《贴近社会,捕捉信息,关心天下事——介绍东二小学信

息教学课》　上海教育　1996年9月号

1996—10　方鸿辉　《方法得当　事半功倍——读〈物理学研究方法和艺术〉》　上海科技报　1996年10月25日

1996—11　方鸿辉　《是名士自风流——院士对你这样说》　中国图书商报　1996年11月10日

1996—11　方鸿辉　《院士对青少年说》　春城晚报(云南昆明)　1996年11月15日

1996—11　方鸿辉　《调频调幅立体声收音机制作》　中学科技　上海科技教育出版社　1996年第11期

1996—12　方鸿辉　《院士对青少年说——介绍〈中国科学院院士自述(青少年版)〉》　云南日报　1996年12月28日

1996—12　方鸿辉　《学院士精神　走科学道路》　读者导报　1996年12月30日

1997—01　杨雄里　方鸿辉　《人脑与电脑·人眼与"天眼"——杨雄里院士访谈录》　上海科技报　1997年1月8日

1997—01　方鸿辉　《科学研究中的方法与艺术——院士如是说(一)》　科学生活杂志　1997年第1期(署名　方珏)

1997—02　方鸿辉　《最难忘的事——院士如是说(二)》　科学生活杂志　1997年第2期(署名　方珏)

1997—02　方鸿辉　《科学家的心曲》　物理教学　1997年第2期(19卷第2期)

1997—02　方鸿辉　《乐为社会作贡献(与谢希德对话)》　上海科技报　1997年2月21日

1997—02　方鸿辉　《〈音乐小世界〉教你识音乐》　云南日报　1997年2月22日

1997—03　方鸿辉　《女子科苑亦风流——院士如是说(三)》　科学生活杂志　1997年第3期(署名　方珏)

1997—03　方鸿辉　《科学家的心曲》　书与人　1997年第3期

1997—04　方鸿辉　《四月里的怀念——院士如是说(四)》　科学生活杂志　1997年第4期(署名　方珏)

1997—05　方鸿辉　《院士的风采　真情的流泻——〈中国科学院院士自述〉编后记》　群言杂志　1997年第5期

1997—05　方鸿辉　《人脑与电脑·人眼与“天眼”——杨雄里院士访谈录》　书与人杂志　1997 年第 5 期

1997—05　方鸿辉　《名人成才启示录》　书与人杂志　1997 年第 5 期

1997—05　方鸿辉　《五月阳光——院士如是说（五）》　科学生活杂志　1997 年第 5 期（署名　方珏）

1997—05　方鸿辉　《科学技术：飞向 21 世纪的金翅膀系列活动开幕》　上海青少年科技报　1997 年 5 月 10 日

1997—06　方鸿辉　《我是这样成长的——院士如是说（六）》　科学生活杂志　1997 年第 6 期（署名　方珏）

1997—07　方鸿辉　《我要回到祖国去——院士如是说（七）》　科学生活杂志　1997 年第 7 期（署名　方珏）

1997—08　方鸿辉　《无言的朋友——院士如是说（八）》　科学生活杂志　1997 年第 8 期（署名　方珏）

1997—08　方鸿辉　《青春永驻——访严东生院士》　科学生活杂志　1997 年第 8 期

1997—09　方鸿辉　《“烛光”伴我行——院士如是说（九）》　科学生活杂志　1997 年第 9 期（署名　方珏）

1997—10　方鸿辉　《方法得当　事半功倍——读〈物理学研究方法和艺术〉》　云南日报　1997 年 10 月 5 日（署名　正怡）

1997—10　方鸿辉　《第二届青春》　科学生活杂志　1997 年第 10 期

1997—10　方鸿辉　《成由勤俭——院士如是说（十）》　科学生活杂志　1997 年第 10 期（署名　方珏）

1997—11　方鸿辉　《寄语青年——院士如是说（十一）》　科学生活杂志　1997 年第 11 期（署名　方珏）

1997—12　方鸿辉　《关于未来——院士如是说（十二）》　科学生活杂志　1997 年第 12 期（署名　方珏）

1998—08　方鸿辉　《〈中国工程院院士自述（青少年版）〉编者的话》　上海教育出版社　1 版 1 次　1998 年 8 月

1998—08　方鸿辉　《把高科技的恩惠撒向全人类——介绍〈中国科学技术前沿〉》　读者导报　1998 年 8 月 5 日

1998—08　方鸿辉　《把高科技的恩惠撒向全人类》　物理教学　1998 年第 8 期

1998—09　方鸿辉　《把高新技术的恩惠撒向全人类——介绍〈中国科学技术前沿〉》　中国出版杂志　1998年第9期

1999—01　方鸿辉　《站在中国科技前沿》　上海科技报　1999年1月6日

1999—01　方鸿辉　《以创新意识宣传科学精神——〈中国工程院院士自述〉出版》　读者导报　1999年1月20日

1999—04　方鸿辉　《创新的中国科学技术前沿》　科学时报　1999年4月9日

1999—04　方鸿辉　《以创新意识迎接21世纪曙光——介绍〈中国工程院院士自述〉》　文汇读书周报　1999年4月17日

1999—04　方鸿辉　《360位院士追忆似水年华　镌刻工程技术泰斗群雕》　科学时报　1999年4月28日

1999—04　方鸿辉　《语重心长的话语》　读书指导杂志　1999年第4期（署名　洪晖）

1999—05　方鸿辉　《素质教育的理想读本——介绍〈新世纪的嘱托——院士寄语青年〉》　读者导报　1999年5月5日

1999—05　方鸿辉　《发扬“五四”爱国精神　勇当科教兴国先锋》　上海青少年科技报　1999年5月6日

1999—05　方鸿辉　《素质教育的理想读物——介绍〈新世纪的嘱托——院士寄语青年〉》　上海青少年科技报　1999年5月6日

1999—05　方鸿辉　《新世纪的嘱托——60多位院士寄语青年一代》　家庭教育报　1999年5月17日（署名　肖晓）

1999—05　方鸿辉　《格物致知与创新思维——介绍〈创造性物理实验〉》　上海青少年科技报　1999年5月20日

1999—05　方鸿辉　《素质教育的理想读物》　科学时报　1999年5月31日

1999—06　方鸿辉　《站在中国科学技术前沿》　群言杂志　1999年第6期

1999—07　方鸿辉　《以创新意识迎接21世纪曙光——读〈中国工程院院士自述〉》　中国出版杂志　1999年第7期

1999—07　方鸿辉　《科技攀高峰　院士述情怀——评介〈中国工程院院士自述〉》　全国新书目　1999年第7期

1999—08　方鸿辉　《中学物理教育改革与创新——介绍〈中学物理教育学〉》　读者导报　1999年8月5日

1999—09　方鸿辉　《中学物理教育改革与创新——读〈中学物理教育学〉》

物理教师杂志 1999年第9期

1999—10 方鸿辉 《中学物理教育改革与创新——介绍〈中学物理教育学〉》 上海教育杂志 1999年第10期

1999—12 方鸿辉 《人类为何要探索火星、月球》 上海科技报 1999年12月10日

1999—12 方鸿辉 刘贵兴 《会走路的玻璃杯》 上海青少年科技报 1999年12月16日

1999—12 方鸿辉 刘贵兴 《把瓶捏扁了》 上海青少年科技报 1999年12月30日

1999—12 方鸿辉 《世纪之交的重托——读〈新世纪的嘱托——院士寄语青年〉》 全国新书目杂志 1999年第12期

2000—01 方鸿辉 《为寻找Higgs粒子而努力——再访严东生院士》 科学生活杂志 2000年第1期

2000—02 方鸿辉 《曾溢滔夫妇和他们的牛和羊》 科技日报 2000年2月26日第2版(整版)

2000—03 方鸿辉 《科学对话:转基因动物与生物医药产业》 文汇报 2000年3月4日

2000—03 方鸿辉 《液滴的形态》 上海青少年科技报 2000年3月9日

2000—03 方鸿辉 《科学对话:转基因动物与生物医药产业》 中华读书报 2000年3月29日

2000—04 方鸿辉 《验证伯努利原理》 上海青少年科技报 2000年4月6日

2000—04 方鸿辉 《〈中国科学院院士画册〉将出版》 上海新书报 2000年4月16日

2000—04 方鸿辉 《生活中处处有数学(一)》 上海青少年科技报 2000年4月20日

2000—04 方鸿辉 《360位院士追忆似水年华 镌刻工程技术泰斗群雕》 科学时报 2000年4月28日

2000—04 方鸿辉 《访转基因“滔滔”之“父”》 知识经济杂志 2000年第4期

2000—05 方鸿辉 《生活中处处有数学(二)》 上海青少年科技报 2000年5月4日

2000—05 方鸿辉 《百年科技的回眸与21世纪的展望》 上海新书报 2000年5月14日

2000—05 方鸿辉 《生活中处处有数学(三)》 上海青少年科技报 2000年5月18日

2000—06 方鸿辉 《生活中处处有数学(四)》 上海青少年科技报 2000年6月1日

2000—06 方鸿辉 《生活中处处有数学(五)》 上海青少年科技报 2000年6月15日

2000—06 方鸿辉 刘贵兴 《小孔的奥秘》 上海青少年科技报 2000年6月15日

2000—06 方鸿辉 《生活中处处有数学(六)》 上海青少年科技报 2000年6月29日

2000—07 方鸿辉 刘贵兴 《点亮日光灯的巧妙方法》 上海青少年科技报暑期合刊 2000年7月10日

2000—07 方鸿辉 《重返月球计划》 上海青少年科技报 2000年7月13日(署名 正怡)

2000—07 方鸿辉 《为了生命科学的辉煌》 中华读书报 2000年7月26日

2000—07 方鸿辉 《基因——揭开生命奥秘的钥匙》 上海青少年科技报 2000年7月27日(署名 正怡)

2000—08 方鸿辉 《沙尘暴的警告》 上海青少年科技报 2000年8月10日(署名 正怡)

2000—08 方鸿辉 《生活中处处有数学(七)》 上海青少年科技报 2000年8月10日

2000—08 方鸿辉 《诱人的地球科学》 上海青少年科技报 2000年8月24日(署名 正怡)

2000—08 方鸿辉 《生活中处处有数学(八)》 上海青少年科技报 2000年8月24日

2000—08 方鸿辉 《听话的火柴,牛奶瓶上的奇观》 上海青少年科技报 2000年8月24日

2000—09 方鸿辉 《生活中处处有数学(九)》 上海青少年科技报 2000年9月7日

2000—09　方鸿辉　《验证地球自转》　上海青少年科技报　2000 年 9 月 7 日

2000—09　方鸿辉　刘贵兴　《喷气小艇》　上海青少年科技报　2000 年 9 月 21 日

2000—09　方鸿辉　《超导与磁悬浮列车》　上海青少年科技报　2000 年 9 月 21 日

2000—10　方鸿辉　《遨游太空　实现美梦》　上海青少年科技报　2000 年 10 月 5 日

2000—10　方鸿辉　《寻找反物质》　上海青少年科技报　2000 年 10 月 19 日

2000—11　方鸿辉　《电脑挑战人类智慧》　上海青少年科技报　2000 年 11 月 2 日

2000—11　方鸿辉　《解读人类生命的说明书》　上海青少年科技报　2000 年 11 月 16 日

2000—11　方鸿辉　《奇妙的圆锥形光束》　上海青少年科技报　2000 年 11 月 30 日

2000—11　方鸿辉　《领导新产业革命的纳米技术》　上海青少年科技报　2000 年 11 月 30 日

2000—12　方鸿辉　《会升降的水面》　上海青少年科技报　2000 年 12 月 14 日

2000—12　方鸿辉　《信息与网络》　上海青少年科技报　2000 年 12 月 14 日

2000—12　方鸿辉　《从“多莉”到“滔滔”——动物克隆与转基因技术》　上海青少年科技报　2000 年 12 月 28 日

2001—02　方鸿辉　《世纪之交的科学思考》　中华读书报　2001 年 2 月 14 日

2001—03　方鸿辉　《百年科技回顾与展望》　科技日报　2001 年 3 月 30 日

2001—04　方鸿辉　《人生乐事在奉献》　科学时报 · 科学思想　2001 年 4 月 6 日

2001—05　方鸿辉　《神奇的胚胎干细胞》　青少年科技报　少年儿童出版社　2001 年 5 月 3 日

2001—05　方鸿辉　《为了生命科学的辉煌》　群言杂志　2001 年第 5 期

2001—05　方鸿辉　《百年科技回顾与展望》　世纪书窗杂志　2001 年第 5 期

2001—06　方鸿辉　《中国是我心中世界开始的地方》　世纪书窗杂志　2001 年第 6 期

2001—07　方鸿辉　《GHP 与团队精神》　青少年科技报(暑期合刊)　少年儿童出版社　2001 年第 7 月

2001—07　方鸿辉　刘贵兴　《点亮日光灯的巧妙方法》　青少年科技报(暑期合刊)　少年儿童出版社　2001 年第 7 月

2001—09　方鸿辉　《神奇的胚胎干细胞》　中学生知识画报　2001 年 9 月号(总第 3 期)

2001—11　方鸿辉　《科学家诠释知识经济》　科学时报・科学思想　2001 年 11 月 6 日

2001—11　方鸿辉　《杨福家〈博学笃志〉谈知识经济》　学生导报　2001 年 11 月 12 日

2001—11　方鸿辉　《科研促教改　教改推科研》　中华读书报　2001 年 11 月 28 日

2001—11　方鸿辉　《中国是我心中世界开始的地方——杨福家教授〈博学笃志〉简介》　群言杂志　2001 年第 11 期

2001—11　方鸿辉　《诺贝尔及诺贝尔奖》　青少年科技报　少年儿童出版社　2001 年 11 月 29 日

2001—12　方鸿辉　《肥皂膜驻波》　青少年科技报　少年儿童出版社　2001 年 12 月 27 日

2001—12　方鸿辉　《诺贝尔及诺贝尔奖》　中学生知识画报　2001 年第 12 期

2002—01　方鸿辉　《物理学科双语教学与教材建设》　物理教学　2002 年第 1 期

2002—02　方鸿辉　《物理双语教材往何处改》　中国教育报・教师书房　2002 年 2 月 28 日

2002—02　方鸿辉　《寻找反物质》　中学生知识画报　2002 年第 2 期(署名　正怡)

2002—03　方鸿辉　《美丽的科学　美丽的文章》　文汇读书周报　2002 年 3 月 29 日

2002—03 方鸿辉 《挑战人类智慧的电脑》 中学生知识画报 2002年第3期(总第9期)(署名 洪晖)

2002—03 方鸿辉 《美丽的科学 美丽的文章》 人民教育 2002年3月4月合刊

2002—04 方鸿辉 《莺啼梦晓——科研方法与成才之路》 读者导报 2002年4月12日

2002—04 方鸿辉 《跨接学科双语的“斜面”》 中国教育报 2002年4月18日

2002—04 方鸿辉 《科学与文学联姻——〈科学是美丽的〉》 学生导报 2002年4月22日

2002—05 方鸿辉 《寻找》 文汇读书周报 2002年5月10日

2002—05 方鸿辉 《寻找成才与科研的步履》 科学时报 2002年5月10日

2002—05 方鸿辉 《科普新书·莺啼梦晓》 文汇报 2002年5月13日

2002—05 方鸿辉 《电磁波谱 The Electromagnetic Spetrum(双语教学)》 物理教学 2002年第5期

2002—05 方鸿辉 《做大写的“人”从小学生开始》 中华读书报 2002年5月29日

2002—07 方鸿辉 《HGP与团队精神》 青少年科技报 少年儿童出版社 2002年7月暑期合刊

2002—07 方鸿辉 《美丽的科学 美丽的文章》 群言杂志 2002年第7期

2002—07 方鸿辉 《宽些,再宽些!》 科学时报·编者话书 2002年7月5日

2002—08 方鸿辉 《寻找成才与科研方法的步履》 新华文摘 2002年第8期(全文转载《文汇读书周报》 2002年5月10日《寻找》)

2002—08 方鸿辉 《美丽的科学 美丽的人生》 科学生活杂志 2002年第8期

2002—09 方鸿辉 《美丽的科学 美丽的文章》 语文报(初中版) 2002年9月30日

2002—09 方鸿辉 《技术是一柄双刃剑》 中学生知识画报 2002年第9期(总第13期)(署名 方正怡)

2002—10　方鸿辉　《寻找》　群言杂志　2002年第10期　第31—34页
2002—10　方鸿辉　《美丽的科学　美丽的文章》　物理教学　2002年第10期
2002—12　方鸿辉　《科技传播的人文思考与本土化思考》　中华读书报·出版论坛·理论探讨　2002年12月18日
2002—12　方鸿辉　《假如我是他》　家庭教育时报　2002年12月23日
2003—01　方鸿辉　《“夏娃”真的降临了吗——关注克隆人的动态》　青少年科技报　少年儿童出版社　2003年1月9日
2003—01　方鸿辉　《科学是美丽的》　青少年科技报　2003年1月6日
2003—02　方鸿辉　《美丽的科学　美丽的文章》　人民教育　2003年3月4合刊
2003—03　方鸿辉　《展开科学与人文的双翅》　青少年科技报　少年儿童出版社　2003年3月12日
2003—03　方鸿辉　《文理相长　发展个性——与沈致远先生对话》　家庭教育时报　2003年3月17日
2003—04　沈致远　方鸿辉　《沈致远先生谈素质教育》　群言杂志　2003年第4期
2003—05　方鸿辉　《架起理论与实践相通的桥梁》　人民教育　2003年第10期(署名　沙柳)
2003—05　方鸿辉　《中小学心理辅导书应从理论走向个案》　中华读书报　2003年5月21日
2003—05　方鸿辉　《科学确实是美丽的》　语文学习　上海教育出版社　2003年第5期(署名　方正怡)
2003—05　方鸿辉　《假如我是他——曾溢滔的创新之路》　自然与人杂志　2003年第5期
2003—06　方鸿辉　《掌握心理辅导的技能——读〈野百合也有春天〉》　文汇读书周报　2003年6月13日
2003—06　方鸿辉　《数字化虚拟的中国人》　青少年科技报　少年儿童出版社　2003年6月19日
2003—06　方鸿辉　《中小学生心理问题的辅导技巧》　大众日报　2003年6月20日
2003—07　方鸿辉　《帝王蝶风波与转基因食品》　青少年科技报　少年儿

童出版社 2003年7月1日暑期合刊

2003—07 方鸿辉 《为学科双语教学制作小工具》 文汇读书周报 2003年7月11日

2003—07 方鸿辉 《寻找名人的成才之道》 大众日报 2003年7月18日

2003—07 方鸿辉 《任重道远话人才——谈家桢院士采访记》 语文学习 上海教育出版社 2003年7月8期合刊

2003—08 方鸿辉 《鲜为人知的院士故事》 科学生活杂志 2003年8月号

2003—09 方鸿辉 《假如我是他——曾溢滔的创新之路》 自然与人杂志 2003年9月10月号

2003—10 方鸿辉 《读〈莺啼梦晓〉》 人民教育 2003年第19期

2003—10 谈家桢述 方鸿辉记 《93年心路历程》 科学生活杂志 2003年10月号

2004—02 方鸿辉 《肝胆相照的人生》 科学生活杂志 2004年2月

2004—02 方鸿辉 《在地球上造小太阳的人》 自然与人杂志 2004年第2期

2004—03 方鸿辉 《鲜为人知的院士故事》 半岛晨报 2004年3月6日

2004—04 方鸿辉 《鲜为人知的院士故事——院士并非都是天才》 香港文汇报 2004年4月8日

2004—04 方鸿辉 《鲜为人知的院士故事——"文革"中挺身护父母》 香港文汇报 2004年4月9日

2004—04 方鸿辉 《鲜为人知的院士故事——不离不弃卧床伴侣》 香港文汇报 2004年4月10日

2004—04 方鸿辉 《鲜为人知的院士故事——夫妻院士 相濡以沫》 香港文汇报 2004年4月11日

2004—04 方鸿辉 《鲜为人知的院士故事——"不务正业"折射深厚学养》 香港文汇报 2004年4月12日

2004—04 方鸿辉 《鲜为人知的院士故事——弹得一手漂亮钢琴》 香港文汇报 2004年4月13日

2004—06 方鸿辉 《鲜为人知的院士故事》 物理教学杂志 2004年第6期(26卷第6期)

2004—07 方鸿辉 《寻找你的"通感"——读〈科学如此多娇〉》 学生导报

2004年7月

2004—10 方鸿辉 《鲜为人知的院士故事》 读者参考(丛书) 2004年10月 总第59期 第183至186页

2004—10 方鸿辉 《关于学科双语教学的理性思考与教材开发》 中小学英语教学与研究 2004年第10期

2004—12 方鸿辉 《蔚蓝的思维 清澈的理性》 南方日报 2004年12月31日

2004—12 方鸿辉 《还原一个名字》 上海画报 2004年第12月期(第30至37页)

2005—01 方鸿辉 《打造原创科普佳作》 群言杂志 2005年第1期

2005—01 方鸿辉 《人生乐事在奉献——忆谢希德院士》 自然与人杂志 2005年1月2月合刊

2005—03 方鸿辉 《提高教师的素养和才能》 物理教学 2005年第3期(总第286期)

2005—03 方鸿辉 《科学的道路》 上海科坛 2005年第3期

2005—04 方鸿辉 《打造原创科普佳作(论点摘编)》 新华文摘 2005年第7期(4月5日出版)(摘自《群言》2005年第1期)

2005—04 方鸿辉 《生命的价值在于追求——怀念郭申元博士》 家庭教育时报 2005年4月18日

2005—04 方鸿辉 《蔚蓝的思维 清澈的理性》 群言杂志 2005年第4期 第38至41页

2005—05 方鸿辉 《蔚蓝的思维 清澈的理性》 科学 2005年5月第57卷第3期(第59至61页)

2005—04 方鸿辉 《蔚蓝的思维 清澈的理性(纪念爱因斯坦发表狭义相对论100周年)》 物理教学 2005年4月(第27卷第4期,第2至4页)

2005—05 方鸿辉 《蔚蓝的思维 清澈的理性》 自然与人杂志 2005年5、6月号

2005—06 方鸿辉 《还原一个名字》 人民文摘 2005年6月号(摘自2004年12月号《上海画报》)

2005—06 方鸿辉 《科普要有大爱精神》 文汇报·书缘 2005年6月28日

2005—07 方鸿辉 《科学的道路》 群言杂志 2005年7月(总第244期)
2005—07 方鸿辉 《科学之路上的中科院院士》 文汇读书周报 2005年7月15日
2005—08 方鸿辉 《一位自费留学生留给世人的思考》 科学时报 2005年8月19日
2005—11 方鸿辉 《科学的道路》 自然与人杂志 2005年11月12月号
2006—01 方鸿辉 《科学上的超额贡献》 物理教学 2006年第1期
2006—01 方鸿辉 《肝胆相照——记2005年国家最高科学技术奖获得者吴孟超》 青少年科技报 少年儿童出版社 2006年1月11日
2006—02 方鸿辉 《六百院士共撰〈科学的道路〉》 瞭望新闻周刊 2006年6月7月合刊(2月13日出版)
2006—02 方鸿辉 《科学是美丽的》 上海画报 2006年第2期
2006—03 方鸿辉 《人生道路的正确选择》 青少年科技报 少年儿童出版社 2006年3月16日
2006—04 方鸿辉 《青春永驻的科学人生——〈科学人生——院士的故事〉编后记》 上海教育出版社 2006年4月1版1次
2006—06 方鸿辉 《青春永驻科学人生》 中华读书报 2006年6月21日
2006—06 方鸿辉 《展示科学家的人格情怀与人格魅力》 语文报(第546期) 2006年6月26日
2006—06 方鸿辉 《科学是美丽的》 上海科坛 2006年第2期(总第37期,第29至31页)
2006—07 方鸿辉 《读好人生这部大书——〈院士怎样读书〉的启示》 群言杂志 2006年第7期
2006—08 方鸿辉 《李政道的艺术情》 上海画报 2006年第8期
2006—09 方鸿辉 《读好人生这部大书》 自然与科技杂志 2006年9月10月号
2006—10 方正怡 方鸿辉 《青春永驻的科学人生》 群言杂志 2006年第10期
2006—11 方鸿辉 《像捧“超女”一样捧科普》 解放日报 2006年11月21日
2006—11 方鸿辉 《游走在两座殿堂之间》 文汇报 2006年11月26日
2006—11 方鸿辉 《顾迈男眼里的“智慧人生”》 中华读书报 2006年11

月29日

2006—12　方鸿辉　《科学家们的“智慧人生”》　天津日报·读书版　2006年12月18日

2007—02　方鸿辉　《非凡的智慧人生》　群言杂志　2007年2月(总第263期,第43至44页)

2007—03　方鸿辉　《读好人生这部大书——〈院士怎样读书〉的启示》　政策杂志　2007年第3期

2007—04　方鸿辉　《中国教师节的首创者——王梓坤教授》　青少年科技报　少年儿童出版社　2007年4月11日

2007—06　方鸿辉　《金色的想象　通透的思考》　群言杂志　2007年6月(总第267期,第42至44页)

2007—10　方鸿辉　方正怡　《勇于挑战权威的尹文英院士》　青少年科技报　少年儿童出版社　2007年10月18日

2007—10　方鸿辉　《要有爱因斯坦那样的美丽心灵和博大胸怀》　自然杂志　2007年10月第5期(第29卷总第262期,第303至304页)

2007—11　方鸿辉　《张香桐的故事》　科学时报　2007年11月13日

2008—01　方鸿辉　《钱伟长:桑榆非晚　奔驰不息》　中华读书报　2008年1月23日(后被清华大学网站全文转载)

2008—05　方鸿辉　方正怡　《青春永驻科学人生》　自然与科技杂志　2008年5月6月号

2008—05　方鸿辉　《要有美丽心灵和博大胸怀》　自然与科技杂志　2008年5月6月号

2008—06　方鸿辉　余传诗等　《战略科学家的大视野》　中华读书报　人物·科学家　2008年6月18日

2008—09　方鸿辉　《浅论科普读物的选题创新——从〈中国科学院院士自述〉谈起》　上海市科协第六届学术年会论文集萃　2008年9月

2008—11　方鸿辉　《展双翅翱翔——李大潜的数学人生》　上海科坛　2008年11月(上海科协成立50周年纪念特刊)(署名　方正怡)

2008—11　方鸿辉　《肝胆相照——吴孟超院士的人生选择与事业追求》　中华读书报·人物·科学家　2008年11月19日

2008—11　方鸿辉　《李大潜被授予法国荣誉军团骑士勋章》　科学时报　2008年11月19日

2008—11 方鸿辉 《李大潜获法国荣誉军团骑士勋章》 上海科技报 2008年11月24日

2008—11 方鸿辉 《李大潜院士获法国荣誉军团骑士勋章》 中华读书报 2008年11月26日

2008—11 方鸿辉 《李大潜:展双翅方能翱翔》 动手做报 2008年11月27日

2009—02 方鸿辉 《同步辐射 上海光源》 上海科坛 2009年第2期

2009—02 方鸿辉 《浅论科普读物的选题创新——从〈中国科学院院士自述〉谈起》 科普创作通讯 2009年第2期

2009—04 方鸿辉 《假如我是他——曾溢滔院士的科学道路》 上海科坛 2009年第2期(署名 方正怡)

2009—06 方正怡 方鸿辉 《对科学史有价值的钩沉——读〈科学的道路〉》 自然杂志 2009年第6期(总第275期)

2009—07 方鸿辉 《神奇的上海光源》 上海画报 2009年第7期

2009—07 方鸿辉 《"我是忠于我的祖国的"——钱伟长的科学人生》 上海画报 2010年9月号

2009—07 方鸿辉 《迷人的基因》 自然与科技杂志 2009年7月8月号(总第174期)

2010—01 方鸿辉 《从灵魂到分子之路》 自然与科技杂志 2010年1月2月号(总第177期,署名方正怡)

2010—01 方鸿辉 《"的哥"的健康读本》 自然与科技杂志 2010年1月2月号(总第177期)

2010—09 方正怡 方鸿辉 《"我是忠于我的祖国的"——回忆与怀念》 群言杂志 2010年第9期(总第306期,第34至37页)

2010—10 方鸿辉 吴月明 《后世博核心价值追求的范例——感悟"城市最佳实践区"》 上海科坛 2020年第3第4期(总第54期,第11至20页)

2010—10 朱建坤 方鸿辉 《思想 智慧 启迪——"与院士一起看世博"演讲片段精彩回放》 上海科坛 2020年第3第4期(总第54期,第30至38页)

2011—02 方鸿辉 《履尘留迹终难忘——记王梓坤院士二三事》 上海科坛 2011年第1期(总第56期)

2011—03　方鸿辉　《人生几何学几何——谷超豪的诗性数学人生》（中国科学院）学部通讯　2011 年第 3 期（总第 139 期）

2011—03　方鸿辉　《人生几何学几何——谷超豪的诗性数学人生》　上海科坛　2011 年第 1 期（总第 55 期，第 38 至 46 页）

2011—11　方鸿辉　《赏天地之美　析万物之理——〈十万个为什么〉第六版编纂启动　百余院士任编委》　上海画报　2011 年 11 月号（署名　李远涛　洪星范　方鸿辉）

2011—12　方鸿辉　方正怡　《履程留迹终难忘——王梓坤的科学发现纵横谈》（中国科学院）学部通讯　2011 年第 12 期（总第 148 期）

2012—01　方鸿辉　方正怡　《事业与奉献——龚岳亭的治学与处世之箴言》（中国科学院）学部通讯　2012 年第 1 期（总第 149 期）

2012—01　方鸿辉　《肝胆相照——吴孟超的人生选择与事业追求》　上海画报　2012 年第 1 期（第 28 至 32 页）

2012—02　方鸿辉　方正怡　《深沉的意志　炽热的情感——张香桐百年坎坷寻脑之道》（中国科学院）学部通讯　2012 年第 2 期（总第 150 期）

2012—03　方鸿辉　《肝胆相照——吴孟超院士的人生与事业》　上海科坛　2012 年第 1 期（总第 57 期）

2012—07　方鸿辉　《成才的路标——评〈院士怎样做人与做事〉》　中学生数理化杂志　2012 年第 7 第 8 期合刊（署名　洪晖）

2012—08　方鸿辉　林清　《观天测时　析理赏美》　上海画报　2012 年 8 月号（总第 264 期，第 12 至 19 页）

2012—09　方鸿辉　《人生乐事在奉献——谢希德热心科学传播的故事》（中国科学院）学部通讯　2012 年第 9 期（总第 157 期）

2012—09　方鸿辉　《李政道的通识教育观》　中学生数理化杂志　2012 年（初中版）第 9 期

2012—10　方鸿辉　《科学与艺术的会合——李政道的艺术情》（中国科学院）学部通讯　2012 年第 10 期（总第 158 期）

2012—11　方鸿辉　《判天地之美而究万物之理——薛永祺情系“千里眼”的研发》（中国科学院）学部通讯　2012 年第 11 期（总第 159 期）

2013—01　方鸿辉　《展双翅翱翔——李大潜的数学人生》（中国科学院）学部通讯　2013 年第 1 期（总第 161 期）

2014—02 方鸿辉 《明澈的晶体——严东生的材料科学人生》 （中国科学院）学部通讯 2014年第2期（总第174期）

2014—03 方鸿辉 《大医精诚——吴孟超》 （中国科学院）学部通讯 2014年第3期（总第175期）

2014—04 方鸿辉 《真理令人获得自由——谈家桢的科学人生》 （中国科学院）学部通讯 2014年第4期（总第176期）

2014—05 方鸿辉 《大写的人》 （中国科学院）学部通讯 2014年第5期（总第177期）

2014—09 方鸿辉 《大医为人吴孟超》 中国科学报·印刻 2014年9月26日

2014—09 方鸿辉 《吴孟超的科学足迹》 中国科学报·印刻 2014年9月26日

2014—12 方鸿辉 《跨文化传播》 群言杂志 2014年第12期

2015—01 方鸿辉 《蛋白质合成与人生箴言——龚岳亭院士的科学人生》 上海科坛 2015年第1期

2015—03 方鸿辉 《学与术要结合》 群言杂志 2015年第3期

2015—04 方鸿辉 《龚岳亭：励志报国 铸就辉煌》 中国科学报·印刻 2015年4月24日

2015—04 方鸿辉 《龚岳亭论科学与宗教》 中国科学报·印刻 2015年4月24日

2016—05 方鸿辉 《维谢格拉德与多瑙河》 上海老年报 2016年5月31日

2016—06 方鸿辉 《布拉格城堡》 上海老年报 2016年6月21日（署名 方正怡）

2016—07 方鸿辉 《肖普朗的夜晚》 上海老年报 2016年7月5日（署名 吴月明）

2016—09 方鸿辉 《科普队伍建设与人才培训》 群言杂志 2016年第9期（总第378期）第38至40页

2018—01 方鸿辉 《严东生：国际科学大合作的开拓者》 （中国科学院）学部通讯 2018年第1期（总第221期）

2018—05 方鸿辉 《沙滩上的孩子》 康复·生命新知杂志 2018年5月号

2018—06 方鸿辉 《科普,为培育有人文情怀的创新人才服务》 中国新闻出版报 2018 年 6 月 15 日

2019—01 方鸿辉 《生命的深泉在涌流》 中国自然资源报 2019 年 1 月 8 日

（上述整理的文字是眼下尚能找到的一些资料）

附录2　责编或编著的图书获奖一览

1.《中国科学院院士自述》(500多位中科院院士的自述)

(A) 1997年中共中央宣传部第六届精神文明建设“五个一工程”奖(中共中央宣传部)

(B) 1997年第六届精神文明建设“五个一工程”入选作品奖(中共上海市委宣传部)

(C) 1996年度(首届)上海市科普优秀作品奖(“四个一工程”奖)(中共上海市委宣传部、市科委、市科协、市教委)

2.《中国科学院院士自述(青少年版)》(40多位中科院院士自述)

(A) 1997年上海市第六届中小学生课外优秀读物奖　一等奖(上海市教委、市读书指导委员会、市图书评选委员会)

(B) 1998年第六届全国优秀青年读物奖　二等奖(国家新闻出版署、全国总工会、共青团中央、中宣部出版局)

(C) 1998年上海市第二届优秀少儿读物图书类作品奖　一等奖(中共上海市委宣传部、市青少年保护委、市教委、市新闻出版局、市广电局、市作家协会、市读书活动指导委员会)

3.《教育大辞典》(担任《教育技术》《军事教育》《外国教育史》《比较教育》四个分册的编辑工作)

(A) 1992年度华东地区优秀教育图书　一等奖(华东地区优秀教育图书评奖委员会)

(B) 1991—1993年度上海市优秀图书　一等奖(上海新闻出版局、上海市出版工作者协会)

(C) 1993年第七届中国图书奖(中国图书评论学会)

(D) 1995年首届国家辞书奖　三等奖(中华人民共和国新闻出版署)

（E）1999 年国家图书奖提名奖（中华人民共和国新闻出版署）

4.《长空群鹰——军用飞机》《太空战戟——导弹》（军事科普读本，倪既新编著）

（A）1990 年上海市第三届优秀科普作品奖　三等奖（中共上海市委宣传部、市科委、市教委、市科协）

（B）1991 年度华东地区优秀教育图书　三等奖（华东地区优秀教育图书评奖委员会）

（C）1992 年第二届全国优秀教育图书奖　三等奖（中国出版工作者协会）

（D）1993 年首届全国优秀少年儿童科普图书奖　三等奖（全国青少年科技活动领导小组）

5.《宇宙密码》（美国物理学会理事长撰写的物理学科普读本）

（A）1993 年第三届全国优秀教育图书奖　三等奖（中国出版工作者协会）

（B）1993 年首届全国优秀少年儿童科普图书奖　三等奖（全国青少年科技活动领导小组）

6.《中国科学技术前沿》（中国工程院院士的前沿课题介绍）

（A）1998 年度上海市科普优秀作品奖（“四个一工程”奖）（中共上海市委宣传部、市科委、市教委、市科协）

（B）1998 年度华东地区优秀教育图书　二等奖（华东地区优秀教育图书评奖委员会）

7.《中国工程院院士自述》（350 多位中国工程院院士自述）

（A）1998 年度上海市科普优秀作品奖（“四个一工程”奖）（中共上海市委宣传部、市科委、市教委、市科协）

（B）上海市优秀图书（1997.11—1999.10）奖　二等奖（上海新闻出版局、上海出版工作者协会）

8.《中国科学院院士自述》《中国工程院院士自述》

1999 年上海市科学技术进步奖　三等奖（上海市人民政府科学技术进步奖评审委员会）（第一完成人方鸿辉）

9.《百年科技回顾与展望》(诺贝尔自然科学奖获得者与中科院院士的学术报告集)

(A) 2000年度上海市科普优秀作品奖("四个一工程"奖)(中共上海市委宣传部、市科委、市科协、市教委)

(B) 上海市优秀图书奖(1999.11—2001.10) 二等奖(上海新闻出版局、上海出版工作者协会)

10.《中国科学院院士画册》(中英文对照本,中科院学部工作局编)

2002年度上海市第六届优秀对外宣传(出版类)"银鸽奖" 三等奖(中共上海市委对外宣传办公室)

11.《科学是美丽的——科学艺术与人文思维》(沈致远著)

(A) 2002年度上海市振兴中华读书活动推荐书目"我最喜爱的20本书"之一(上海市振兴中华读书指导委员会)

(B) 2002年国家新闻出版总署向青少年推荐的100种优秀图书之一(科普类)

(C) 2003年第四届沪、港、澳与新加坡四地中学生读书征文活动65种书之一(少年日报社等主持)

(D) 2003年上海市第五届优秀科普图书奖 一等奖(中共上海市委宣传部、市科委、市科协、市新闻出版局、市文广影视管理局、市科技发展基金会)

(E) 上海图书奖入围奖(2004年)(上海新闻出版局、上海出版工作者协会)

(F) 2004年10月,中宣部、文化部、科技部等六部委"三个一百"入选作品

(G) 2004年国家新闻出版署向全国青少年推荐100部优秀读物之一(国家新闻出版署)

(H) 2005年6月国家新闻出版署推荐的百种优秀之一

(I) 列入教育部课程教育中心《2013年中小学图书馆(室)推荐书目》(18本书之一)(国家教育部)

(J) 2013年在全国推介活动中被推选为"公众喜爱的科普作品"——优秀科普图书奖(中国科学技术协会科学技术普及部)

12.《莺啼梦晓——科研方法与成才之路》(王梓坤院士著)

(A) 2003 年上海市第五届优秀科普图书荣誉奖(中共上海市委宣传部、市科委、市科协、市新闻出版局、市文广影视管理局、市科技发展基金会)

(B) 2012 年上海市科学技术进步奖　三等奖(上海市人民政府)(方鸿辉为第二完成人)

(C) 2013 年列入教育部课程教育中心《中小学图书馆(室)推荐书目》(18 本书之一)(国家教育部)

(D) 2013 年在全国推介活动中被推选为"公众喜爱的科普作品"——优秀科普图书奖(中国科学技术协会科学技术普及部)

13.《科学如此多娇——科学与科学家的诗魂》(钱定平著)

2004 年上海读书节信息网络杯"我最喜爱的 20 本书"之一(上海市振兴中华读书指导委员会主办,上海市电信有限公司信息网络部承办)

14.《清澈的理性——科学人文读本》

(A) 华东地区 2004 年度优秀教育图书奖　三等奖(华东地区优秀教育图书评奖委员会)

(B) 2005 年 6 月被上海书展推荐为上海市振兴中华读书活动推荐书目——10 种新书之一(书展组委会主办,市新闻出版局、解放日报、文汇报、新民晚报协办)

(C) 2006 年第 14 届上海市中小学优秀图书奖　一等奖(上海市教委中小学图书馆工委)

(D) 2014 年被中共上海市委宣传部、市科委、市教委、市科协、市新闻出版局及网民评为"上海市民喜爱的 10 部科普图书"之一

15.《蔚蓝的思维——科学人文读本》

(A) 华东地区 2004 年度优秀教育图书奖　三等奖(华东地区优秀教育图书评奖委员会)

(B) 2005 年 6 月被上海书展推荐为上海市振兴中华读书活动推荐书目——10 种新书之一(书展组委会主办,市新闻出版局、解放日报、文汇报、新民晚报协办)

(C) 2006 年第 14 届上海市中小学优秀图书奖　一等奖(上海市教委中小学图书馆工委)

(D) 2014 年被中共上海市委宣传部、市科委、市教委、市科协、市新闻出版局及网民评为“上海市民喜爱的 10 部科普图书”之一

16.《科学的道路》(600 多位中科院院士的学术回顾)

(A) 2006 年度上海市科学技术进步奖　二等奖(上海市人民政府)(方鸿辉为第一完成人)

(B) 2010 年第一届中国科普作家协会优秀科普作品奖(图书类)提名奖(中国科普作家协会)

17.《院士怎样读书》(70 多位院士谈读书,侯艺兵著)

(A) 华东地区 2005 年度优秀教育图书　三等奖(华东地区优秀教育图书评奖委员会)

(B) 2006 年度上海市优秀科普作品(书籍)(上海市科普工作联席会议办公室)

18.《想当元帅的士兵——科学成才纵横谈》(叶永烈著)

华东地区 2006 年度优秀教育图书奖　三等奖(华东地区优秀教育图书评奖委员会)

19.《迷人的基因——遗传学往事的文化启迪》(高翼之著)

(A) 2007 年度上海市优秀科普作品(书籍)(上海市科普工作联席会议办公室)

(B) 2013 年列入教育部课程教育中心《中小学图书馆(室)推荐书目》(18 本书之一)(国家教育部)

20.《科学梦与成才路》(100 位院士成长的故事)

(A) 华东地区 2007 年度优秀教育图书奖　三等奖(华东地区优秀教育图书评奖委员会)

(B) 2009 年度上海市优秀科普作品(书籍)(上海市科普工作联席会议办公室)

（C）2013 年列入教育部课程教育中心《中小学图书馆（室）推荐书目》（18 本书之一）（国家教育部）

21.《金色的想象——科学人文读本》

（A）2007 年 8 月上海书市评选为“我最喜爱的图书”（20 本之一）（书展组委会主办，市新闻出版局、解放日报、文汇报、新民晚报协办）

（B）2014 年被中共上海市委宣传部、市科委、市教委、市科协、市新闻出版局及网民评为“上海市民喜爱的 10 部科普图书”之一

22.《通透的思考——科学人文读本》

（A）2007 年 8 月上海书市评选为“我最喜爱的图书”（20 本之一）（书展组委会主办，市新闻出版局、解放日报、文汇报、新民晚报协办）

（B）2014 年被中共上海市委宣传部、市科委、市教委、市科协、市新闻出版局及网民评为“上海市民喜爱的 10 部科普图书”之一

23.《风干的记忆——中关村“特楼”内的故事》（30 多位院士的故事）

2008 年度上海市优秀科普作品（书籍）（上海市科普工作联席会议办公室）

24.《自然笔记——科学伦理与文化沉思》（杨文丰著）

（A）2008 年度上海市优秀科普作品（书籍）（上海市科普工作联席会议办公室）

（B）第四届冰心散文奖（2010 年）（中国散文学会）

（C）2013 年列入教育部课程教育中心《中小学图书馆（室）推荐书目》（18 本书之一）（国家教育部）

25.《科学是大众的——沈致远科学散文》（沈致远著）

（A）2008 年度华东地区优秀教育图书奖　三等奖（华东地区优秀教育图书评奖委员会）

（B）2010 年度上海市优秀科普作品（书籍）（上海市科普工作联席会议办公室）

（C）2013 年列入教育部课程教育中心《中小学图书馆（室）推荐书目》

(18本书之一)(国家教育部)

26.《探索脑科学的英才——从灵魂到分子之路》(陈宜张院士著)
2009年度上海市优秀科普作品(书籍)(上海市科普工作联席会议办公室)

27.《院士怎样做人与做事》(16位院士做人与做事的深度报道)
(A) 2012年度华东地区优秀教育图书奖　三等奖(华东地区优秀教育图书评奖委员会)
(B) 2013年被中国科协评为全国"公众喜爱的科普作品"——优秀科普图书奖(中国科学技术协会)
(C) 2013年列入教育部课程教育中心《中小学图书馆(室)推荐书目》(18本书之一)(国家教育部)
(D) 被科技部评为"2014年全国优秀科普作品"(中华人民共和国科学技术部)

28.《非凡的智慧人生——著名科学家采访记》(新华社高级记者顾迈男对院士的20多篇采访)
2013年列入教育部课程教育中心《中小学图书馆(室)推荐书目》(18本书之一)(国家教育部)

29.《邻人的花园——文科学人看科学彼岸》(唐韧著)
2013年列入教育部课程教育中心《中小学图书馆(室)推荐书目》(18本书之一)(国家教育部)

30.《预见未来——2010年上海世博会科技启示录》(市科委科普处编)
2012年全国首届党员教育培训教材展示交流活动中被评为优秀教材(由中共中央组织部党员教育中心、新闻出版总署出版管理司、国家图书馆评选)

31."高中国际课程的实践与研究"丛书七本(上海中学唐盛昌校长主编)
(A) 2014年上海市优秀图书奖　二等奖(上海新闻出版局、上海出版工

作者协会）

（B）2014 上海教育科研（图书）　特等奖（上海市教育委员会）

32.《自然书》（杨文丰著）

（A）2016 年 4 月首届浩然文学奖　一等奖（浩然文学奖评奖委员会、浩然文学纪念馆）

（B）2016 年 9 月首届“丝路散文奖”最佳作品奖（中国散文网、陕西省散文学会、西北大学现代文学院）

33.《微电脑 · BASIC 语言 · 趣味程序》（方鸿辉、沈美新著，浙江科学技术出版社）

1986 年被评为华东地区优秀科技图书　二等奖

34.“牛津学科英语基础丛书”（GCSE 英汉双语《数学》《物理》《化学》《生物》《科学》《商务》共 6 本）

2002 年度上海市第 11 届中小学生优秀课外读物奖　二等奖（上海市教委、市读书指导委员会）

35.《孩子怎样读名校》（上海中学校长唐盛昌主编）

2011 年度华东地区优秀教育图书　三等奖（华东地区优先教育图书评奖委员会）

36.《院士怎样读书与做学问》（方鸿辉、方正怡著　上海科学技术文献出版社出版）

由国家新闻出版署公布 2018 年向全国青少年推荐百种优秀出版物之一（中华人民共和国新闻出版署）

37.《英文打字》（科技活动丛书）

1992 年华东地区第六届优秀教育图书　三等奖（华东地区优先教育图书评奖委员会）

38.《吴孟超》（方鸿辉著）

（A）2019 年获华东地区优秀教育图书　二等奖（华东地区优先教育图书评奖委员会）

（B）2020 年上海市优秀科普图书（上海市科学技术委员会）

39. 1999 年 9 月上海出版界评出“共和国 50 年上海 500 种精品图书”中，方鸿辉任责编或参与编辑的有下述 7 种（共 12 本）：

（1）《教育大辞典》（增订合编本）（参与编辑）

（2）《中国科学院院士自述》（选题策划与责编）

（3）《中国工程院院士自述》（选题策划与责编）

（4）《中国社会科学家自述》（选题策划与组稿）

（5）《中国作家自述》（选题策划与组稿）

（6）“中学生文库”80 本中（选题策划与责编下述 5 本）：

《中国科学院院士自述》（青少年版）

《中国工程院院士自述》（青少年版）

《宇宙密码》

《长空群鹰》

《太空战戟》

（7）“名师授课录”系列 8 册中（选题策划与责编了下述 2 本）：

《初中物理名师授课录》

《高中物理名师授课录》